183.
184
185/2
189
46.
45.
47.

Paul Kopf

Seekirch
Alleshausen / Brasenberg
Tiefenbach

Im Spiegel
des Jahres 2005

Meiner Heimat als Vermächtnis

Prälat Paul Kopf
geboren am 1. Juni 1930
in Tiefenbach am Federsee
gestorben am 16. März 2007
in Ludwigsburg

Paul Kopf

Seekirch
Alleshausen / Brasenberg
Tiefenbach

Im Spiegel des Jahres 2005

Herausgegeben von den Gemeinden
Seekirch Alleshausen / Brasenberg Tiefenbach
in Verbindung
mit der Stiftung „Kultur der Heimat“

Bibliografische Information der Deutschen Bibliothek
Die Deutsche Bibliothek verzeichnet diese Publikation in der Deutschen Nationalbibliografie; detaillierte bibliografische Daten sind im Internet über <http://dnb.ddb.de> abrufbar.

Autor: Paul Kopf, Ludwigsburg/Tiefenbach (1930–2007)

Herausgeber: Gemeinden Seekirch, Alleshausen / Brasenberg, Tiefenbach in Verbindung mit der Stiftung „Kultur der Heimat“

Erschienen: Federsee-Verlag, Bad Buchau

Umschlag: Brigitte Rampf, Computer Publishing, Neu-Ulm, Rudi Rampf

Herstellung: VeBu Druck + Medien GmbH, Bad Schussenried

ISBN: 978-3-925171-69-7

Inhaltsverzeichnis

„Ein Volk kann seine Gegenwart
und seine Zukunft nur gestalten,
wenn es seine Vergangenheit versteht
und daraus seine Lehren zieht.“

Konrad Adenauer

Bischmannshausen
Streuberg 602
Lerchenberg
Wolfarts-mühle
Kohlberg 509
Speckeschle
Minderreuti
616
614
Ödenahlen
Hochsträßle
Ahlen
Schammach
646
Naturschutzgebiet
Gutershofen
312
Alter Weiher
Brasenberg
Riedwiesen
Griesenbach
Ach
Asang
Schwärze
637
636
Betzenweiler
593
Fasanenhof
Wasserschutzgebiet
Schäfleshau
602
Tollenkreuz 613
Seekirch
639
Aspenwald
Lehle
Kirchweg
Härtle 624
Höllweiher
596
Hungerberg 595
Alleshausen
589
613
618
Seelenwald
609
621
Alter Hau 627
Streitberg
Aimühle
Maierhof
Anweiher
Naturschutzgebiet
Seelenwald
Neuhaus
Brackenhofen
Saunäcker
Hofen
Vollochmühlen
Stafflangen
Moosburg
Naturschutzgebiet
Tiefenbach
Banstock
Waldberg
Federsee
Ulbet
602
Seelenweiher
Seelenhofer Ried
Banstock
Seelenhof
606
620
Fischerhaus
Mösmühle
Banngebiet Staudacher
595
Kanzach
Federseeried
Eichen
Kanzach
Federseemuseum Stein-/Bronzezeitdorf
Hochberg
621
Mühlbach
Birkhof
Vollochhof
599
Bad Buchau
NABU-Zentrum
Oggelshausen
Heiligenwald
Bettelsäcke
604
Ruhe Christi Kapelle
Eggelsbach

Zum Werden des Buches

Wenige Wochen nach meiner Primiz, am 24. Juli 1955, waren es 1150 Jahre seit der Ersterwähnung der „Kirche am See". Am Fest Mariae Aufnahme in den Himmel, dem Seekircher Kirchenpatrozinium, durfte ich erstmals dazu als Festprediger zum Deuter werden und fasste das Ereignis in den Worten des Dichterfürsten Johann Wolfgang von Goethe „Was du ererbt von deinen Vätern hast, erwirb es, um es zu besitzen" zusammen.

Zu diesen Gedanken wurde ich schon Jahre zuvor angeregt, ergab sich doch 1951 in Zusammenarbeit mit dem Hauptstaatsarchiv Stuttgart und dem Wilhelmsstift Tübingen eine Möglichkeit, einer Gruppe Studierender der Theologie eine Einführung in die Landesgeschichte zu vermitteln. Der damalige Direktor des Staatsarchivs Stuttgart, Dr. Max Miller, Geistlicher der Diözese Rottenburg, war seit 1926 im Archivdienst tätig, um die geschichtlichen Grundlagen für die Leistungen des Staates an die katholische Kirche nach den Grundlagen des Reichsdeputationshaupausschlusses von 1803 für Württemberg zu erarbeiten. Als Nonkonformist

Prof. Dr. Max Miller (1901–1973), Stuttgart, als Primizprediger am 24. Juli 1955.

Der Primiziant von 1955 als Direktor des katholischen Büros im Landtag von Baden-Württemberg (2004).

im Dritten Reich nach dem verlorenen Krieg zur Säule des Archivwesens geworden, wollte er persönlich die Leitung dieses Angebots übernehmen. Damit wurden bei mir Spuren zur Landesgeschichte gelegt, aber es wurde auch eine persönliche Freundschaft ins Werden gebracht.

An meinem Primiztag deutete daher der Archivar des Landes in der Festpredigt das Ereignis der Primiz in Seekirch. Die spätere Zusammenarbeit führte zu einer gemeinsamen Publikation über Bischof Joannes Baptista Sproll, unser beider Landsmann, denn Dr. Max Miller stammte ebenfalls aus Oberschwaben, verbrachte als Lehrersohn die meisten Jahre seiner Kindheit und Jugend in Bad Waldsee. Die Grundausbildung für die landesgeschichtliche Einführung sollte in Pfarrarchiven Oberschwabens erfolgen. Der Einstieg erfolgte in Stafflangen, nicht zuletzt weil Dr. Max Miller der Heimat seines geschätzten Archivkollegen Dr. Paul Härle seine Verbundenheit zeigen wollte und sich freute, dessen Mutter wenige Monate vor ihrem Tod auf dem heimatlichen Maierhof noch aufsuchen zu können.

Es war deshalb kein Zufall, wenn ich Jahrzehnte später in meinem ersten Beitrag in BC – Heimatkundliche Blätter für den Kreis Biberach dem Leben dieses in jungen Jahren gefallenen Archivars aus der Gemeinde Tiefenbach nachgegangen bin. Zum Schwerpunkt meiner Tätigkeit wurde die Bearbeitung der Pfarrarchive in Seekirch, Oggelshausen, Mittelbiberach, Biberach, Uttenweiler, Assmannshardt, Rupertshofen, Sauggart, Bellamont, Gutenzell, Hürbel und Alberweiler.

Der damals faszinierende Einblick in die Quellen der Geschichte unserer Heimat ließ in mir bald den Gedanken aufkommen, wenn irgend möglich eine Auswertung zu veröffentlichen.

Die Gründung des Geschichtsvereins der Diözese Rottenburg-Stuttgart 1979, an der ich im Nachgang zu einer Ausstellung „150 Jahre Diözese Rottenburg", veranstaltet vom Staatsarchiv Ludwigsburg und dem Katholischen Dekanat, dem ich seit 1968 vorstand, maßgebend mitwirken konnte, bildete einen weiteren Meilenstein auf dem Weg zu intensiveren Publikationen. Dabei hatte ich das 1200-jährige Gedenken der Erstnennung Seekirchs schon lange als Zeitpunkt im Auge.

In Form und Inhalt der Darstellung finden sich meine Erfahrungen in der Politik als Leiter des Katholischen Büros der Erzdiözese Freiburg und der Diözese Rottenburg bei Landesregierung und Landtag durch fast ein Jahrzehnt wieder. Es sollten nicht nur geschichtliche Quellen vorgestellt und gedeutet, sondern Analysen aus der Vergangenheit und Perspektiven für die Zukunft erschlossen werden.

Dabei die politischen und gesellschaftlichen Aspekte dominieren zu lassen, wurde zum erklärten Ziel, denn Geschichte ist mehr als die Anordnung von Daten und Ereignissen, deren Überlieferung großenteils sowieso oft nur zufällig bis in unsere Gegenwart gekommen ist. Schlüsse zu ziehen, Herausforderungen anzusprechen war mir wichtig, zumal mir in jahrelangen Überlegungen die Eigenart der Geschichte der Menschen am Federsee bewusst geworden ist, aber auch deren Defizite aufgegangen sind. Mehr und mehr wurde mir klar, wie gerade die herrschaftlichen Strukturen früherer Jahrhunderte die Menschen geprägt haben.

Die Publikation wollte vor allem eine unverzichtbare Einheit der Menschen am Federsee darlegen, nämlich die Pfarrei Seekirch im Gefüge der drei politischen Gemeinden, welche ihre Selbstständigkeit durch alle Wirren der Reformen bewahren konnten. Wenn sie eine Zukunft haben wollen, müssen sie sich in der Einheit wiederfinden.

Früher waren es die Herrschaften der Herren von Warthausen und die der Äbte von Marchtal sowie der Fürstäbtissin von Buchau, die das Gemeinwesen regierten und Akzente setzten.

Heute sind es andere Faktoren, die auf die Menschen im Wandel der Gesellschaft einwirken, der frühere Schwerpunkt der Landwirtschaft prägt kaum noch. Aber auch was das Wertebewusstsein anbelangt hat sich ein rascher

Wandel vollzogen, wobei nicht wenige mit dem Gebrauch des Begriffs „Freiheit“ in Schwierigkeiten gekommen sind. Diesbezüglich ist das Leben nicht einfacher geworden. Ohne eine differenzierte Bildung besteht dabei wenig Hoffnung auf eine geglückte Zukunft.

Da ich selber das Glück oder den Zufall einer guten Bildung erfahren durfte, wurde mir bewusst, dieser „Glücksfall“ muss für andere auch gelten. Der Reichtum, der im Menschen schlummert, muss geweckt werden und darf nicht brach liegen bleiben.

In diesem Gefüge der Entwicklungen geht es nicht ohne Spannungen ab, die durchgehalten werden müssen. Daher kommt der Orientierung an Werten und deren Vermittlung wohl die größte Bedeutung zu. Früher war die Kirche dabei fast in Monopolstellung. Heute sind es oft konkurrierende Kräfte im Machtgeschehen des Lebens, die Angebote vermitteln wollen.

Im Blick auf die Geschichte unserer Heimat wird klar, die Generationen vor uns standen auf einem klaren und festen Fundament. Wer diesen Boden verlässt, meint zwar oft die Freiheit zu finden, sinkt aber zumeist ein in den Morast eines nicht haltbaren Bodens.

Die Basis kirchliche und politische Gemeinde in gemeinsamer grundständiger Verantwortung kann auch in Zukunft Bestand haben, aber nicht zum Nulltarif. Der Untertan von einst hat Rechte und Pflichten, die aus den Grundlagen der Demokratie gewachsen sind. Diese zu stärken um eine Zukunft in Sicherheit und Freiheit ohne Kriege zu erleben, ist die gegenwärtige Herausforderung.

Alle in früheren Jahrhunderten in der Verantwortung Gestandene suchte ich womöglich zu erforschen, damit deren Namen nicht vergessen sind. Hinter jedem, den ich fand, steht jemand vor uns, dessen Name der Überlieferung wert ist.

Geistliche, Lehrer, Ortsobere ergeben eine Reihe von Gestalten, die geprägt haben und wenigstens stellvertretend für die nicht bekannt Gewordenen dargestellt seien.

Auch denen, die ausgezogen sind, wollte ich ein gutes Wort nachschicken. Dabei sind mir zwei Gruppen besonders wichtig geworden: die aus der Not der Zeit Ausgewanderten sind ebenso zu nennen wie die aus Idealismus Ausgezogenen, die als Geistliche oder Ordensschwestern in den Dienst der anderen treten wollten. Ihre Zahl verdient Respekt.

Diese Einführung möchte ein Dreifaches bezwecken:

1. eine Anregung zum Lesen dieses Buches, um dessen Inhalt zu bedenken,
2. einen Dank an alle, die in 1200 Jahren hier gelebt, damit sie nicht ganz namenlos bleiben,
3. einen Dank an alle, die zur Verwirklichung der Veröffentlichung beigetragen haben.

Schritt für Schritt durfte ich also in Jahren der Publikation entgegensehen. Dabei ergaben sich einige günstige Daten, um über die Fülle und den Reichtum unserer Heimat schon einen Vorgeschmack zu vermitteln.

Anlässe boten 2003: 650 Jahre Kapelle St. Oswald in Tiefenbach, 2004: 750 Jahre Dorf und Kapelle Alleshausen, 2005: 1200 Jahre Seekirch, 2006: 200 Jahre Kapelle St. Wendelin in Brasenberg.

Die Texte finden sich in überarbeiteter Form auf den folgenden Seiten wieder. Die Abdruckrechte hierzu erteilte die Schriftleitung von BC-Heimatkundliche Blätter für den Kreis Biberach, wo die genannten Beiträge wie auch die Darstellung meiner Kindheit und Jugend am Federsee (2001) erschienen sind. Herrn Kreisarchivdirektor a. D. Dr. Kurt Diemer, dem Schriftleiter, bin ich auch sonst für viel freundschaftliche, jahrelange Verbundenheit und Hilfe dankbar.

Den Bürgermeistern der Gemeinden, Anton Daiber, Harald Fischer, Helmut Müller, danke ich ebenso für die Zusammenarbeit wie Herrn Pfarrer Karl Erzberger und Herrn Eugen Sättele als dem 2. Vorsitzenden des Kirchengemeinderates.

Die Veröffentlichung im Federsee-Verlag Bad Buchau soll ein weiteres Zeichen der Verbundenheit mit meiner Heimat am Federsee sein. Es war mir in meinem 50-jährigen öffentlichen Wirken immer wichtig, auf die Spuren meiner Herkunft zu verweisen. Denn im Ganzen gesehen steht unsere Heimat nicht gerade im Zentrum des Landes und des öffentlichen Interesses, aber sie ist es wert, bekanntgemacht zu werden. Dazu kann auch jeder Leser dieses Buches etwas beitragen.

Um auch die Kosten zum Erwerb des Buches erträglich zu machen, haben die Gemeinden und die Stiftung „Kultur der Heimat" namentliche Beiträge geleistet, die sicher gut angelegt sind.

Einen letzten herzlichen Dank schulde ich meiner langjährigen treuen und ehrenamtlichen Sekretärin Schwester M. Antonia Dillmann vom Kloster Bonlanden, durch deren jahrelange Zusammenarbeit nicht nur dieses Buch entstehen konnte.

Ludwigsburg, 24. Juli 2006,
dem 51. Jahrestag meiner Primiz in der Pfarrkirche Seekirch

Paul Kopf

Eine Urkunde aus dem Jahre 805 macht Geschichte

Nachrichten und Zeugnisse über unsere Heimat aus der Zeit des früheren Mittelalters sind recht selten. Im Stiftsarchiv St. Gallen (Schweiz) findet sich unter der Urkunden-Nummer I 161 ein Dokument, dessen Schrift verblasst ist und mehrere Flecken aufweist, wie der geistliche Stiftsarchivar am 17. Oktober 1955 dem Verfasser berichtet.

Auch der Inhalt des 46 cm breiten und 14,5 cm hohen Pergaments ist nicht weltbewegend.

In Zell bei Riedlingen vermachen am 23. Oktober 805 die Söhne des Grafen Berchtold (Perahold) Wago und Chadaloh aus dem Geschlecht der Alaholfinger, denen diese Gegend untertan war, dem Kloster St. Gallen, benannt nach dem Mönch Gallus († um 650), Besitzungen in verschiedenen Dörfern unserer Heimat und zwei Kirchen (Bussen und Kirche am See), was nicht weniger als 27 Zeugen, als erster Bischof Egino von Konstanz (782–811), im 35. Regierungsjahr Kaiser Karls des Großen bestätigen.

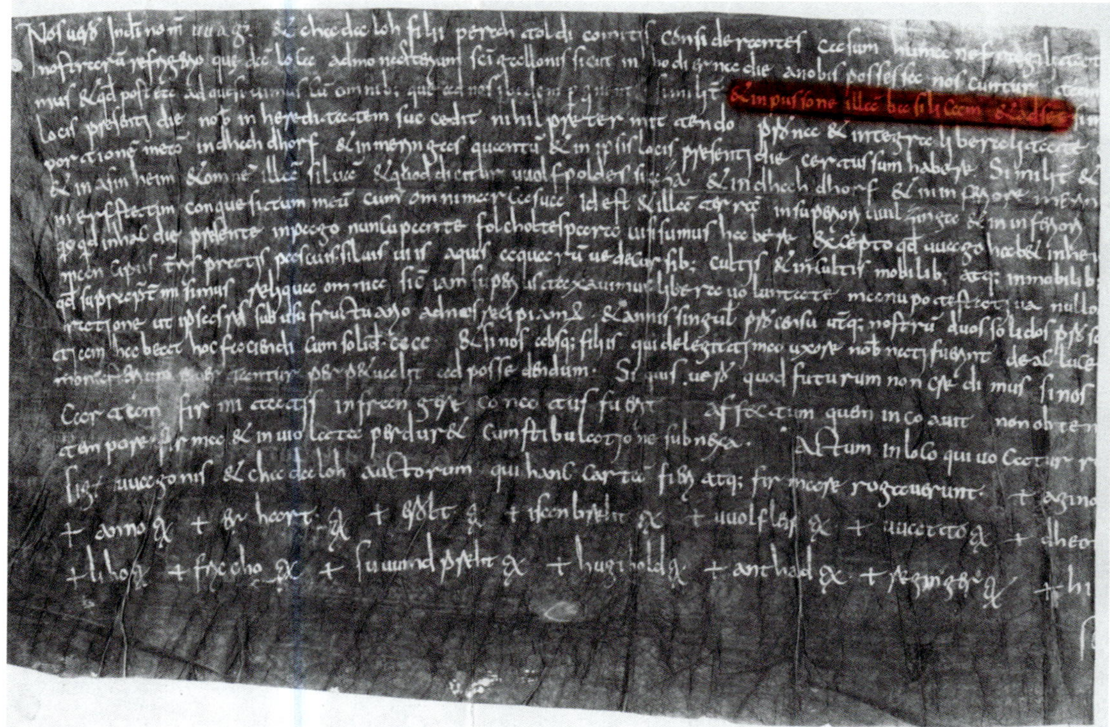

Die älteste Urkunde zum Bussen, erstellt am 23. Oktober 805 in Zell bei Riedlingen mit der Nennung der „basilica ad See"..

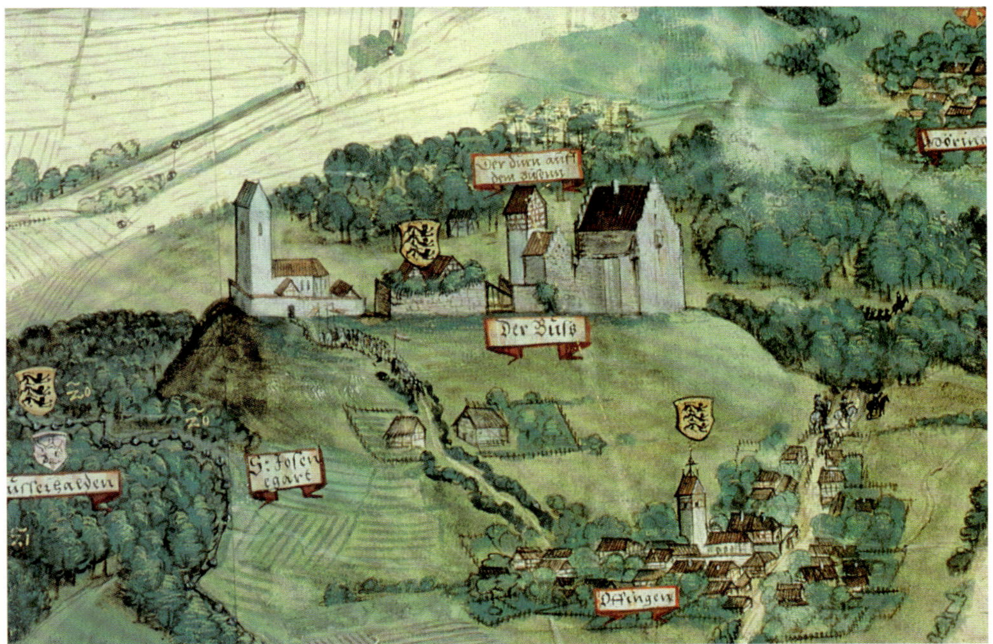

Darstellung des Bussen auf der sogenannten Renlinschen Karte von 1589. Die Hauptburg ist noch intakt, aus der ruinösen Umfassungsmauer der Vorburg schauen die Dächer zweier Wirtschaftsgebäude hervor.

Und doch ist für die Menschen am Federsee diese durch die Jahrhunderte stark mitgenommene Urkunde in lateinischer Sprache ein unschätzbares Dokument. Erstmals wird darin eine „basilica ad See“, eine Kirche am See, schriftlich bezeugt. Sie wird damit zum ältesten Dokument, in dem Seekirch nachgewiesen werden kann. Dabei spielt es keine Rolle, welche Gründe – ob politische oder religiöse – die Stifter veranlasst hatten, unter den gegebenen Bedingungen ihre Güter dem in der Gegend wohl bekannten Kloster St. Gallen zu vermachen. Sie waren auch nicht die ersten, die dorthin stifteten, ja, es war in der Zeit des Übergangs vom Alamannen- ins Frankenreich geradezu üblich, solches zu tun. Adelige Grundbesitzer, lokale Herren stiften dorthin.

Derlei Vorhaben in Form einer pergamentenen Urkunde bezeugen zu lassen, lag auch im Trend der Zeit, war allerdings ein nicht geringer Aufwand. Schreiben war zu dieser Zeit noch lange kein Allgemeingut. Es waren vornehmlich Kleriker, Priester und Mönche, die des Lesens und Schreibens kundig waren. Bei genannter Urkunde zeichnet der Priester Scrutolf als Schreiber.

Das Wort Urkunde leitet sich ab vom althochdeutschen Wort „urchundi“ und bezeichnet ein schriftliches, unter Beachtung bestimmter Formen aufgezeichnetes Zeugnis über rechtliche Vorgänge, wie es schon im späten Rom üblich war. Damit sollte Besitz gesichert werden. Die Beglaubigung durch das Anbrin-

Der Bussen zur Zeit des 30-jährigen Krieges (1618–1648), in dem die Schweden viel Unheil angerichtet haben.

gen von Siegeln erhärtete den Vorgang. Dabei war für die Abfassung des Inhalts auch eine bestimmte Form vorgesehen, die mit einer religiösen Formel beginnt, worauf in diesen Rahmen dann der Inhalt eingearbeitet wird. An den Schluss gehören Datierung und die Zeichen oder Siegel der Zeugen. Das Material leitet seinen Namen von der griechischen Stadt Pergamon ab. Schon im Altertum war es gebräuchlich. Geschrieben wurde mit einer angespitzten Vogelfeder und mit Tinte, die in einem aufwändigen Verfahren aus Dornen hergestellt wurde. Aber es gab auch noch andere Tinte. Pergament ist die Haut von Schafen und Kälbern, die für diesen Zweck nicht gegerbt, sondern gekalkt, dünngeschabt und zugeschnitten wird. Da aus einer Haut nur wenige und kleine Bögen herausgeschnitten werden können, blieb das Material immer sehr teuer. Das Sprichwort „das geht auf keine Kuhhaut“ verweist auf diesen Hintergrund.

Aus den Erwähnungen obiger Urkunde erfahren wir: Die Menschen in der Gegend sind bereits Christen, es bestehen Kirchen, die dem alten schwäbischen Adel, den Gaugrafen, eigen, deren Untertanen, Unfreie in Lehensabhängigkeit, waren. Bereits in dieser Zeit des Übergangs von den Alamannen zu den Franken kreuzen sich kirchliche und politische Interessen.

Am Gebiet um den Federsee könnte dies beispielhaft nachgezeichnet werden, wobei das 770 gestiftete Kloster Buchau in den Blick käme, alsbald auch das welfische Haus, denn der fränkische König Ludwig der Fromme (778–840,

Klassizistische Kirche von 1776 mit dem Turm der romanischen Vorgängerkirche des um 770 gegründeten Damenstifts Buchau.

3. Sohn Karls des Großen) heiratet in zweiter Ehe die Alamannin Judith aus diesem Haus.

In dieser Zeit des politischen Umbruchs und der strukturellen Festigung des Christentums beginnt die fassbare Geschichte der Kirche am See, um die unsere Vorfahren lebten, wobei sich dieses Umland bald zu einer Struktur entwickelte, die sich Pfarrei Seekirch nannte.

Da auch zuvor schon Menschen am Federsee lebten, dürfte die Vermutung nicht vermessen sein, der Ort der Kirche am See könnte ob seiner besonderen Lage auf einer Anhöhe zuvor schon ein kultischer Opferort gewesen sein.

Im Spiegel von 1200 Jahren soll nunmehr der Geschichte aus der Sicht des Jahres 2005 nachgegangen werden. Anlass dazu bietet also eine Urkunde, deren Wert für uns mehr vom angeführten Datum und der Erwähnung der Kirche am See als vom Inhalt abhängt, dessen Vollzug nicht weiter verfolgt werden kann und muss.

Die Gemeinde Seekirch

Das 1982 der Gemeinde verliehene Wappen zeigt in Gold über blauem Wellenschildfuß eine rote Kirche mit (heraldisch) rechtsstehendem Zwiebelturm. Flagge: Blau-Gelb.

Seekirch im Jahre 2000.

Seekirch im Spiegel des Jahres 2005

Mit nur 281 Einwohnern kann Seekirch stolz sein auf seine im Rahmen des Gemeindeverwaltungsverbandes Bad Buchau bewahrte Selbstständigkeit, zumal es mit Pfarrei und Kirche zugleich religiöses Zentrum für die beiden Nachbargemeinden Tiefenbach und Alleshausen ist. Laut Statistischem Landesamt hat die Gemeinde Seekirch 2005 die jüngste Bevölkerung im Landkreis Biberach mit einem Altersdurchschnitt von 35,3 Jahren. Zum 1. 1. 2005 lebten in der Gemeinde insgesamt 74 Kinder von 0–13 Jahren.

Das örtliche gesellschaftliche wie kulturelle Leben wird sehr stark durch Vereine geprägt. Mit einem umfassenden sportlichen, musischen, sozialen und kulturellen Angebot tragen der Sportverein Eintracht Seekirch, Feuerwehr, Katholische Landjugend, Partnerschaftsverein Seekirch/Töttös, Modellfluggruppe und Frauenstammtisch wesentlich zur Integrationsfähigkeit der Gemeinde bei.

Seekirch und Alleshausen betreiben bei der Grundschule die Federseehalle (Sport- und Versammlungshalle), Gymnastikhalle und ein Lehrschwimmbecken. Die Sportanlage am nördlichen Ortsrand setzt positive Akzente. Seekirch ist eine Hochburg des Frauenfußballs mit einem Bekanntheitsgrad weit über die Kreisgrenzen hinaus.

Die Bereiche Kindergarten, Schule und Jugend sind ebenfalls gut abgedeckt. Mit dem im Jahr 2001 erbauten Kindergarten „Nebelmännlein“ und der sanierten gemeinsamen Grundschule sind Elementar- und Primarerziehung am Ort sichergestellt. Die weiterführenden Schulen werden überwiegend in Bad Buchau, Biberach oder Bad Schussenried besucht. Mit einem Jugendraum im Rathaus wird den Bedürfnissen der Jugend Rechnung getragen.

Kindergarten „Nebelmännlein“.

Das Rathaus in Seekirch.

Das örtliche Gewerbe und die Dienstleistungsbetriebe (Schreinerei Kocher, Kaiser Bautenschutz GmbH, Metallbau Knoll, Malerbetrieb Strohm und Hiller, Krankengymnastik und Massage) bieten 30 Arbeitsplätze. 50 Berufstätige pendeln in die umliegenden Gemeinden.

2005 gibt es in Seekirch noch vier landwirtschaftliche Haupterwerbs- (Karl-Heinz Pappelau, Ödenahlen, Hans-Jürgen Schilling, Stephan Maier, Edwin Hildenbrand) und fünf Nebenerwerbsbetriebe. Im Jahr 1981 zählte man noch 20 bäuerliche Betriebe, früher die Haupteinnahmequelle für den Lebensunterhalt der Bewohner.

Immer einen Besuch wert ist die Kirche „Mariae Himmelfahrt". Sehenswert ist auch die von Dr. Josef Alexander Henselmann, München, bei der Friedhofskapelle geschaffene Schutzmantelmadonna als Ort der Zuflucht. Jeder, der an diesem Bild verweilt, ist geborgen und getragen, wissend, auch sein letzter Weg führt an dieser Stätte vorüber.

Die Lage am nördlichen Federseeufer und das angrenzende Naturschutzgebiet erklären den hohen Naherholungswert der Gemeinde und machen Seekirch zum idealen Ausgangsort für Wanderungen und Radtouren.

Wichtig ist im Jahr 2005 auch die Erschließung neuen Baugebiets und der weitere Ausbau der Infrastruktur, wobei derzeit 16 Bauplätze als „allgemeines Wohngebiet" in eingeschossiger Bauweise ausgewiesen sind. Die Grundstücksentwässerung erfolgt dabei im modifizierten Mischsystem, d. h. das häusliche Schmutzwasser ist dem Mischwasserkanal zuzuführen.

Das Dachflächenwasser darf nicht in den Mischwasserkanal eingeleitet werden, sondern ist auf dem Grundstück zu versickern oder in sonstiger geeigneter Weise abzuwirtschaften. Entlang der Kreisstraße wird ein Lärmschutzwall angelegt.

Das Federseebecken aus der Luft betrachtet.

Der Straßenausbau einschließlich der Straßenbeleuchtung erfolgt in ortsüblicher Ausführung. Die Bauplätze werden an die Kanalisation und an die im Verbund organisierte Wasserversorgung angeschlossen, wodurch die Ver- und Entsorgung gesichert ist.

Im Gewann „Hilte“ befindet sich ein Hochbehälter mit 700 m^3 Fassungsvermögen. Der Ausbau der Ortskanalisation begann 1962.

„Rund 45 Euro kostet der voll erschlossene Quadratmeter im neuen Baugebiet. So sollen sich, meint Bürgermeister Daiber, Einheimische und junge Familien den Traum von den eigenen vier Wänden verwirklichen können. Derzeit hat Seekirch 280 Einwohner, wobei die Bevölkerung im Vergleich zu anderen Gemeinden relativ jung ist.

Das neue Baugebiet ist notwendig geworden, nachdem beim bisherigen schon vor rund drei Jahren alle Plätze verkauft waren. Danach war der Bedarf für eine gewisse Zeit gestillt“ (nach einem Bericht von Bürgermeister Anton Daiber) Schwäbische Zeitung, 2. 9. 2004.

Seekirch im Spiegel des Jahres 1923

Seekirch gehört nach Markungsfläche zu den mittleren, nach Einwohnerzahl zu den mittleren bis kleineren Gemeinden des Bezirks (Riedlingen). Von der Markungsfläche entfällt nicht ganz 1/10 (9,4 %) auf das 54 ha große Waldland (8 ha Gemeindewald, 6 ha Biberacher Hospitalwald, 40 ha Privatwald), ein weiterer, nahezu gleich großer Teil auf die nur als Streuwiesen benützbare Riedfläche im Federseegebiet (46 ha). Fast ausschließliche Nahrungsquelle der Einwohner ist die Landwirtschaft. Von der landwirtschaftlich benützten Fläche gehören 10 ha (Äcker, Wiesen, Streuwiesen) der Gemeinde (durcheinander gelegen und einzeln verpachtet). Eigentlich landwirtschaftliche Betriebe 36, davon 2 mit weniger als 2 ha, 8 mit 2–5 ha, 9 mit 5–10 ha, 10 mit 10–20 ha, 7 mit 20–50 ha. Auf dem Ackerfeld (schwerer Lehmboden) werden in 3-feldriger Wirtschaft hauptsächlich Getreide, Haber (50 ha), Gerste (48 ha), Dinkel (46 ha), Weizen (21 ha), Roggen (14 ha), ferner Kartoffeln (22 ha), Kohlrüben (24 ha), Wicken (13 ha), Klee (41 ha), auch etwas Reps, Mohn, Flachs, neuerdings auch Konservenerbsen (zum Verkauf) angebaut. Die ausgedehnten, hauptsächlich in und nahe bei dem Ried gelegenen Wiesen sind zweimähdig und durch die vor 50 Jahren durchgeführte Regulierung

Ansichtskarte von Seekirch.

Der 1596 erbaute Dorfbrunnen mit kunstvoll gegossenem Auslaufrohr erinnert an die Zeit vor der Wasserleitung. Der Brunnen diente früher als Wasserversorger für Mensch und Vieh. Gespeist wurde er aus einer (Holz-)Deichelleitung, die durch natürliches Gefälle dem Zufluss so viel Druck verlieh, dass das Wasser sich auf einfachen Hebeldruck ergoss.

der Ach entwässert und ertragreicher gemacht worden; im Herbst werden die Wiesen, jedoch nicht allgemein, vom Rindvieh beweidet. Mehrere Landwirte geben sich mit Pferdezucht ab (12 Zuchtstuten). Rindviehzucht (Farrenhaltung vergeben); Genossenschaftsmolkerei (1921: 30 Mitglieder, angelieferte Milchmenge 116 166 Liter, ausbezahlte Milchgelder 151 015 Mk.). Obstbau von mittlerer Ausdehnung; 1921: 470 (ertragsfähige) Apfel-, 215 Birn-, 48 Pflaumen- und Zwetschgen-, 2 Kirschbäume. Dagegen starker Absatz in Getreide (im Wirtschaftsjahr 1918/19 in Brotgetreide und Gerste 2670 Ztr., Haber 680 Ztr.) und Kartoffeln. Die Schafweide auf den Wiesen ist von Martini ab verpachtet (1921 Erlös 1000 Mk. in die Gemeindekasse). Die Fischerei sowie die Riedstreugewinnung im und am Federsee ist gemeinschaftlich von der Federseeherrschaft (s. Buchau) verpachtet. An Gewerben die ortsüblichen; 2 Gastwirtschaften, 1 Kramladen. Torfstich im Ried, teils zum Eigenbedarf, teils auch zum Verkauf nach auswärts. 1 Kiesgrube in Ödenahlen liefert Kies und Sand zur Straßenschotterung. Vereine: Molkereigenossenschaft (s. o.), Militär- und Veteranenverein, Schülersparkasse. 1 fahrender Bote von Alleshausen kommt werktäglich auf seiner Fahrt nach Buchau und zurück durch den Ort. Hochdruckwasserleitung von nahen Quellen in sämtliche Häuser des Orts. OEW. 1912 (Ende August 1922 in S. 34, in Ödenahlen 5 Anschlüsse).

(Beschreibung des Oberamtes Riedlingen 1923, S. 888).

Grußkarte von 1907, kurz vor dem Abriss des alten Kaplaneihauses.

Bedenkenswertes aus der Geschichte

Kirche und Pfarrei

Die am 23. Oktober 805 in Zell bei Riedlingen ausgestellte und im Stiftsarchiv St. Gallen aufbewahrte Urkunde veranlasste im Jahre 2005 mehrere Gemeinden, das 1200-jährige Jubiläum ihrer Erstnennung zu feiern, darunter auch die Gemeinde Seekirch, deren Kirche „ad See“ in der Urkunde genannt wird. Wann und von wem diese Kirche gebaut wurde, ist nicht fassbar. Der Marchtaler Abt Johann Engler (1614–1637), Mesnersohn aus der Schussenrieder Gemeinde Steinhausen, dessen Bruder zu dieser Zeit als Ammann in Alleshausen amtierte und dessen Sohn Karl der bisher bedeutendste in Alleshausen Geborene werden sollte, entschloss sich, in seiner Patronatsgemeinde eine neue Kirche zu bauen. Ein im westlichen Innenraum der Kirche eingelassener Stein mit seinem Wappen erinnert noch heute an ihn als den Erbauer. Das abgebrochene Gotteshaus dürfte aus der Zeit der Gotik gestammt haben. Nur das ehemalige Wallfahrtsbild aus dem zweiten Viertel des 15. Jahrhunderts und der Palmesel wurden aus der Vorgängerkirche, bei der es sich sicher nicht mehr um die 805 genannte handeln dürfte, übernommen. Die 1616 errichtete Kirche scheint in ihrer Größe der Vorgängerkirche zu entsprechen, da bei der Renovation 1941 nach Auskunft der Pfarrchronik damals eine entsprechende Altarmensa festgestellt worden sei.

Das Kloster Marchtal, dem die Pfarrei seit 1395 inkorporiert (einverleibt) war, scheute keine Mühen, seine zehn Pfarrdörfer und vierzehn Weiler mit

Außenansicht der Pfarrkirche Mariae Himmelfahrt.

Luftbild der ehemaligen Prämonstratenserabtei Marchtal und des Orts Obermarchtal mit Blick von Westen her; in der oberen Bildmitte die ehemalige Pfarrkirche St. Urban. Die Friedhofsmauer und die im Westen sich anschließenden Gehöfte und Wirtschaftsgebäude der ehemaligen Abtei kennzeichnen heute noch die Grenzen der alten Burg.

Pfarrkirche Seekirch: Innenansicht.

Palmesel um 1500.

Der Seekircher Festkelch von Hans Franz Fesenmayer, Augsburg († 1692).

Am Sieben-Schmerzen-Fest 1760 wurde das Bild der Schmerzensmutter auf den Rosenkranzaltar der Pfarrkirche übertragen. Sebastian Sailer, Chorherr in Marchtal, zwei Jahre Kooperator in Seekirch, hielt die Festpredigt: „Seit undenklicher Zeit wird dieses Bild in der Pfarrkirche verehrt." Abt Edmund II. selber stellte das Bild aus dem Jahre 1420 auf den Altar.

zeitgemäßen Gotteshäusern auszustatten. Ohne diese Verbindung könnte sich die Pfarrei Seekirch an keiner so herrlichen Kirche erfreuen, die 1707 bereits einmal erneuert wurde. Die Meister von Obermarchtal wurden auch Planer und Ausführer der dörflichen Klosterkirchen. Am 21. April 1756 begann Baumeister Josef Moosbrugger den Umbau der 1616 erstellten Kirche mit dem Abbruch der 1713 und 1715 erbauten Altäre. Francesco Pocci, der durch den Deutschordensbaumeister Giovanni Bagnato mit seinen Söhnen als Stuckateur für die Prämonstratenserabtei angeworben worden war, gestaltete die Kanzel. Das Türmchen für die Loretoglocke errichtete der aus Oberstadion stammende Zimmermeister Johann Marquart aus Uttenweiler, denn möglichst viele örtliche und nachbarliche Handwerker sollten an den Bauten beteiligt werden. Das Chorfresko fertigte 1760 Franz Sigrist (1727–1803), der 1758 bereits die Vorhalle der Benediktinerabteikirche in Zwiefalten ausgemalt hatte und dessen bedeutendstes Werk das zwischen 1780 und 1783 entstandene Fresko im Prunksaal des Lyzeums in Eger/Ungarn ist. Der Stuckateur Franz Xaver Schmuzer aus Wessobrunn arbeitete im Chor, am Chorbogen und an der Kanzel. Den 1743/44 erneuerten Turm erhöhte Moosbrugger und versah ihn mit einer Laterne; Joseph Lukas Selg, Maler, Lehrer und Mesner in Dieterskirch, fasste Knopf und Kreuz und vergoldete das Ganze.

Über dem von Schmuzer stuckierten Bogen ist unübersehbar das Wappen des Bauherren E(dmund) A(bt) z(u) M(archtal) (1746–1768) angebracht. Die Deckenausmalung mit Mariae Himmelfahrt als Hauptbild schuf 1756 der bekannte Weißenhorner Maler Franz Martin Kuen (1719–1771), im Chor die über die Höllenmächte triumphierende Gottesmutter (1760, Franz Sigrist). Das Bildprogramm der Kirche entspricht mit seinen Bezügen und seiner Vielschichtigkeit voll den Vorstellungen barocker Frömmigkeit. Für den festlichen Hochaltar malte Anton Messmer 1774 das Altarbild mit der Krönung Mariens. In der unteren Hälfte des Gemäldes sind verschiedene Heilige dargestellt, darunter der hl. Norbert als Gründer des Prämonstratenserordens, der hl. Oswald als Patron von Tiefenbach, der hl. Blasius als Patron von Alleshausen und der hl. Vitus als Patron der ehemaligen Riedkapelle. Den Altar flankieren, wie in allen Kirchen der Prämonstratenser, die Heiligen Augustinus und Norbert.

Der Ehinger Maler Johann Martin Weller schuf 1713 das Altarbild des Rosenkranzaltares des linken Seitenschiffes mit der Rosenkranzkönigin, dem hl. Dominikus und der hl. Katharina von Siena, dahinter die Federseelandschaft im 18. Jahrhundert, ein würdiger Ort für die Figur der Pietà. Der rechte Seitenaltar ist der heiligen Märtyrerin Katharina geweiht. Das Bild – wohl 1715 ebenfalls von Weller gemalt – zeigt Katharina mit Ursula und Agatha. Vor ihm steht ein Votivbild, Mariae Krönung, welches Pfarrer Georg Baur in den Kriegsjahren erwerben konnte.

Eine 1898 durch Pfarrer Josef Hund durchgeführte Renovation war für das herrliche Bauwerk ein unheilvolles Unternehmen entsprechend dem Geist der damaligen Zeit, der die Fülle des Barock nicht verstehen konnte. Dem suchte Pfarrer Baur abzuhelfen. Trotz Krieg und Not hat er es geschafft, die Kirche mit Restaurator Konrad Kneer aus Munderkingen 1941 bis 1945 zu renovieren. Die letzte Renovation 1977 bis 1981 unter Pater Bader hat mit viel Einfühlungsvermögen auch die Belange der Liturgiereform des 2. Vatikanischen Konzils berücksichtigt, wobei auch der schadhafte Turm grundständig saniert wurde.

Die Anlagen um die Kirche und ihre Bewohner

Das einst älteste Gebäude bei der Kirche, das Schloss Burgberg auf dem Gelände des späteren Gartens vom „Klosenbauern", wurde von Abt Johannes Haberkalt (1514–1518), dem ersten namentlich bekannten Kooperator in Seekirch, auf den Ruinen eines Vorgängerbaus errichtet. Dieser Marchtaler Abt, aus Überlingen gebürtig, scheint am Federsee heimatliche Erinnerungen bekommen zu haben, denn er wohnte regelmäßig in dieser seiner Residenz am See, in der er 1518 auch verstarb.

Die letzte Erinnerung an das ehemalige Schloss Seekirch, von Abt Johannes Haberkalt (1514–1518) auf den Ruinen eines Vorgängerbaues erbaut. Die Tafel ist jetzt über dem Hauptportal des hinteren Einganges eingelassen.

Die älteste Fotografie im Pfarrarchiv (1906): Das nach 1591 erbaute Pfarrhaus mit der Kaplanswohnung, zuvor Sommerwohnung des Abtes von Marchtal mit der Pfarrscheuer. Auf dem Gelände wurde 1908 das Kaplanei- bzw. ab 1930 das Schwesternhaus erbaut.
Auf dem Areal (linker Hand) befand sich auch die 1838 abgebrochene herrschaftliche Zehntscheuer.

Bis zum 30-jährigen Krieg nutzten auch die nachfolgenden Äbte das Anwesen als Sommersitz. Danach begann der Verfall, worüber Marchtals Untertanen nicht unglücklich waren, denn sie hassten diesen „Fronberg". Das Material wurde 1758 zum Bau des Kameralhofes in Alleshausen (Wirtschaft zum Engel), die letzten Fundamentsteine 1782 zum Bau von Baiers Brunnen verwendet. Um 1840 kaufte Blasius Engler (Klosenbauer) vom Taxis'schen Rentamt zu Buchau um 750 fl. den ganzen Platz und trug den Hügel bis 1863 allmählich ab. Das steinerne Wappen vor dem Schlossportal mit der Inschrift: „Johannes Haberkalt, Abt zu Marchtal 1514" wurde beim Abbruch als letzte Erinnerung in die Kirchenmauer innerhalb von Klosens Garten, der heute anders genutzt wird, eingemauert und später über dem Hauptportal der Kirche (hinterer Eingang) außen am Turm eingelassen.

Das jetzige Pfarrhaus wurde unter dem aus Seekirch stammenden Johannes Riedgasser, der von 1591 bis 1600 Abt von Marchtal war, erbaut und 1737 restauriert und erweitert. Zwischen 1792 und 1796 erfolgte eine weitere Erneuerung, die letzte unter der Marchtaler Herrschaft. Die Baulast fiel nach 1803 an Thurn und Taxis, im Zuge der sog. Ablösung dann an die Kirchenpflege.

Pfarr- und Kaplaneihaus mit Pfarrscheuer einschließlich Pfarrgarten von der Seeseite aus. Aufnahme im Jahre 1906.

Johann Evangelist Schöttle, Pfarrer in Seekirch von 1862 bis 1884. Zu seiner Investitur am 4. Juni 1862 wurde er mit 40 Chaisen in Uttenweiler abgeholt.

Das unter dem Seekircher Abt Johannes Riedgasser (1591–1600) erbaute Pfarrhaus bei der Renovation 1950.

Pfarrer Georg Baur auf Besuch beim Hüten (um 1940). Im Sommer besuchte der Pfarrer auch die Leute beim Heuen. Dabei trug er ein weißes Jackett, was damals für einen Geistlichen als etwas ganz Besonders galt.

Grundständige Reparaturen erfolgten immer wieder, so 1950. Mit der Übernahme der Seelsorge durch Marchtaler Patres im Jahre 1428 wurde diesen ein Helfer beigegeben, der später im südlichen Anbau des Pfarrhauses, zuvor Sommerwohnung des Marchtaler Abtes, wohnte. Der Haushalt von Pfarrer und Helfer wurde 1803 getrennt. 1906 beschloss der Kirchenstiftungsrat nach intensiver Beratung, die alte, um 1694 erbaute Pfarrscheuer und die bisherige Kaplaneiwohnung auf Abbruch zu verkaufen, um einen Neubau zu errichten. Das danebenstehende Pfarrhaus selber wurde grundständig renoviert.

In die Pfründgebäude (Pfarr- und Kaplaneihaus) zogen nach den Marchtaler Patres ab 1803 vom Patronatsherren Thurn und Taxis bestimmte Pfarrer und Kapläne ein, die nach der Ernennung durch den Fürsten vom Bischof von Konstanz, später vom Bischof von Rottenburg, bestätigt werden mussten. Erster Weltgeistlicher wurde der frühere Prior von Marchtal Josef Vonier, der

– ab 1800 Pfarrer in Seekirch – diesen Umbruch der Zeit verkraften musste und 1824 „geistesverwirrt“ in Seekirch verstarb. Es folgten 1824 bis 1848 Sebastian Gärtner, früher ebenfalls Chorherr in Marchtal; 1848 bis 1850 Vinzenz Bleicher, 1814 zum Priester geweiht, der eigentlich erste Weltgeistliche; 1851 bis 1862 Alois Allmajer, zuvor Pfarrer der Taxis'schen Gemeinden Elchingen und Ebnat auf dem Härtsfeld; 1862 bis 1884 Johann Evangelist Schöttle, zuvor ebenfalls Pfarrer in Ebnat, der sich an allen Orten seines Wirkens der Erforschung ihrer Geschichte widmete. Ihm folgten: 1885 bis 1904 Josef Hund, der 1898 die Pfarrkirche im damaligen „Zeitgeschmack“ renovierte, 1905 zum Ehrenbürger von Seekirch ernannt wurde. 1904 bis 1908 Theodor Selig als Pfarrverweser, ebenfalls ein verdienter Geschichtsforscher; 1908 bis 1924 Josef Anton Kloos, zuvor Pfarrer in Uigendorf; 1924 bis 1935 Raphael Hartmann, zuvor Pfarrer der Taxis'schen Pfarrei Trugenhofen/Härtsfeld; 1935 bis 1939 die Pfarrverweser Gregor Wäschle, Hermann Geiger, Emil Kunz und Georg Baur, der 1939 zum Pfarrer ernannt wurde. Trotz Kriegszeit renovierte Georg Baur die Pfarrkirche, die Kapelle in Alleshausen, den Hochaltar in Tiefenbach und die Figuren der Wendelinuskapelle in Brasenberg. 1947 wechselte er nach Wilhelmskirch. Nachfolger waren 1948 bis 1957 Karl Müller, der eifrige Marienverehrer; 1958 bis 1968 Benno Unterricker, der zum hauptamtlichen Landvolkseelsorger bestellt wurde; 1969 bis 1975 Hugo Ackermann, der unter den nachkonziliaren Verhältnissen und unter den Veränderungen in Kirche und Gesellschaft sehr gelitten hat; 1975 bis 1982 P. Franz Bader SVD, mit Leib und Seele Afrikamissionar, der nach gebesserter Gesundheit wieder in die Mission zurückkehrte; 1983 bis 1985 Stanislaus Holetzek, ein Spätaussiedler aus Schlesien, der mit den westlichen Verhältnissen nicht zurecht kam; 1985 bis 1991 Paul Notz, der alsbald auch die Seelsorge in Oggelshausen mit übernehmen musste; 1991 bis 1994 Franz Xaver Schmid, der sich krankheitsbedingt bald pensionieren ließ; 1994 bis 2000 Werner Schmid, der am 28. Mai 2000 verstarb. Er sollte der letzte geistliche Bewohner des Pfarrhauses sein. Durch die Bildung von Seelsorgeeinheiten wurde die Pfarrei der Seelsorgeeinheit „Federsee“ mit Pfarrsitz Bad Buchau eingegliedert; das Pfarrhaus wurde vermietet.

Das neu erbaute Kaplaneihaus konnte bis 1914 Kaplan Claudius Buck bewohnen. Ihm folgte bis 1925 Johannes Renz, der dann als Pfarrer nach Michelwinnaden wechselte. Als „Wundertäter“ an kranken Leuten wurde Kaplan Renz weit über Württemberg hinaus bekannt. Das Bischöfliche Ordinariat hat den großen Zustrom auswärtiger Kranker gar nicht gern gesehen und untersagte Renz die Anwendung des sog. Exorzismus. Nach seinem Weggang wurde die Kaplaneistelle aus finanziellen Gründen nicht mehr besetzt und für das schöne Anwesen musste eine neue Nutzung gefunden werden. Darüber schreibt 1930 der Chronist Pfr. Hartmann: „Am 8. Mai 1930 sind zwei Barmherzige Schwestern vom Kloster Reute in das hiesige Kaplaneihaus eingezogen, um eine Krankenschwesternstation für die ganze Pfarrei zu gründen. Die Schwester Oberin heißt M. Balduina, ihre Mitschwester M. Guta. Letztere besorgt noch den Handarbeitsunterricht in der Schule in Alleshausen. Die Kosten der Krankenschwesternstation werden getragen von einem im September 1929 gebildeten Krankenpflegeverein, der 142 Mitglieder zählt und einen Jahresbeitrag von 6 Mark erhebt. Der Diözesanverwaltungsrat in Rottenburg hat das Kaplaneihaus vorläufig unentgeltlich überlassen. Möge diese gemeinnützige Gründung sich gut entwickeln." Dieser gute Wunsch hat sich bis 1982 erfüllt. Dann musste die Station aus Mangel an Schwestern aufgelöst werden. Bereits 1979 war für die Krankenpflege der Anschluss an die Sozialstation Riedlingen erfolgt. Die Schwesternstation wurde für ein halbes Jahrhundert eine prägende Einrichtung für die ganze Pfarrgemeinde. Der Handarbeitsunterricht wurde den Schwestern in der NS-Zeit allerdings entzogen. Die häusliche Krankenpflege, der Schmuck der Kirche, die Betreuung des Kindergartens und im Winter die Nähschule prägten durch Jahrzehnte das soziale Gefüge. Kein Wunder, wenn junge Mädchen sich ebenfalls zum Eintritt in ein Kloster entschlossen haben. Doch schon beim 50-jährigen Bestehen der Station (1980) zeichnete sich das Ende ab. Als 1982 auch noch der Kindergarten in Seekirch mangels Kindern geschlossen werden musste, vermerkt der Chronist P. Bader: „Die beiden Schwestern Eusteria Rupp (82) und Eugenia Riek (76) bleiben vorläufig noch hier und machen den Mesnerdienst und die Kirchenwäsche. Die Oberen wollen aber, dass beide diesen Herbst ins Mutterhaus zurückkehren."

Die Glocken der Pfarrkirche

Der Ursprung der Glocken, als Bindeglied zwischen Himmel und Erde verstanden, liegt in China, fand in Europa durch Klostergemeinschaften Einzug und wurde durch die Christianisierung unseres Landes zum Allgemeingut der Kirche. Jahrhundertelang, bis ins 20. Jahrhundert, bestimmte der Klang der Glocken die Zeiten von Gebet, Arbeit und Muße. Auch heute noch fasziniert ihr Klang, und keine Gemeinde möchte sie missen.

Bereits die erste Seekircher Kirche dürfte zumindest mit einer Glocke ausgestattet gewesen sein. Leider gibt es darüber keine Überlieferung. Diese beginnt erst 1690. Abt Nikolaus von Marchtal ließ damals in Rottenburg u. a. für die Seekircher Pfarrkirche eine 13 Zentner schwere Glocke, ausgestaltet mit zahlreichen Bildnissen und Umschriften, gießen. Bis 1942 durfte sie läuten; dann musste sie am 3. Februar abgeliefert werden, kehrte aber zur Freude aller in der Pfarrei 1948 „aus dem Krieg" zurück. Weniger Glück war der zweiten, ebenfalls 1690 gegossenen Glocke beschieden. Am 1. September 1918 musste

3. Februar 1942: Abschied von den Glocken. Vorne links: Pfarrer Georg Baur.

sie abgeliefert werden und scheint noch in den letzten Kriegsmonaten zu Kanonenkugeln umgegossen worden zu sein. Schon im September 1917 mussten eine 1779 in Biberach gegossene Glocke sowie 27 Orgelpfeifen abgeliefert werden. Das Glöcklein, das alle Kriegsstürme überlebt hat, ist das Wetterglöcklein hoch oben in der Laternenkuppel des Turms. In der Adelindis-Glocke vom 1. Juli 1979 steht darüber: „1745 hat der Pilger Matthias Mayer das Loretoglöckchen hierher getragen. Er erhielt dafür 5 Florin (Goldst.). Auf dem Meer war er mit der Glocke in Gefahr. Mußte sich lange aufhalten; erhielt dafür für Schiffslohn und Zehr 8 fl. 30, und auch Trägerlohn 8 fl. 30, zusammen 17 fl. Das Glöcklein kostete 99 fl.

Anno 1745 wird durch eine Urkunde bezeugt, dass das Loretoglöckchen mit der hl. Glocke in Loreto berührt worden sei. An Gewicht hielt es 66 Pfund deutsch oder 75 Pfund welsch. Oben am Glöcklein steht: S. Maria Lauretana ora pro nobis.

Die am 22. Mai 1955 geweihten Glocken mit ihren Symbolen.

Es ist eine vortreffliche Wetterglocke; wird auch geläutet wenn ein Krankes versehen wird, wobei man betet: ein Pater noster, Ave Maria mit Gelobt sei Jesus Christus, Maria et Josef, pro felici morte (um einem guten Tod).

Das Loretoglöcklein war ursprünglich in einem kleinen Türmlein über dem Chor der Kirche. Weil man es aber im Dorf kaum hörte, wurde die neue Laterne über dem Turm gemacht und es dort aufgehangen. Anno 1759 dem 8. Juni, begann man, und am 18. war auch das goldene Kreuz aufgesteckt und dies Glöcklein aufgehangen. (Dieses jetzt abgenommene Kreuz, handgeschmiedet, ist 2,75 m hoch und wiegt 21 kg).

Dasselbe soll sein: Um die Stürme, Hagel, Blitz, Überschwemmung und alle diabolischen feindlichen Einflüsse und drohende Übel abzuhalten!

Zimmermeister Marquart von Uttenweiler erhielt für die Fertigung des meisterlich und künstlich gemachten Loretotürmchens 50 fl. Schmiedrechnung 15 fl. Man brauchte ferner 20 St. Eichen, à 15–20 Fuß lang, eiserne Stangen 48 fl., 150 Schuh Kupfer 90 fl., Kristen und Abbrechen 20 fl., Maurer und Handlanger 25 fl., Zimmerleute 18 fl., Kupferschmied und Schlosser 40 fl. und sonstige Unkosten 12 fl.

Glockenweihe: Pfarrer Karl Müller mit Kindern aus Seekirch.

Glockenweihe am 22. Mai 1955 durch Dekan Johannes Holl aus Uttenweiler auf dem Kirchplatz.

Dies geschah unter Abt Edmund II., Pfarrer Joseph Mayr und Cooperator Gilbert Baur, Baumeister war Johann Marquart Uttenweiler, Heiligenpfleger Johannes Gaupp und Schultheiß Georg Gaupp. …

Das Wetterglöcklein war schon längere Zeit zersprungen. Anno 1793 wurde es durch einen frischen Guß erneuert. Glockengießer Schmolz in Biberach hat 16 Pfund frisches Metall beigelegt und erhielt dafür 32 fl. 12.

Wegen Schmähworte auf das Loretoglöcklein wurde einer um 1 fl. 12 bestraft anno 1760! Zu diesem Glöcklein opferte Alleshausen 13 fl. 11."

Die zwei nun fehlenden Glocken wurden in der Inflationszeit 1923 um den Preis von 3 1/2 Millionen Mark, der allerdings durch eine Umlage in Form von Getreide aufgebracht werden musste, neu beschafft. Nur bis 1942 durften diese Glocken läuten, dann mussten sie im 2. Weltkrieg zu Kriegszwecken abgeliefert werden.

10 Jahre nach dem 2. Weltkrieg, am Sonntag, 22. Mai 1955, konnten nach vielen Verhandlungen und Überlegungen drei neue Glocken geweiht werden. Die größte mit 20 Zentner Gewicht wurde als Marienglocke geweiht, die zweite mit 8 Zentner Gewicht als Friedensglocke und zugleich als Erinnerung an die Gefallenen und Vermissten des 2. Weltkriegs. Daher die Umschrift: „Unseren Gefallenen und Vermissten 1914/18–1939/45 in Dankbarkeit". Die kleinste Glocke, 5 bis 6 Zentner an Gewicht, wurde der Heiligen Familie geweiht. Die am 27. April 1955 von der Firma A. Bachert, Heilbronn, gegossenen Glocken tragen alle die Handschrift des eifrigen Pfarrers Karl Müller, des Predigers für den Frieden, des Kämpfers für die christliche Familie und des unermüdlich vor dem Bolschewismus warnenden Seelsorgers.

Geistliche aus der Pfarrei

Wenn früher in unserer Gegend jemand zu Amt und Würden gelangen konnte, war dies fast nur im geistlichen Amt möglich, denn in der Zeit vor der Säkularisation (1803) waren vorwiegend Klöster die Orte der Bildung. Auf diesem Wege gelangte der Seekircher Johannes Riedgasser von 1591 bis 1600 zur Abtswürde im Kloster Marchtal, der Brasenberger Michael Müller war 1598 bis 1628 Abt in Zwiefalten. Da aus dieser Zeit noch keine Kirchenbücher vorhanden sind, kann über die Familie Riedgasser nichts Näheres berichtet werden. Johannes Riedgasser könnte in Dillingen mit einem anderen Seekircher studiert haben. Dort ist in der Universitätsmatrikel 1558 Wolfgang Frank aus Seekirch, Licenziat und Magister der Philosophie, eingetragen, der 1561 zum Doktor promoviert wurde. Vom damaligen Marchtaler Abt Christoph Schenz wird berichtet, er habe einige Fratres zum Studium nach Dillingen gesandt. Die nachreformatorische Bewegung, durch das Konzil von Trient

Johannes Riedgasser aus Seekirch, Abt in Marchtal von 1591 bis 1600. Ein Michael Riedgasser wird 1552 in einer Seekircher Urkunde (U 23) als Heiligenpfleger erwähnt. Die Familie ist schon vor 1500 im Federseegebiet beheimatet. In Alleshausen wird 1433 Heinz Riedgasser (U 23) erwähnt, in Brasenberg 1414 Konrad Riedgasser, 1583 erhält Zacharias Riedgasser den österreichischen Lehenhof Ödenahlen (U 27).

und den Jesuitenorden getragen, stärkte das Bildungswesen. Die Auflösung des Klosters Marchtal wurde daher auch für die Pfarrei Seekirch zu einem großen Einbruch. Der bisherige Weg, vor allem für eine höhere Bildung, war jäh unterbrochen. So musste auch die Ausbildung der Geistlichen neu geordnet werden, um die Seelsorge zu sichern. Seit dieser Zeit haben aus der Pfarrei Seekirch verschiedene Jungen den Weg zum Priestertum beschritten, wobei in der Regel das Konvikt Ehingen zur ersten Station wurde. Die erste Primiz nach 1803 feierte aus der Pfarrei Johann Michael Sauter aus Alleshausen.

Am 10. August 1859 wurde Andreas Buck nach dem Studium der Theologie an der Universität Tübingen in Rottenburg zum Priester geweiht. Er stammte aus dem früheren Lehenhof „Joachim", der schon 1518 „Schoppes" genannt wird. Der Vater Martin Buck stammte aus Tiefenbach und verstarb 1882 bei seinem geistlichen Sohn in Hundersingen, wo dieser in den Jahren 1880 bis 1883 als Kaplan wirkte, bevor er dann nach Oggelshausen als Pfarrer wechselte.

Das Haus St. Oswald kaufte 1847 der Chirurg Ludwig Hugger aus Offingen. Dessen Nachfolger auf dem Haus, Lorenz Halder, eröffnete 1865 dort dann die Rosenwirtschaft. Huggers Sohn Ludwig, geboren am 6. Oktober 1857, studierte in Tübingen Theologie, trat aber wenige Monate vor der Priesterweihe aus dem Priesterseminar in Rottenburg aus und wurde ein geschätzter Landarzt in Ravensburg, wo er 1934 starb. Auch sein Bruder Hermann, geboren 1862, studierte Medizin und wurde in Schwäbisch Gmünd ein bekannter Arzt. Bei seinem Tod 1908 schreibt das „Deutsche Volksblatt": „Der Verstorbene betätigte sich im Wandel und Handeln als guter Katholik, als treuer Anhänger der Zentrumspartei und als Freund und Förderer der katholischen Presse" (Chronik 1908).

Der 1854 in Tiefenbach geborene Sebastian Schwörer wurde am 30. Juli 1876 in Innsbruck auf den Titel „Missionen" zum Priester geweiht und feierte am 13. August hier seine Primiz. Die schulische Ausbildung erhielt er in Buchau, Ravensburg und Maria Einsiedeln; Philosophie studierte er in St. Maurice/Schweiz und Theologie in Innsbruck. 28 Jahre wirkte er in der damals ungarischen Diözese Siebenbürgen als Religionslehrer, Beichtvater von Ordensfrauen und

Auf dem Weg zum Primizgottesdienst am 29. Juni 1932. Mitte: Primiziant P. Guntram Scheffold; rechts: Primizprediger Pater Superior aus Lochau bei Bregenz; links: Pfarrer Raphael Hartmann, Seekirch. Die letzte Primiz eines Seekirchers (Andreas Buck) fand am 14. August 1859 statt. Er wurde damals in Betzenweiler mit Chaisen abgeholt, während Pater Guntram in Biberach mit einem bekränzten Auto abgeholt wurde.

Assessor Consistorii beim Landesbischof von Siebenbürgen. 1904 wechselte er als Aushilfsgeistlicher in die Diözese Regensburg, wo er in Allkofen am 25. Mai 1921 starb (Auskunft Archiv Regensburg vom 21. Juli 2004). Die Familie, seit 1650 in Tiefenbach sesshaft, verzog 1905 nach Allmannsweiler.

Richard Hepp aus Tiefenbach feierte am 19. Juli 1896 in Seekirch Primiz, wobei sich ob des Andrangs der Gläubigen die Kirche als zu klein erwies. Er war in Biberach, Cannstatt, Bietigheim und Spaichingen tätig und lebte als Pensionär in Riedlingen, wo er am 12. Februar 1938 verstarb.

Im 20. Jahrhundert feierte nur ein Seekircher Primiz: Otto Scheffold, geboren in „Stephes Speicher" als Sohn von Schneidermeister Ludwig Scheffold († 1906) aus Olzreute und der Cäcilia geb. Lemmle von Winterstettenstadt, die das Haus von Anna Maria Stör kauften. 1927 trat Otto Scheffold bei den Salvatorianern, die in Wurzach 1920 eine Niederlassung gegründet hatten, ein. Als Frater Guntram kam er in die USA und wurde am 14. Juni 1932 in

Primiziantensegen vor dem Kriegerdenkmal der Neupriester Paul Pfaff († 2006 in Ertingen), Paul Kopf und Josef Reichart. Im Hintergrund: Pfarrer Vinzenz Wäscher, Stafflangen, Kamerer Alois Strahl, Oggelshausen, vorne links: der spätere Weisse Vater Hans Sauter, Oggelshausen, jetzt Haigerloch.

23. Juli 1955: Primiziant Paul Kopf wird vom Stadtpfarrhaus Buchau aus über die Heimat Tiefenbach zur Pfarrkirche geleitet. Vorne: Anton und Karl Kramer, Tiefenbach, Bürgermeister Anton Rauscher, von 1937 bis 1977 Organist und Chordirigent.

Das Kriegerdenkmal ist für alle Zeiten und Feste ein Ort des Erinnerns geworden. Bild: Totengedenken am Primiztag 24. Juli 1955.

Washington zum Priester geweiht. Über die Heimatprimiz schreibt der Chronist: „Den Höhepunkt des ganzen Jahres bildete die Primizfeier des P. Guntram Scheffold, Salvatorianer, Sohn der Witwe Cäcilia Scheffold in Seekirch, am 29. Juni 1932. Wohl nie hat der Ortspfarrer so willige Herzen und Hände gefunden wie bei seinen Anregungen zur würdigen Vorbereitung und Durchführung dieser Primizfeier. Der Gemeinderat Seekirch bzw. Bürgermeister Mohr übernahm willig die Sorge für den Ortsschmuck und die Kosten für das Böllerschießen; der Veteranenverein unter Leitung seines Vorstandes Leonhard Miehle, Seekirch, und des Kommandanten Franz Neher, Tiefenbach, bot sich an, auf dem Weg vom Primizhause zur Pfarrkirche Spalier zu bilden und in der Kirche für Platzordnung zu sorgen. Der Kirchenchor unter Leitung von Hauptlehrer Schellinger als Dirigent und Lehrer Eugen Brehm von Alleshausen als Organist haben viel Zeit zur Einübung passender Gesänge aufgewendet. Die Barmherzigen Schwestern haben mit Hilfe der Jungfrauen viele Girlanden und Kränze gewunden und die Pfarrkirche innen und außen festlich geziert. Drei große Triumphbögen wurden errichtet: beim Dorfeingang von Tiefenbach her, bei der Seitenstraße am Rathaus, die zum Primizhaus und zur Pfarrkirche führt, und beim Gasthaus zum Adler, in welchem das Primizessen und die Gemeindefeier am Nachmittage stattfand. Schüler(innen) der drei Schulorte wurden von den betreffenden Lehrkräften geübt und gekleidet als Gratulanten aus Amerika, aus dem Himmel und aus dem Märchenland. Insbesondere hat die Primizpredigt einen tiefen Eindruck gemacht und den Wert des katholischen Priesters für das katholische Volk ins Herz eingeprägt. Am 14. August hat der Primiziant sich von seiner Heimatpfarrei verabschiedet und ist glücklich wieder in Amerika angekommen, wo er als Lehrer an einem Salvatorianerkolleg tätig sein soll.“ Pater Guntram starb am 9. August 1974 in Portland/Oregon nach einem langen und segensreichen Wirken.

Mit gleicher Festlichkeit konnte am 7. April 1935 der Tiefenbacher Fridolin Rauscher (Jahrgang 1906) Primiz feiern. Zu seinem 75. Geburtstag verlieh ihm die Gemeinde Tiefenbach die Ehrenbürgerwürde. Am 27. Dezember 1984 ist Pater Dr. Fridolin Rauscher, am 6. April 1935 als Weißer Vater in Trier zum Priester geweiht, im Krankenhaus Ravensburg verstorben; beigesetzt wurde er in Haigerloch. 1952 hatte er mit der Arbeit „Die Mitarbeit der einheimischen Laien am Apostolat in den Missionen der Weissen Väter“ in Freiburg/Schweiz das Doktorat der Theologie erworben.

Vor nunmehr 50 Jahren, am 24. Juli 1955, erlebte Seekirch die letzte Primiz. Primiziant war der Verfasser dieser Schrift, Prälat Paul Kopf, seit 1960 als Pfarrer, Studentenpfarrer, Dekan, Kreisdekan in Ludwigsburg und zuletzt als Vertreter der Katholischen Kirche von Baden-Württemberg bei der Landesregierung und beim Landtag in Stuttgart tätig.

Kriege, die in der Erinnerung haften

Aus der Vergangenheit sind mehr Kriegs- als Friedensdaten bekannt und überliefert. Seitdem die Geschichte Seekirchs in Spuren sichtbar gemacht werden kann, werden bestimmte Elemente davon gerade auch in der mündlichen Tradition weitergegeben. Beeindruckend, was mein Vater, im 1. Weltkrieg Soldat in der Schlacht an der Somme (1916), alles erzählt hat. Diese Spuren der Geschichte werden immer dichter, je mehr sie sich der Gegenwart nähern. In der Zeit der Seekircher urkundlichen Ersterwähnung weist die Überlieferung ans andere Ufer des Sees, zur Plankentalkapelle, wo im Bericht über Adelindis, ihren Gatten Hatto und die drei Söhne Geschichte und Legende sich wie so oft begegnen, die Erinnerung an die grausigen Hunneneinfälle dadurch aber bis zum heutigen Tag lebendig bleibt.

Die Bauernunruhen um 1525 werden weniger als Krieg denn als Aufstand gegen die Obrigkeit überliefert. Ein Schritt wurde versucht, dessen Gelingen noch Jahrhunderte dauern sollte. Die Rebellierenden waren am Ende, auch unter dem Stab eines Abtes als weltlichem Herrscher, die Verlierer.

Eingeprägt hat sich der 30-jährige Krieg. 1637 wird berichtet, in Seekirch seien nur noch fünf Marchtaler Untertanen übrig geblieben; der größte Teil sei gestorben oder geflüchtet, die Häuser und Stallungen ausgeplündert, leer und verwüstet. An die Franzosenkriege erinnern bis heute die Gräber im Wald zwischen Minderreuti und Uttenweiler. Der Chronist schreibt: „1796 hausten die Franzosen wüst in unserer Gegend. Bei Moreaus Rückzug blieb zwar der Pfarrer zu Hause, aber die Orte Sauggart, Seekirch, Alleshausen, Brasenberg, Minderreuti, Uttenweiler, Dieterskirch, Dietershausen, Dobel u. a. haben außerordentlich viel gelitten, denn sie waren der anhaltende Tummelplatz feindlicher Truppen. Unter dem Hornvieh brach die Seuche aus und wütete besonders auf dem Dettenberg, in Uttenweiler, Sauggart, Kirchbierlingen, wo mancher

Stall geleert wurde.“ Im Stift Buchau floh die Äbtissin. Dort zogen nacheinander kaiserliche wie französische Truppen ein. General Moreau machte Buchau für zehn Tage zum Hauptquartier. Die Folgen bedeuteten den völligen Ruin des Stifts. Im März 1799 schlug ein österreichisches Armeekorps mit 18000 Mann zwischen Oggelshausen und Tiefenbach sein Lager auf. Ein Jahr später (1800) folgte eine große Rekrutierung zur Verteidigung des Vaterlandes. Johannes Strohm ging mit „Pferden und Wagen“ zum österreichischen Heer, erkrankte und starb. In Illertissen wurde er begraben. Franziskus Müller starb im Mai 1800 als österreichischer Soldat im Spital zu Weingarten. 1806 wurde Württemberg durch Napoleons Gnaden zum Königreich erhoben, nachdem es schon 1803 im Zuge der Säkularisierung kirchlicher Güter einen enormen Gebietszuwachs erhalten hatte. Der Preis war nicht gering. Die ganze Pfarrei wurde für sechs Monate französisches Standquartier; hinzu kamen österreichische Gefangene mit ansteckenden Krankheiten, für die in der Schule in Alleshausen ein Spital eingerichtet wurde. In Seekirch und Tiefenbach starben mehrere dieser Soldaten, die wohl in Seekirch begraben wurden. Dafür bot die Fronleichnamsprozession dieses Jahres ein besonders buntes Bild. Französische Soldaten paradierten, wofür der Pfarrer mit einem guten Trinkgeld dankte. Der Feldzug Napoleons 1812 gegen Russland forderte dann in allen Teilen der Pfarrei seine Opfer, davon aus Seekirch Norbert Stör, Tiber Scheffold und Anton Scheffold.

Drei große Kriege sollten das 19. und 20. Jahrhundert kennzeichnen. Jeder davon hatte sein eigenes Gepräge. Heute jedoch die Begeisterung von 1870 nachzuvollziehen, dürfte recht schwierig sein. Ein Auszug aus der Pfarrchronik möge daher Auskunft geben. Der Verfasser, Pfarrer Schöttle, scheint wie viele seiner Amtsbrüder völlig vom siegreichen Deutschland erfüllt gewesen zu sein, zu dem 13 Soldaten der Pfarrei (Seekirch 2, Alleshausen 4, Brasenberg 1, Tiefenbach 6) beigetragen haben.

Das Kriegsjahr 1870 und 1871

„Die erste Nachricht rief allgemeine Bestürzung hervor, doch erholte man sich bald vom Schrecken und Alles ward von bester Hoffnung beseelt, als unsere Armeen so schnell schlagfertig dastunden und in Feindesland einrückten. Die Schlachtenberichte kann man überall lesen. Hier sei nur erwähnt: Auf jeden Sieg folgte ungemeiner Jubel; selbst im kleinsten Dorfe. In den Städten wurde allemal geflaggt, geschossen. Auch hielt man öffentliche Gebete um Waffenglück. Täglich griff man gierig nach den Zeitungen. Wenn wir die Kanonen-Salven vom Schlosse Sigmaringen her hörten, wußten wir, daß wieder ein Sieg erfochten worden. Als Straßburg beschossen worden, hörten wir den Bomben- und

Kanonen-Donner dahier recht gut, sogar im Pfarrgarten, besonders aber auf der Anhöhe gen Schammach. Man tat überall für die Krieger, was man nur konnte; besonders wurde Leinwand, Charpie und Weißzeug überhaupt gesammelt. In unserer Pfarrei blieb man nicht zurück. Unterm 7. August 1870 wurden in Alleshausen zusammengebracht: 26 Hemden, 9 Paar Socken, 5 Kissenziehchen, 5 Unterziehchen, 17 Leintücher, 13 Ellen Leinwand, 6 Binden, 4 Sacktücher, 1 großer Pack alter Leinwand, 1 fl. 27 kr. an Geld. In Brasenberg 5 Hemdt, 4 Paar Socken, 4 Leintücher, 2 Handtücher, alte und neue Leinwand, 32 kr. an Geld. Unterm 17. August sandte ich an das Sanitäts-Comitee in Riedlingen: 10 fl. Kirchenopfer und 5 fl. ex propriis [von mir persönlich]. Unterm 11. September Kirchenopfer: 10 fl. 27 kr. In der 1. Collekte gaben an Geld Seekirch – 1 fl. 18 kr., Alleshausen – 1 fl. 58 kr., Brasenberg – 32 kr., Pfr. Schöttle 5 fl. 45 kr. zusammen 20 fl. Bei der zweiten Collekte: Seekirch – 7 fl. 45 kr., Alleshausen – 3 fl. 23 kr., der Schulfonds – 20 fl., die Kirchenstiftung – 10 fl., Pfr. Schöttle – 10 fl. Die gesammelte Leinwand etc. haben die Gemeinden Seekirch und Alleshausen nach Biberach, die Tiefenbacher nach Buchau gesandt. Unterm 3. Mai 1871 sandte Alleshausen – 6 fl. 52 kr. ein. Wo irgend eine Versammlung war, wurde für die deutschen Krieger gesammelt, so am Wahltag 13. März 1871. Außerdem wurde ihnen von den eigenen Angehörigen wie Anderen ungemein viel an Lebensmitteln und namentlich Cigarren geschickt. Jedem aus der Pfarrei, der im Felde stund, verehrte ich eine Schachtel Cigarren. Aus Seekirch machte nur Blasius Fiseler den ganzen Krieg mit. Bei Champigny – verdiente er sich das ‚eiserne Kreuz'. In einem eigenen Büchlein hat er alle seine Erlebnisse aufgeschrieben. Richard Miehle, der eigentlich nach Oggelsbeuren gehörte, aber hier ganz auferzogen wurde, war nur bei dem Corps im Schwarzwalde. Pfister von Tiefenbach war der einzige Verwundete. Bei Wörth erhielt er einen Streifschuß am Arme; sonst kamen alle glücklich heim. Nach dem Frieden wurde ein Dankgottesdienst gehalten. Der Einzug in ihre Garnisonen ward überall feierlich gehalten. Am 2. Juli 1871 eilten Tausende nach Ulm, um diesen Einzug mit anzusehen. Als alle zu Hause waren, lud ich sie ein in die hiesige Adlerwirtschaft, ließ ihnen Würste und Brot, Bier und einen Schoppen Wein regalieren. – Dieser Sieg und ehrenreiche Krieg hat Deutschland politisch geeinigt. Alles war ein Jubel und voll Begeisterung. Ein junger Mensch aus Rupertshofen, der nur die Elementarschule besucht, ist dichterisch angeweht worden. Ich ließ sein Gedicht ins Deutsche Volksblatt einrücken."

Der 1. Weltkrieg (1914–1918)

Der Mord am österreichischen Thronfolger in Sarajewo löste durch die Kriegserklärung Deutschlands an Russland am 1. August 1914 den 1. Weltkrieg aus. Bereits in den ersten Mobilmachungstagen mussten 77 Män-

Weihbischof Joannes Baptista Sproll beim Frontbesuch in Frankreich im Auftrag von Bischof Paul Wilhelm von Keppler im Anschluss an seine Bischofsweihe am 18. Juni 1916. Auf dem Bild der Weihbischof unmittelbar hinter der Front mit umgehängter Gasmaske.

ner der Pfarrei einrücken. Anfangs herrschte wiederum Begeisterung. Der Chronist, Pfarrer Josef Kloos, schreibt 1914: „Die Deutschen besetzen, um den Franzosen zuvorzukommen, Belgien; am 6. August wird Lüttich von den Deutschen erstürmt. Am 10. August Schlacht bei Mühlhausen und Altkirch. Die Franzosen ziehen sich zurück. Am 9. August siegreiches Gefecht der Deutschen in der Richtung Lunéville. An der russischen Grenze mehrere siegreiche Gefechte; die Russen ziehen sich aus Polen zurück. Woche vom 16. bis 23. August, 20. bis 23. August große Schlacht unter Führung des Kronprinzen von Bayern südlich von Metz; glänzender Sieg der Deutschen; 21. bis 22. August Schlacht um Longwy, nördlich von Metz unter Führung des Deutschen Kronprinzen. Sieg der Deutschen; das württembergische Armeekorps hervorragend tätig; 21. bis 22. August großer Sieg der Deutschen unter Führung des Herzogs Albrecht von Württemberg über die Franzosen und Engländer bei Neufchâteau. Während der langen Kriegszeit wurde täglich in der Pfarrkirche und in den Filialkapellen ein Rosenkranz mit Litanei am Abend gebetet. – Die Soldaten haben ausnahmslos vor ihrer Einberufung die heiligen Sakramente empfangen, so am Sonntag den 2. August ca. 80, wie auch im zeitweiligen Urlaub; der Sakramentenempfang seitens der Gemeinde war auch ein vermehrter. Die Sammlung für das Rote Kreuz im September ergab in der Pfarrgemeinde 502 Mark und viel Leinwand. Spätere Sammlungen in den drei Gemeinden zu Liebesgaben für die Soldaten im Felde hatten ebenfalls einen schönen Erfolg. –

1915.

Der Krieg dauert fort und ist zum langwierigen Stellungskampf geworden. Die Deutschen halten das ganze Jahr über fast ganz Belgien und einen Teil von Nordfrankreich besetzt. Die Russen wurden von den Deutschen in glänzender Offensive aus Ostpreußen hinausgeworfen und ganz russisch Polen besetzt, so daß die Deutschen Ende 1915 bei Riga und bei Pinsk stehen. Ebenso wurden die Russen von den Deutschen und Österreichern aus den Kar-

Ehrentafel für die Gefallenen und Mitkämpfer der Gemeinde Seekirch 1914–1918.

Ehrentafel für die Gefallenen und Mitkämpfer der Gemeinde Alleshausen 1914–1918.

Ehrentafel für die Gefallenen und Mitkämpfer der Gemeinde Tiefenbach 1914–1918.

paten und Galizien vertrieben. Die Türkei tritt im Januar und Bulgarien im August an die Seite Deutschlands und Österreichs in den Krieg ein. Serbien wird in schnellem Siegeslauf erobert, und Ende 1915 müssen die Franzosen und Engländer die Halbinsel Gallipoli räumen und sich von den Dardanellen zurückziehen. Resultat des Kriegsjahres am Ende 1915: Unsere Sache steht auf allen Kriegsschauplätzen gut! Ende 1915 standen aus der Pfarrgemeinde 170 Mann unter den Waffen, davon im Felde mit Einschluß der Gefallenen 118 Mann; gefallen sind 14 Mann und ein Mann im Feindesland beim Baden in der Aisne verwundet.

1916.

Der furchtbare Weltkrieg nimmt seinen grauenhaften Fortgang; alle Hoffnung auf Frieden ist bei der Verblendung und bei dem Haß unserer Feinde vergeblich; die Mittelmächte haben ein Angebot zum Frieden gemacht, wurden aber brutal abgewiesen. Anstatt offener Feldschlachten wird der sog. Schützengrabenkrieg geführt. Die Zentralmächte halten Belgien, Nordfrankreich, Polen, Rumänien, Serbien und Montenegro besetzt. Ende des Jahres wurden die 1898 geborenen Rekruten zum Militär eingezogen.

1917.

Der Weltkrieg und kein Ende! Das Jahr 1917 schließt ohne Zeichen eines nahen Friedens. Den von übermächtigen Feinden bedrängten ‚Mittelmächten' war es eine Rettung, daß im Februar 1917 in Rußland die Revolution ausbrach, infolge derer dieses große Reich nach Innen ganz zerfiel und zum weiteren Kriegführen unfähig wurde und sich zum Friedensschluss gezwungen sah. Von Mai bis zur neuen Ernte war die Lebensmittelnot in den Städten sehr bedrohlich und die Teuerung stieg ins fabelhafte; Kleider und Schuhwerk sind fast nicht mehr zu haben; ein paar Schuhe kosten 60 bis 70 Mark; gewöhnliche Pferde werden mit 3000 bis 4000 Mark bezahlt, bessere mit bis zu 8000 Mark! Dagegen sind die Frucht- und Fleischpreise dank der amtlich festgesetzten Festpreise nicht übermäßig. Die Zahl der im Kriege gefallenen Pfarreiangehörigen ist am Jahresschluß auf 30 gestiegen: 1914 sind es 7, 1915 – 8, 1916 – 8, 1917 – 7; dazu noch 3 Vermißte, die wohl auch zu den Toten zu zählen sind.

Einen schmerzlichen Verlust erlitt die Pfarrkirche infolge des Krieges: Im September musste die der Größe nach dritte Glocke zu Kriegszwecken abgeliefert werden gegen eine Entschädigung von 967 M., während die 2 größeren Glocken noch zurückgestellt wurden. Auch die Kapelle in Alleshausen musste ihre dritte Glocke zum Kanonenguss ausliefern; Tiefenbach entrann vorerst diesem das christliche Gemüt beleidigenden und betrübenden Geschick.

1918.

Noch Krieg! Alle Versuche der deutschen Regierung, zum Frieden zu kommen, waren vergeblich, unsere Friedensangebote wurden von den Feinden mit

Hohn abgewiesen. Die Kriegslage war bis in den Sommer hinein für uns günstig; am 21. März und 26. Mai wurden im Westen große und erfolgreiche Offensiven unternommen, aber mit dem 15. Juli begann sich das Kriegsglück zu wenden, und es wollte uns nichts mehr gelingen; wir mußten Gelände um Gelände abgeben, so daß von Mitte Oktober ab Waffenstillstandsverhandlungen eingeleitet wurden, da die Lage für uns aussichtslos geworden gegenüber der wachsenden Übermacht der Feinde an Menschen und Material, besonders den sogen. Tanks, gegen welche unsere Soldaten nicht mehr aufkommen konnten. Der Waffenstillstand wurde am 11. November unter schmählichen Bedingungen abgeschlossen, da am 7. November in Deutschland die Revolution ausgebrochen war, unser schon lange sozialistisch durchseuchtes Heer sich aufgelöst hatte und wir so völlig machtlos dastanden: traurig! Der Krieg schließt für die Pfarrgemeinde ab mit 37 Toten und 6 Vermissten, die wohl auch zu den Toten zu zählen sind. –

Gemälde von der Unterzeichnung des Waffenstillstandes im Wald von Compiègne am 11. November 1918 (Momente 3/04, Beiträge zur Landeskunde von Baden-Württemberg, S. 14). Bei der Unterzeichnung waren keine Pressevertreter oder Fotografen zugelassen. Erster von rechts (stehend) Matthias Erzberger, gegenüber (ebenfalls stehend) der französiche General Marschall Ferdinand Foch, Leiter der Waffenstillstandskommission. Eine für das Deutsche Reich deprimierende Szene wurde auf diesem Bild „verewigt“.

Am 1. September 1918 musste die zweitgrößte Glocke leider auch noch abgeliefert werden, das gleichfalls eingeforderte Loretoglöckchen wurde auf eine Eingabe hin von der Ablieferung zurückgestellt.“ Von deutscher Seite wurde der Waffenstillstandsvertrag von Matthias Erzberger, 1921 ermordet und in Biberach im katholischen Friedhof begraben, für die Reichsregierung unterzeichnet. In einer Gedenkausstellung im Geburtshaus Erzbergers in Buttenhausen bei Münsingen wurde das Original dieses Vertrages im Jahre 2004 erstmals in Deutschland ausgestellt.

Am 27. Mai 1923 wurde auf dem Gelände des ehemaligen Friedhofs, bei der Kirche, ein Kriegerdenkmal eingeweiht.

Der 2. Weltkrieg

Nur zwei Jahrzehnte nach dem Friedensvertrag von Versailles (1919), einem Friedensdiktat mit entwürdigenden Auflagen, das letztlich schon den Keim einer neuen Auseinandersetzung in sich trug, begann am 1. September 1939 der 2. Weltkrieg. Adolf Hitler, am 30. Januar 1933 durch den Sieger von Tannenberg im 1. Weltkrieg, den ehemaligen Generalfeldmarschall und Reichspräsidenten bis 1934, Paul von Hindenburg, zum Reichskanzler ernannt, zielte unter dem Vorwand, die Schmach von Versailles zu revidieren, auf einen kriegerischen Konflikt hin. Seine Partei, die NSDAP (Nationalsozialistische Deutsche Arbeiterpartei), fand in Deutschland, in Württemberg und auch in den Gemeinden der Pfarrei Seekirch, vor allem bei Jüngeren, Zuspruch, was im Besonderen zu Spannungen mit der Kirche führte. Höhepunkt war die Verbannung des Rottenburger Bischofs Joannes Baptista Sproll im Jahre 1938. Hitler verstand es geschickt, die Probleme der Arbeitslosigkeit anzugehen und bot vor allem auch den verschuldeten Bauern Hoffnung, wovon nicht wenige auch im Seekircher Raum betroffen waren. Die Beschaffung von Arbeit geschah nicht zuletzt durch Aufrüstung. Fasziniert hat vor allem der Bau der Reichsautobahnen, wovon ein erstes Teilstück der Strecke Stuttgart–Ulm 1936 eröffnet wurde. Den Weg der Annexion beschritt Hitler 1938 durch die Besetzung Österreichs und des Sudetenlandes und 1939 der Tschechischen Republik als „Reichsprotektorat Böhmen-Mähren".

Bischof J. B. Sproll (1927–1949), 1938 aus der Diözese verbannt.

Als dann am 1. September 1939 deutsche Truppen ohne Kriegserklärung in Polen einfielen, begann für fast sechs Jahre ein blutiger Krieg, der mit der bedingungslosen Kapitulation Deutschlands am 8. Mai 1945 enden sollte. Ein großer Teil Deutschlands war zerstört. Die Siegermächte teilten das Land in vier Zonen. Unsere Gegend war der französischen zugeteilt.

Zehn Seekircher Soldaten fanden den Tod. Im Russlandfeldzug fiel aus Seekirch bereits wenige Tage nach Beginn der Offensive der Gefreite Karl Aßfalg. Zu einem großen Freudentag

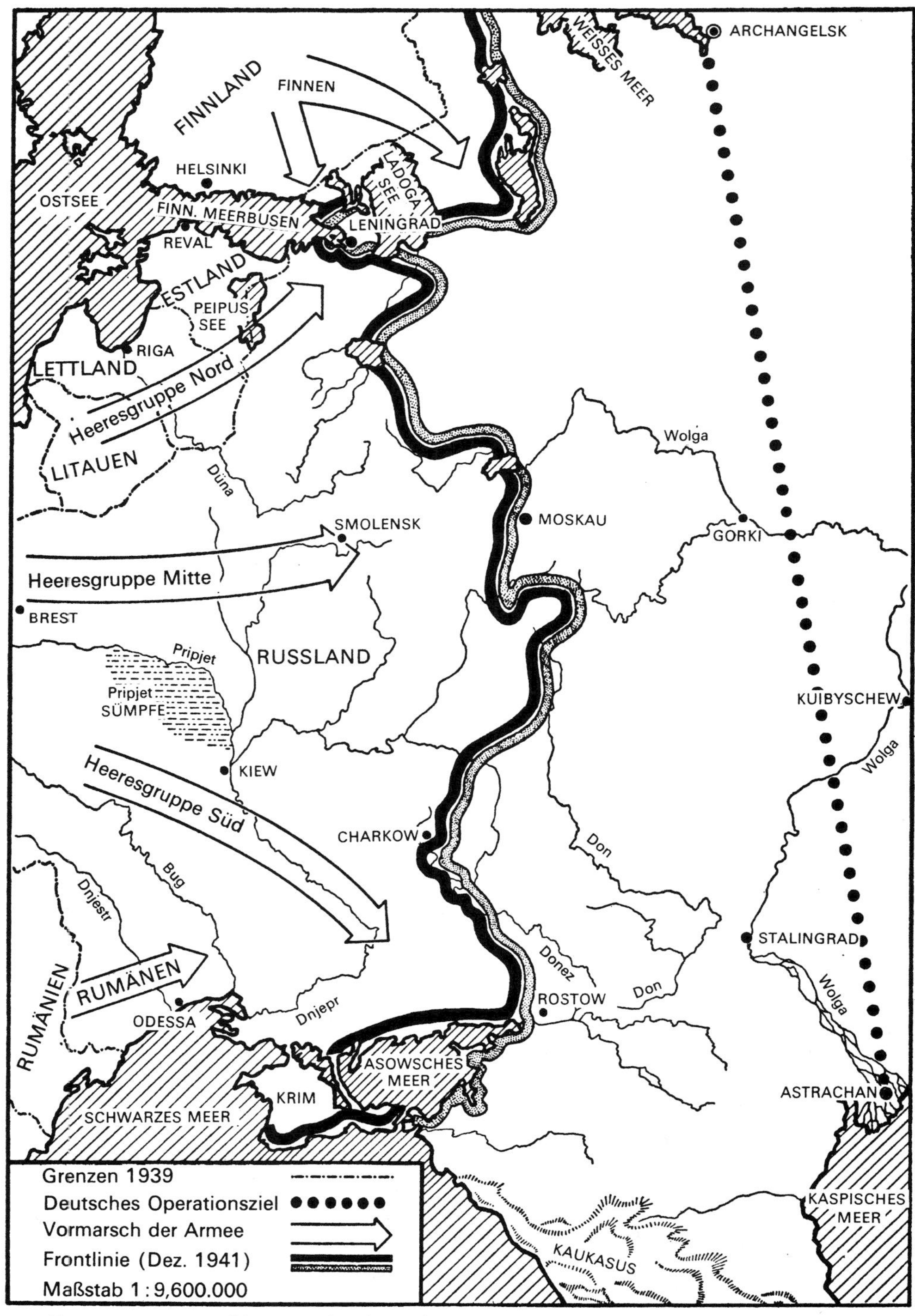

An diesen Fronten verbluteten die deutschen Soldaten von 1941–1942 (Aus: Robert Cecil, Hitlers Griff nach Rußland, Graz 1977).

Ehrentafel für die Gefallenen, Vermissten und Heimkehrer der Gemeinde Seekirch 1939–1945.

Ehrentafel für die Gefallenen, Vermissten und Heimkehrer der Gemeinde Alleshausen 1939–1945.

Ehrentafel für die Gefallenen, Vermissten und Heimkehrer der Gemeinde Tiefenbach 1939–1945.

Lorenz Lerner, der letzte Heimkehrer aus dem 2. Weltkrieg, bei der Begrüßung am Heimathaus am 1. Januar 1954 († 1958). 1939 hat der Zimmermann den heute noch bestehenden Bienenstand des Autors in Tiefenbach gebaut.

wurde der 1. Januar 1954. Der letzte Kriegsgefangene, Lorenz Lerner, konnte nach jahrelanger Gefangenschaft in der Heimat begrüßt werden. Trotz aller Spannungen – vor allem wegen der Teilung Deutschlands – konnte nach dem Krieg eine an Dauer noch nie erlebte Friedenszeit mit einem wirtschaftlichen Aufschwung ohnegleichen beginnen. Aber auch das strukturelle Gefüge kam ins Wanken, althergebrachte Werte wurden in Frage gestellt, die Strukturen der Landwirtschaft änderten sich. Nur noch wenige bäuerliche Betriebe be-

Max Srohm, Tiefenbach, auf dem Vormarsch Richtung Orel/Heeresgruppe Mitte.

Als letzter Tiefenbacher kehrte Max Strohm (Jahrgang 1920) 1949 aus russischer Gefangenschaft zurück. 1939 wurde er einberufen.

wirtschaften heute die Felder der Gemarkung. Flurbereinigung (1960), Dorfentwicklung, verbesserte Gemeindewasserversorgung und der Ausbau der Ortskanalisation verbessern die Lebensbedingungen. Das Fehlen einer Gaststätte am Pfarrort wird allerdings allgemein bedauert.

Von der Kultur des Todes

In allen Kulturen spielt der Umgang mit dem Tod eine besondere Rolle. Die christliche Tradition orientiert sich an der Überlieferung der ersten Christen, die Art der Bestattung an der Beisetzung Jesu. So wurde das Erdbegräbnis zur üblichen Form. Orte des Begräbnisses wurden Kirchen oder Räume um die Kirche, worauf der Name Kirchhof verweist. Somit dürfte der Platz um die heutige Kirche der erste Seekircher Friedhof gewesen sein. Bis nach 1610 wurden die Toten der Pfarrei hier bestattet. Im Zuge der Planung einer neuen Kirche wurde der Friedhof 1612 an den heutigen Ort verlegt. In diesem Jahr ließ Abt Jakob Heß (1600–1614) die 1466 von Johann Haberbosch im Ried Richtung Ahlen zu Ehren der hl. Veit und Rochus gestiftete Kapelle am Friedhof neu aufbauen. Zur Weihe dieser als prächtig bezeichneten Kapelle erschien der Weihbischof des Konstanzer Bischofs Jakob Fugger (1604–1626) und spendete zugleich das Sakrament der Firmung. Die Pfarrei hatte somit eine eigene Friedhofskirche, in der nicht wenige ihrer Seelsorger begraben wurden, darunter die Patres Modestus Schwarzenberger (1677), Marianus App (1698), Petrus Pop (1736), Gottfried Hämmerle (1764) und noch sie-

Von 1390–1803 waren Marchtaler Chorherren Pfarrer in Seekirch.
Nicht wenige wurden auch daselbst beerdigt. Einige Grabsteine sind erhalten, darunter der von P. Marian App. Das Bild zeigt die Vorderseite des Steins des Chorherrn, Pfarrer zu Seekirch von 1683–1698. Von ihm wird berichtet: „Marian betrieb die Oekonomie sehr, er hielt 35 Stück Vieh, darunter 4 schöne Pferde und 11 Melkkühe, wurde zur ersten Einrichtung mit Geld und oekonomischen Gegenständen vom Kloster unterstützt; aber er besaß daneben auch eine schöne Bibliothek, deren Catalog noch vorhanden ist. Von ihm heißt es: ‚Dessen Namen des Marmors würdig ist und ewigen Andenkens, tugendhaft, rein, dessen Leib und Kleidung nach vielen Jahren noch unversehrt war, war sehr gebildet, kenntnisreich in Philosophie und Theologie, wurde beinahe Abt'.“ (Schöttle 1977, S. 535).
Der Stein selbst stammt vom ehemaligen Schloss, wie die Rückseite ausweist, und verweist auf den Bau der Kirche daselbst 1603 unter Abt Jakob Heß (1600–1614), dessen Wappen auf dem Stein abgebildet ist. Der Stein wurde nach dem Abbruch der Veitskapelle, wo die Grabstätte lag, auf der Westseite der Friedhofsmauer angebracht und wird derzeit im Feuerwehrmagazin aufbewahrt.

ben weitere, bis die Kapelle 1819 „unter der Diktatur des kirchenfeindlichen Geistes“ (Pfr. Schöttle) abgerissen wurde. Mit dem Material wurden das Mesnerhaus und die Schulstube gebaut; die zwei Glocken wurden verkauft, eine davon nach Betzenweiler.

Die zwölf 1732 vom Kloster Marchtal gestifteten, aus dem 15. Jahrhundert stammenden Apostelfiguren sind bis auf die des Philippus verschleudert worden. Auch von den drei Altären und der sonstigen Einrichtung fehlt jede Spur. Sonntags fand in dieser Kapelle die Frühmesse statt, wodurch die Kirchenbesucher unmittelbar danach die Gräber ihrer Verstorbenen aufsuchen konn-

Das Eingangstor zum Friedhof, einst Portal der Kirche St. Veit und Rochus.

Die 1992 errichtete Leichenhalle im Seekircher Friedhof.

Hl. Philippus, 15. Jhdt. aus der St.-Veits-Kapelle in Seekirch.

ten, ein Brauch, der bis heute feste Tradition geblieben ist. Die Gedenktafeln von zwei in der Kapelle beigesetzten Seelsorgern befanden sich noch vor Jahrzehnten in der Friedhofsmauer eingelassen. Das Portal dieser Kirche wurde zum Friedhofsportal umgewidmet. Bis in die 60er-Jahre des 20. Jahrhunderts bahrte man die Verstorbenen, deren Hinscheiden das Läuten der Totenglocke – „die Schieding" – bekannt machte, zu Hause auf. In den umliegenden Ortschaften wurde durch ältere Frauen „zur Leich gesagt", die für diesen Dienst in den Häusern Naturalien erhielten. Nach dem dreimaligen Rosenkranz in den jeweiligen Ortskapellen, früher im Haus, wurde dem Toten das „Weihwasser gegeben" und am Begräbnistag der Tote bis zur Errichtung der Leichenhalle beim Friedhof (1992) in Prozession dorthin geleitet, wozu im 19. Jahrhundert in Alleshausen und Tiefenbach ein eigener Leichenwagen beschafft wurde. In Würde, vom Kirchenchor begleitet, vollzog sich am Portal des Friedhofs die Aussegnung. Nach der Beisetzung fand bis ca. 1980 das Requiem in der Pfarr-

Am Rosenkranzfest 1993 (10. Oktober) – 50 Jahre nach der Marienweihe des Kriegsjahres 1943 durch Bischof Joannes Baptista Sproll – wurde an der Leichenhalle vom Stifter, Kreisdekan Monsignore Paul Kopf, die Schutzmantelmadonna eingeweiht.

kirche statt; jetzt erfolgt die Aussegnung vor der Leichenhalle unter der 1993 vom Verfasser gestifteten Schutzmantelmadonna des Münchner Künstlers Alexander Henselmann. Nach dem Trauergottesdienst begaben sich ehedem die Angehörigen wiederum zum Friedhof, um am nun geschlossenen Grab die „fünf Wunden" zu beten, bevor die geladenen Gäste sich nach alter Sitte ins Wirtshaus zum Leichenschmaus aufmachten.

Das Gedächtnis der Toten ist in der Pfarrei wohl der älteste Kult, die Reverenz an die Generationen zuvor, wobei sich vielfältiges Brauchtum im Reigen des Jahres entfaltet. Der Besuch des Friedhofs, bis 1977 in der Verantwortung der Pfarrei, jetzt der bürgerlichen Gemeinden, ist fester Bestandteil in Freud und Leid. Ein frisch getrautes Paar begibt sich unmittelbar nach der Trauung dorthin. Nach den sonntäglichen Gottesdiensten finden sich die meisten Kirchgänger an den Gräbern ihrer Verstorbenen ein. Seit der Übernahme der Seelsorge durch Marchtaler Patres (1428) wird das Totengedenken durch sog. Jahrtagsstiftungen wach gehalten, wobei derlei Stiftungen in Alleshausen bereits vor dem Neubau der Kapelle 1486 nachgewiesen werden können. Mit dem Bau der St.-Veits-Kapelle verband Johann Haberbosch die ansehnliche Stiftung von 200 Gulden zu einem „ewigen Jahrtag", aus deren Zins eine Wochenmesse für ihn und seine Nachkommen gelesen werden sollte. Um die Übersicht über die Jahrtage nicht zu verlieren, hat Pater Modestus 1660 alle Jahrtage verzeichnet. 1721 führte die Herrschaft für ihre Lehensgüter Heiligennamen ein. Das auf dieser Grundlage 1734 angelegte Hausjahrtagsverzeichnis enthält für Seekirch 22, für Tiefenbach 44, für Alleshausen 58 und für

Brasenberg 9 Jahrtage. Außerdem wurde für die verstorbenen Mitglieder der seit 1651 bestehenden Rosenkranzbruderschaft ein eigener Jahrtag abgehalten. Pfarrer Schöttle verweist noch auf eine andere Personengruppe, derer gedacht werden sollte, die Priester. Er meint: „Niemand wird leichter vergessen, als die Priester, Männer, die für's Reich Gottes gewirkt und ihr Leben aufgeopfert." Diese Sorge hatten die Prämonstratenser des Klosters Marchtal weniger, gehörte doch das Totengedenken zu ihrem Tagesablauf. Doch schon der erste Pfarrer nach der Säkularisation, Josef Vonier, der als ehemaliger Chorherr von Marchtal 1824 verstarb und in Seekirch begraben wurde, stiftete für sich einen Jahrtag bzw. zwei Messen zu seinem Gedächtnis, ein Beispiel, dem auch die späteren Pfründinhaber folgten.

Nach dem „siegreichen" Krieg von 1870 kam ein neues Bewusstsein für die Opfer der Kriege auf. Für die im russischen Feldzug (1812) und in anderen Kriegen Gefallenen wurden vom 1873 gegründeten Veteranenverein für einen Kriegerjahrtag in der Pfarrkirche 95 Gulden gestiftet. Auch sonstige Stiftungen waren üblich, wobei die durch Jahrhunderte verehrte gotische Schmerzensmutter ein besonderer Ort des Gedenkens in Leben und Tod geworden ist. Wohltäter stifteten 1874 250 Gulden, damit an bestimmten Tagen, im Besonderen am Begräbnis- und Jahrestag des Todes der Stifter, sieben Kerzen vor dem Bild der schmerzhaften Muttergottes brennen sollen.

Auch nach dem 1. Weltkrieg wurde ein besonderes Zeichen des Gedenkens an die Gefallenen gesetzt. Nach langer Diskussion um den Standort konnte 1923 am Sonntag nach Pfingsten (27. Mai) auf dem Kirchplatz in einem sehr würdigen Rahmen ein Kriegerdenkmal mit der Skulptur des Drachentöters St. Georg, unter Federführung des Veteranenvereins und unter Mitwirkung der Musikkapelle Oggelshausen, des Gesangvereins Tiefenbach, der Feuerwehr Alleshausen und der Radfahrvereine Seekirch, Alleshausen und Tiefenbach eingeweiht werden. Die Namen der Gefallenen von 1939 bis 1945 wurden nach dem 2. Weltkrieg ebenfalls darauf verzeichnet. Seitdem ist diese Stätte, der Ort des alten Friedhofs, ein viel besuchter Platz des Gedenkens an die Toten der Kriege.

Um das Gedenken durch die Jahrhunderte im Sinne der Stifter aufrechterhalten zu können, bedurfte es in bestimmten Abständen einer Regulierung der angefallenen Verpflichtungen durch die Aufsichtsbehörde, zumal in den Inflationen auch die Stiftungskapitalien entwertet wurden. So werden nunmehr für die „alten Jahrtage" sog. Sammeljahrtage abgehalten, mangels Priester auch mehrere zusammengefasst. Auch in der Gegenwart ist es oberstes Gebot, die Kultur des Todes und des Gedenkens an die Verstorbenen wach zu halten, bewusst zu machen. Im Boden der Seekircher Friedhofsorte, um die Kirche, am Ort der Veitskapelle im jetzigen Friedhof ruhen die Menschen, die seit über 1200 Jahren im Gebiet der Pfarrei gelebt haben, ob noch bekannt oder schon längst vergessen. Um die 10000 – darunter früher viele Kinder – dürften es allein im Friedhof von 1612 sein.

Bräuche – Sagen und Geschichte

Aus dem Kreislauf des heidnischen und christlichen Lebens entwickelte sich in Jahrhunderten ein vielfältiges Brauchtum, das manchmal nicht wenig nach Magie und Zauber riecht. Bis heute verweisen der „Klosentag", die Fastnacht, der Osterhase, der Funken, die Angst vor der Nachtfrau und die Geschichte vom Storchen in diese Richtung. Am Martinstag bezahlte der Bauer die Pacht, schrieb der Handwerker die Rechnung, wurden Knecht und Magd „ausbezahlt" und wechselten die Stellen. All diese Vorgänge galten bis zum 2. Weltkrieg als wichtige Ereignisse, ebenso wie die Sichelhenke, bei der der Bauer seinen Dienstboten ein Erntegeld ausbezahlte. Für den Gallenmarkt in Riedlingen und den Martinimarkt in Biberach wurde dadurch eine gute Grundlage geschaffen. Die landwirtschaftliche Umstrukturierung ließ hierfür kaum mehr Platz übrig; selbst die Kirbe und das „Birebrot" haben an Bedeutung eingebüßt. Auch die zahlreichen, Jahrhunderte alten Bruderschaften haben mit Ausnahme der 1651 errichteten Rosenkranzbruderschaft nicht überdauert. Am Zurückgehen anderer kirchlicher Traditionen sind Wertewandel und veränderte Lebens- und Berufsformen schuldig, wie beispielsweise die starke Reduzierung der Flurgänge und Prozessionen. Fest in der Geschichte verankert bleibt die gelobte Wallfahrt der Tiefenbacher nach Steinhausen, in der sich eine Tradition widerspiegelt, die aus größter Not entstanden ist. Eher gewonnen hat das Stecken des „Dorfmaien", das in der Regel durch die Feuerwehr erfolgt.

In noch tieferer Gründung liegen Überlieferungen in der Begegnung von Sage und Geschichte, Traditionen, die tief prägten und durch Weitergabe noch ausgeschmückt wurden. Beispiele aus dem Raum der Pfarrei Seekirch sind:

Die Erinnerung an die Hunneneinfälle im 10. Jahrhundert

Diese werden in der Sage von Adelindis überliefert: „Hatto und seine Söhne sollen in einer Schlacht gegen die Magyaren gefallen sein. Vor dem Ausritt in die Schlacht versprach Hatto seiner Gemahlin, ihr an einem bestimmten Platze hinter Kappel, im Thale gen Allmannsweiler zu, da, wo das Blachfeld liegt, für alle Fälle, ob lebendig oder tot, zu begegnen. Als nun nach der Schlacht Hatto über Gebühr lange ausblieb, zettelte ihm Adelindis entgegen und sprach das Sprüchlein für sich hin: ‚Windle, Windle, weh, daß i mein' Gspon auch wieder seh!' Da kam in scharfem Trabe von der Wahlstatt herein ein Ritter, hoch zu Roß, sein Haupt auf einem weißen Teller tragend. Deß entsetzte sich Frau Adelinde und rief: ‚Windle, Windle, weh, daß ich meinen Gspon nimmer seh!' Und auf der Stelle verschwand der Ritter. Auch seine drei gefallenen Söhne erschienen ohne Kopf. Da brach die Mutter und Witwe in lautes Wehklagen aus, baute dann an derselben Stelle ein Kirchlein und das Thal ward von derselben Stunde an ‚Planken- d. i. Thränenthal', genannt" (Schöttle S. 268 f.).

Wenn sich die ergreifende Sage auch etwas weit von der Geschichte des Jahres 902 entfernt und Adelinde mit der Stifterin des Klosters verschmelzt, die um 770 gelebt hat, hat sie doch schon die Herzen vieler Menschen, vor allem von Frauen und Müttern in Kriegszeiten bewegt, hat getröstet und bleibt in den Malereien von Paul Hirt aus Villingen in der Plankentalkapelle bis heute lebendig.

Sagen um den Federsee

Bis zu den Seefällungen um 1800 reichte der Federsee in Seekirch und den anderen Anrainern bis an die Dorfgrenze. Das Wasser forderte nicht wenige Menschenopfer; so ertranken 1778 Joseph Rauscher und Maria Schilling, die mit einem Kahn von Buchau heimfahren wollten, denn ein Gutteil des Verkehrs

Die 1888 anstelle eines früheren Kirchleins erbaute Plankental- (= Tränental)-Kapelle von Süden. Das Scrafitto des tauben Malers Paul Hirt (um 1946) erinnert an die Adelindis-Sage: Als sich Graf Ato von seiner Gemahlin verabschiedete, versprach er ihr, sie werde ihn lebendig oder tot wiedersehen. Wenn er falle, erscheine er ihr als Geist. Als dort gerufen: „Windle, Windle, weh, bis ich meinen Herren wiederseh!" Da sei er ihr plötzlich hoch zu Ross erschienen, sein abgeschlagenes Haupt auf einer Schüssel. Die tief erschütterte Gattin schrie in ihrem Leid auf und rief: „Windle, Windle, weh, bis dass ich meinen Herrn nicht mehr seh!"

erfolgte früher auf dem Seewege. Kein Wunder, wenn auch hier sich Sage und Geschichte mischen. Eine Überlieferung berichtet von der Stadt im Federsee, wohl ein Anklang an die Wasserburg der Hallstattzeit um 800 v. Chr. Wo jetzt der Federsee liege, sei eine Stadt gestanden, die ob des gottlosen Lebenswandels der Einwohner untergegangen sei. Bei hellem Wetter und niederem Wasserstand könne man bis heute die Turmspitze der Kirche erblicken.

Auch die Sage vom Nebelmännlein und dem Grafen Stadion mit dem versunkenen Glöcklein, das man noch hören könne, klingt nach Geschichte und Sage. Die Grafen von Stadion waren durch Jahrhunderte eines der bedeutendsten Adelsgeschlechter im Umfeld der Pfarrei, mit vielen Verbindungen zum Stift Buchau und später, als Inhaber der Herrschaft Warthausen, mit Tiefenbach. Mit dem Grafen von Stadion und dem Nebelmännlein, ein Hinweis auf die vielen Nebeltage am Federsee, könnte auch auf die Kreuzzüge verwiesen sein. Jeder „rechte" Adelige hatte sich daran beteiligt und viele sind dabei elendig umgekommen, was zu vielen Mythen führte. Der Kampf ums Überleben kann auch zu jener Szene führen, wo der Waldmensch zu dem in die weite Welt gereisten Grafen sagt: „So, so! seid ihr, Herr Graf von Stadion! Wenn ihr euer verbeintes Nebelglöcklein zu Stadion in den Federsee werfen wollt, so friss ich euch nicht und will euch morgen früh bis acht Uhr nach Stadion bringen, denn um neun Uhr hat euer Weib mit einem anderen Hochzeit." Der Graf entgegnete: „Ein Mann, ein Wort." Der Waldmensch eröffnete dem Grafen, dass er eigentlich das Nebelmännlein sei und dass er das verbeinte Nebelglöcklein nicht leiden könne, zumal es ihn, sooft er Nebel machen wolle, an den Kopf schlage. Der Graf aß noch zu Nacht bei dem Nebelmännlein, und des Morgens früh waren sie im Nu auf einer Nebelwolke nach Stadion gefahren. Der Graf konnte seinem Weib nur durch den Stahlring zeigen, dass er ihr Mann sei. Er war ganz verhaart und zerlumpt. Das Glöcklein aber ließ er in den Federsee versenken. (Birlinger, Volkstümliches aus Schwaben). Im Namen des Seekircher Kindergartens ist die Sage wieder aufgegriffen.

„Du bist a Hex" – Vom Übel des Hexenwahns

Im 17. und 18. Jahrhundert kam diese Beschuldigung unter Umständen einem Todesurteil gleich. Die Federseegegend war zu dieser Zeit besonders verschrien und nicht wenige, die der Hexerei beschuldigt wurden, mussten qualvoll sterben. Ort der Hinrichtung war in der Regel Marchtal mit dem berüchtigten Hexenturm als Gefängnis. Höhepunkt dieses Wahnes waren die Jahre ab 1746. Allein aus Alleshausen wurden in diesen Jahren wegen Hexerei sieben Personen hingerichtet und verbrannt, ein Schicksal, das zwischen 1586 und 1593 bereits acht Frauen getroffen hatte. Pfarrer Selig schreibt: „Bei 30 Manns- und

Weibspersonen waren als Hexenmeister und Hexen verschrien. Man tat das gegenseitig; es entstanden gar viele Feindschaften. Weit und breit war der Ort berüchtigt. Niemand mehr wollte mit diesen Leuten etwas zu tun haben. Man mied sie, wollte nicht mehr von ihnen kaufen und ihnen nichts zu kaufen geben. 18 Tage lang war ein Franziskanerpater aus Waldsee auf Kosten der Alleshauser im Pfarrhaus zu Seekirch und hielt eine neuntägige Prozession zu St. Veits Kreuzweg. Vergeblich. Da kam der Kapuzinerpater Engelbert aus Waldsee, ein heiligmäßiger Mann, und befreite die Besessenen; aber der Teufel log aus ihnen heraus, daß Hermannus Contractus (Hermann der Lahme, Graf v. Altshausen-Veringen, Mönch in Reichenau) in des Specken Haus im Kühstall begraben sei. Nun grub man tief, aber ohne Erfolg. P. Engelbert, geschickt und klug, heilte das Übel glücklich und Hermann bekam auch Ruhe.

Im Jahr 1747 gab es wieder Streit unter den Weibspersonen wegen Besessenseins und Hexerei. Die Besessenen kamen acht Tage in den Turm nach Marchtal und die Unruhe legte sich. Es wurde eine Strafe auf dergleichen Beschimpfungen gesetzt und der Volksspott hieß Alleshausen von da an nur noch das ‚Hexengäu'. Die Lästerer, und alle, die ihre Lust daran hatten, wurden vor die Kirchentüre gestellt und ihnen eine Lastertafel umgehängt mit den Worten: ‚Du sollst nicht Ehr abschneiden.'

Am 25. Januar 1749 kam der Prälat Edmund von Marchtal mit dem P. Großkellner und Kastner und einem weltlichen Beamten nach Alleshausen und nahm im Wirtshaus Visitation vor. Alle Gemeinder wurden zitiert und befragt, was sie wegen der Händel, die Hexereien betreffend, vorzubringen hatten. Die Aufregung in der Gemeinde dauerte noch lange fort. Anno 1751 brach das Übel wieder aus; doch hat der Kooperator [Helfer] von Seekirch durch Benediktion der Sache wieder abgeholfen. Aber nur nach und nach ließ man sich beruhigen; noch anno 1768 mußten die, welche andere als Hexen verschrien, strenge bestraft werden. Selbst die am 13. Mai 1787 verstorbene Witwe Sophie Weilerin aus Brasenberg war von bösen Zungen eine Hexe genannt worden; und doch war sie eine sehr brave und fromme Frau und hatte denen, welche ihr Böses nachgeredet hatten, heldenmütig verziehen und Gutes getan" (Selig, Sonntagsfreude Nr. 20/21, 1905).

Bis in die Gegenwart lassen sich Spuren dieses Wahnes finden. In diese Richtung dürfte auch die Angst vor dem Schrättele gehen. Es wird erzählt, wenn das Schrättele in einen Stall kommt, reitet es die Pferde und flicht ihnen am Kranz und Schweif Zöpfe, die niemand entwirren mag. Die Pferde stehen anderentags schnaubend, zitternd und in Schweiß gebadet da, die Kühe haben Zöpfe im Schwanz und den Melkkübel zwischen den Hörnern (Birlinger, Volkstümliches). Dahinter steckt die tiefe Sorge um die „Mene", denn von einem guten Fuhrwerk hing der Bestand des Hofes ab. Vor allem Zeiten der Not lassen den Hexenglauben wieder aufleben, und es begegnen sich Glaube und Aberglaube. Der frühere

Brauch, bei Unglücksfällen im Stall den Pfarrer mit der Bitte zu holen, diesen „auszusegnen", dürfte dabei auch dicht an der Grenze zum Aberglauben stehen. Aus Seekirch berichtet der Chronist noch im Jahre 1940 von einem Mann mit anormalem langem Schnurrbart und entsprechenden Haaren, der zu Lebzeiten seiner Frau stark dem Hexenwahn gehuldigt habe. Zu diesem Urteil trugen auch noch Umstände beim Verkauf seines Hofes bei. Ein ehemaliger Tiefenbacher, der in die Bodenseegegend gezogen war, stand nach dem 2. Weltkrieg wegen Hexerei vor Gericht und wurde als „Hexer" verurteilt. Er hatte großen Zulauf. Ob von der früheren Überlieferung, wonach die Hexen in der Zeit zwischen Kräuterweihe (15. August) und Mariä Geburt (8. September), „Dreissgnist" genannt, eine besondere Gewalt haben, noch Reste vorhanden sind, dürfte schwerer zu ermitteln sein als ein gewisses Brauchtum in den „Heiligen Nächten" zwischen Weihnachten und Dreikönig, das sicher die Spuren einer heidnischen Überlieferung in sich birgt. An was liegt es wohl, dass 1200 Jahre nach der christlichen Missionierung gerade in den Gemeinden um den Federsee soviel heidnischer Rest an Aberglauben vorhanden ist?

Haben die heidnischen Vorfahren so intensiv gewirkt oder haben es die christlichen Verkündiger nicht geschafft den dämonischen Sauerteig dieses menschenunwürdigen Aberglaubens auszurotten? Diese bewegende Frage hat schon viel Leid, Unrecht und Unfrieden in die Gemeinden und deren Häuser getragen.

Räuberbanden in Oberschwaben

Die Zeit des „Hexenwahns" war auch die der gefürchteten Räuberbanden in Oberschwaben. Die bekanntesten haben auch in unserer Gegend ihr Unwesen getrieben, haben Schrecken, Elend und Unsicherheit verbreitet. Die zwei gefürchtetsten Räuber drangen bis nach Seekirch vor. Der „Schinder-Paul" (Johann Paul) war nach Verbrechen wie Mord und Diebstahl in Dürmentingen eingekerkert und konnte dort entkommen. Am 6. Februar 1753 wurde er in Seekirch in Josef Englers Heustadel gefasst. Als bekanntester Räuber galt der „Schwarze Vere", Xaver Hohenleiter, aus der Nähe von Zusmarshausen in Bayrisch-Schwaben. Der ehemalige Soldat bildete eine Bande mit sechs Paaren, die sich in ganz Oberschwaben und darüber hinaus aufhielten und sich vom Raub ernährten, so wurde die Ölmühle in Betzenweiler überfallen. Im Seekircher Armenhaus beherbergte der Schnallenmacher Petrus Wagner wiederholt den gesuchten Räuber, der später in Königseggwald gefangen und von dort nach Biberach überstellt wurde, wo der Bande der Prozess gemacht werden sollte. Am 20. Juli 1819 vollzog sich jedoch ein „Gottesgericht". Der Schwarze Vere wird im Gefängnisturm vom Blitz erschlagen; ein Ereignis, das bis in die Gegenwart weiter erzählt wird.

Der Dichter Gustav Schwab hat den Vorgang in bis heute in Oberschwaben unvergessene Verse gefasst:

„Anklopft das Wetter und der Sturm
Zu Biberach am Sünderturm,
Die Wölbung bebt vom Widerhall,
Die Eisenstäbe zittern all.

Es blitzt so hell, es kracht so schnell:
Da liegt auf Stroh kein Diebsgesell,
Dem in der schwarzen Feuernacht
Nicht das Gewissen lodernd wacht.

Ein jeder Blitz weckt eine Tück',
Ein jeder Knall ein Bubenstück.
Sie werfen auf die Knie sich –
Und fleh'n und weinen bitterlich.

Ein Mörder nur ohn' all's Gebet
In Ketten angeschmiedet steht,
Ein eisern Band den Leib umflicht,
Er kann nicht knien, er thät's auch nicht.

Er rasselt an der Wand voll Wut,
Wie wohl ein Wolf im Käfig thut;
Er flüstert: ‚Bald bin ich befreit!
Blitz, Element, jetzt ist es Zeit!'

Aus einer Falte seiner Haut
Schlüpft eine Feil', eh's einer schaut:
‚Jetzt feil ich in der dunklen Nacht,
Ich feile, weil das Wetter kracht!

Ihr Narren, betet nur und heult,
Derweil mein Ring wird durchgefeilt!
Eu'r Winseln bittet euch nicht los,
Doch ich, bald wandl' ich kettenbloß.
Dem Richter, dem Gesetz zum Spott!
Noch einen Streich –
dann Trotz dir, Gott!
Ja wett're nur, ich feil', ich feil! –'
Da fliegt der Blitz, der Flammenpfeil.

Da feilt der Strahl, den Ring durchein,
Er feilt bis in das Herz hinein,
Der Mörder krümmt sich wie ein Wurm,
Der Donner schüttelt an dem Turm.

Die andern hat verschont der Schlag,
Und nur als schwarze Schlake lag,
Mit Ketten und mit Eisenband
Verschmolzen Einer an der Wand."

Neue Ordnungen in Pfarrei und Gemeinde nach 1803

Die Besoldung der Pfarrgeistlichen

Unter der Marchtaler Herrschaft hatte der Pfarrer ein fest geregeltes Einkommen aus Feldern, Zehnten und Gebühren (Jahrtage, Kasualien). Den Groß- und Kleinzehnten bezog er von allen Äckern, Wiesen, Gärten und Feldern. Von allen Dingen musste diese „Steuer" abgegeben werden, was oft als große Last empfunden wurde. Anstatt des Kraut- und Heuzehnten erhielt die Pfarrstelle eine Wiese und ein Krautland zu eigen. Zum Umsetzen dieses Einkommens bedurfte der Pfarrer eines großen Viehstands, Dienstboten und Gebäude. 1755 waren beim Pfarrer beschäftigt die „Hauserin", zwei Mägde, ein Knecht sowie ein Bub, deren Bezahlung in Geld und Naturalien erfolgte. Zu den Aufgaben von Knecht und Bub gehörten u. a. Holzmachen und den Ackerbau versehen; in Abwesenheit des Knechtes musste der Bub auch dreschen. Als 1803 Marchtal an den Fürsten von Thurn und Taxis fiel, musste dieser neben den Rechten am Einkommen auch die Kosten für die Besorgung der Seelsorge übernehmen.

Seit 200 Jahren vollzieht sich nun durch Entflechtung von Gemeinde und Kirche ein Prozess, der bis heute nicht abgeschlossen ist und damals wie heute, je nach politischer Konstellation, Anlass zu Auseinandersetzungen zwischen Staat und Kirche gibt. Zunächst versuchte die Standesherrschaft mit dem Staat eine Ablösung ihrer Pflichten zu erreichen, was 1865 auf einer Gesetzesgrundlage von 1848 für die Pfarr- und Kaplaneipfründe erfolgen konnte. Die Ablösungssumme war an den sog. Intercalarfonds, eine Verwaltungsstelle kirchlicher Gelder in staatlicher Oberhoheit, zu überweisen. Damit war die Baulast an den Gebäuden abgelöst. Die bisher von der Standesherrschaft dafür bezogenen Einkommen entfielen. Bereits 1838 war die herrschaftliche Zehntscheuer um 4000 Gulden zum Abbruch verkauft worden. Bei der Besoldung der Geistlichen wurde Schritt um Schritt das Naturaleinkommen abgelöst. Bald blieben als Einkommen nur noch die Pfründgüter, mit sehr unterschiedlicher Größe in den Pfarreien, wodurch Staat und Kirche gezwungen waren, eine Mindestbesoldung zu garantieren. Auch in Seekirch erfolgten verschiedene Aufbesserungen bei Pfarrer und Kaplan, denn deren Pfründbesitz war zum Lebensunterhalt zu schmal. 1825 standen dem Pfarrer zur Nutznießung das Pfarrhaus nebst Scheuer und Stallung zur Verfügung. Letztere wurde 1821 vom fürstlich Thurn und Taxis'schen Rentamt beinahe ganz neu hergestellt; unter dem Dach befanden sich zwei übereinanderliegende Fruchtböden. Neben dem angebauten Kaplaneihaus standen die 1803 gebaute Pfarrscheuer und ein Holzschopf. Der frühere Schweine- und Hühnerstall wurde im Schopf untergebracht, Wasch- und Backhaus waren mit dem Kaplan gemeinsam; statt des früheren Brunnens bestand eine Hauswasserleitung. Gras-, Baum- und Gemüsegarten lagen neben dem Pfarrhaus, wobei der Grasertrag verpachtet war. Die Erträge der Wiesen (71/8 Morgen), darunter die 1835 zugeteilte Seewiese, waren weniger ertragreich als die verpachteten Pfründäcker (81/8 Morgen). Aufgrund der Waldverteilung von 1849 in Seekirch kam die Pfarrstelle in den Besitz von 62/8 Morgen Wald, wogegen sie in Tiefenbach leer ausging. Zur Besoldung wurden davon 202,80 Mark angerechnet. Dazu kam noch Besoldungsholz. Geld, Frucht und Holz ergaben 1885 eine Besoldung von 2320,99 Mark. Trotz der noch anfallenden Gebühren von 105,29 Mark für festgelegte Verpflichtungen und 134,44 Mark Kapitalzinsen aus der Ablösungssumme beim Intercalarfonds musste staatlicherseits die Besoldung noch um 233,44 Mark ergänzt werden, um ein

Mindesteinkommen zu sichern. Das Verdienst des Seekircher Pfarrers betrug demnach 1885 2996,66 Mark.

Mit dem Pfarrgemeindegesetz von 1887 wurde staatlicherseits das Recht geschaffen, Umlagen zu erheben, und im Gesetz von 1924 ein Landessteuerverband mit Steuervertretung gegründet. Die Zeit der Kirchensteuer brach an. Die Besoldung der Geistlichen erfolgte bis nach dem 2. Weltkrieg unter Berücksichtigung der Pfründbasis. Das durch Pacht und Erträge von Gärten und Feldern gewonnene Einkommen wurde mit dem Gehalt verrechnet. Die Besoldung erfolgte nach drei Kategorien von Pfarreien (große, mittlere, kleine), ehe eine einheitliche Besoldungsordnung festgelegt und Pfründgüterverwaltung wie Intercalarfonds von der Diözese übernommen wurden, womit auch das Amt des Kamerers, in den Dekanaten für die Pfründverwaltung zuständig, sich erübrigte. Einnahmen aus ehemaligen Pfründgütern, Leistungen des Staates zur Besoldung und die vom Staat gegen Ersatz der Auslagen eingezogene Kirchensteuer bilden gegenwärtig ein solides finanzielles Fundament für die Leitung der Diözese weit über die Besoldung der Geistlichen hinaus.

Die Unterhaltung der kirchlichen Dienste

Neben der Besoldung der Geistlichen musste auch das kirchliche Umfeld versorgt werden. Die Verwaltung der materiellen Güter erfolgte durch die Heiligenfabrik, die das Vermögen des „Heiligen“ (Patron der Kirche) zu verwalten hatte. Dazu zählten Güter und Stiftungen. Schon 1395 wird von einem Widumhof, der zum „Kirchensatz“ gehörte, berichtet. Die Verwaltung lag in den Händen des Heiligenpflegers, des heutigen Kirchenpflegers. Das Hauptvermögen bezog der Heilige aus seinem Hof in Ödenahlen, einem österreichischen Lehen, dessen Inhaber Leibeigene des Abtes von Marchtal waren. Da Ahlen während der Zeit der Reformation, aufgrund seiner Zugehörigkeit zur Stadt Biberach, evangelisch war, wurde Ödenahlen in dieser Zeit der Pfarrei Seekirch zugeordnet. Die Hauptlast für die Heiligenpflege bestand neben der Sorge für die Kirche, deren Baulast bei Gemeinde und Herrschaft lag und formal erst 1939 mit der Ablösung des taxischen Patronates durch den Fürsten endete, in der Unterhaltung des Heiligen- oder Mesnerhauses. Der Mesner war, neben dem Pfarrer, eine sehr gewichtige Person, für die 1556 ein erstes Haus gebaut wurde. 1718 folgt ein Neubau, 1819 ein Anbau, 1838 ein neuer Keller und 1849 ein Viehstall. Stoffel Kraus ist von 1553 bis 1564 als erster Mesner bezeugt. Im Laufe der Zeit entwickelte sich aus dem Mesnerdienst der des Mesners und Lehrers. Die Reihe der Mesner und Lehrer beginnt mit Thomas Distel (1664–1666) und endet mit Anton Kurfeß aus Neuhausen (1895–1905). Die Besoldung erfolgte bis 1848 in Naturalien, die dann Schritt

Der seit dem 14. Jahrhundert bekannte österreichische Lehenhof Ödenahlen (Hof Pappelau), dessen Inhaber Marchtaler Leibeigene waren, gehörte zur Haupteinnahme der Heiligenpflege, die daraus vor allem das Mesner-/Schulhaus unterhalten musste. Bild um 1950.

für Schritt in Geldbezüge überführt wurden. Das St.-Ignazi-Lehen (Ammanns Haus, 1718 als Mesner-/Lehrer-Schulhaus erbaut), 1864 in das Eigentum des Schulmeisters übergegangen, diente als Besoldungsgrundlage. 1864 wird das 1824 erbaute Haus des Wagners Georg Müller zum Lehrerhaus umgebaut, das 1957 abgebrochen und neu erbaut, seit 2001 Kindergarten ist. Neben der Wohnung befanden sich in dem Gebäude Stadel, Schopf, Spritzenremise und Schweinestall, während der Schulraum bis 1966 im 1865 neu erbauten Schul- und Rathaus untergebracht war. Als erster Lehrer zog 1866 Moritz Schönberger ein, dessen Konflikt mit der kirchlichen Obrigkeit wegen Viehhütens auf dem Kirchplatz, unpünktlichen Läutens, Unpünktlichkeit beim Gottesdienst und zu wenig Fürsorge für das „ewige Licht“ die damals schwierige Situation des Lehrerstandes aufzeigt, die nach einer Neuordnung verlangte. Ein Gesetz von 1905 brachte die Trennung von Mesner- und Schuldienst. Das Mesnereinkommen musste dadurch vom Lehrereinkommen getrennt werden. Die Güter, bestehend aus Äckern, Wiesen, Seeteil und Wald, wurden hälftig zwischen kirchlicher und bürgerlicher Gemeinde geteilt.

Erster Mesner nach der Trennung der Dienste wurde Wagner Felix Aßfalg, 1905 vom Fürsten Thurn und Taxis präsentiert, 1906 eingesetzt. Sein Enkel Josef Aßfalg folgte ihm 1933. Erster Lehrer auf dieser Grundlage wurde als Schulamtsverweser bis 1906 Berthold Müller aus Ehingen.

1712 wurde für die Pfarrkirche eine Orgel beschafft. Der Dienst des Organisten wurde ebenfalls mit dem des Lehrers verbunden, der in der Regel noch eine Landwirtschaft umtrieb, weshalb oftmals Hilfskräfte eingestellt werden mussten.

Die Entflechtung der verschiedenen Dienste dauerte lange. Viele Lehrer waren der kirchlichen Aufsicht überdrüssig und taten ihren Dienst nur ungern. Der letzte Lehrer, der in Seekirch Schul- und Organistendienst übernommen hatte, war von 1932 bis 1938 Albert Schellinger aus Spaichingen. Sein Abgang vom Organistendienst wirft ein bezeichnendes Licht auf die Situation von Kirche und Schule in der Zeit des Nationalsozialismus, der in den Reihen der Lehrer guten Zuspruch fand. Am 1. Februar 1937 erhielt Pfarrverweser Emil Kunz den folgenden Brief von Lehrer Schellinger: „Als deutscher Mann von Charakter und aufrechtem Sinn und als Nationalsozialist habe ich gestern, am Tage nach der Feier der nationalen Erhebung, den allein möglichen Entschluss gezogen, die Orgel zu verlassen. Ich sehe mich veranlasst, Ihnen mitzuteilen, daß ich bei weiteren solchen Anlässen, d. h. also bei Hirtenbriefen, die in so gemeiner Art und Weise wie gestern, das Empfinden eines Deutschen und Nationalsozialisten verletzen, die Orgel wiederum verlassen werde. Heil Hitler!"

In der Pfarrchronik wird berichtet: „Die Verlesung des zweiten Teiles des Fastenhirtenbriefes 1937, der ernste Fragen der Zeit in offener Weise behan-

Vorne links: Das 1824 erbaute, 1866 zum Lehrerhaus umgebaute, 1957 abgebrochene Haus. Der folgende Neubau wurde 2001 zum Kindergarten umgebaut. Ganz links: Der Hof St. Blasius (Klosenbauer), der an den Schlossgarten angrenzte und deren Inhaber schon vor 1640 bezeugt wird. Mitte: Das Haus St. Oswald, seit 1865 Gasthaus zur Rose. Dahinter: Das Haus St. Ignatius, 1718 als Mesnerwohnung mit Schulstube durch die Kirchenstiftung erbaut. Ein Schulanbau erfolgte 1819 mit den Materialien aus dem Abbruch der Kapelle St. Veit und Rochus auf dem Friedhof. Im Zuge der Ausscheidung der Kirchengüter ging das Anwesen 1866 an Georg Müller, Wagner, über. Der spätere Besitzer Alois Gaßner richtete in der ehemaligen Schule eine Käserei ein. 1902 heiratete Matthias Ammann von Winterreute Marianne Gaßner. Rechts im Hintergrund: Das Haus St. Isidor (Schilling-Bauer), das 1901 abbrannte. 1882 heiratete Karl Mohr aus Schammach auf den Hof. Er wurde 1903 Schultheiß.

Rechts das 1865 erbaute Schul- und Rathaus, in dem die Unter- und Oberklasse bis zum Neubau 1966 unterrichtet wurde.

delte, brachte ein wichtiges Ereignis: Der Lehrer [Organist] verließ die Orgel mit der Bemerkung, der Bischof solle selber orgeln. Infolgedessen wurde nur eine Liedermesse ohne Orgelbegleitung gesungen. Die Erregung in der ganzen Pfarrei war sehr groß. Ein Schreiben des Organisten gab Anlass zu sofortiger Kündigung des Organistenvertrages, was vom Ordinariat schon zum Voraus auf einen Bericht des Pfarrverwesers hin genehmigt wurde. Als Organist wurde ein Mitglied der Pfarrei: Anton Rauscher in Tiefenbach bestellt, der schon 11/4 Jahre dieses Amt aushilfsweise in Stafflangen ausübte." Dieser sollte für vierzig Jahre gekonnt als Organist und Chorleiter tätig sein.

Durch den Neubau der Schule zwischen Alleshausen und Seekirch 1966 wurde das Lehrer- und Schulhaus zu anderer Nutzung frei, worüber Pfarrer Unterricker zunächst gar nicht glücklich war, nach einem Jahr Schulbetrieb jedoch seine Meinung völlig änderte und schreibt: „Das Verhältnis der Lehrerschaft ist einfach großartig. Welche Änderung. Der Ortspfarrer selbst hätte es nie geglaubt. Aber Gott sei Dank" (Chr. S. 118).

Vom Lehensträger zum freien Mann

Zug um Zug wurde nach 1803 dem Bürger ein Weg geebnet, der ihn vom Lehensträger zum Eigentümer seiner Güter machen sollte. 1817 kam es zur Aufhebung der Leibeigenschaft, durch das Gesetz von 1848 der Grundherrschaft. Der Lehensträger wurde Eigentümer, musste dafür aber festgelegte Gebühren bezahlen. Dasselbe galt für die Ablösung des Zehnten durch das Gesetz vom 17. Juni 1849. Der ermittelte Kapitalwert war mit 4 % zu verzinsen und in 25 Jahresraten zu tilgen. Bei der Verteilung des Gemeindegutes, der Allmende, erhielten die 22 „Gerechtigkeitsbesitzer" sowie die Pfarr- und Schulstelle gleiche Anteile, wie dies bereits 1834 bei der Verteilung der Seewiesen geschah. Im

Familie Amann bei der Ernte (um 1940).

Vertrag vom 23. August 1847 wurden die Waldanteile (2295/8 Morgen) auf derselben Grundlage aufgeteilt. Den einstigen „Fabrikwald" (Wald der Kirchenpflege) verkaufte man 1829 um 7900 Gulden, um Investitionsmittel für anstehende Aufgaben zu erhalten.

Der Weg in die Unabhängigkeit führte nicht selten in neue Abhängigkeiten, denn der Lasten waren nicht wenige, wodurch nicht selten statt der Freiheit der „Gant" (Konkurs) am Ende stand. Trotz aller Kosten entwickelte sich die Gemeinde in gesunden Bahnen. Im Blick auf die Geschichte jedoch sollte den Einwohnern immer wieder verdeutlicht werden, auf welchen Grundlagen die 1200 Jahre Seekirch aufgebaut wurden. Die moderne Welt bietet Bildung für jedermann. Die gewonnene Freiheit aber stößt auch heutzutage an Grenzen. In der Struktur der Geschichte hat sich nichts so verändert wie die Kirche und ihr Umfeld mit einst weltlicher und geistlicher Macht. (BC, 1/2005)

Anton Huber war einer der ersten, der sich einen Bulldog beschaffte.

Zur Erinnerung an Menschen im 20. Jahrhundert

Karl Brehm, langjähriger Sänger im Kirchenchor.

Cäcillia Scheffold, die Mutter von Pater Guntram, führte den letzten Lebensmittelladen in Seekirch. Auf dem Gelände entsteht derzeit das Dorfgemeinschaftshaus.

Genovefa Aßfalg und Leonhard Miehle am Wasch- und Backhaus.

Anton Bohner, Polizeidiener.

Gertrud Eschment.

Andreas Aßfalg, Messner von 1905–1933.

Theresia Strohm.

Die Ortsoberen von Seekirch

Vogt – Ammann – Schultheiß (ab 1810) – Bürgermeister (ab 1930)

Bartholomäus Schuhmacher	1525
Hans Hofmeister	1529
Ignaz Schmid	1546
Christoph Bitterle	1567
Hans Halder	1647–1662
Jakob Maurer	1662–1695
Georg Gaupp	1695–1724
Johann Gaupp	1724–1728 und 1740–1750
Johannes Reich	1728–1740
Johannes Stentzing	1750–1753
Veit Weidelener	1753–1757
Georg Cadus	1757–1759
Georg Gaupp	1759–1764
Michael Reich	1764–1778
Jerg Halder	1778–1790
Andreas Maiggler	1790–1822
Matthias Hepp	1822–1827
Michael Halder	1827–1830
Joseph Engler	1830–1833
Fidel Gaupp	1833–1842
Georg Blersch	1842–1844
Johann Engler	1844–1848
Franz Paul	1848–1851
Andreas Halder	1851–1853
Januar Strom	1853–1859
Leonhard Halder	1859–1872
Georg Schönberger	1872–1903
Karl Mohr	1903–1934
Paul Mohr	1934–1946
Fritz Merk	1946–1948
Leonhard Miehle	1948–1954
Fritz Merk	1954–1963
Alois Fieseler	1963–1986
Anton Daiber	1986–

Karl Mohr,
Schultheiß
1903–1934

Paul Mohr,
Bürgermeister
1934–1946

Fritz Merk,
Bürgermeister
1946–1948 und
1954–1963

Leonhard Miehle,
Bürgermeister
1948–1954

Alois Fieseler,
Bürgermeister
1963–1986

Anton Daiber,
Bürgermeister
1986–

Gemeinderat von Seekirch 2006
v.l.n.r.: Hubert Schmid, Alfons Wachter, Reinhold Schmid, Manfred Kaiser, Robert Miehle, Wolfram Knoll, Karl-Heinz Pappelau, Andreas Fuchs.

Seekirch mit Blick auf Alleshausen.

Das Vereinsleben

Katholische Landjugendbewegung (KLJB) Seekirch

Am 1. Mai 1960 wurde auf Anregung des damaligen Seelsorgers Pfarrer Benno Unterricker eine Gruppe der KLJB Seekirch gegründet. 21 Männer und Frauen im Alter von 18–24 Jahren erklärten dabei ihren Beitritt. Im Erdgeschoss des Rathauses durfte bis zu dessen Umbau 1980 die Gruppe unterkommen, musste aber während der Umbauarbeiten in einen Raum der Lehrerwohnung in Alleshausen ausweichen. Am 23. August 1981 konnte das Seekircher Rathaus mit dem Gruppenraum der Landjugend eingeweiht werden. 2005 zählt die KLJB Seekirch 27 Mitglieder, die sich wöchentlich treffen. Daneben finden alljährliche Aktivitäten statt, darunter seit 1975 der Fasnachtsball, zunächst in der Turnhalle der Grundschule Alleshausen, seit 2003 in der Federseehalle. Als weitere Aktionen gelten das jährliche Brunnenfest im Juli, die Vorbereitung und Durchführung der Sternsingeraktion, das Legen des Blumenteppichs für Fronleichnam und die Veranstaltung von Jugendgottesdiensten. Jedes zweite Jahr legt die Landjugend auch den Erntedankteppich in der Pfarrkirche.

Auf Einladung von Prälat Paul Kopf konnten die Seekircher Sternsinger am Empfang der Landesregierung (1998) mit Staatssekretär Dr. Lorenz Menz, dessen Vorfahren aus Betzenweiler stammen, teilnehmen.

Die Sternsinger 2005.

KLJB-Mitglieder beim Fastnachtsball.

Außerdem findet alljährlich im Dezember für die betagteren Einwohner der Pfarrei ein Seniorennachmittag statt. Ein besonderer Höhepunkt im Jahreslauf ist das 150-Cent-Fest, das 2005 in Verbindung mit dem Jubiläum der Gemeinde Seekirch als Open-Air-Veranstaltung auf dem Platz unterhalb der Kirche stattfand.

Die Vorstandschaft der KLJB 2005: Jürgen Weckenmann, Vorsitzender; Verena Dreher, Vorsitzende; Anja Brehm, Kassiererin; Christoph Hank, Schriftführer; Benjamin Rehm, Simon Bogenrieder und Julia Daiber Mitglieder der verantwortlichen Gruppe.

1990 wurde eine Kindergruppe mit derzeit zehn Kindern im Alter von 10–15 Jahren ins Leben gerufen, die sich jeden zweiten Dienstag mit den Leitern Julia Daiber, Carolin Schoßer, Benjamin Rehm und Corinna Wachter treffen.

Auch die Kindergruppe wird in das Programm der Veranstaltungen voll einbezogen, besonders beim Kuchenverkauf am Brunnenfest, beim Legen der Blumenteppiche, beim Fasnetsball und vor allem beim Krippenspiel, das die Kinder seit Jahren vorbereiten und in der Pfarrkirche an Weihnachten aufführen.

Im Dienste des Volksbundes Deutscher Kriegsgräberfürsorge hat die Seekircher Landjugend während zweier Jahrzehnte den Namen von Seekirch in europäische Nachbarländer hinausgetragen, indem sie dort Jahr für Jahr in den großen Ferien Jugendlager organisiert und die Gräber auf Soldatenfriedhöfen zweier Weltkriege in Frankreich, Holland, Österreich und Italien pflegte. Sie hat mit dieser Kriegsgräber-Pflegetätigkeit die längste und reichste Tradition in ganz Oberschwaben.

Sportverein „Eintracht“ Seekirch e. V.

Der Sportverein „Eintracht“ Seekirch e. V. wurde im Jahr 1967 von dem damals an der Schule Alleshausen-Seekirch tätigen Lehrer Peter Daiber zusammen mit ein paar Fußballbegeisterten unter dem Namen „Eintracht“ im Gasthof Adler in Seekirch, dem späteren Vereinslokal, mit 21 Personen gegründet.

Nachdem die Gemeinde Seekirch dem Verein einen Sportplatz zur Verfügung stellte, konnte bereits im Spieljahr 1967/68 der Spielbetrieb aufgenommen werden.

Vorstand Peter Daiber übernahm auch den Trainerposten der jungen Mannschaft.

Auf Initiative des Vorstandes wurde am 4. Mai 1968 eine A- und B-Jugend gegründet. Erster Jugendleiter war Georg Fieseler, erster Jugendtrainer Georg Bogenrieder. Bereits 1969 wurde mit dem Bau eines neuen Sportplatzes begonnen, der am 21. Juni 1970 im Rahmen eines Pokalturniers eingeweiht werden konnte.

Das Jahr 1971 wurde ein erster Höhepunkt in der jungen Vereinsgeschichte. Die Truppe mit Trainer Manfred Rotte wurde Meister und schaffte den Aufstieg in die B-Klassse (heutige Kreisliga A).

In einem denkwürdigen Spiel gegen die Mannschaft SV Bolstern gewann die „Eintracht“ die Meisterschaft.

1972/73 wurde mit großem Aufwand eine Flutlichtanlage erstellt. Diese Baumaßnahme erwies sich als große Erleichterung für den Sportbetrieb, denn nun konnte auch in den Herbst- und Wintermonaten im Freien trainiert werden.

Sportgelände mit Sportheim des SV Seekirch.

Die erfolgreiche Damenmannschaft des SV Seekirch.

Die Mitgliederzahl war 1973 bereits auf 200 Mitglieder gestiegen.

1980 wurde die Planung eines Vereinsheims ins Auge gefasst, das 1981 begonnen und 1984 eingeweiht werden konnte, wobei erstmals das bis heute alljährlich stattfindende Federseepokalturnier ausgetragen wurde.

Am Ende der Saison 1983/84 stand die erste Mannschaft der „Eintracht" auf dem letzten Tabellenplatz und musste zum ersten Mal in der Vereinsgeschichte absteigen. In der folgenden Saison gelang der direkte Wiederaufstieg in die Kreisliga A.

1987 konnte der Verein sein 20-jähriges Bestehen feiern. 1992 wurde das 25-jährige Bestehen begangen.

Der Verein zählt derzeit 534 Mitglieder und hat sich auch sportlich in die Breite entwickelt. Neben dem Fußball, bei dem 121 aktive Spieler mitwirken, haben sich inzwischen diese Sportgruppen etabliert:

	Mitglieder
Frauenturnen	96
Herrenturnen	13
Kinderturnen mit Mutter-Kind-Turnen	44
Volleyball	10
Badminton	22
Frauenfußball	51
Herrenfußball	46
Jugendfußball	86

Mitglieder nach Orten:

Alleshausen	131	Brasenberg	30
Tiefenbach	95	Bad Buchau	28
Seekirch	74	Ödenahlen	15
Ahlen	32	Sonstige	129

Als Besonderheit stellt sich die Entwicklung im Bereich des Damenfußballs heraus, deren Gruppe 1981 unter dem Trainer Anton Lehmann gegründet wurde, wobei überwiegend Mitglieder der KLJB Ahlen aktiv waren.

Im Jahr 1986 entschlossen sich die Fußballdamen zur Teilnahme an der Punkterunde 1986/87, welche mit einem 5. Tabellenplatz abgeschlossen werden konnte.

Durch einen glücklichen Umstand übernahm 1989 der frühere Oberligaspieler des FV Biberach, Jürgen Schätzle, die Betreuung der Fußballdamen, wodurch die Erfolgskurve steil nach oben ging.

Die Mannschaft errang bisher insgesamt fünf Meistertitel, holte verschiedene Hallentitel (2 x Oberschwabencup, 3 x Hallenkreismeister), Pokale und wurde 1996 Meister der Verbandsliga Württemberg.

In der Saison 1996/97 konnte die Mannschaft in der Oberliga Baden-Württemberg einen 5. Tabellenplatz erreichen, 1997 einen Sieg in WFV-Pokalendspiel gegen Ludwigsburg.

Weitere Stationen waren:

Spielsaison 2001/2002:

Meister der Oberliga Baden-Württemberg, Aufstieg in die zweithöchste Liga der Regionalliga Süd, WFV-Pokalsieger, Qualifikation für die Teilnahme am DFB-Pokal, Sieger beim Oberschwabencup in Biberach, Ernennung zum Sportler des Jahres 2001 (Mannschaft).

Die Modellfluggruppe Seekirch (MFG)

Der jüngste Verein der Gemeinde Seekirch, die Modellfluggruppe Seekirch, wurde am 1. 4. 1999 von Herbert Haag, Paul Miehle, Robert Miehle, Anton Lehmann, Erwin Lehmann, Roland Schilling und Ewald Strohm gegründet.

Am 10. Juli 2001 erfolgte die Eintragung ins Vereinsregister. Die Modellbaugruppe veranstaltet seit ihrer Gründung jährlich drei Veranstaltungen: im Frühjahr die Flugsaisoneröffnung, während der Sommerferien ein Ferienprogramm für Kinder, im Herbst (am 3. Oktober) das Saisonabschlussfliegen.

Der Verein mit mittlerweile über 20 Mitgliedern konnte am 17. und 18. September 2005 die Flugplatzeinweihung und den Erhalt der Aufstiegserlaubnis durch das Regierungspräsidium Tübingen mit einem großen Flugtag feiern.

Das Fluggelände des Vereins befindet sich auf der Gemarkung Seekirch unweit des Wasserbehälters.

In der Gondel Andrea Daiber.

Mitglieder der Modellfliegergruppe Seekirch 2005.
Florian Lehmann, Roland Späth, Markus Fiesel, Erwin Lehmann, Thomas Bauer, Paul Miehle, Wolfgang Fieseler, Ewald Strohm, Rico Stehle, Robert Miehle, Rudi Lehmann, Eric Ruess, Anton Lehmann, Benjamin Miehle.

Partnerschaft Seekirch – Töttös

Am 28. November 1988 beschloss das Land Baden-Württemberg die Gründung einer Donauschwäbischen Kulturstiftung mit der Aufgabe, die deutsche Muttersprache und Kultur in Ungarn zu fördern.

Das Land hatte bereits 1954 die Partnerschaft über die Donauschwaben und ihre kulturellen Werke übernommen. Die Stiftung wurde zum Schlüssel der seit längerem von deutscher Seite angestrebten Städte- und Gemeindepartnerschaften und zu einem wichtigen Partner in den Anfängen neuer und freier Artikulationsmöglichkeiten der in Ungarn lebenden deutschen Minderheit.

In diesen Zusammenhang fällt auch die Partnerschaft Seekirch – Töttös, die sich 1993 zu entwickeln begann und 1996 mit der Unterzeichnung der Partnerschaftsurkunde in Töttös besiegelt wurde.

Die Besiegelung der Partnerschaft in Töttös durch die Bürgermeister Josef Weber (links) und Anton Daiber (rechts) im Jahre 1996.

Prälat Paul Kopf und Stadträtin Rosina Kopf (rechts) vor der Pfarrkirche bei einem Besuch in Töttös am 3. Oktober 2000 im Auftrag der Donauschwäbischen Kulturstiftung, die in Boly ein Programm für muttersprachlichen Religionsunterricht durchführte.
Links: Bürgermeister Josef Weber.

Töttös/Tiedisch zählt 700 Einwohner, wovon 60 % deutscher, 40 % magyarischer Abstammung sind. In den letzten zehn Jahren entwickelte sich unter dem deutschstämmigen Bürgermeister Josef Weber eine gute Infrastruktur.

Eine besondere Attraktion des Dorfes bildet die Kellerreihe mit gastfreundlichen Wirtschaften, in denen der heimische Wein ausgeschenkt wird.

Töttös zählt zur Bolyer (Bohl) Region, eine Gemeinde mit 4000 Einwohnern und reicher Geschichte, die 1997 zur Stadt erhoben wurde.

In Boly befindet sich eine von drei Schulen des Komitats, in denen der Unterricht zweisprachig (deutsch und ungarisch) erteilt wird. Auch gibt das neue ungarische Minderheitengesetz die Möglichkeit für Nationalitätenklassen, in denen die deutsche Sprache besonders gefördert wird. Damit werden Voraussetzungen geschaffen, die Partnerschaft auf „hohem Niveau" zu gestalten und könnte vor allem im Jugendbereich ausgebaut werden, um den jungen Menschen Sprache und Kultur gegenseitig zu vermitteln, denn die Kinder aus Töttös besuchen die Bolyer Schule.

Am 13. Januar 1996 wurde in Seekirch zur Belebung der Partnerschaft ein eingetragener Verein mit derzeit 36 Mitgliedern gegründet.

Die Vorstandschaft:

1. Vorsitzender	Johannes Kiem, Ahlen
2. Vorsitzender	Anton Daiber, Bürgermeister Seekirch
3. Vorsitzender	Jürgen Reisch, Seekirch
Schriftführerin	Sabine Buck, Alleshausen
Kassier	Reinhold Schmid, Seekirch
Beisitzer	Franz Aßfalg, Seekirch
Beisitzerin	Herta Sigli, Seekirch

Partnerschaftsverein Seekirch/Töttös anlässlich eines Besuchs mit dem neuen Bürgermeister Dr. Jozsef Weiszbart (Bildmitte) im August 2005.

Ziel des Vereins:

Förderung der kulturellen, sportlichen und sonstigen Bereiche, die zur Vertiefung der Beziehungen zwischen den Gemeinden führen. Koordination und Organisation von Begegnungen verschiedenster Gruppierungen.

Bisherige Aktivitäten:

1993:	Erster Besuch in Töttös
1994:	Gegenbesuch aus Töttös
1996/97:	Besiegelung der Partnerschaft in Töttös und Seekirch
1998:	Besuch der Seekircher Landjugend
1999:	Partnerschaftsverein und Musikkapelle Tiefenbach in Töttös und Budapest
2000:	Teilnahme von Johannes Kiem und Franz Aßfalg an der Millenniumsfeier in Töttös
2003:	Partnerschaftsverein auf Besuch in Töttös
2004:	AH-Fußballmannschaft von Töttös in Seekirch
2005:	Delegation von Töttös mit dem neuen Bürgermeister Dr. Jozsef Weiszbart in Seekirch.

Der Autor, Prälat Paul Kopf, vertritt seit 1997 die Katholische Kirche des Landes Baden-Württemberg im Stiftungsrat der Donauschwäbischen Kulturstiftung, die das koordinierende Bindeglied in der anspruchsvollen Arbeit einer Partnerschaft sein möchte, um das Erbe derer zu wahren, die vor Jahrhunderten aus unserer Heimat ausgezogen sind. Die Auswanderer ins damalige Reich der Habsburger gründeten eine neue Heimat, in der sich die donauschwäbische Kultur entwickelt hat, die durch die Vertreibung vieler Deutschstämmiger nach 1945 und die Unterdrückung im kommunistischen System viel an Kraft verloren hat. Diese gilt es in der neu gewonnen Freiheit beider Länder, vor allem bei der Jugend, in einem vereinten Europa zu vermitteln. Insofern zählt auch der Beitritt Ungarns zur Europäischen Gemeinschaft am 1. Januar 2004 zu einem hoffnungsvollen Zeichen für beide Länder.

Partnerschaftsbesiegelung im Juni 1996 in Seekirch. Bürgermeister Weber und Bürgermeister Daiber.

Mesner / Lehrer
(ab 1702 nach Anschaffung einer Orgel auch Organist)

(Die Reihenfolge bis 1800 ist aufgeführt in: Schöttle Geschichte von Stadt und Stift Buchau, Teil Beschreibung der Pfarrei Seekirch, Buchau 1977, S. 544).

Konrad Stöhr	1781–1807
Johann Sebastian Schönberger	1807–1837
Moritz Schönberger	1837–1877
Johann Georg Knoll	1877–1895
Anton Kurfeß	1895–1905

Der erste Mesner, der Schule hielt, ist für Seekirch 1550 nachgewiesen, für Alleshausen 1525 (Schöntag, Locus pro studiis S. 139).

Lehrer und Mesner in Seekirch
nach der Trennung der Dienste 1905 bis zur Auflösung der Schule 1966

1. Lehrer:

Karl Döser	1906–1920
Andreas Geis	1920–1932
Albert Schellinger	1932–1938

1938–1943 kriegsbedingt als Lehramtsverweser Adalbert Voggenberger und Lotte Kuchelmeister

~~Paul~~ Kottmann	1943–1955
Albert Braig	1955–1966

Die Seekircher Schüler mit Lehrer Paul Kottmann im Dezember 1948.

1. Reihe, sitzend v.l.: Hugo Kraus, Reinhold Aßfalg, Horst Schmidtke, Werner Meisel, Max Hiller, Otto Buck, Helge Peters, Franz Aßfalg (Mesmers), Fritz Kottmann (Lehrerkind).

2. Reihe, auf Bank sitzende Mädchen, v.l.: Josefine Aßfalg, Hildegard Weißbrodt, Dina Huber, Paula Mohr, Angela Merk, Rita Kraus, Brunhilde Lerner, Herta Huber.

3. Reihe, stehend v.l.: Karl Hildenbrand, Margret Elsner, Roswitha Mohr, Zita Aßfalg, Helene Weißbrodt, Emma Lerner, Lehrer Kottmann, Thea Fieseler, Maria Buck, Thea Knoll, Lydia Merk, Rosmarie Schmid, Guido Schmid (Bucker).

4. (hintere) Reihe v.l.: Hermann Aßfalg, Josef Hiller, Robert Kraus, Josef Lerner, Hans Schilling, Hans Brehm, Anton Schmid (Huggers), Franz Miehle, Andreas Miehle, Alfons Aßfalg, Erich Strohm, Siegfried Schmidtke, Paul Weißbrodt.

2. Mesner:

Felix Aßfalg	1905–1933
Josef Aßfalg	1933–1969 während dessen Militärzeit Alfons Mohr (1940), Johann Kraus (1944)

Mesner Josef Aßfalg.

Sr. Eugenia und Sr. Eusteria	1969–1982
Thea Brehm	1982– heute

Thea Brehm mit dem Verfasser anlässlich des Festvortrages 1200 Jahre Seekirch.

Der Weiler Ödenahlen

In der Zeit zwischen 1410 und 1420 wird zwischen Seekirch und Ahlen in einer Einöde – daher wohl der Name –, wo zuvor Holz und Wiesen, ein Hof errichtet, dessen erster Lehensträger Heinrich Floeß von Seekirch. 1445 hat Herzog Albrecht von Österreich bis 1502 Hans Barbeiner damit belehnt. Um diese Zeit scheint der Hof bereits geteilt worden zu sein. Den ersten, ab 1700 St. Rochus genannt, erhielt 1502–1518 Hans Barbeiner jr. Die Familie Riedgasser, aus der Johannes Riedgasser, Abt von Marchtal (1591–1600) stammte, war 1583–1598 belehnt mit Zacharias Riedgasser († 1609), 1609–1627 mit Michael Riedgasser († 1627). Seit 1794 ist die Familie Pappelau dort ansässig. Erster Lehensträger dieses Namens war von 1794–1826 Sebastian Pappelau, 1766 in Grundsheim geboren, verheiratet mit Barbara Unmuth (1769–1826) in erster und Felizitas Ege (1718–1843) in zweiter Ehe.

Der Weiler Ödenahlen.

Familie Josef Pappelau, (von links) Theresia geb. Maikler (1916–1992, geb. aus Brasenberg, Sohn Franz, geb. 1946, lebt in Hochdorf (sein Sohn Stefan erhielt 2000 die Priesterweihe), Sohn Josef, geb. 1939, heute einziger Landwirt in Ödenahlen, Sohn Karl, geb. 1941, war im Kloster Untermarchtal als Verwalter, Josef Pappelau sen. (1903–1952).
Die Familie Pappelau besitzt aus einem ehemaligen Bildstock eine Pieta von 1767 (ohne Corpus), die das Wohnzimmer schmückt.

Der tüchtige Bauer, dessen Hof 55 Jauchert und 86 Ruten umfassste, für die er dem Heiligen zu Seekirch zinste, desgleichen den Blutzehnten dorthin gab – die anderen Zehnten allerdings zur Pfarrei Ahlen, baute 1795 ein neues zweistöckiges Wohnhaus mit angebautem Backofen, 1805 eine zweistöckige Scheuer. Sein Enkel Sebastian übernahm 1861 den Hof von Johann Evangelist Pappelau (1826–1861), erbaute 1866 Pferde- und Schafstall, 1875 Waschhaus und Brennerei, bereits 1865 ein zweistöckiges „Viehhaus" und einen Schweinestall. Er baute in größerem Umfang Hopfen, Obst und allerlei Gemüse an, denn seit das „Heiligenholz" abgetragen wurde, ist die Lage dort freier geworden. Allerdings führen um diese Zeit nur Fuß- und Feldwege zu dem Hof, in dessen unmittelbarer Nähe sich die Seekircher Kiesgrube befand. Sebastian Pappelau übte für Ödenahlen mit seiner eigenen Markung auch das Amt des „Anwalts" aus.

Der 2. Hof (St. Anton) hatte von 1502–1518 Michael Kölli als ersten Lehensträger. Später werden u. a. die Familien Baumeister, Gaupp und Maier belehnt, deren letzter, Joseph Maier, 1834 nach Ahlen verzog. Der Hof wurde daraufhin von 1834–1880 von Johann Martin Ströbele aus Ahlen übernommen, ging 1880 an Sebastian Lerner über, der Ströbeles Tochter Agatha am 29. Juli 1880 heiratete. Im selben Jahr wird auch das an den Hof angrenzende „Fabrikwäldchen" um 7900 Gulden an den Rentbeamten Schuster von Emerkingen zum Ausstocken verkauft, wodurch sich der finanzielle Grundstock der Seekircher Heiligenpflege auf 16000 Gulden erhöht hat. Damit konnte die Kirche mit Glocken, Orgel, Friedhof, vor allem aber das Mesnerhaus mit Stadel und Scheuer unterhalten werden.

Nach den Forschungen von Pfarrer Schöttle (A 68) kann Ursprung und Geschichte von Ödenahlen näher dargestellt werden. Demnach ging das Gut von

Hans Barbeiner 1445 an die Kirchenstiftung Seekirch über, wurde aber durch Herzog Albrecht rückverliehen.

In der Geschichte wird immer auch nach Wurzeln der Herkunft gesucht, wodurch wunderbare Geschichten entstehen können. So auch für Ödenahlen.

Nach einer Überlieferung soll ein österreichischer Herzog Albrecht sein Winterquartier zur Zeit der Schweizer Kriege (es war die Zeit des heiligen Bruder Klaus von der Flüe 1417–1487, von welchem beim Graben eines Fundaments beim Bau des Hauses von Schreiner Strohm unweit des Pfarrhauses eine der ältesten Medaillen gefunden wurde, die von Jakob Stampfer 1509–1579 lt. Pfarrer Selig stammt und nach 1897 auf Auktionen kam) hier aufgeschlagen und seine österliche Andacht in Seekirch verrichtet haben. Zum Dank habe Albrecht diesen Hof an die Stiftung Seekirch als Lehen geschenkt. Ob in dieser Überlieferung ein historischer Kern steckt, dürfte kaum zu ermitteln sein (Pfarrchronik B 210, S. 24).

Eine andere Tradition berichtet, die Kirchenpflege Seekirch habe den Hof vom Haus Österreich gekauft. Berthold von Stein zu Uttenweiler, Pfandinhaber von Warthausen, hatte 1463 das Schirmrecht über dieses Lehen. Demnach lag dieses in der Herrschaft Warthausen, deren Vogtei 1331 an das Haus Österreich übergegangen war. Bis 1795 blieb Ödenahlen österreichisches Lehen. Die hohe und niedere Gerichtsbarkeit besaß das Kloster Marchtal, auf welches auch die Belehnung übergegangen war.

In den 30er Jahren des 19. Jahrhunderts siedelten sich einige Kleinbürger an, wodurch aus den zwei Hofstätten der Weiler Ödenahlen entstand, der politisch immer zu Seekirch, kirchlich und schulisch zu Ahlen zählte, dessen Pfarrer dort Zehntrechte besaß, mit Ausnahme der Zeit, als Ahlen als Eigentum des Biberacher Spitals von 1535–1558 protestantisch geworden war.

Schon 1651 trachtete Marchtal danach, dieses österreichische Lehen aufzukaufen, zumal durch die Verheerungen des Krieges die Kirchenstiftungen neu geordnet werden mussten. 1794 bot sich eine günstige Gelegenheit, die Marchtal 1795 ergriff, wodurch die Heiligenpflege Seekirch für 2686 Gulden Eigentümerin, bis dies durch das Ablösungsgesetz von 1848 auf Johann Ev. Pappelau überging. Dabei wurde 1851 vom Hof eine genaue Inventur aufgenommen. Der Maiersche Hof St. Anton wurde 1834 unter fünf Familien in kleinere Parzellen aufgeteilt. Die Ablösungssumme an die Kirchenstiftung (1328 Gulden St. Rochus, 1947 Gulden St. Anton) kommentiert Pfarrer Schöttle: „Das ist der Ersatz der Stiftung Seekirch für diese einst zwei schönen Höfe." (A 68 Fasz. V, Nr. 3, S.3). Er scheint mit der Höhe der Summe ebensowenig zufrieden gewesen zu sein wie mit der Ablösung des St.-Ignazi-Lehens 1844 in Seekirch, das vor seiner Zeit als Seekircher Pfarrer der Kirchenstiftung – seiner Meinung nach – verlorenging und „durch Ungeschicklichkeit Eigentum des Schulmeisters geworden" war (Chronik S. 31).

Sei dem, wie es wolle, die Ablösungsgelder bildeten die Grundlage zur Neuordnung des Schulwesens mit dem Bau des Schul- und Rathauses, zu dem die Heiligenpflege einen guten Teil beitragen konnte, wodurch die Kinder der Gemeinde letztlich zum Nutznießer aus diesen etwas verworrenen Vermögensverhältnissen geworden sind.

1939 trat Johanna Ströbele aus Ödenahlen in das Franziskanerinnenkloster Siessen ein, wo sie als Schwester M. Walburgis 1997 verstarb.

Ödenahler Fest 27. und 28. Juli 1991.
Bei der Festvorbereitung Stefan Pappelau, jetzt Pfarrer in Mochenwangen, Helene Ströbele, Elfriede Schilling, Karin Pappelau, Inge Rau und Theresia Pappelau.

Die Kirchengemeinde im Spiegel des Jahres 2005

1. Allgemeine Daten:

Die Kirchengemeinde Seekirch als Teil der Diözese Rottenburg-Stuttgart im Dekanat Riedlingen gehört seit 1.1.2001 zur Seelsorgeeinheit Federsee. Die Grundlage dazu wurde mit der Kooperationsvereinbarung für die Seelsorgeeinheit Federsee am 22. Mai 2003 geschaffen.

Die Kirchengemeinde besteht aus den drei bürgerlichen Gemeinden Tiefenbach, Alleshausen mit Brasenberg und Seekirch.

Seekirch ist mit der Pfarrkirche Mariae Himmelfahrt Zentrum der Kirchengemeinde.

Hier befindet sich das im Jahre 2002 innen renovierte Pfarrhaus. Es ist seit Mai 2002 vermietet, da kein Pfarrer vor Ort ist.

Zudem befindet sich in Seekirch das Kaplaneihaus, das in der Vergangenheit u. a. als Kindergarten diente. Auch hier fand im Jahre 2002 eine Renovierung der Wohnung im Obergeschoss statt. Diese Wohnung ist seit Juni 2002 vermietet. Der Saal im Untergeschoss wird für verschiedene Treffen der Kirchengemeinde verwendet.

In den Teilgemeinden bestehen Kapellen, worüber näheres unter Alleshausen/Brasenberg und Tiefenbach berichtet wird.

2. Kirchengemeinde:

a) Katholiken:

Die Kirchengemeinde Seekirch zählte am 1. 1. 2005 1076 Katholiken,
Seekirch: 209 r. k. (281 gesamt). 1923: 265 r. k., 1 ev.; 1970: 96,2 % r. k. 1,9 % ev.
Tiefenbach: 418 r. k. (514 gesamt). 1923: 396 r. k., 0 ev.; 1970: 94,3 % r. k. 5,2 % ev.
Alleshausen/Brasenberg: 449 r. k. (508 gesamt). 1923: 432 r. k., 1 ev.; 1970: 92,4 % r. k., 6,2 % ev.

b) Leitender Pfarrer:

Leitender Pfarrer der Seelsorgeeinheit Federsee ist seit 24. April 2002 Pfarrer Karl Erzberger mit Sitz in Bad Buchau.

c) Beratung:
Zuständig für die Begleitung der Kirchengemeinde Seekirch aus dem Pastoralteam Bad Buchau ist Diakon Hans Jürgen Hirschle.
Seine Aufgaben in der Kirchengemeinde Seekirch sind u. a.:
- ständiges beratendes Mitglied im Kirchengemeinderat
- Leitung des Liturgieausschusses
- Firmvorbereitung der Jugendlichen

d) Kirchengemeinderat:
Der Kirchengemeinderat bestand von März 2001 bis November 2005 aus 10 Personen: 2. Vorsitzender: Eugen Sättele

von links nach rechts:
Bruno Ruf, Alleshausen
Erwin Strohm, Tiefenbach
Armin Schmid, Seekirch
Alois Kugler, Tiefenbach
Kirchenpflegerin:
Marianne Aßfalg, Seekirch
Maria Haller, Tiefenbach
Elfriede Hecht, Tiefenbach
Andrea Daiber, Alleshausen
Eugen Sättele, Alleshausen
(Nicht auf dem Bild: Monika Koch, Brasenberg, und Daniela Rehm, Seekirch

Dem am 13. November 2005 gewählten Kirchengemeinderat gehören an:
2. Vorsitzender: Eugen Sättele

Mitglieder:
von links nach rechts:
Carolin Schoßer, Alleshausen
Erwin Strohm, Tiefenbach
Carmen Kohler, Seekirch
Berthold Rundel, Alleshausen
Alexandra Schmid, Seekirch
Kirchenpflegerin:
Marianne Aßfalg, Seekirch.
Maria Haller, Tiefenbach
Eugen Sättele, Alleshausen
Elfriede Hecht, Tiefenbach
(Nicht auf dem Bild: Monika Koch aus Brasenberg)

In den letzten vier Jahren wurde eine Investition von ca. 100 000 € getätigt. Dies betraf hauptsächlich die Renovierung der Kirchhofsmauer, des Sockels der Pfarrkirche, die Renovation von Kaplanei- und Pfarrhaus.
Für das Jahr 2006 ist für die Renovierung der Decke der Pfarrkirche eine Investition von ca. 500 000 € geplant.

Ausschüsse:
– Stiftung Kultur der Heimat von Prälat Paul Kopf und Rosina Kopf
– Pastoralausschuss (gesamter KGR)
– Verwaltungsausschuss (gesamter KGR)
– Liturgieausschuss (Diakon Hans Hirschle)
– Erwachsenenbildungsausschuss
– gemeinsamer Ausschuss der Seelsorgeeinheit
– Dekanatsrat
– Bauausschuss

e) Mesner / Kirchen- / Kapellenpfleger:
Tiefenbach: Anton Rauscher, Kapellenpfleger; Gabi Kugler, Mesnerin.

Seekirch: Thea Brehm, Mesnerin; Andrea Daiber, Blumenschmuck; Hermann Aßfalg und Hans Sigli, Pflege der Außenanlage; Siglinde Rehm, Reinigungsdienste; Marianne Aßfalg, Kirchenpflegerin; Herta Sigli, Kirchenwäsche.

Alleshausen: Hans Daiber, Kapellenpfleger; Waltraud Rehm, Mesnerin.

Brasenberg: Josef Maikler, Kapellenpfleger; Monika Koch, Hildegard Baier und Lydia Frommknecht, Mesnerdienste.

f) Organistin:
Maria Kniele, Betzenweiler.

g) Ministranten:
Derzeit 25 Ministranten/-innen. Zuständig aus dem Kirchengemeinderat: Elfriede Hecht.

h) Landjugend (siehe eigenes Kapitel unter Gemeinde Seekirch).

i) Kirchenchor:
Zur Zeit ist kein Kirchenchor vorhanden. Der Kirchengemeinderat Seekirch beschloss im Haushaltsplan 2004 eine Position von ca. 2000 € für den Aufbau eines Kirchenchors vorzusehen. (Näheres siehe unten in eigenem Kapitel).

j) Schwerpunkte der Gemeindearbeit in den vergangenen Jahren:
- Brunnenfest in Seekirch
- Oswaldfest in Tiefenbach
- Haldenfest in Tiefenbach
- Wendelinusfest in Brasenberg
- Blasiusfest in Alleshausen
- Kirchenpatrozinium in Seekirch
- jährliche Wallfahrt der Alumnen des Priesterseminars mit einem Abendgottesdienst in der Halde in Tiefenbach und anschließender Rast
- Investitur des neuen leitenden Pfarrers Karl Erzberger am 24. April 2002
- Einweihung des neuen Schulhofes mit dem Brunnen, gestiftet von Prälat Paul Kopf und Rosina Kopf am 22. Juni 2003
- 650-Jahrfeier der Kapelle St. Oswald in Tiefenbach am 27. Juli 2003
- 50-jähriges Vereinsjubiläum des Musikvereins Tiefenbach mit Fahnenweihe am 14. März 2004
- 750-Jahrfeier Kapelle St. Blasius Alleshausen am 12. Dezember 2004
- 50-jähriges Priesterjubiläum von Prälat Paul Kopf am 24. Juli 2005
- 1200-Jahrfeier der Kirchengemeinde Seekirch im Jahre 2005 mit Besuch von Bischof Dr. Gebhard Fürst zum Erntedankfest am 25. September 2005.

k) Spendenbereitschaft:

– Spendenaktion Jonas (behindertes Kind) im Jahre 2003:	30000 €
– Adveniat 2005:	1800 €
– Sternsinger 2005:	2600 €
– Misereor 2005:	1586 €

l) Ausblick – Vorhaben – Schwerpunkte/Visionen

Ausblick:
- 2006: 200 Jahre Kapelle Brasenberg
- 2006: 250 Jahre Wallfahrt der Tiefenbacher nach Steinhausen
- 2007: 250 Jahre Loretoglöckchen in Tiefenbach

Konkrete Vorhaben:
- 2006: Sanierung der Decke der Pfarrkirche Mariae Himmelfahrt in Seekirch
- 2007/2008: Sanierung der Empore der Kapelle in Alleshausen
- Aufbau eines Kirchenchores.

Schwerpunkte/Visionen:
- Menschen aller Generationen, Schichten und Herkunft feiern mit Freude den sonntäglichen Gemeindegottesdienst.

- Menschen in unserer Kirchengemeinde neu oder wieder begeistern für den Glauben (Altersgruppe 25–45 Jahre).
- Belange der Jugend im kirchlichen Leben besser berücksichtigen.
- Das kirchliche Leben auch ohne Pfarrer vor Ort attraktiv gestalten.
- Weltoffenheit der katholischen Kirche fördern.

(Nach Unterlagen von Eugen Sättele, 2. Vorsitzender des Kirchengemeinderates)

Die Pfarrkirche Mariae Himmelfahrt in Seekirch vor dem 2. Weltkrieg.

Die Seelsorger der Pfarrei

Die Seelsorger der Pfarrei, erster Pfarrer wurde 1395 Conrad Koblenzer, waren in der Regel hochgebildet, schrieben Chronik und Kirchenbücher in Latein und erhielten zuvor entweder in der Abtei oder an einer Universität ihre theologische Ausbildung. Die Studien in Marchtal wurden vor allem nach dem 30-jährigen Krieg ausgebaut. Das Kloster unterhielt ein eigenes Gymnasium. Zwei der Seekircher Pfarrer wurden – neben Cooperator Haberkalt – zum Abt gewählt.

Edmund Dilger, Pfarrer von 1701–1708, Prior in Roggenburg, Lehrer der Theologie in Marchtal, Abt von 1711–1719, und Paulus Schmid, Abt von 1772–1796, seit 1771 Pfarrer in Seekirch, zuvor Studium an der Universität Dillingen, Prior und Novizenmeister, Lehrer in Philosophie und Theologie.

1. Pfarrer:

Joseph Hermann Vonier	1800–1824
Sebastian Gärtner	1824–1848
Vincenz Blaicher	1848–1850
Alois Allmajer	1851–1862
Johann Ev. Schöttle	1862–1884
Josef Hund	1884–1904
Theodor Selig	1904–1908
Josef Anton Kloos	1908–1924
Raphael Hartmann	1924–1935
Georg Baur	1935–1947
Karl Müller	1948–1957
Benno Unterricker	1958–1968
Hugo Ackermann	1969–1975
P. Franz Bader	1975–1982
Stanislaus Holetzek	1983–1985
Paul Notz	1985–1991
Franz Xaver Schmid	1991–1994
Werner Schmid	1994–2000

Mit Werner Schmid endet im Jahr 2000 die Seelsorge in den seitherigen Pfarreistrukturen.

Raphael Hartmann
1924–1935

Georg Baur
1935–1947

Karl Müller
1948–1957

Benno Unterricker
1958–1968

Hugo Ackermann
1969–1975

P. Franz Bader
1975–1982

Stanislaus Holetzek
1983–1985

Paul Notz
1985–1991

Franz Xaver Schmid
1991–1994

Werner Schmid
1994–2000

SAMSTAG, 7. AUGUST 1982 / NR. 179 RIEDLINGEN STADT UND

Überraschender Seelsorgerwechsel in der Federseepfarrei Seekirch

Pater Bader: „Ich war gerne hier“ Neues Tätigkeitsfeld in der Mission

SEEKIRCH. - Seit sieben Jahren versieht Pater Bader als Seelsorger die Pfarrei Seekirch, nachdem er zuvor seine Arbeit in der Mission aus gesundheitlichen Gründen hatte abbrechen müssen. In dieser Zeit hat er sich in den drei Gemeinden Alleshausen, Seekirch und Tiefenbach, die zu seiner Pfarrei gehören, überall große Sympathien erworben. Seine Gemeindemitglieder sind ihm in Liebe zugetan und überall im Federseegebiet ist Pater Bader hoch verehrt und geschätzt. Deshalb war das Bedauern allgemein groß, als Pater Bader am vergangenen Sonntag im Gottesdienst erklärte, daß er sich entschlossen habe, wieder in die Mission zurückzukehren.

Als am vergangenen Sonntag in Seekirch der Hauptgottesdienst mit missionarischer Thematik eingeleitet wurde und in Lesung und Evangelium von der Sendung von Jüngern zur Missionsarbeit die Rede war, ahnte noch niemand, daß dieses Wort Gottes in unbarmherziger Realität auf die versammelte Gemeinde unmittelbar Anwendung finden sollte.

Seine Predigt leitete P. Bader ein mit dem Hinweis auf kürzlich veröffentlichte Richtlinien des Diözesanrates, in denen jede Kirchengemeinde „ihre Sorge für eigene Bedürfnisse in Diözese und Kirchengemeinde zu messen habe an der personellen und materiellen Lage vieler Diözesen der Dritten Welt“.

Der Prediger konnte darauf hinweisen, daß die Pfarrei Seekirch bisher schon bei vielen Gelegenheiten sich großmütig gezeigt hat, wenn es um Hilfe in Not und Armut, oder um ein Missionsanliegen ging. Heute aber werde von der Gemeinde ein besonderes Missionsopfer abverlangt, und zwar kein materielles.

Dann sprach P. Bader von seiner Liebe zur Mission, die sein einziges Lebensideal immer war, und von den 14 Jahren seiner Arbeit in Zaire, die er dann leider wegen Krankheit und politischer Spannungen zunächst aufgeben mußte. „Aber ich habe die Zeit nicht brach liegen lassen: So wie draußen, so wollte ich auch hier in der Heimat dem Wohl der Menschen, dem Glauben der Kirche und dem Reich Gottes dienen, damit die Hoffnung lebendig bleibt. Ich habe mich auch hier in der Heimat nicht geschont. Mein Herz und meine Kraft in den letzten sieben Jahren gehörten euch! Ich war gerne hier!“

Die Spannung der Gläubigen wuchs zum Zerspringen, als die Predigt weiterging: „Doch wer wird es einem eingefangenen Vogel verübeln, daß er zum Fenster wieder hinausfliegt, wenn es offen steht? Für mich steht das Fenster seit fast einem Jahr tatsächlich wieder offen. Meine Gesundheit hat sich in den letzten zwei Jahren gebessert; die politischen Schwierigkeiten haben sich geglättet, und die Not und der Ruf von draußen ist stärker und dringlicher als je zuvor: Unsere Steyler Missionsgesellschaft hat im südlichen Urwaldbecken des Kongo-Flusses, in der Diözese Kole, ein neues Gebiet übernommen. Diese Diözese ist doppelt so groß wie Baden-Württemberg (71 000 Quadratkilometer), hat ca. 150 000 Einwohner, davon 40 000 Katholiken. Das Gebiet ist isoliert und unwegsam, weshalb es immer vernachlässigt wurde. Die Diözese hat acht große Missionen, von denen vier seit Jahren nicht mehr besetzt und betreut sind. Der einheimische Bischof Nkinga Bondala, von Papst Johannes Paul II. vor zwei Jahren geweiht, hat für seine ganze Diözese acht Picpus-Missionare, drei einheimische Priester, zwei Brüder und sieben Schwestern. Ein kleines Diözesankollegium!“

Als Nutzanwendung der Predigt las P. Bader dann ein Ernennungsschreiben seines Generalobern in Rom vor, in dem es u. a. heißt: „Der Generalrat hat in seiner Sitzung vom 13. Juli Deinem Wunsch nach Rückversetzung in die Provinz Zaire entsprochen. Wir danken der Oberdeutschen Provinz für die Bereitschaft, zugunsten der Zaire-Mission auf Deine wertvolle Kraft zu verzichten. Ich wünsche Dir eine baldige Rückkehr in den Zaire und vor allem eine segensreiche Wirksamkeit!“

Wie vom Schock erstarrt saßen die ahnungslosen Gläubigen da. Hier und dort kollerten Tränen auf die Bänke. Ja, die letzten Worte wogen schwer für die Gemeinde: „Nun muß es auch euer großer, wenn gleich schwerer missionarischer Beitrag sein, mich ziehen zu lassen! Mit einem Gebet für ihren Pfarrer und die Gemeinde schloß der denkwürdige Wortgottesdienst dieses Sonntags.

P. Bader wird im Oktober die Pfarrei Seekirch verlassen und im November in sein neues afrikanisches Wirkungsfeld reisen.

Nicht Abneigung gegen die Heimat, sondern Liebe zur Mission veranlaßten mich zu diesem Schritt. Das Reich Gottes ist überall lebendig u. braucht an allen Orten der Welt seine Diener!

2. Kapläne:

Ludwig Lang	1800–1802
Benedikt Bekler	1802–1814
Ulrich Egle	1814–1821
Karl Heim	1821–1825
Friedrich Neher	1825–1840
Johann Rettenmaier	1841–1845
Fidel Bletzger	1845–1849
Anselm Ingelfinger	1849–1861
Johann Konrad Götz	1861–1866
Anton Wengert	1866–1870
Jakob Hagel	1870–1879
Marzel Bausch	1880
German Maier	1880–1881
Gottlieb Buck	1882–1885
Anselm Lutz	1885–1891
Georg Hermann	1891–1892
Anton Ringler	1892–1898
Franz Müller	1898–1899
Max Barth	1899–1903
Franz Bertsch	1903–1904
Konrad Seifried	1904–1905
Albert Bischofberger	1906–1907
Claudius Buck	1907–1914
Johannes Renz	1914–1925

Mit ihm endet die Reihe der Kapläne. Ein langer Bogen spannt sich von 1514–1925, vom ersten, Johann Haberkalt (1514), der von Seekirch aus zum Abt gewählt wurde, bis zum 88., Johannes Renz. Der bekannteste darunter war von 1745–1747 Sebastian Sailer († 1777), gebürtig aus Weißenhorn, ein Meister in Predigt und Bildung.

(Die Seelsorger von 1244–1800 in Schöttle 1997, S. 533–544).

Die Schwestern von Reute in der Seekircher Filiale von 1930–1982

Sr. M. Balduina	1930–1935	Sr. M. Hermenegild	1935
Sr. M. Guta	1930–1939	Sr. M. Candida	1935–1942
Sr. M. Gerasima	1930–1931	Sr. M. Epiphana	1945–1954
Sr. M. Natalis	1931–1932	Sr. M. Eugenia	1945–1982
Sr. M. Leutburga	1932	Sr. M. Renovata	1945–1958
Sr. M. Pazis	1932–1945	Sr. M. Steffana	1954
Sr. M. Garsenda	1933	Sr. M. Eusteria	1954–1982
Sr. M. Plana	1933–1945		

Im Herbst 1945 wurde der Kindergarten im Schwesternhaus wieder eröffnet. Im Bild Schwester M. Candida.

Schwester Eugenia im Kindergarten bei der Gemeindevisitation mit Pater Bader, Landrat Dr. Steuer und Kommunalamtsleiter Willi Maier. Bürgermeister Fieseler im Hintergrund.

Eusteria Eugenia Renovata

Von 1930 bis 1982 bestand die Schwesternstation mit Reutener Schwestern. Krankenpflege, Nähschule, Strickschule, Kindergarten bildeten ihr Aufgabenfeld. Nach dem 2. Weltkrieg wurde die Station wieder mit drei Schwestern besetzt, nachdem in der NS-Zeit eine Schwester für Lazarettdienste abgezogen wurde. Ab 1945 wirkten hier: Schwester Eusteria, Schwester Eugenia und Schwester Renovata.

Ordensberufe aus der Pfarrei

Seekirch:
Anna Aßfalg (Sr. Pia), 1892–1928, Untermarchtal
Juliane Aßfalg (Sr. Plazidia), 1888–1920, Untermarchtal
Maria Magdalena Brehm (Sr. Matutina), 1915–1981, Untermarchtal
Rosa Engler (Sr. Carmen), 1910–1985, Reute
Rosa Haller (Sr. Celerina), 1901–1968, Reute
Antonie Lerner (Sr. Matutina), 1898–1936, Untermarchtal
Barbara Lerner (Sr. Plazidia), 1897–1949, Untermarchtal
Anna Strohm (Sr. Stephanie), Jg. 1924, Heiligenbronn
Elisabeth Strohm (Sr. Adelinde), 1929–2004, Heiligenbronn

Alleshausen:
Hildegard Erdmann (Sr. Leonie), Jg. 1942, Nette/Osnabrück
Herta Härle (Sr. Emma), Jg. 1930, Untermarchtal
Elsa Kieferle (Sr. Epäneta), 1910–1939, Reute
Franziska Miehle (Sr. Adjuta), 1881–1953, Untermarchtal

Brasenberg:
Marie-Luise Maikler (Sr. Attrobana), 1912–1999, Reute
Magdalena Schoßer (Sr. Bonaventura, Generaloberin), 1833–1905, Reute

Tiefenbach:
Ordensbrüder:
Albert Neher (Br. Albert), 1901–1995, 1925 Benediktinerkloster Beuron, später Salesianer Don Boscos, Prambachkirchen-Daxberg (Oberösterreich)
Ludwig Zoll (Br. Franz), 1913–1978, Benediktinerkloster Weingarten

Ordensschwestern:
Magdalena Bär (Sr. Brunella), 1915–1987, Borromäerinnen Breslau (Bäres)
Anna Buck (Sr. Evergista), 1899–1984, Arme Schulschwestern München (Metzgers)
Franziska Buck (Sr. Theresina), 1896–1982, Arme Schulschwestern München (Metzgers)
Katharina Buck (Sr. Basilla), 1906–1999, Reute (Metzgers)
Genovefa Kramer (Sr. Pia), 1899–1981, Arme Schulschwestern München (Vinzenses)
Magdalena Kramer (Sr. Pulcheria), 1897–1946, Franziskanerinnen Bonlanden (Fischers)

Magdalena Kramer (Sr. Maria), 1868–1943, Reute (Vinzenses)
Roswitha Kramer (Sr. Lioba), Jg. 1938, Reute (Malers)
Maria Rauscher (Sr. Reineldis), 1897–1933, Reute (Wagner Rauscher)
Agatha Reiter (Sr. Magnabona), 1897–1940, Reute (Reiter / Kopf)
Sofie Reiter (Sr. Ireniona), 1897–1959, Untermarchtal (Mattheises)
Magdalena Schmid (Sr. Eustasia), 1918–2005, Reute (Obere Belles)

Sr. Stephanie (Anna Strohm), Jg. 1924, und
Sr. Adelinde (Elisabeth Strohm), 1929–2004,
vom Kloster Heiligenbronn.

Sr. Emma (Herta) Härle am Tag der Einkleidung am 15. März 1954.

Die Einkleidung von Marie-Luise Maikler (1912–1999) aus Brasenberg als Schwester Attrobana im Kloster Reute.

In der Zeit zwischen 1850 und bis in die Jahre nach dem 2. Weltkrieg spiegelt sich das Leben in der Kirche der Diözese bzw. von ganz Deutschland auch in der Pfarrei Seekirch wider. Die Folgen der Säkularisation wurden geistig überwunden, es begann ein kirchlicher Neuaufbruch, der von unten nach oben ging. Die Pfarrei wurde der Ort von Heimat und Geborgenheit und nicht wenige junge Menschen ließen sich in die Verantwortung nehmen. Ein Spiegelbild davon bilden die oben angeführten geistlichen Berufe. Zwischen 1855 und 1967 sind 35 junge Menschen der Pfarrei in den Dienst der Kirche getreten. Die Reihe beginnt mit Magdalena Schoßer aus Brasenberg, die 1855 in die gerade entstandene Kongregation der Franziskanerinnen von Reute eingetreten ist und wohl kaum gedacht hätte, einmal von 1901–1905 deren Generaloberin zu werden.

Von den Geistlichen sind drei in den Dienst der Diözese Rottenburg getreten, drei für den Dienst in den Missionen geweiht worden, ein Zeichen, wie auch die aufkommende Missionsbewegung in der Pfarrei Fuß gefasst hatte, der sich auch zwei Mädchen anschlossen, um in der weiten Welt (Argentinien, Jerusalem) im Dienst der Armen zu stehen. Zwei Tiefenbacher Buben folgten dem Ruf als Ordensbruder. 27 Mädchen schlossen sich den im 19. Jahrhundert entstandenen caritativen Genossenschaften an. Der Eintritt in Reute und Untermarchtal war schon der Entfernung wegen naheliegend. Dort taten sie gute Dienste, vor allem an Kranken und Kindern, wozu sie die Ausbildung im Kloster erhielten, denn im bildungsschwachen Federseeraum gab es keine Ausbildung vor dem Eintritt ins Kloster.

Mit einem bereits erlernten Beruf in eine klösterliche Gemeinschaft einzutreten, ergab sich erst nach dem 2. Vatikanischen Konzil (1962–1965).

Interessant ist auch die Herkunft der geistlichen Berufe in der Pfarrei. Fast durchgängig sind es Kinder der alteingesessenen und prägenden Familien, in denen das Gut des Glaubens zu einem selbstverständlich tradierten und gelebten Wert geworden war. Die Berufe kommen aus dem kirchlichen Milieu.

Am 18. März 1967 hat Pfarrer Benno Unterricker letztmals eine Kandidatin (Roswitha Kramer) mit seinem Auto in das Kloster Reute begleitet. Er vertraut aus diesem Anlass der Pfarrchronik seine Gedanken an und schreibt: „Ob es aus der Pfarrei wohl wieder einmal einen Ordensberuf geben wird? Noch ist die Zeit zu wohlstandsgesättigt, um in den jungen Menschen (– und wohl auch in ihren Eltern) ein Interesse für den Herrgott aufkommen zu lassen“ (S. 114).

Seine Gedanken machen nachdenklich, denn es war tatsächlich bis heute die letzte Kandidatin, die den Schritt ins Ordensleben wagte. Und dies gibt auch dem Autor zu denken, denn er ist der letzte lebende Geistliche in einer Pfarrgemeinde, die von 1859–1955 immerhin sechs Primizianten hervorgebracht hat.

Bruderschaften als Vorläufer ziviler Vereine

Was die Zünfte in den Städten, in Buchau seit nach 1400, waren die Bruderschaften im ländlichen Gebiet als eine Form der Begegnung und des Zusammenhaltes. In Seekirch wird bereits 1651 eine Rosenkranzbruderschaft gegründet. Daneben gab es im Laufe der Zeit noch andere vergleichbare Vereinigungen wie die 1753 gegründete Skapulierbruderschaft oder in Uttenweiler die nach 1600 entstandene Sebastiansbruderschaft, ein Zusammenschluss von Menschen in der Pestzeit. Das mächtige Aufblühen der Volksfrömmigkeit nach dem 30-jährigen Krieg bildete den geistigen Hintergrund dieser Gemeinschaft in der Pfarrei Seekirch, deren Mitglieder ab 1684 verzeichnet sind (B 36).

Eine klare Hierarchie bestimmte die Organisation der Erzbruderschaft des heiligen Rosenkranzes, deren Entstehung auf den Seesieg von Lepanto (1571) gegen die Türken zurückgeht, den der Papst dem flehenden Rosenkranzgebet der Gläubigen zuschrieb und zu dessen Gedenken Papst Pius V. (1566–1572), Angehöriger des Dominikanerordens, für den 7. Oktober das Fest „Unsere Liebe Frau vom Rosenkranz“ einführte.

Das Versprechen, den Rosenkranz regelmäßig zu beten, die Statuten der Gemeinschaft zu beachten, den Prozessionen anzuwohnen, um dafür der zugesagten „Vortheile“ teilhaftig zu werden, bildet den Kern der Gemeinschaft, die in der Pfarrei Seekirch zur prägenden religiösen Kraft über zwei Jahrhunderte werden sollte, wodurch auch Leute von außerhalb (u. a. Uttenweiler, Sauggart, Stafflangen, Ahlen, Bischmannshausen, Oggelshausen, Aßmannshardt, Streitberg) um Aufnahme baten.

Als erster Vorsteher werden 1684 der Ammann von Alleshausen, Johannes Troll, der Schultheiß von Seekirch, Jakob Maurer, und als 1. Assistent der Ammann von Tiefenbach, Michael Gaißer, aufgeführt. Diese enge Verzahnung der gemeindlichen Obrigkeit mit der Kirche dauerte bis in das 19. Jahr-

Adolf Gröber, geb. 1854 in Riedlingen, † 1919 in Berlin, Abgeordneter des Zentrums für den Bezirk Riedlingen von 1889 bis zum Tode, hielt 1906 im Gasthof Adler, Seekirch, eine vielbeachtete Wahlversammlung.

Der linke Seitenaltar als Rosenkranzaltar, dessen Bild Johann Martin Weller aus Ehingen 1713 gemalt hat und auf den 1760 das Gnadenbild übertragen wurde.

hundert, löste sich schrittweise, nicht zuletzt durch das Aufkommen ziviler Vereine nach 1848 und dem säkularen Einbruch des 20. und 21. Jahrhunderts, Zäsuren, die jeweils auch an der Entwicklung der Rosenkranzbruderschaft abgelesen werden können. Mit 468 Mitgliedern wird dieselbe 1851 neu konstituiert, am 4. Oktober 1885 schon wieder neu errichtet, was nicht gerade auf Stabilität verweist.

Auch innerkirchlich begann durch das Aufkommen zahlreicher neuer Vereinigungen eine Neuausrichtung wie der „Verein zur ewigen Anbetung", Vorläufer der „ewigen Anbetung", Franziskus-Xaverius-Verein, Kindheit-Jesu-Verein und der „Volksverein für das Katholische Deutschland". Letzterer entstand als Bildungsorgan des Zentrums, der Partei des Katholizismus nach 1880, das in der Pfarrei Seekirch wesentlich mehr eingetragene Mitglieder zählte als die spätere Christlich Demokratische Union (CDU). 1912 zahlten allein in der Gemeinde Seekirch 31 Mitglieder ihren Parteibeitrag, zuvorderst Pfarrer und Bürgermeister (A 178).

Das Bruderschaftswesen, die Rosenkranzbruderschaft unter dem Patronat des Dominikanerordens, der 3. Orden des heiligen Franziskus unter dem der Franziskaner, wurde von päpstlicher Seite gefördert, von bischöflicher jedoch versucht, die Bewegung in überschaubare Schranken zu lenken, um kein zu großes religiöses Leben außerhalb der Pfarrei entstehen zu lassen.

Zentraler Ort der Seekircher Bruderschaft wurde der linke Seitenaltar der Pfarrkirche, dessen Altarbild mit der Rosenkranzkönigin Johann Martin Weller aus Ehingen 1713 gemalt hat.

Päpstliche Privilegien von 1732, 1748, 1755 und 1769 gewähren dem Beter am Rosenkranzaltar besondere Anteile göttlicher Gnaden, in letzter Urkunde sogar auf „ewige Zeiten“ ausgesprochen (U 43).

Der 28. März 1760, das Fest der Sieben Schmerzen Mariens, dürfte für die Bruderschaft ein einmaliger Höhepunkt gewesen sein. Das Seekircher Gnadenbild wird auf den Rosenkranzaltar übertragen, wobei der berühmte Marchtaler Kanzelredner Sebastian Sailer, von 1745–1747 Kaplan in Seekirch, eine ergreifende Predigt hielt. Kein Wunder, wenn dieser Ort der Kirche mehr und mehr zum Zentrum der Seekircher Volksfrömmigkeit wird und dorthin zahlreiche Stiftungen erfolgen, die bis an die Schwelle des 20. Jahrhunderts reichen.

Auf dem Weg von der kirchlichen zur zivilen Gesellschaft, vom kirchlichen Verein zum weltlichen, ging vieles verloren, weil die säkulare Welt die Werte der Tradition weithin nicht mehr verstehen konnte oder wollte und auch in der Kirche selbst neue Formen der Frömmigkeit entstanden sind. Die Feier des alljährlichen Rosenkranzfestes in der Pfarrei Seekirch will jedoch Erinnerung sein an eine Gemeinschaft, die durch Jahrhunderte das Leben unserer Vorfahren geprägt und deren Erbe in zeitgemäßer Form auch in der Zukunft Bestand haben sollte.

Wallfahrten – Prozessionen – Bittgänge

In allen Religionen gibt es Kultstätten, zu denen Menschen pilgern. Auch Gelöbnisse, an bestimmte Orte zu wallfahren, sind seit Menschengedenken üblich. Im Volk Israel entwickelte sich die Wallfahrt zum Tempel in Jerusalem zum vornehmsten Pilgerweg.

Im Christentum wird der Wallfahrtsgedanke bereits sehr früh aufgegriffen. Zunächst sind es die Orte des irdischen Wirkens Jesu, dann die der Apostel und bald der Martyrer, im besonderen Rom, das sich neben Jerusalem rasch zur überragenden Wallfahrtsstätte der Christenheit entwickelt. Die Wallfahrt nach Jerusalem galt vor der Eroberung Palästinas durch die Osmanen für einen Adligen fast wie ein Ritterschlag. Die Kreuzzugsbewegung des 12. Jahrhunderts war dabei förderlich, die Reformation des 16. Jahrhunderts hemmend.

Das Gnadenbild auf dem Bussen (nach 1584).

Gotisches Gnadenbild „Maria auf der Saul" zu Steinhausen, Anfang 15. Jahrhundert.

Im oberschwäbischen Raum sind seit Jahrhunderten derlei Erfahrungen nachgewiesen. Zum heiligen Berg, dem Bussen, pilgern die Menschen ebenso von alters her wie zum wundertätigen Gnadenbild der schmerzhaften Muttergottes „zur Saul" in Steinhausen. Auch Seekirch war als Ort einer Wallfahrt ausgewiesen. Das Bild der Schmerzensmutter aus dem 15. Jahrhundert in der gotischen Kirche über dem Hochaltar angebracht – heute auf dem linken Seitenaltar aufgestellt – diente als Wallfahrtsbild, war so kostbar, um beim Neubau der Kirche 1616 als einziges Zeichen der früheren Ausstattung in die neue Kirche übernommen zu werden, ein geheiligtes Bild, hinter dem sich mehr als ein Kunstwerk, nämlich der Glaube und das Vertrauen unserer Vorfahren, verbirgt.

In der ältesten überlieferten Beschreibung des kirchlichen Lebens der Pfarrei 1659 (A 116) erwähnt P. Modestus Schwarzenberger, einer der beeindruckendsten Seelsorger der Pfarrei Seekirch, einst Student an der Jesuitenuniversität Dillingen, 26 Prozessionen im Jahreskreis. Die älteste, seit 1600 nachgewiesene führte die Seekircher am 26. Juni, dem Fest der Heiligen Johannes und Paulus, auf den Bussen. Bei dieser Wallfahrt wurde vor allem um Abwendung von Hagel und Misswuchs gebetet.

Einen einmaligen Stellenwert nimmt die Wallfahrt der Tiefenbacher zum Gnadenbild der Muttergottes in Steinhausen ein.

Nach der Überlieferung gelobten die Tiefenbacher im Gefolge einer schrecklichen Viehseuche eine Wallfahrt zur Muttergottes nach Steinhausen. Dort war nach den Wirren des 30-jährigen Krieges, als die Schweden 1640 auch in Tiefenbach hausten und große Unordnung entstand, unter Abt Augustinus Arzet (1656–1666) die Wallfahrt zum gotischen Gnadenbild von 1420 neu belebt worden. Abt Didacus Ströbele (1719–1733), seit seinem Studium in Dillingen ein großer Marienverehrer, ließ vom berühmten Baumeister Dominikus Zimmermann die jetzige Wallfahrtskirche erbauen, zu der die Tiefenbacher alljährlich am Samstag nach Christi Himmelfahrt pilgern.

Pfarrer Rochus Raff (1750–1754) berichtet über die überlieferte Viehseuche. Im Sommer 1752 kaufte ein „Gemeinder" aus Tiefenbach in der Umgebung ein Stück Vieh, das von der Seuche angesteckt war und andere Tiere infizierte. Einige Tiere konnten sich von der Ansteckung wieder erholen, doch bis 22. November, dem Tag der Niederschrift, waren schon 28 Stück Vieh „gefallen". Um eine Ausbreitung des Übels nach Seekirch zu verhindern, „postierten" die Seekircher die Grenze, damit von dort kein Vieh auf die Tiefenbacher Markung komme und umgekehrt, eine Maßnahme, die ein Übergreifen tatsächlich verhindert hat. (Prot. par. S. 222f.)

Ammann in Tiefenbach war von 1740 bis zu seinem Tod 1754 Bernhard Pfarr, seit 1724 verheiratet mit Barbara Hepp, Tochter des ersten Maiers (und Ammanns) der Sippe Georg Hepp (1678-1748), von Stafflangen, der 1701 auf den Tiefenbacher Maierhof geheiratet hatte.

Auch gab es in diesem Jahr viele „gefährliche Donnerwetter" in der Warthauser Herrschaft und in der Marchtaler unsäglichen Schaden. Oftmals war das Läuten des Seekircher Loretoglöckleins letzte Hoffnung (das Tiefenbacher wurde erst 1757 beschafft).

In Alleshausen brach neben Seuchen und Hagelschlag auch noch der „Maleviz", (Geisteskrankheit) aus (Prot. par S. 218).

In ihrer großen Not baten die Tiefenbacher den Pfarrer von Oggelshausen, einer Schussenried zugehörigen Pfarrei, bei der Öschprozession um die Segnung mit dem hochverehrten Magnusstab des Klosters, der dortigen kostbarsten Reliquie, mit der bis zum heutigen Tag beim „Mangenfest" die Menschen gesegnet werden.

Die Wallfahrt nach Steinhausen gehört seit alters in die Verantwortung der politischen Gemeinde Tiefenbach. Die Besoldung wurde von der Gemeinde erst 1995 durch eine Pauschale an die Kirchenpflege abgelöst.

Von wenigen Ausnahmen abgesehen, konnte die Wallfahrt alljährlich stattfinden. 1945, wenige Wochen nach Kriegsende, musste die Prozession ausfallen, wie überhaupt damals alle Prozessionen der Bittwoche und auch die am Markustag. Selbst die Wochenmessen in den Filialkirchen konnten nicht mehr stattfinden, zunächst wegen der Fliegergefahr, dann wegen der Sperrstunden. Und das Allerheiligste kann in Alleshausen und Tiefenbach auch noch nicht aufbewahrt werden, „bis wieder sichere Verhältnisse geschaffen sind" (Verkündbuch 1945).

In der von der Landwirtschaft geprägten und auf das Gedeihen der Feldfrüchte angewiesenen Pfarrei richtete sich das Augenmerk der Leute im besonderen auf die heimische Flur, wodurch zu den üblichen Prozessionen die Flurgänge hinzukamen.

Um 1726 galt folgende Prozessionsordnung:

Markustag (25. April) Ahlen; Kreuzauffindung (3. Mai) wiederum Ahlen; 26. Juni Bussen; Laurentiusfest (10. August) Oggelshausen.

Bittwoche (auch Kreuzwoche genannt): Montag: Ahlen; Dienstag: Tiefenbach; Mittwoch: Alleshausen (B 249).

Öschprozessionen fanden an Christi Himmelfahrt, dem Tag, an dem die Ahlener nach Seekirch pilgerten, und am Pfingstmontag statt.

An Pfingsten hielt der Pfarrer vor dem Essen den Flurgang mit den Seekirchern, nachmittags der Kaplan mit den Alleshausenern.

Mit dem Fest Kreuzerhöhung (14. September) endete nach Einbringung der Ernte die Wallfahrt mit einem großen Dankgottesdienst (Erntedankfest – Sichelhenke). Die Seekircher hatten Feiertag, die Filialisten kamen mit Kreuz und Fahnen zum musikalisch umrahmten Hochamt. Nach der Predigt hielt der Herr Prälat von Marchtal, vor 1803 weltlicher und geistlicher Regent der Gemeinden Alleshausen und Seekirch, nicht selten höchst persönlich die festliche Messe.

Die Zeit der Aufklärung um 1800 brachte einen tiefen Einbruch in die Wallfahrtsbewegung. Staatlicher- wie kirchlicherseits wurde versucht, das ausufernde Wallfahrtswesen auf das Notwendige zu beschränken, neu zu regeln, worüber nicht alle erfreut waren, bildeten die Wallfahrten und Prozessionen doch auch Abwechslung im Alltag und die Möglichkeit, andere Orte zu besuchen. Noch 1822 und 1826 werden jedoch im Visitationsbericht der Pfarrei (A 16) Wallfahrten als üblich angeführt und erwähnt, einige aus der Pfarrei – so habe der Pfarrer erfahren, der dagegen spräche – gingen nach Einsiedeln und Weingarten. Dort formierte sich damals trotz Verbot der Blutritt aufs Neue.

Bis heute werden die damals erwünschten Weichenstellungen als kirchenfeindliche Maßnahmen angesehen. Die Situation war jedoch etwas komplizierter als zumeist berichtet.

Am 1. Juni 1783 wendet sich der Bischof von Konstanz, Maximilian von Rodt (1776–1800), an die Diözesanen und weist auf Missstände bei zahlreichen Wallfahrten hin, wodurch die sonntäglichen Gottesdienste in den Pfarrkirchen beeinträchtigt würden. Auch soll das „unandächtige Wesen und Unfugen" beseitigt werden. Demzufolge sollen die Bittgänge innerhalb der Pfarrei stattfinden, Prozessionen nicht in eine mehr als eine Stunde entfernte Pfarrkirche erfolgen. Beibehalten werden sollen die Fronleichnamsprozession, die Markusprozession und die Prozessionen der Bittwoche. „Alle übrige aber, was immer für ein Nahmen haben mögende Bittgänge, wenn sich auch ganze Gemeinden hierzu durch ein Gelübde verbunden hätten, wollen Wir gänzlichem abgestellt und aufgehoben wissen". Sein Generalvikar, Ignaz Heinrich von Wessenburg, wendet sich 1803 und 1809 erneut an die Gemeinden, verweist auf Missbräuche bei Bittgängen und erlässt wiederum einschränkende

Maßnahmen in Bezug auf Zahl, Entfernung und meint zum zeitlichen Ablauf: „Den Bittgang allemal so einzurichten, daß wenn er Vormittags gehalten wird, das mitgehende Volk wenigstens bis Mittag wieder zu Hause eintreffen, und wenn der Bittgang Nachmittags gehalten wird, die Zurückkunft unfehlbar vor Sonnenuntergang geschehen muss“ (A 137).

Die Mahnungen scheinen auch für die Pfarrei Seekirch nicht unnötig gewesen zu sein. An Christi Himmelfahrt 1814 verkündet Pfarrer Vonier: „Auf Ansuchen der Vorgesetzten geht man morgen um 4 Uhr mit dem Kreuz auf den Bussen. Ordnung, Sittsamkeit und Andacht wird besonders anempfohlen besonders bey dem Hin- und Herweg durch den Ort Offingen. Das Einkehren unterwegs darf nicht stattfinden“ (B 216).

1817 äußert sich der Pfarrer noch besorgter: „Sollten wiederum Schlägereien entstehen oder andere Unordnungen, so werden die Theilnehmer öffentlich in der Kirche gestraft werden“, und fügt hinzu: „Endlich muß ich noch die Bemerkung machen: insofern die ledigen Leute wie im vorigen Jahr wiederum den Bussenberg hinunterspringen und den Priester allein lassen, so ist der diesjährige Bittgang dahin der Letzte, und das umso mehr, weil man schon gedrohet, mich zu beklagen, daß ich gegen alle bischöflichen und königlichen Anordnungen einen so weiten Kreuzgang halte und gestalte“ (B 216).

Pfarrer Vonier, ehemaliger Konventuale von Marchtal, war der Tradition verbunden und litt ob solcher Vorkommnisse. Doch der Klerus war auch damals gespalten. Vor allem Pfarrer Johann Baptist Baumann von Offingen, von 1791–1812 für den Bussen zuständig, lag wenig an der Wallfahrt.

Der ehemalige Hofkaplan von Herzog Carl-Eugen von Württemberg hatte ein bewegtes Leben hinter sich. Wie einer seiner Nachfolger, Benedikt Maria Werkmeister, berichtet, ging Baumann 1782 mit einer ebenfalls katholischen Schauspielerin in Stuttgart durch. Sie wurden wieder eingeholt und der Geistliche auf die Festung Hohentwiel gebracht, was „in dem Gemüthe des Herzogs einen umso tiefern Eindruck machte, als dieser Hofkaplan in Hinsicht seiner Talente noch das meiste Ansehen am Hof und in der Stadt hatte“ (Werkmeister S. 460). Von dort aus wurde ihm die Pfarrei Offingen verliehen.

Nach diesen turbulenten Zeiten des Umbruchs stabilisierte sich das kirchliche Leben wieder unter den Gegebenheiten der neuen Diözese Rottenburg. Es entwickelte sich eine Ordnung, deren Rahmen bis nach dem 2. Weltkrieg gelten sollte.

Markustag: Bittgang nach Ahlen, ab 1839 Markustag und Montag in der Kreuzwoche nach Oggelshausen. Dienstag in der Bitt(Kreuz)woche: Bussen, 1820 Betstunde in der Kirche, 1821 Bussen, ab 1822 Bittgang nach Uttenweiler, 1885 nach Alleshausen.

Mittwoch in der Kreuzwoche: Ahlen. Die Öschprozession um den Winteresch fand in Seekirch am Pfingstmontag nach dem Gottesdienst statt. An

Christ Himmelfahrt um den Sommerösch in Alleshausen und Brasenberg nach dem Gottesdienst, Seekirch und Tiefenbach Nachmittags. Der kleine Öschgang fand in Alleshausen und Tiefenbach ohne Pfarrer statt. In der Sommerzeit fand außerdem um 5 Uhr, später um 6 Uhr, in der Pfarrkirche freitags eine Hl. Messe als Wettermesse um das Gedeihen der Feldfrüchte statt. Pfarrer Georg Baur beklagt 1939 den mangelhaften Besuch und meint: „ Früher kamen die Filialisten im Bittgang mit dem Vortragskreuz betend zur Wettermesse. Dies kam infolge des heidnischen Zeitgeistes in Abgang und war nicht mehr durchführbar." Die älteste überlieferte Tradition einer Wallfahrt, der Gang der Seekircher auf den Bussen am 26. Juni, scheint im 19. Jahrhundert im Zuge der Reformen untergegangen zu sein. Unter Umständen haben die vielen Scherereien um die Bussenwallfahrt in der Bittwoche dazu beigetragen. Umso standhafter hielten jedoch die Alleshausener an ihrem althergebrachten „Antoniusöschgang" fest.

Jahrhundertelang waren kirchliches Leben und Landwirtschaft aufs engste verbunden. Eine Zäsur kam nach dem 2. Weltkrieg. Die Industriegesellschaft verdrängte die Landwirtschaft und durch die säkularen gesellschaftlichen Entwicklungen werden die kirchlichen Traditionen weniger wahrgenommen. Das katholische Milieu zerbrach Stück um Stück. Auch Neuerungen in der Liturgie und angebliche Veränderungen durch das 2. Vatikanische Konzil werden als Rechtfertigung zur Verringerung von Prozessionen angeführt.

Nicht zuletzt erfordern auch die neuen Seelsorgestrukturen (Seelsorgeeinheiten) eine Klärung der bisherigen Gewohnheiten. Die Öschprozession und die Wallfahrt der Tiefenbacher nach Steinhausen seit nunmehr 250 Jahren überstanden am unbeschädigtsten den Umbruch der Zeit. Doch die alte Sehnsucht nach Wallfahrt ging nicht verloren. Nicht wenige Menschen nehmen die Möglichkeiten der Mobilität unserer Tage in Anspruch, um an die Stätten zu gelangen, an denen das christliche Pilgern begann: Das Heilige Land als Ort des Lebens Jesu, Rom als Stätte der Apostel und Martyrer und nicht zuletzt seit den Erscheinungen von 1858 Lourdes als größte marianische Wallfahrtsstätte der Christenheit .

Der Urtrieb nach Pilgern wird nie enden, sondern sich nur verändern, wie es auch seit Jahrhunderten in den Wallfahrten, Prozessionen und Bittgängen der Pfarrei Seekirch zum Ausdruck kommt.

Doch auch dieser Kult bedarf eines umsichtigen Umgangs, um dabei nicht die darin ausgedrückte Kultur zu verdrängen.

Der Männerchor Tiefenbach – Der Kirchenchor Seekirch

Die Freiheitsbewegung des 19. Jahrhunderts, in der Revolution von 1848 zum Zug gekommen, brachte in Staat und Kirche viele Kräfte zur Entfaltung, die sich vor allem in Vereinen organisierten. Im Umfeld der Kirche entstanden auf musikalischem Gebiet Chöre für weltlichen und geistlichen Gesang. In der Pfarrei Seekirch wurde ein Kirchenchor gegründet, der bis 1938 von Lehrern geleitet wurde, die sich seinerzeit zumeist aus parteipolitischen Gründen vom Organisten- und Dirigentendienst zurückgezogen haben, in Seekirch auf besonders spektakuläre Weise, indem Lehrer Schellinger (Seekirch) nach der Verlesung eines bischöflichen Hirtenbriefes demonstrativ die Orgel während des Gottesdienstes verließ.

Leiter des Kirchenchors und Organist wurde nun ab 1937 für 40 Jahre Anton Rauscher aus Tiefenbach. Nach dessen Tod 1977 trat eine Lücke ein, die nicht mehr ausgefüllt werden konnte. Noch einige Jahre konnte der Chor unter Inge Bloching (Uigendorf), Eugen Fischer (Bad Buchau) und Hans Neher (Dürnau) weitersingen, löste sich aber in den 80er Jahren auf, wodurch nicht nur eine alte Tradition erlosch, sondern auch eine erhebliche Lücke im Leben der Pfarrgemeinde und des bürgerlichen Lebens entstand, waren die Einwohner doch gewohnt, bei allen kirchlichen und weltlichen Feiern den Kirchenchor dabei zu wissen.

MÄNNERCHOR TIEFENBACH

Weihnachtsaufführung

am Stefanstag, 26. Dez. 1930, nachm. 1/2 2 Uhr und abds. 7 Uhr und am Sonntag, 28. Dez. 1930, nachm. 1/2 2 Uhr u. abds. 7 Uhr im Gasth. z. „Adler".

PROGRAMM

1. Klingt Weihnachtsglocken wieder . Männerchor v. H. Halt
2. Forschen nach Gott . . . . . Männerchor v. K. Kreutzer
3. Genovefa, die Pfalzgräfin am Rhein
Volksspiel in 5 Akten und einem Vorspiel v. D. Schruß

PERSONEN

Der Pfalzgraf Siegfried — Berta, Turmwächterstöchterlein
Genovefa, dessen Gemahlin — Luise, Arbeiterin
Schmerzenreich, beider Söhnchen — Kunz, Scharfrichter auf Siegfriedburg
Golo, Verwalter u. Vogt auf der Burg — Heinz, Knecht daselbst
Droko, dortselbst bedienstet — Ein Engel

4. Heimat und Vaterland . . . . Männerchor v. Göpfart
5. Die beiden Gauner, Lustspiel in 3 Akten v. Z. Mögele

PERSONEN

Heilig, ehemaliger Herrschaftsdiener — Otto Dunke, Neffe des Bürgermeisters
Schlingel, ehemaliger Badergehilfe — Hans Ilger, Freund von Otto Dunker
Dunker, Bürgermeister v. Viehhausen — Jakl, Hausknecht
Zinkenberger, Gemeinderat — Jsserle, Handelsjude
Schläfrig, Wirt z. „Wilden Sau" — Mehrere Knechte
Schneidig, Gemeindediener

6. Jetzt schwingen wir den Hut . . Männerchor v. Ch. Zöllner
7. Christbaumverlosung

Zu zahlreichem Besuch ladet ein

Der Männerchor

Es wird gebeten, das Rauchen zu unterlassen — Aenderung im Programm vorbehalten

Programm des Männerchors Tiefenbach, 1930.

Dem Männerchor Tiefenbach dagegen war es geglückt, alle Hürden der Zeit zu überwinden und er erfreut seit 140 Jahren mit Gesang und sonstigen

Der Kirchenchor um 1938.

Anna Miehle, Anton Bohner, Franz Strohm, Maria Mohr, Anton Rauscher, Anna Gerster, Maria Aßfalg, Maria Haller, Senze Maikler, Friedrich Kugler, Alfons Brehm, Alexander Kaiser, Maria Gäng, Anna Schosser, Maria Fieseler, Paula Roth, Maria Eggart, Anna Neher (letztere untere Reihe).

Kirchen- und Männerchor mit Pfarrer Karl Müller und Dirigent Anton Rauscher (Bildmitte) 1948.

Darbietungen die Bewohner. 1864 gegründet, fand er jahrzehntelang in den Lehrern einen Dirigenten. Von Lehrer Julius Wagner (1912–1925) übernahm 1925 Anton Rauscher den Dirigentenstab und entwickelte ein fruchtbares Wirken, das von der politischen Gemeinde anerkannt und gefördert wurde, anfangs der 30er Jahre auch durch Theateraufführungen hervortrat, über die regelmäßig in der Zeitung berichtet wurde.

In dieser wirtschaftlich krisenhaften Zeit gab es ein erfreuliches Gemeinschaftsleben in der Gemeinde, das sich ob der Größe des Ortes fast konkurrierend gegenüberstand, denn auch ein Narren- und Radfahrverein hatte sich in den Jahren nach dem 1. Weltkrieg gebildet und beteiligte sich aktiv am Gemeindeleben. Am 16. Februar 1934 berichtet die Buchauer Zeitung: „Der hiesige Gesangverein Männerchor hat am letzten Fastnachtssonntag die gesamte

Einwohnerschaft hier zu einer allgemeinen Gesangsaufführung eingeladen; er veranstaltete den zahlreich Erschienenen einen stimmungsvollen und genußreichen Abend. Ein trefflicher Männerchor leitete die imposante Feier mit dem deutschen Sängergruß von G. Schneider ein. Sodann begrüßte Vereinsführer Anton Rauscher die so zahlreich erschienenen Gemeindeeinwohner, sowie die Vertreter der geistlichen und weltlichen Behörden und sprach ihnen mit allen Anwesenden im Namen des Vereins den Dank für die Teilnahme an der Feier aus. Das reichhaltige Programm war eine Auslese schönster Männerchöre, welche flüssig und klangschön vorgetragen wurden, und von den Lauschern reichen Beifall ernteten. Treffliche Männerchöre, wie der letzte Ritt von Wenzart-Valle, Männerchor von Otto Löffler, Lützows verwegene Jagd von Weber und dergl. kamen zum Vortrag, ferner ein Singspiel: ‚Lustig ist die Jägerei' und der humorvolle Schwank: ‚Der Knicker', die Anlaß zur allgemeinen Heiterkeit gaben. Hw. Herr Pfarrer Hartmann, Seekirch, würdigte die Leistungen des Männerchores durch Anerkennung der gutgelungenen Darbietungen und beglückwünschte die Gemeinde zu dem strebsamen Männerchore. Hauptlehrer Schellinger fand begeisterte und aufmunternde Worte über den Inhalt des Gesangs und dessen Förderung und Pflege. Bürgermeister Dorner redete über die nationale Bedeutung des deutschen Männergesanges und sprach dem Männerchor namens der Gemeinde den wohlverdienten Dank für alle die Mühen, die er dieses Jahr über auf sich genommen habe, aus, hauptsächlich bei der Mitwirkung der nationalen Gemeindefeiern. Der Redner bat, auch fernerhin nicht zu ermüden, wenn es gelte, die Treue dem Vereine zu halten und die gute Sache mit allen Kräften auch weiterhin zu unterstützen, damit wir hier ein Gesangsleben pflegen können, das der Gemeinde würdig ist. Daß der hiesige Männerchor der hohen Aufgaben des deutschen Gesanges gerecht zu werden sich bestrebt, und die große Bedeutung des deutschen Liedes für deutsches Wesen und deutsche Kultur erkennt und würdigt, zeigt die Eingliederung des Vereins in den Schwäbischen Sängerbund. So nahmen die Aufführungen einen glänzenden Verlauf und erwiesen die Einigkeit aller im deutschen Liede, das auch weiterhin hier in diesen Reihen die beste Pflege erfahren möge."

Auch hier fallen die nationalen Töne auf. Durch die politisch bekannte Einstellung von Chorleiter Anton Rauscher war es leichter, die Hürden des 3. Reiches zu überspringen. Immer mehr wurde der Männerchor zum Teil des Kirchenchors, nahm mit seinen in der Regel 25 Mitgliedern regelmäßig an den Treffen des Schwäbischen Sängerbundes teil. So auch in Biberach am 11. Februar 1934, wo Bundesführer Jäkle, mit Beifall und stürmischen Heilrufen begrüßt, u. a. ausführte: „Heute sind die Gespenster verjagt, ein gütiges Schicksal hat uns den Führer gesandt, der auch die deutschen Sänger zu seiner Front heranzog. Adolf Hitler hat die große Bedeutung des deutschen Liedes für die Volksgemeinschaft und die deutsche Gesinnung voll und ganz anerkannt und bei seiner Rede auf dem Turnfest in Stuttgart erklärt: ‚Lied und Kraft bilden den deutschen Menschen!' Wir deutschen Sänger wollen und können stolz sein, daß man uns aufruft, mitzuarbeiten an der Aufrichtung des Dritten deutschen Reiches! Schon nach dem ersten Jahr der Führung Adolf Hitlers ist im deutschen Volk eine andere Stimmung, wir atmen eine andere Luft! Möge sich der Schwäbische Sängerbund unter neuer Führung voll der nationalsozialistischen Bewegung einverleiben als dienendes und kämpfendes Glied! Danken wir dem Himmel, daß er uns den Führer gab, der es uns ermöglichte, an diese Aufgabe heranzugehen. Liebe und Begeisterung für Vaterland und Heimat dürfen nicht erlahmen. Hätten wir nicht schon bisher in diesem Sinn gearbeitet, dann hätten wir kein Recht, als Kämpfer und Streiter Adolf Hitlers in das große Aufbauwerk einverleibt zu werden. Wir sind stolz, daß wir nicht kleinmütig geworden, nicht zu denen hinübergeschwenkt sind, die sagten, es sei nichts mehr zu retten. Von dem, was wir als wahr, gut und recht erkannten, dürfen wir auch künftig nicht abweichen. Auch in unseren Reihen muß der SA-Geist der Volksgemeinschaft erhalten bleiben, ein Geist, der im Schwäbischen Sängerbund längst vorhanden ist" (Buchauer Zeitung 12. Februar 1934).

Beim Kreisliederfest des Donaukreises im Schwäbischen Sängerbund anlässlich der 100-Jahrfeier des Liederkranzes Munderkingen beteiligte sich der Frauenchor Tiefenbach mit 20 Sängerinnen und der Männerchor trat in gleicher Zahl auf, wobei der Frauenchor mit der Note sehr gut abschnitt, was Pfarrer Baur in der Pfarrchronik begeistert würdigte und wünschte, der Frauenchor möge auf dem beschrittenen Weg weitermarschieren und sich noch ebenso schöne Erfolge sichern. Zu der Zusammensetzung schreibt der Pfarrer: „Es sei bemerkt, daß es sich im Frauen- und Männerchor Tiefenbach nicht um lauter Tiefenbacher handelt.Vielmehr sind es dieselben Sänger und Sängerinnen, die auch im Kirchenchor Seekirch singen... Einige Männer singen nicht im Kirchenchor" (Chronik 1939).

Mitten im 2. Weltkrieg (1942) konnte der Chor im Rahmen einer Weihnachtsfeier im Adler Seekirch und Tiefenbach sein 75-jähriges Bestehen feiern.

Nach beendigtem 2. Weltkrieg lag es in der Hand der französischen Besatzungsmacht, Vereinigungen und deren öffentliche Veranstaltungen zu genehmigen. Von der französischen Militärregierung erhielt der nunmehrige Bürgermeister Anton Rauscher am 22. Dezember 1947 die Genehmigung, „dans la salle de l'auberge „Adler" à Tiefenbach" (im Saal des Gasthofes Adler) das unter seiner Verantwortung geplante Weihnachtskonzert durchzuführen.

Männerchor/Kirchenchor werden in der Aufbauphase der Nachkriegszeit wieder zum selbstverständlichen Gestalter des öffentlichen Lebens, so auch bei der beeindruckenden Gemeindefeier am 15. Januar 1950, wo der Bürgermeister das Geschehen der letzten 10 Jahre in der Gemeinde vor Augen führen wollte und bemerkt: „Die Zahl der Gefallenen und Vermißten der Gemeinde, ohne Heimatvertriebene, ist groß und beträgt 10 % der Einwohner des Jahres 1939. In den Kriegergräbern in aller Welt ruhen unsere Söhne und in der Heimat sind schwere Lücken hinterlassen und für viele kaum zu tragen. Aber eines ist uns geblieben: unsere Heimat ist uns erhalten, und unsere Felder und Wälder sind uns noch teurer geworden. Viele Generationen haben ihnen in schwerer Zeit die Treue gehalten. Und auch wir wollen nie mutlos werden, solange wir unseren heimatlichen Boden bebauen und uns am heimatlichen Herde sättigen können. Gottes Güte und Gottes Schutz möge über uns sein"! (Rathaus, Faszikel Vereine). Der Männerchor war bei diesem beeindruckenden Gedenken mit gemeinsamem Kirchgang, Gefallenenehrung am Kriegerdenkmal mit nunmehr anderen Tönen bei der Würdigung der Gefallenen als bis 1945 federführend beteiligt.

Der Kirchenchor Seekirch 1968.

Der Chor, seit 1920 beim jährlichen Kriegerjahrtag aktiv tätig, feierte am 22. November 1957 mit dreijähriger Verspätung sein 90. Gründungsjubiläum. Dabei wurden neben Chorleiter Anton Rauscher für 30-jährige Zugehörigkeit geehrt: Vorstand Karl Reiter, Alexander Kaiser, Franz Neher, das Bindeglied zum Veteranenverein, Karl Zoll. Ehrenvorstand Lorenz Bär sprach den Mitgliedern Max Kramer und Albert Hirschmann Dank und Anerkennung für 40-jährige Mitgliedschaft aus.

Zu einem ganz besonderen Ereignis und wohl Höhepunkt im Vereinsleben wurde der 3. Oktober 1964. Regierungspräsident Willi Birn (Tübingen) überreicht dem Männerchor in Anwesenheit von Landrat Karl Anton Maier (Saulgau) die „Zelter-Plakette", benannt nach dem Musiker Carl Friedrich Zelter (1758–1832), Musiker in Berlin.

Wenige Tage darauf wurde Dirigent Bürgermeister Anton Rauscher als einziger Vertreter aus Südwürttemberg zu einem Abendessen mit Bundespräsident Heinrich Lübke (1959–1969) nach Bonn eingeladen. Dazu bemerkt der Geehrte: „Mir selbst aber war dies die größte Freude, dass meine nunmehrige 30 Jahre getätigte Arbeit im Sängerleben der Gemeinde von höchster Stelle in so anerkennender Weise ausgezeichnet wurde". Das Bundesverdienstkreuz am Bande, wenige Jahre später, rundete die staatliche Ehrung des bis zu seinem Tod 1977 aktiven Musikers ab. Die Kirchengemeinde würdigte Anton Rauscher an seinem 78. Geburtstag (18. 2. 1976) für sein 50-jähriges Wirken als Organist und Chorleiter mit einem Ständchen des Kirchenchores und der Ehrenurkunde des Cäcilienvereins.

Sowohl Kirchen- wie Männerchor erlitten durch des Dirigenten Tod einen unersetzlichen Verlust, aus dem sich der Kirchenchor nicht mehr erholen konnte. Freilich auch an anderen Orten gab es im Chorwesen Krisen. Die

Der Männerchor bei Kurkonzert in Bad Buchau am 16. April 2001.

Der Männerchor anlässlich der Übergabe des Klaviers am 3. November 2002.

Neuorientierung des Kirchengesangs nach den liturgischen Erneuerungen ab der 60er Jahre wollten manche nicht nachvollziehen. Auch gegen die Umstellung des lateinischen Gesangs in deutsche Weisen wurden Bedenken vorgebracht. Einige befürchteten, die Kirchenchöre könnten an Bedeutung verlieren. Unstimmigkeiten im Chor beschleunigten die Entwicklung. Dem Männerchor war mehr Glück beschieden. 11 ehemalige Sänger fanden sich 1987 zusammen, um einen Neuanfang zu wagen. Sie machten sich auf die Suche nach weiteren Sängern, einem Dirigenten und Probenlokal. Noch 1987, nach einem kurzen Übergang durch Fridolin Rauscher, übernahm Alfons Reich aus Stafflangen das Dirigieren. Bis der Raum im umgestalteten Maierhof zum Gemeindesaal (2001) zur Verfügung stand, konnte im Sitzungssaal des Rathauses geprobt werden. Unter der neuen Leitung entwickelte sich der Chor bald auf ein beachtliches Niveau, erweckte auch außerhalb der Gemeinde Aufmerksamkeit. Inzwischen ist er im Federseegebiet zu einer festen Größe geworden.

Kurkonzerte in Bad Buchau, Teilnahme an Gausängertreffen, Freundschaftssingen in anderen Gemeinden werden ebenso angenommen wie die Aufnahme einer Partnerschaft nach Nosswitz in Sachsen, eine 14-tägige Reise nach Kanada und eine solche nach Südtirol, immer verbunden mit musikalischen Auftritten.

Neben der Pflege der Geselligkeit, die bei Geburtstagsständchen besonderen Ausdruck findet, weiß der Chor um seine Verpflichtung in der eigenen Gemeinde, inzwischen im besonderen auch bei der Gestaltung von Gottesdiensten in der Pfarrkirche Seekirch und deren Kapellen, wobei derzeit die Größe des Chores der Anzahl der Gründungsmitglieder von 1864 gleicht.

Die Gemeinde Alleshausen mit Brasenberg

Wappen verliehen 1981: In Rot zwei schräg gekreuzte, golden brennende silberne Kerzen, die Kreuzung überdeckt durch eine aus dem Unterrand wachsende goldene Ähre. Die beiden Kerzen sind das Attribut des hl. Blasius, der seit 1479 als Patron der Kapelle in Alleshausen belegt ist. Sie erinnern zugleich an das Kloster St. Blasien, dem der Ort bis 1477 gehört hat. Die Ähre bezieht sich auf den landwirtschaftlichen Charakter der Gemeinde. Flagge: Gelb-Rot.

Luftbild der Gemeinde Alleshausen um das Jahr 2000.

Alleshausen im Spiegel des Jahres 2005

Mit 505 Einwohnern am 31. 12. 2005 (davon 70 im Weiler Brasenberg) weist Alleshausen eine Bevölkerungsdichte von 45 Personen/qkm auf. Im Jahre 2001 wurde die Grenze von 500 Einwohnern überschritten, nachdem 1849 daselbst 569 Personen gelebt hatten.

Die Altersstruktur zeigt auch in Alleshausen deutlich die demographische Entwicklung des ganzen Landes, 45 % der Bevölkerung sind 40 Jahre alt und älter, 18 % über 65 Jahre, 26 % unter 25 Jahre alt.

Alleshausen hat heute 165 Wohngebäude mit zusammen 180 Wohnungen. Die Mehrzahl der Wohngebäude (80 %) hat nur eine Wohnung.

Waren im Jahr 1961 noch 112 Haushalte mit durchschnittlich 3,7 Personen zu verzeichnen, so sind es heute 165 mit nur noch durchschnittlich 2,7 Personen.

Der Bestand an Kraftfahrzeugen hat sich allgemein in den letzten Jahrzehnten stark entwickelt. Waren im Jahre 1983 noch 266 Kraftfahrzeuge für Alleshausen zugelassen, so weist die Statistik für das Jahr 2005 461 Kraftfahrzeuge aus. Eine besondere Steigerung haben die Personenkraftfahrzeuge erfahren, 1983 183 Pkw, im Jahre 2005 318. Ebenso nahm mit fortschreitender Mechanisierung der Landwirtschaft der Zugmaschinenbestand von 60 Fahrzeugen auf 96 zu.

Alleshausen ist trotz des allgemeinen Rückgangs immer noch stark landwirtschaftlich strukturiert. Die landwirtschaftliche Nutzfläche beträgt 678 ha, 423 ha Ackerland (62 %) und 255 ha Dauergrünland (38 %). Die Statistik weist für das Jahr 2003 23 landwirtschaftliche Betriebe mit einer durchschnittlichen Betriebsgröße von 29 ha aus. Lediglich 4 Betriebe lagen unter 4 ha, während 19 Betriebe über 10 ha bewirtschafteten. 62 % der Betriebe übten ihre Bewirtschaftung im Haupterwerb aus; ein Drittel der Betriebe ist im Nebenerwerb aktiv.

Der Ackerbau mit 423 ha Anbaufläche wird zu 70 % mit Getreide betrieben. Die restlichen 30 % werden mit Futterpflanzen und Ölfrüchten bestellt.

Bis 1963 dauerte das „Beschleunigte Zusammenlegungsverfahren“ für die Gemarkung, mit Ausnahme des Federseerieds. 2005 laufen für Teile der Gemarkung drei Flurbereinigungsverfahren: Für den Naturschutz und die Archäologie ist das Verfahren Alleshausen/Seekirch angeordnet; Teile der nördlichen Markung sind im Flurbereinigungsverfahren B 312/Uttenweiler und ein Gewann bei Brasenberg in das „Beschleunigte Zusammenlegungsverfahren Minderreuti“ einbezogen.

Im Bereich der gewerblichen Wirtschaft ist ein großer Rückgang innerhalb der letzten Jahrzehnte zu verzeichnen. Die allermeisten Arbeitnehmer müssen daher auspendeln. Am Ort sind lediglich 20 Arbeitnehmer sozialversicherungspflichtig beschäftigt, wogegen in der Gemeinde 180 sozialversicherungspflichtige Beschäftigte wohnen.

Ein bedeutender Betrieb am Ort ist die Federseebank mit Sitz in Bad Buchau seit 1975, die aus der 1898 gegründeten Spar- und Darlehenskasse Alleshausen entstanden ist. Hauptdienstleistung ist das Bank- und Allfinanzgeschäft rund um den Federsee mit angrenzendem Geschäftsgebiet. Der Bereich des nördlichen Federseeraumes wurde im besonderen durch die Fusion mit der Spar- und Darlehenskasse Kappel 1965 sowie der Sitzverlegung nach Bad Buchau 1975 erweitert.

Im Jubiläumsjahr (1998) zählte die Federseebank 1784 Mitglieder. Die Bilanzsumme betrug 116,8 Mio DM, der Umsatz im Bankgeschäft 538 Mio DM, das Warengeschäft einen Gesamtwert von 5,0 Mio DM. Geschäftsstellen werden neben Alleshausen und Bad Buchau in Tiefenbach und Ahlen unterhalten. 2002 erfolgte die Fusion mit der Raiffeisenbank Oggelshausen eG. 2003/04 wurde die Tankstelle in Alleshausen grundständig umgebaut und die 1958 erbaute Geschäftsstelle renoviert, die damals 92 Mitglieder zählte. Ihre Zahl erhöhte sich ständig, nicht zuletzt wegen der Zusammenschlüsse der Spar- und Darlehenskassen Tiefenbach (1962), Kappel (1965), Ahlen (1970) und Dürnau (1972), wo das Warengeschäft der Molkerei übernommen wurde.

Federseebank
Geschäftsstelle Alleshausen.

Geschäftsstelle Tiefenbach.

Bankdirektor Josef Aßfalg. Er war 7 Jahre unter der Regie seines Vaters und 45 Jahre als Geschäftsleiter für die Federseebank tätig.

Klemens Bogenrieder, Dipl.-Bankbetriebswirt, seit 1. Juni 2000 Vorstandsvorsitzender der Federseebank eG.

In dieser genossenschaftlichen Einrichtung haben sich im Verlauf von über hundert Jahren immer Leute gefunden, die unter oft schwierigsten Verhältnissen (Inflation 1923, Ende Zweiten Weltkrieg 1945, Währungsreform 1948) den Wert und die Idee des Gründers Friedrich Wilhelm Raiffeisen (1818–1888) nach den Prinzipien der Selbsthilfe, Selbstverwaltung und Selbstverantwortung erkannt und weiterentwickelt haben.

Ein großer Bogen spannt sich zwischen der Gründungsversammlungen: am 24. November 1898 in Alleshausen mit 32 Bürgern unter Vorsitz von Lehrer Franz Kurfeß; in Tiefenbach mit 25 Bürgern am 28. November 1898 unter Vorsitz des Seekircher Kaplans Franz Müller; der Generalversammlung zum Jubiläum am 15. September 1998 im Kurzentrum in Bad Buchau unter dem Vorstandsvorsitzenden, Bankdirektor Josef Assfalg. Er war 52 Jahre in der Bank tätig, davon 45 Jahre als Geschäftsführer. Im Jahre 2000 übernahm Klemens Bogenrieder den Vorstandsvorsitz. Im Vorstand ging 2005 die Vorstandsposition von Werner Kohler (45 Jahre bei der Federseebank) auf Ulrich Bossler über.

Die Firma Karl Hepp ist seit 1961 als landwirtschaftliches Lohnunternehmen hier tätig. Sie ist aus einem früheren landwirtschaftlichen Betrieb entstanden. Zwischenzeitlich ist noch eine Werkstatt mit Handel für Landtechnik und Metallbau hinzugekommen.

Die Firma Elektro-Weinfurtner wurde 1992 gegründet und hat ebenfalls einige vollbeschäftigte Mitarbeiter. Die Firma arbeitet auf dem Gebiet der Elektroinstallationen und des Elektroeinzelhandels.

Werner Dollinger betreibt einen alteingesessenen Viehhandel, den er vor Jahren von seinem Vater Jakob übernommen hat.

Neben dem bewirteten Schützenhaus verfügt die Gemeinde noch über den Gasthof Rosengarten in Brasenberg, der seit vielen Jahren von der Familie Rief betrieben wird. Weitere sieben Betriebe werden zur Zeit nebenberuflich geführt.

Neue Werkstatthalle der Firma Karl Hepp.

Beispielhaft – auch für die anderen Gemeinden – wird die Entwicklung der Firma Karl Hepp angeführt. 1961 wurde der erste selbstfahrende Mähdrescher Bautz T600 angeschafft. Mit diesem Mähdrescher wurde ein bedeutender Grundstein des Lohnunternehmens gelegt. Da die Nachfrage nach Lohnmaschinen immer größer wurde, investierte Karl Hepp in den folgenden Jahren in die modernste Technik der Erntemaschinen. Zur noch besseren Auslastung der Mähdrescher fuhren diese in die verschiedensten Frühdreschgebiete bis nach Heilbronn und Freiburg. Im Jahr 1968 schaffte Karl Hepp die erste kleine Bautz-Strohpresse an. Dies war der Beginn des Heu- und Strohhandels durch das Unternehmen. Was damals als mühselige Arbeit mit kleinen Strohballen begann, wird heute mit modernster Technik gepresst und in die Schweiz und nach Österreich vermarktet. Dadurch ist der Heu- und Strohhandel bis heute ein wichtiges Standbein des Unternehmens.

Als Anfang der 70er Jahre in unserer Region immer mehr Mais angebaut wurde, investierte Karl Hepp 1970 in moderne zweireihige Maishäcksler und 90 PS starke Traktoren. Diese wurden im Laufe der Jahre durch drei-, vier- und sechsreihige selbstfahrende Maishäcksler ersetzt. Heute erntet die Firma mit vier Selbstfahrern, die mit 780 PS bis zu zehn Reihen häckseln. Von 1970–1980 investierte das Unternehmen in verschiedenen Bereichen, wie zum Beispiel in eine Grabenfräse, Sägeräte, Ballensammelwagen und mehrere Traktoren.

Nachdem der älteste Sohn Karlheinz nach einer landwirtschaftlichen Ausbildung 1984 in den Betrieb eintrat, suchte Karl Hepp nach einem neuen Standbein für seine Firma, um auch außerhalb der Erntezeit arbeiten zu können. Nach langem Überlegen und intensiver Marktanalyse investierte er in die erste mobile Mahl- und Mischanlage. Da die Landwirte immer weniger Geld für ihr Getreide bekamen, mahlte und quetschte die Firma nun das Getreide der Landwirte, damit dieses zur Verfütterung an Vieh, Schweine und Hühner verwendbar wurde. Die Nachfrage wurde immer größer, so dass heute in einem Umkreis von neunzig Kilometern fünf moderne, fahrbare Mahl- und Mischanlagen auf Lastkraftwagen an sechs Tagen in der Woche im Einsatz sind.

Im Jahr 1987 beendete der jüngste Sohn Günther seine Maurerlehre und wurde als Vollzeitkraft angestellt. Im Laufe der Jahre benötigte die Firma immer mehr Arbeitskräfte.

Zur Zeit beschäftigt die Firma acht Arbeiter und die älteste Tochter Erika als Büroangestellte. Gleichzeitig werden ständig, zum Teil saisonal, bis zu 21 Aushilfskräfte beschäftigt.

Die Firma Karl Hepp aus Alleshausen zählt zu den größten mittelständischen Unternehmen in der Region des nördlichen Federseegebietes. Nachdem der Sohn Wolfgang im Jahr 2002 seine Weiterbildung zum Landmaschinenmechaniker- und Metallbaumeister mit Erfolg abgeschlossen hatte, wurde 2003 ein weiteres Standbein, die Landtechnik Hepp, gegründet.

Die Dynamik des Unternehmens zeigt: Wagemut ist nötig, um in der heutigen Zeit des Umbruchs im ländlichen Raum bestehen zu können.

Alleshausen ist schon immer eine finanzschwache Gemeinde gewesen. Ohne staatliche Zuweisungen im Rahmen des Finanzausgleiches könnte sie die öffentlichen Aufgaben nicht bewältigen. Auf Grund der ländlichen Struktur und der wenigen Gewerbebetriebe ist die Steuerkraft auch weit unterdurchschnittlich.

Der Gemeinderat mit dem Bürgermeister der Gemeinde Alleshausen.
Von links nach rechts:
Christof Walser,
Wolfgang Hepp,
Franz Rettich,
Rolf Schöller,
Eugen Brehm,
Benjamin Brehm,
Heinz Scheffold,
Paula Dollinger,
Bürgermeister Harald Fischer.

Das Rathaus Alleshausen im Jahre 2005.

Der Gemeindekindergarten im Erdgeschoss des Rathauses, ehemals Schule.

Eigene Steuereinnahmen kommen lediglich aus der Grundsteuer (rund 42.000 €) und aus der Gewerbesteuer (rund 43.000 €) und dies trotz hoher Realsteuerhebesätze. Die Finanzzuweisungen und die Einkommensteueranteile betrugen 2005 241.000 €, also 29 % des Verwaltungshaushaltes.

Der Verwaltungshaushalt betrug 2005 rund 840.000 €, der Vermögenshaushalt 134.000 €.

Aufgrund hoher Investitionen im Schulbereich, im Bereich der Kanalsanierungen und Neuverlegungen von Wasserleitungen hat die Gemeinde Schulden aufnehmen müssen. Der Schuldenstand lag im Jahre 2005 bei 356 €/Einwohner oder rund 180.000 €.

1978/79 erfolgte der Einbau eines Kindergartens in das ehemalige Schulhaus, das als Rathaus genutzt wurde. Dadurch bedingt wurde das Rathaus 1991 in den ersten Stock des Gebäudes verlegt. Den eingruppigen Gemeindekindergarten besuchen derzeit 25 Kinder aus Alleshausen und Brasenberg. 1998 wurde der Kindergarten renoviert und eine zweite Spielebene eingebaut.

In unmittelbarer Nachbarschaft wurde 1992/93 das Feuerwehrgerätehaus und der Gemeindebauhof erstellt.

Nachdem in den fünfziger Jahren die Wasserleitung und die Kanalisation verlegt wurde, waren in den Jahren 2003 bis 2006 wieder neue Rohre fällig, was für die Gemeinde einen hohen finanziellen Kraftakt darstellte. Die komplette Ortsdurchfahrt (Hauptstraße), Teile der Mühlgasse, die Darrengasse, Teile der Oberen Torgasse, die Seestraße, das Brühlgässle und Teile der Kirchstraße wurden neu kanalisiert, mit einer neuen Wasserleitung versehen, die Straßen ausgebaut und teilweise auch eine neue Ortsbeleuchtung installiert.

In den Jahren 1993 bis 1996 wurde die eigene Wasserversorgung in den Stockwiesen aufgegeben und der öffentlich-rechtliche Wasserversorgungszweckverband „Nördliches Federseebecken“ gegründet. Mitglieder dieses Verbandes sind die Gemeinden Alleshausen, Seekirch und Betzenweiler. Notwendig wurde dies, weil die Wasserqualität, insbesondere durch den hohen Nitratwert, nicht mehr den gesetzlichen Vorgaben entsprach. Seit dieser Zeit werden von diesem Zweckverband rund 1.500 Einwohner mit Trinkwasser versorgt. Der Anteil von Alleshausen an den Verbandsanlagen beträgt 35 %.

Die Quellfassung befindet sich in den Stockwiesen in Alleshausen, unweit der früheren Wasserfassung, der Hochbehälter in Seekirch. Ein Verbund mit dem Wasserversorgungszweckverband „Ahlenbrunnengruppe“ über einen Anschluss am Ortsnetz Brasenberg/Minderreuti sichert überörtlich die Versorgung der Bevölkerung mit Wasser.

Die Abwasserbeseitigung obliegt im Ortsbereich der Gemeinde, während der Gemeindeverwaltungsverband Bad Buchau die mechanisch-biologische Sammelkläranlage beim Vollochhof betreibt. Alle Verbandsgemeinden um den See sind angeschlossen. Das Abwasser von Alleshausen und Brasenberg wird in der Federseeringleitung, die Ende der siebziger Jahre gebaut wurde, zum Klärwerk gepumpt.

Durch das rege Gemeindeleben sind auch noch zahlreiche kommunale Einrichtungen vorhanden. So wurde vor Jahren in die frühere Gemeinschaftsgefrieranlage eine Backstube eingebaut, die regen Zuspruch findet. Jeden Freitag wird Brot gebacken.

Neben dem Backhaus befindet sich das Gemeindeschlachthaus mit Kühlraum und Rauchapparat.

Für die Landwirtschaft stellt die Gemeinde noch eine Grabenfräse zur Verfügung, damit die Bewirtschaftung des Grünlandes in den Riedwiesen gewährleistet bleibt. Ebenso hat die Gemeinde noch einen Klauenpflegestand zum Ausleihen an die landwirtschaftlichen Betriebe.

Landschaftlich reizvoll liegt Alleshausen am nördlichen Federseerand und direkt am Federseerundwanderweg.

Durch den Ausbau der Kreisstraße von Moosburg nach Alleshausen in den letzten Jahren und die neue Straße nach Seekirch ist Alleshausen verkehrsgünstig erschlossen und dadurch eine attraktive Gemeinde, in der es sich gut leben lässt.

(Nach einem Bericht von Bürgermeister Harald Fischer).

Alleshausen im Spiegel des Jahres 1923

Alleshausen gehört nach dem Umfang der Markungsfläche zu den größeren, nach der Einwohnerzahl zu den kleineren bis mittleren Gemeinden des Bezirks. Von der gesamten Markungsfläche mit 1131 ha entfallen auf die landwirtschaftliche Nutzung 973 ha, nämlich 457 ha Acker- und Gartenland, 282 ha Futterwiesen, 230 ha Streuwiesen im Federseeried, 4 ha Weiden, auf Waldland 121 ha, auf sonstige Fläche (Wege, Haus- und Hofräume) 37 ha. Fast ausschließliche Erwerbsquelle ist die Landwirtschaft. Von der landwirtschaftlichen Fläche gehören 50 ha dem Fürsten v. Thurn und Taxis [Kameralhof] (größtenteils zusammenliegend und zusammen verpachtet), 6,2 ha (darunter 3,4 ha Streuwiesen) der Gemeinde, zumeist verpachtet, alles übrige ist im Privatbesitz.

Gesamtzahl der eigentlich landwirtschaftlichen Betriebe 70, darunter 3 mit unter 2 ha, 7 mit 2–5 ha, 30 mit 5–10 ha, 22 mit 10–20 ha, 6 mit 20–50 ha, 2 mit 50 ha und mehr. Auf dem Ackerfeld mit seinen sandartigen Böden werden hauptsächlich angebaut: von Getreide Gerste (90 ha), Dinkel (77 ha), Haber (70 ha), Weizen (32 ha), etwas Roggen, ferner Kartoffeln (42 ha), viel Kohlrüben (38 ha), Klee (77 ha), außerdem in geringer Ausdehnung Hülsenfrüchte (Konservenerbsen, Bohnen), Kraut, Wicken, Handelspflanzen (Reps, Mohn,

Schul- und Rathaus nach dem Ersten Weltkrieg.

Flachs) ein erheblicher Teil des Ertrags an Getreide (im Jahre 1918 2905 Ztr. Brotgetreide und Gerste, 833 Ztr. Haber) und Kartoffeln kommt zum Absatz. Die Wiesen sind teils zwei-, teils drei-, die im Federseeried gelegenen bloß zweimähdig. Die Winterschafweide ist verpachtet. An den ausgedehnten Streuwiesen hat fast jeder Einwohner 1 bis 2 Teile. In kleinem Umfang Pferdezucht (10 Zuchtstuten). Die Rindviehzucht (Simmentaler) bildet einen Haupterwerbszweig und wird auf Milchgewinnung sowie Mast betrieben. Die Milch kommt in die im Ort befindliche Genossenschaftsmolkerei [1906 gegründet] (1920 78 Mitglieder, 179 764 Liter Milchlieferung, 127 423 M ausbezahlte Milchgelder), das Vieh auf die Riedlinger Viehmärkte, an Händler und Metzger; die Farrenhaltung ist vergeben. Schweinezucht (deutsches Landschwein) und -mast für den Eigenbedarf und zum Verkauf. Der Obstbau (1920 ertragsfähige Apfelbäume 600, Birnbäume 250, Pflaumen- und Zwetschgenbäume 30) ist in Zunahme, der Straßenbaumsatz ein guter; das Obst dient hauptsächlich zur Mostbereitung und zum Dörren; doch wird, namentlich in Fehljahren, noch zugekauft; 1 Gemeindebaumwärter. Die Gemeindejagd ist verpachtet, ebenso (gemeinschaftlich mit den anderen Federseegemeinden) die Fischerei im Federsee. An Gewerben nur die ortsüblichen: 3 Schreiner, 2 Schuhmacher, 1 Wagner, mehrere Maurer, 2 Gastwirtschaften, 1 kleine Bierbrauerei mit Schnapsbrennerei, 3 Kaufläden, 1 landw. Produktenhandlung. Als Nebenerwerb kommt Korbflechten mit Absatz im Ort und in der Umgebung vor. Die ausgedehnten Waldungen gewähren manche Verdienstgelegenheit. In den Stockwiesen gegen Seekirch wird Torf gestochen. Vereine: Militär- und Veteranenverein (1873), Bauernverein, Molkereigenossenschaft (s. o.), Darlehenskassenverein (1920 41 Mitglieder, Umsatz 899 314 Mark), Schülersparkasse. Brunnen finden sich vor jedem Haus. Der Ort ist an den „Bezirksverband oberschwäbischer Elektrizitätswerke“ in Biberach angeschlossen, fast alle Haushaltungen haben elektrisches Licht, die größeren auch elektrische Kraft. (Gesamtzahl der Anschlüsse Ende August 1922 in Alleshausen 58, in Brasenberg 11). Täglich geht ein fahrender Postbote von Alleshausen über Tiefenbach nach Buchau und zurück.

(Beschreibung des Oberamtes Riedlingen 1923, S. 624 f.)

Jahrzehnte zuvor (um 1875) meint Pfarrer Schöttle über die Alleshauser Leute: „Der Volksschlag stämmig, kräftig und ausdauernd. Dieses Völklein zeichnete sich von jeher durch fleißigen Besuch des Gottesdienstes, Anhänglichkeit an seine Geistlichen aus, die es gerne in seiner Mitte auch im öffentlichen Leben sah. Einfachheit in der Kleidertracht ist noch ziemlich gut bewahrt und zeichnet sich die männliche Jugend besonders durch ihr ruhiges Verhalten aus. In den verflossenen Jahrhunderten waren die Alleshausener als spielsüchtig, halsstarrig und rebellisch prädirirt, während sie im eigentlichen Sinne nur zur Wahrung ihrer Rechte und Freiheiten auftraten.

Auswanderungstrieb und Vorliebe fürs militärische Leben war früher eine häufige Erscheinung. a. 1786 ist sogar ein Johann Schilling Glasermeister in Warschau. Das Briem'sche Geschlecht zählt Zweige in Ungarn; ebenso das Speck'sche, Blumenthal'sche. 1800 war ein Dr. Ebe Professor in Wien.“ 1905 kommentiert Pfarrer Theodor Selig den Text. „Jetzt unbegrenzte Hoffart. Die Zeiten und die Menschen änderten sich!“ (A 62).

Die Familie Ebe ist aus Betzenweiler zugewandert. Der Sohn des Pfarrgutspächters Johann Jakob Ebe, Georg (Jerg), geb. 12. März 1727, heiratete 1747 die Witwe Barbara Volz aus Alleshausen. Das zweite Kind Lukas, geb. 9. März 1753, wanderte am 8. 11. 1794 nach Wien aus. (Hacker, Auswanderungen Nr. 1799, S. 270).

Die Familie Ebe, im 18. und 19. Jahrhundert in Alleshausen zahlreich vertreten, starb daselbst mit Benedikt Ebe, geb. 12. August 1832, verheiratet 1863 mit Katharina Buck, aus, da deren einziges Kind Maximilian nach der Geburt 1866 verstarb. 1832 verzog Johann Ebe mit Familie nach Olzreute, Pfarrei Schussenried.

Noch mehrere aus Alleshausen und Seekirch zogen um diese Zeit nach Österreich aus:

1807 Anna Maria Gaupp, 1809 Thaddäus Gaupp, 1830 Bernhard Schmid nach Wien (A 62).

Georg Cadus aus Seekirch, mit acht Jahren Vollwaise geworden, dessen Vater aus Alleshausen stammte, zog 1774 als armer Wagner nach Wien, wo er 1824 verstarb. Sein Enkel wurde dort ein bekannter Bankier.

Pfarrer Seligs Einschätzungen waren manches Mal ziemlich einseitig. So nahm er auch gegen das Radfahren Stellung, das seinerzeit aufkam. Er meinte, dadurch könnten die jungen Leute zuviel umherfahren und vor allem für Mädchen schicke sich das nicht.

100 Jahre später hätte er sicher Schwierigkeiten, die heutige Welt und seine Pfarrkinder zu verstehen.

750 Jahre Dorf und Kapelle Alleshausen

Ein Blick auf Alleshausen vom Federsee im Winter 2005/2006.

Den Ortsnamen Alleshausen (als Alaschhusen, Alleschhusen, Alashusin, Aleshusen überliefert) führt Pfarrer Johann Evangelist Schöttle auf keltischen Ursprung zurück; er bedeute Wiesengrund oder Wiesenau. Als die Kelten in den Germanen aufgingen, sei zwar der Name verblieben; die Bewohner hätten aber eine deutsche Endung dazugefügt. „Alles" sei der Genitiv, daher bedeute Alleshausen Wiesenbehausung oder Behauser des Wiesengrundes. Die neuere Forschung allerdings leitet den Ortsnamen von einem Personennamen ab. Selbst auf eine Burg könnte verwiesen sein.

Dürftig sind die hinterlassenen Spuren der Geschichte. In der Hoffnung, diese in den überlieferten Zeugnissen richtig verfolgt zu haben, soll versucht werden, dem Leben und Wirken der Menschen in Alleshausen nachzuspüren, wobei die Überlieferung an manch Zufälligem, an Freud und Leid derer bezeugt ist, die in Jahrhunderten den Boden für die Gegenwart bereitet haben.

In die Zeit der Alamannen, die seit der Mitte des 8. Jahrhunderts auf Dauer in das fränkische Reich eingegliedert waren, dürfte die Siedlung zurück-

Rudolf von Rheinfelden
Gegenkönig Kaiser Heinrichs IV. (1056–1106) in der Zeit des Investiturstreits, in dem Rudolf auf der Seite Papst Gregors VII. (1073–1083) stand und 1077 in Forchheim zum König ausgerufen, in Mainz zum deutschen König gekrönt wurde. Rudolf starb 1080 nach einer schweren Verwundung im Kampf gegen seinen Rivalen Heinrich IV. in Sachsen und wurde im Dom zu Merseburg beigesetzt, wo ein stattliches Grabmal (Ausschnitt im Bild) seiner erinnert.

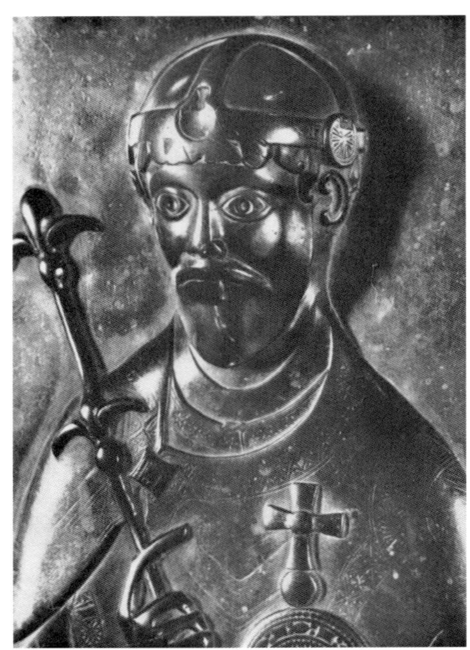

reichen. Deren Herzöge residierten im 8. Jahrhundert auf dem Bussen und auf der Altenburg bei Marchtal. Einen Zweig davon bildeten die Grafen von Veringen, die immer wieder erwähnt werden und, nach Schöttle, Besitz in Alleshausen hatten.

1059 kommt eine deutlichere Spur auf. Herzog Rudolf von Rheinfelden, 1057 Herzog von Schwaben geworden, schenkt seinen Besitz in Alleshausen und Brasenberg mit allen grundherrlichen Rechten dem Schwarzwaldkloster St. Blasien. Dieser Herzog, ein großer Gönner von St. Blasien, war der Besitzer der uralten Grafschaft gleichen Namens mit umfangreichem Besitz in den Schwarzwaldtälern. Das Stammschloss stand mitten im Rhein. Als 1090 die männliche Linie des Hauses Rheinfelden ausstirbt, treten die Zähringer das Erbe an und nach deren Aussterben fällt der Besitz an das Reich. Die Herren von Warthausen walten als Vögte und ab 1331 das Haus Österreich, das die Herrschaft immer wieder verpfändet, zuletzt bis 1446 an die Herren von Stein im nahen Uttenweiler.

Auch die Geschichte des Klosters St. Blasien, eng mit der Rheinfelder Herzogsfamilie und dem Bischof von Basel verbunden, weist in ihren Ursprüngen einige Unsicherheiten auf. Die erste Urkunde im 2003 erschienenen Verzeichnis verweist auf den Mönch Findan in Rheinau († 878), zu dessen Lebzeiten Reliquien des hl. Blasius von Rom ins dortige Kloster gebracht worden wären, ein Teil sei ins benachbarte Waldgebirge, an den Ort des späteren Klosters St. Blasien im Albtal, geschenkt worden. Als Gründer oder Wiedergründer St. Blasiens wird der selige Reginbert verehrt (948), der dem Kloster alle seine

Güter geschenkt habe und dort unter Beringer, dem ersten Abt, Mönch geworden sei.

Zum bedeutendsten Tochterkloster von St. Blasien wurde die Zelle Ochsenhausen, dessen Abhängigkeit vom Mutterkloster 1152 König Konrad III. bestätigte. Rasch wurde der dortige Besitz erweitert und 1391 erfolgt die Erhebung zur Abtei, 1397 die freie Vogtwahl als Vorstufe der Reichsunmittelbarkeit.

Die Urkunde vom 30. September 1254

Zwischen dem Pfarrer von Seekirch als Seelsorger für Alleshausen und dem Kloster St. Blasien als Ortsherr waren Unstimmigkeiten wegen dessen Eigentumsrechten an einem Grundstück aufgetreten. Beim Bau der Kapelle durch St. Blasien war aus einer halben Hufe, die wideme (Widengut = der Pfarrstelle gehörendes Gut) genannt wurde, eine jährliche Abgabe festgelegt worden, woraus der Pfarrer den Schluss zog, die Hufe sei in seinen Besitz übergegangen. Nachdem die Position des Klosters erläutert wurde, wonach dem Pfarrer nur der Zins daraus zustehe, St. Blasien aber das Eigentum, wird darüber einvernehmlich eine in Ochsenhausen vorgefertigte Urkunde (Nr. 366) ausgestellt und in Biberach, wohin St. Blasien vielfältige Beziehungen hatte, besiegelt. Der Streit wurde zu aller Zufriedenheit beigelegt.

Die Urkunde jedoch sollte zu einem besonderen Dokument werden, durch das wir interessante Einblicke in die damalige Zeit erhalten. In ihr werden zum ersten Mal das Dorf „Alashusen“ und seine Kapelle genannt. Vom früheren Eigentümer Rudolf von Rheinfelden († 1080) und seiner Schenkung an St. Blasien wird nämlich erst in einer Urkunde von 1446 berichtet. Die Kapelle dürfte schon geraume Zeit vor 1254 gebaut worden sein, sonst wären die Irritationen um das Eigentum an der Hufe nicht aufgekommen, weil der Pfarrer davon gewusst hätte. Auch wird von den Vorgängern des Abtes als Erbauer der Kapelle gesprochen. Vom Patrozinium St. Blasius, das vermutlich von Anfang an bestand, wird allerdings erst in einer Urkunde von 1479 berichtet, zu einer Zeit, als die genannte Kapelle mit zwei Altären noch bestand. Am 12. Februar 1479 stiften Ludwig und Michael Götz einen Jahrtag in die St.-Blasius-Kapelle, wovon die Originalurkunde (U 10) sich bis heute im Pfarrarchiv Seekirch befindet. 1487 wird diese Stiftung (U 13) für die neue Kapelle bestätigt.

Weitere Ortsverhältnisse werden durch die anwesenden Zeugen bekannt. Unter ihnen findet sich Dietrich, der Meier von Alashusen, womit erstmals die Existenz eines Meierhofes erwähnt wird. Heinrich von Zwiefalten, Prior von Ochsenhausen, siegelt als Vorsteher des Tochterklosters, Walther von Warthausen als Inhaber der Vogtei.

Der hl. Blasius (rechte Seite des Hochaltars). Die Figur um 1500 wird der Ulmer Schule zugeschrieben.

Der Patron St. Blasius

Wahrheit und Legende sind bei der Überlieferung des Lebens des hl. Blasius kaum zu trennen. Die Verehrung des Heiligen hat jedoch seit alters her eine solche Bedeutung gewonnen, dass dies allein schon als eine historische Größe angesehen werden muss.

Nach der in verschiedenen Fassungen erhaltenen Lebensbeschreibung war der gebürtige Armenier als Christ so vorbildlich, dass ihn das Volk von Sebaste (heute Türkei) zum Bischof wählte. Einer Eingebung des Heiligen Geistes folgend zog er sich jedoch in eine einsame Gebirgshöhle zurück. Bewacht von wilden Tieren, die ihm wie Haustiere ergeben waren, leitete der Bischof betend, ratend und heilend die ihm anvertraute Gemeinde. Leider fanden jedoch nicht nur Christen den Weg zu seiner Höhle, sondern auch die Schergen des Statthalters Agricola, der um das Jahr 316 die noch von Licinius angeordnete Christenverfolgung in Sebaste in Szene setzte. Die stattliche Leibwache von Löwen, Tigern, Bären und Wölfen vermochte dem heiligen Einsiedler-Bischof nicht zu helfen, da er sich ohne den geringsten Widerstand von den Soldaten festnehmen und vor das Gericht Agricolas führen ließ. Da Blasius durch nichts zum Abfall vom Glauben zu bewegen war, wurde er nach der üblichen Geißelung zum Tode verurteilt. Wie vorher in seiner Höhle von vielen hilfsbedürftigen Menschen im Kerker besucht, benutzte Blasius die Kerkerhaft, um jene Wunder zu wirken, von denen uns heute noch die Legende erzählt.

Eines Tages bedrängte ihn eine verängstigte Mutter, deren Sohn an einer Fischgräte zu ersticken drohte. Der Heilige segnete den Knaben und rettete ihn so vor dem Tode. Als er ein andermal vom Gericht in den Kerker zurückgeführt wird, hilft er einer armen Frau, indem er ihr das Schwein zurückerstattet, das ihr der Wolf gestohlen hatte. Die Frau soll ihm die gute Tat durch ein Geschenk vergolten haben, das außer Fleisch und Brot aus einer Kerze bestand. Blasius bedankte sich seinerseits, indem er die jährliche Erneuerung des Kerzenopfers mit seinem besonderen Segen verband.

Bei den Wundern des Heiligen fehlt es übrigens nicht an Zeichen für eine Haltung, die man als Humor oder Bauernschläue bezeichnen könnte. Als ihn nämlich der Statthalter zum Tod durch Ertränken verurteilt, wobei er in einen See gestürzt werden soll, in den vorher Frauen seiner Gemeinde die Hausgötter des Statthalters geworfen hatten und in dem sie anschließend selbst ertränkt wurden, da verhielt sich der kluge Wundertäter folgendermaßen: An dem zur Richtstätte gewordenen Ufer angekommen, segnet Blasius kurz den tödlichen See und marschiert anschließend, auf den Wassern gehend, bis zur Mitte des Gewässers. Dort angelangt, dreht er sich um und bittet die Vertreter der kaiserlichen Justiz freundlichst, doch ihr Vertrauen zu den eigenen Göttern unter Beweis zu stellen und ihm auf den See zu folgen. 68 der erschrockenen Gerichtsbeamten sollen nach der Legende umgehend erfahren haben, wie viel die Hilfe der staatlich verordneten Götter in Wirklichkeit taugte.

Der Kult des heiligen Blasius verbreitete sich gleicherweise in Ost und West. Spätestens seit dem 6. Jahrhundert wird der Heilige als Patron gegen Halsleiden verehrt. Im Übrigen dient auch dem heiligen Blasius der Reliquienkult zur Verbreitung seiner Verehrung. So finden sich bald Gebeine des Heiligen in Tarent, St. Blasien, Mainz, Trier, Lübeck, Paris und Ragusa, wo er auch das Stadtpatronat erlangt. Auch zahlreiche Kirchen werden ihm geweiht.

Aufgrund der Erzählungen seiner Legende und damit seiner Zuständigkeit für die quälenden Halsleiden wird er seit dem späten Mittelalter zur Gruppe der 14 Nothelfer gezählt. Der bis heute lebendige liturgische Brauch des Blasius-Segens entstand allerdings erst im 16. Jahrhundert. Die erste, aus dem 9. Jahrhundert stammende bildliche Darstellung der Blasius-Legende befindet sich in der Unterkirche von S. Clemente in Rom. Einzeln oder gemeinsam mit anderen Nothelfern wird Blasius im Mittelalter gewöhnlich in bischöflichen Gewändern mit Bischofsstab und gekreuzten Kerzen (auch in Alleshausen), mit einem Schweinskopf und einer Hechel (zur Erinnerung an den Eisenkamm, mit dem ihm nach der Legende das Fleisch vom Leibe gerissen wurde), seltener mit einem Knaben dargestellt.

Zu den Förderern der Blasiusverehrung wurden die Vorfahren der Rheinfeldener ebenso wie die Welfen und die Städte Toul und Braunschweig. Durch St. Blasien und seine Klosterreform im 11. Jahrhundert fand der Kult in Süddeutschland und Österreich größte Ausbreitung. Das Wappen der Äbte von St. Blasien trägt seit dem 15. Jahrhundert das Bild des Heiligen, der bis heute als Patron vieler Stände und Berufe, als Wetterheiliger und Beschützer der Tiere, als Patron der Bläser und Hornisten, als Helfer der Blasenkranken, als Arzt für allerlei sonstige Leiden in hohen Ehren steht.

Die Kapelle St. Blasius

Der St.-Gallus-Tag (16. Oktober) 1486 zählt in der Geschichte Alleshausens zu den ganz denkwürdigen. Aus der Bischofsstadt Konstanz war der Weihbischof und Generalvikar Daniel in Vertretung von Bischof Otto IV. von Sonnenberg (1474–1491) angereist, um die neu erbaute Kapelle St. Blasius mit zwei Altären zu weihen: den Hochaltar zu Ehren des Ortspatrons, den Seitenaltar zu Ehren der hl. Ursula und ihrer Gefährtinnen, von Bischof Wolfgang, Katharina, Margaretha, Barbara, Vitus und allen Heiligen. Das Patrozinium soll alljährlich am Sonntag nach St. Blasius (3. Februar) begangen werden. Wenige Jahre später erhält die Kapelle das Privileg, in ihr das Allerheiligste aufbewahren zu dürfen, mit der Verpflichtung seitens der Gemeinde, ein „ewiges Licht" zu unterhalten. Noch war die Kapelle ohne Turm. Um zu dessen Bau Mittel beschaffen zu können, wurde am 12. Dezember 1494 und am 5. Januar 1510 vom Bischof von Konstanz jeweils ein noch erhaltener Ablassbrief genehmigt, um in ganz Deutschland für die arme Gemeinde zu sammeln. Andreas Sauter erhielt dafür einen Taglohn. Mit Hilfe nicht weniger Stiftungen wird die mit

Außenansicht der Kapelle St. Blasius in Alleshausen.

Hochaltar mit dem Altarbild von Johann Michael Weller aus Ehingen von 1720.

Kunstwerken bald reich ausgestattete Kapelle bis in die Gegenwart gemeinsam von politischer und kirchlicher Gemeinde gepflegt.

Am Patrozinium hatte der Pfarrer die Pflicht, den Gottesdienst zu feiern, wozu der Pfarrer oder der Kaplan auf Kosten der Gemeinde zweispännig im Pfarrhof zu Seekirch abgeholt wurde, eine Ehrung, auf die Pfarrer Alois Allmajer (1851–1862), der erste Pfarrer, der früher nicht Ordensgeistlicher war, verzichtete. Nach 1659 ist eine wöchentliche Messe nachgewiesen; 1737 sind es zwei Wochenmessen durch den Kooperator. 1739 verordnet der Marchtaler Abt eine Wochenmesse, die bis heute üblich ist. Für den Öschgang erhielt der Kooperator zwar keine finanzielle Entschädigung, aber auf Anordnung der Herrschaft ein halbes Maß Wein.

Die frühgotische Kapelle mit dreiseitigem Chorabschluss und einem quadratischen Nordwestturm wurde im 18. Jahrhundert barockisiert. 1720 wird ein neues Altarbild von Johann Martin Weller aus Ehingen gemalt. Dieses stellt Maria mit den Heiligen, zu deren Ehren der Seitenaltar geweiht war, dar und zeigt an der unteren Bildzone eine Ansicht vom Federsee und vom Bussen. Bei der Renovation 1745 wird der Nebenaltar entfernt, neue Bänke werden angebracht. 14 Kreuzweg-Stationen stiftet 1766 die Schwester des Ammanns Jakob Cadus aus Attenweiler, die auch die Mittel für vier Feldkreuze mit dem Bild des hl. Franz Xaver, eines damals sehr beliebten Jesuitenmissionars, zur Verfügung stellt; den 1774 beschafften hölzernen Tabernakel ersetzt 1940 ein Panzertabernakel. Am 23. April 1781 wird in Anwesenheit von Abt Paul Schmid (1772–1796) von Marchtal und vielem Volk der Kreuzpartikel eingesetzt; Kreuzreliquien waren bereits 1723 aus Rom gekommen. Um diese Zeit (1737) stiftet Peter Troll am Kirchweg das „Käppele“.

Teil der Kreuzwegstationen von 1766.

Auch im 19. Jahrhundert erfährt die Kirche Renovationen. Die Fenster stammen aus dieser Zeit. 1864 lassen Wohltäter den Altar durch Maler Alois Schöttle aus Munderkingen fassen. Im gleichen Jahr zwingt der Sturm zu einer Sanierung; die Kapelle zeigt Risse und ein Teil der Decke ist abgefallen.

Das 20. Jahrhundert bringt Sanierungen des Daches und der Außenwände; 1967 wird ein neues Gestühl eingebaut. Die grundständigste Renovation mit Ausgaben von 700000 DM erfolgt 1988 bis 1990. Dabei werden u. a. die nach

St.-Blasius-Kapelle vor der Renovation mit den unter Pfarrer Josef Kloos (1908–1924) angebrachten Seitenaltärchen (Herz Jesu und Herz Mariae).

Altarweihe durch Weihbischof Bernhard Rieger am Blasiusfest 1990. Rechts im Bild: Pfarrer Georg Göser, Betzenweiler.

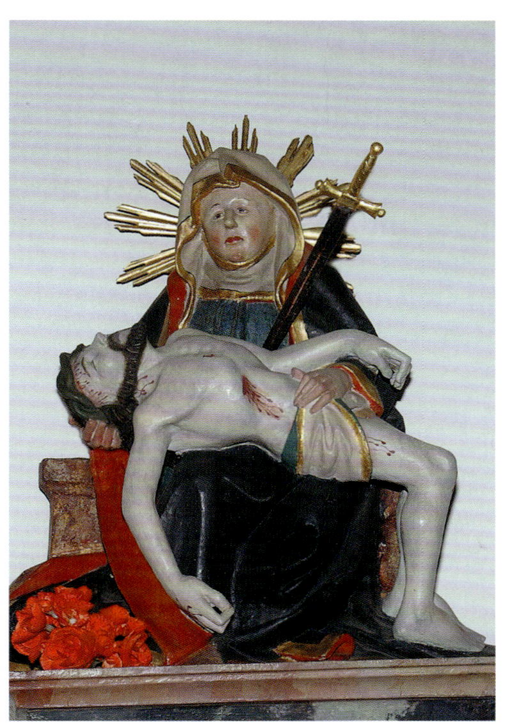

Pietà um 1520 vermutlich vom Multscherschüler Hans von Rueland aus Wangen/Allgäu.

Muttergottes mit Kind, Ende 15. Jahrhundert, aus der Ulmer Schule.

Gotisches Kreuz aus der Zeit um 1500.

dem Ersten Weltkrieg ohne Genehmigung eingebauten Seitenaltärchen entfernt. Am St.-Blasius-Tag 1990 weiht Weihbischof Bernhard Rieger zum Abschluss der Renovation den neuen Zelebrationsaltar. Über die dabei renovierten Kunstwerke schreibt bereits vor bald 100 Jahren Prof. Klaiber aus Stuttgart: „Die Figuren bilden einen sehr wertvollen Schatz der Kirche, der ihr erhalten bleiben muss.“ Diese sind eine Muttergottes aus dem Ende 15. Jahrhundert, die hll. Blasius und Urban aus der Zeit um 1500 aus der Ulmer Schule des Michel Erhart, eine Beweinung Christi, wohl aus der Werkstatt des Michel Zeynsler um 1480, und eine Pietà um 1520 vermutlich vom Multscherschüler Hans von Rueland aus Wangen. Einmalig ist das gotische Kreuz aus der Zeit um 1500. Die Bildnisse der Volksheiligen Antonius und Franziskus wurden um 1800 geschaffen. Ansehnlich sind auch das Vortragskreuz sowie das Kreuz über dem Tabernakel aus dem 18. Jahrhundert. Aus der selben Zeit stammt der Auferstehungschristus, der in der Osterzeit aufgestellt wird. Ein 1862 erworbenes Muttergottesgemälde wurde nach dem Zweiten Weltkrieg renoviert und befindet sich derzeit nicht in der Kapelle.

Das Schicksal der Glocken

Trotz großer Armut der Bevölkerung wurde nach der Fertigstellung des Kapellenturmes bereits 1510 eine Glocke angeschafft, die 1690 in die von Abt Nikolaus Wirieth (1661–1691) gestifteten zwei Glocken bei der Glockengießerei Rosier und Arnold in Rottenburg umgegossen wurde. Mit dem Gewicht von 310 kg und 175 kg, einer Höhe von 64 cm bzw. 50 cm und einem Durchmesser von 81 bzw. 66 cm ergaben diese einen respektablen Klang. Neben der Umschrift „Benedictus fructus ventris Jesu Christi + Sancta Maria ora pro nobis peccatoribus anno Domini 1690“ bzw. auf der zweiten „Dominus noster a fulgure et tempestate et bello et morbis nos liberet Jesus Christus + ora pro nobis S. Blasi 1690" befindet sich jeweils das Wappen des Stifters mit Umschrift: „Nicolaus Abbas Marchtalensis". Im Ersten Weltkrieg musste Alleshausen seine zweite und dritte Glocke am 26. August 1917 abliefern; letztere wog 70 kg und war am 4. Oktober 1859 durch Pfarrer Allmajer geweiht worden, wobei es sich um den Umguss einer Glocke von 1816 handelte. Damals ließ die Gemeinde das Zugglöcklein umgießen, wie Pfarrer Vonier am 26. Juni berichtet. Für das durch eine Urkunde vom 13. März 1761 (A87) bezeugte Glöcklein von Alleshausen, das für eine Nacht im Heiligen Haus von Loreto aufbewahrt wurde, verlieren sich die Spuren. Es dürfte die 1917 abgelieferte Glocke gewesen sein, die 1816 umgegossen worden war. Anstelle der beiden abgelieferten Glocken wurde auf dem Wege einer öffentlichen Sammlung und eines Beitrages aus der Gemeindepflege bereits am 28. Dezember 1920 eine 350 kg schwere Gussstahlglocke angeschafft, über die Pfarrer Josef Kloos (1908–1924) gar nicht begeistert war. Er meinte, sie sei unschön und klein im Klang.

Am 8. Februar 1942 wurde die letzte erhaltene Bronzeglocke (1690, 310 kg) kriegsbedingt ausgebaut und musste abgeliefert werden. Hängen bleiben durfte die Stahlglocke. Umso größer war die Freude nach dem Krieg: auf einem Glockenfriedhof in Hamburg überlebten Glocken den Weltkrieg, darunter auch jeweils eine aus Seekirch, Tiefenbach und Alleshausen. Albert Kieferle holt die drei Glocken am 10. Februar 1948 in Saulgau mit seinem luftbereiften Wagen ab. Am Samstag, dem 6. März, wird die Alleshausener Glocke montiert, am Montag, dem 8. März, läutet die Glocke von 1690 wieder zum ersten Mal vom altehrwürdigen Turm. Im April folgt das Brasenberger Glöcklein.

Am 8. September 1962 kann eine bei der Firma Bachert, Heilbronn, gegossene Glocke im Gewicht von 453 kg von Dekan Johannes Holl, Uttenweiler, geweiht werden. Eine Umlage auf die Einwohner für Kirchenuhr, Glockenstuhl, Läutewerk und Glocke ermöglicht die Beschaffung. Zur Erinnerung an die 1917 abgelieferte 175-kg-Glocke trägt die neue Glocke denselben lateinischen Text als Umschrift („vor Blitz, Hagel, Krieg und

Die alte Stahlglocke wurde auf dem Boden des Glockenturmes abgestellt.

Krankheit bewahre uns Herr Jesus Christus“) und auf der Rückseite „Sancte Antoni ora pro nobis“ (Heiliger Antonius bitte für uns). Die Stahlglocke wird im Turm abgestellt.

Die Bildung der Einwohner

Bildung war durch Jahrhunderte ein Privileg von Adel und Klerus. Der Untertan, zumeist Leibeigener einer Herrschaft, war des Lesens und Schreibens nicht kundig. Umso wichtiger war die Stellung des Pfarrers, der durch Predigt und Katechese Erziehung und Bildung vermitteln sollte.

Im Gebiet von Marchtal wird 1578 die Dorfschule eingeführt, eine Folge der Beschlüsse des Konzils von Trient (1545–1563). Die Klöster Marchtal und Zwiefalten waren in ihren Pfarreien besonders bemüht, Schule und christliche Bildung zu verbinden.

In Alleshausen wird allerdings erst 1677 eine Schule erwähnt. Unterricht wurde nur in den Wintermonaten erteilt, da die Kinder im Sommer unabkömmliche Arbeitskräfte waren. Der (nicht ausgebildete) Lehrer wurde jährlich gewählt und unterrichtete in seinem Haus. Selbstverständlich war Schulgeld zu bezahlen. 1785 wird mit Josef Bollmann der erste geprüfte hauptamtliche Lehrer angestellt, der bis 1809 tätig war. Das 1789 erbaute Lehrerwohnhaus samt Schulstube wurde jedoch bald wieder verkauft. 1852 wird das Schul- und Rathaus gebaut. Bis zum Bau der Schule (1966) mit Federseehalle (2002) hat sich noch viel verändert. Die Herrschaft Marchtal wechselte 1803 zu Thurn und Taxis, 1806 zum Königreich Württemberg, 1952 zum Land Baden-Württemberg.

Trotz der geringen Möglichkeiten, von Alleshausen aus eine höhere Bildung zu erreichen, hatten einige Jungen die Chance, in den geistlichen Stand aufgenommen zu werden. Über Mädchen mit höherer Bildung ist bis zur Säkularisation 1803 keine Überlieferung vorhanden. Dies änderte sich erst, als im 19. Jahrhundert neue klösterliche caritative Kongregationen entstanden.

Persönlichkeiten aus Alleshausen

1608 heiratete der Sohn des Mesners Georg Engler von Steinhausen – in der Schussenrieder Klosterherrschaft und um den Federsee ist der Name Engler schon im 15. Jahrhundert bekannt –, Thomas Engler, nach Alleshausen, übernahm ein Marchtaler Lehen und wurde dort Ammann. Sein Bruder Johann war von 1614 bis 1637 Abt in Marchtal und hat in dieser Zeit die Pfarrkirche Seekirch erbauen lassen. Thomas Engler war verheiratet mit Anna Geßlerin.

Aus der Ehe gingen drei Kinder hervor. Der älteste Sohn Hans Karl (geb. 1611) sollte dank günstiger Umstände der bisher bekannteste Sohn der Gemeinde Alleshausen werden und dies ausgerechnet in den Schreckensjahren des 30-jährigen Krieges. Nachdem der Junge in der Benediktinerabtei Zwiefalten, deren Schule sehr bekannt war, unter Abt Michael Müller (1598–1628) aus Brasenberg die notwendigen Grundkenntnisse bei erfahrenen Erziehern erlernt hatte – zur Bezahlung des Kostgeldes steuerte die ganze Verwandtschaft bei –, wandte sich der Onkel, Abt Johann, am 14. Oktober 1626 an den Bischof von Würzburg mit der Bitte, seinem Neffen, der in diesem Jahr an der Jesuitenuniversität Dillingen immatrikuliert war, das Dr. Fabrische Stipendium zu übertragen. In Würzburg war der aus Schussenried stammende Dr. Sebastian Fabri von 1563 bis 1587 Kanonikus und Rechtsgelehrter. Seine Studien absolvierte dieser in Ingolstadt, von wo aus er vermutlich auf Empfehlung von Petrus Canisius (1521–1597) und Kardinal Otto Truchsess von Waldburg (1514–1573) nach Würzburg gerufen wurde. Nachdem Dr. Fabri 1587 ohne Hinterlassung eines Testaments verstorben war, verfügte Fürstbischof Julius Echter (1573–1617), an den unter diesen Umständen die Erbschaft gefallen war, aus der Verwandtschaft des Verstorbenen könne daraus für einen Jungen, der Geistlicher werden wolle, ein Stipendium vergeben werden. Karl Engler wird 1626 diese Fabrische Stiftung an dem von Jesuiten geleiteten Priesterseminar (Kilianeum) übertragen. An der unter Fürstbischof Julius Echter 1575 errichteten Universität, die ebenfalls unter Leitung der Jesuiten stand, hatte der Student hervorragende Lehrer. Mit dem Doktorat der Rechte konnte er das Studium beenden und erhielt am 1002 gegründeten Chorherrenstift Haug, das in und um Würzburg im Laufe der Jahrhunderte seinen Besitz ausweiten konnte, ein Kanonikat. Dr. Karl Engler wurde nach Erhalt der Subdiakon- und Diakonatsweihe am 9. Juni 1629 zum Priester geweiht. Von 1630 bis 1636 amtiert er als Pfarrer der seit 1276 inkorporierten Pfarrei Frickenhausen am Main, kehrt jedoch bereits 1635 nach Würzburg zurück und dürfte dort nach dem September 1636 verstorben sein. In Würzburg waren ihm unruhige Jahre beschieden. Der 30-jährige Krieg brachte 1632 die Schweden in die Bischofsstadt, die 1634 von den Kaiserlichen geschlagen wurden. Der Fürstbischof musste fliehen, desgleichen die Jesuiten. Unzählige Menschen starben vor Hunger. Die Universität Würzburg sollte protestantisch werden. Dokumente wurden vernichtet, Weihen und Pfründübertragungen nicht mehr registriert, Studienanstalten aufgehoben. Auch das Stift Haug wurde übel mitgenommen. Die Schweden begannen sogar damit, die Stiftskirche abzureißen.

Hundert Jahre später sollte ein weiteres Mal das Fabrische Stipendium an die Familie Engler vergeben werden. Hermann Josef Engler, geboren am 10. April 1720 als 19. Kind von 23 des Wirts und Ammanns Lorenz Engler, der im

Kloster Schussenried die Grundstudien absolviert hatte, wurde 1734 in das Kilianskolleg aufgenommen. Über sein weiteres Leben ist außer dem Todesdatum (13. Februar 1781) nichts überliefert.

Auch von Frater Georg Engler, Kandidat im Kloster Schussenried, ist nur der Todestag (8. August 1634) bekannt. Er dürfte ein Opfer des 30-jährigen Krieges geworden sein.

Aus dem Hause St. Vitus stammen zwei Ordensgeistliche, Pater Christof Strom, Professer in Marchtal, den Abt Nikolaus Wierith zum theologischen Studium an die Jesuitenuniversität Dillingen schickte und Pater Evermond Strom im Prämonstratenserkloster Allerheiligen/Baden. Sie sind Angehörige der 1673 erstmals genannten Familien Josef und Martin Strom.

Aus dem Haus St. Paulus (Ammenbauer) stammt Pater Adrian Cadus, Franziskaner, geboren am 7. September 1742, Sohn des Ammanns Jakob Cadus (1713–1772) und der Juliana Haberbosch, mit Taufnamen Rochus.

Aus dem Hause St. Gerlach (Zwickes) kommt der Weltpriester Josef Zwick, Sohn des Johann Zwick (1711–1765) und der Maria geb. Gaiser († 1765); geboren am 4. April 1740, feierte er Primiz am 13. Juni 1772. Josef Zwick war in mehreren Pfarreien Vikar, u. a. in Dürmentingen und Betzenweiler, ohne ein ständiges Benefizium zu erlangen. Krank kehrte er nach Alleshausen zurück, wo er am 1. Mai 1804 verstarb.

Johann Michael Sauter, geboren am 29. Dezember 1776 als Sohn des Joseph Sauter aus Brackenhofen und der Maria Cadus aus Alleshausen, verlor in jungen Jahren auf tragische Weise Vater und Mutter und wurde bei den Großeltern in Brackenhofen erzogen. Er ging nach Marchtal zur Schule, kehrte aber bald wieder zurück und wurde bis 1797 Bauernknecht, um 1798 wieder zum Studium nach Marchtal zurückzukehren, das dann durch die Auflösung des Klosters 1802 unterbrochen wurde. 1804 und 1805 führte er die Studien in Konstanz weiter, trat 1806 in das bischöfliche Priesterseminar Meersburg ein und wurde am 21. September 1806 zum Priester geweiht, um am Montag nach dem Rosenkranzfest in Seekirch Primiz zu feiern. Nach einem weiteren Seminaraufenthalt wird Johann Michael Sauter Vikar in Burladingen, 1808 Vikar in Saulgau, 1810 Schlosskaplan in Heudorf. Von 1817 bis 1838 wirkt er als Pfarrer in Altheim bei Riedlingen, wo er am 10. April 1838 stirbt.

Der bedeutendste Hof im Dorf

Bereits zu Zeiten Rudolfs von Rheinfelden dürfte es in Alleshausen einen herrschaftlichen Hof, den Kelhof der Vögte von Warthausen, gegeben haben, der mit dem anderen Besitz an das Kloster St. Blasien überging. 1415 übernimmt Konrad Rösch als Maier den Hof, mit dem zuvor Konrad Speck belehnt worden war. Der in Biberach ansässige Amtmann von St. Blasien, Heinrich Staigel, nahm die Belehnung vor. Zu den Rechten des Maiers gehörte, Pflichten der Gemeindeleute in Alleshausen in Anspruch zu nehmen, wie Hilfe beim Mähen und Schneiden sowie Fronen. An St. Blasien waren dafür entsprechende Steuern in Geld oder Naturalien abzuliefern. Auch gegenüber dem Vogt waren Pflichtleistungen vorgesehen. Auf Konrad Rösch folgte dessen Sohn Peter Rösch als Lehensmann auf dem Maierhof. 1446 erwirbt das Kloster St. Blasien die Vogtei über das Dorf und damit auch die mit der Vogtei verbundenen Rechte am Maierhof, der nunmehr geteilt wird. Die eine Hälfte des seitherigen Hofes übernimmt Peter Rösch, 1452 wird Jakob Mögler mit der anderen belehnt. Durch die Teilung des Hofes wird die Stellung des die Herrschaft vertretenden Ammanns gestärkt, die des Maiers stark eingeschränkt. Die nunmehrigen Höfe St. Blasius und St. Kaspar, letzterer wird als ältestes Haus bezeugt, bleiben bis 1772 getrennt und gewinnen erst wieder an Bedeutung, als das Kloster Marchtal diese beiden Höfe zu einem Kameralhof zusammenführt. Auf den 1447 geteilten Höfen sind vor allem die Familien Engler, Strom und Sauter nachweisbar. Jakob Sauter wird 1616 als erster Biersieder erwähnt. Weil die Engler eine Wirtschaft betreiben, führt diese seit 1657 einen Engel im Schilde.

Der Kameralhof mit Gaststätte, Bräuhaus und Wirtschaftsgebäuden. Im 18. Jahrhundert Sitz des seit 1575 bestehenden Ortsgerichts für Alleshausen, Brasenberg, Bischmannshausen, Seekirch und Ödenahlen

1764 werden die Wirtschaftsgebäude durch das Kloster, größtenteils mit Steinen aus dem Abbruch des Seekircher Schlosses, neu gebaut. 1772 erwirbt Blasius Engler, Wirt in Alleshausen, das Anwesen um 4000 Gulden als Leiblehen. Die Taferngerechtigkeit, bisher auf dem Klosterhof St. Blasius ruhend, wird auf das neue Maiergut, den Kameralhof, übertragen, bei dem Blasius Engler unmittelbar neben der herrschaftlichen Zehntscheuer ein neues, 2003 abgebrochenes Bräuhaus errichtet. Bis 1794 bewirtschaftet Blasius Engler den Kameralhof, der 1795 mit der Taferngerechtigkeit von Leonhard Ruß übernommen wird, dem

Ehrenbürger Albert Kieferle (1905–1985).

1829 sein Sohn Georg folgt. Die Taferngerechtigkeit hatte als Bannrecht (ähnlich wie bei Mühlen) große Bedeutung. Die Bewohner mussten das dort gebraute Bier kaufen und es bestand auch der Zwang, dort alle Hochzeiten, Tauf- und Gastmähler nebst genehmigten Tanzveranstaltungen abzuhalten. Es war das „rechte" Wirtshaus. 1864 geht der Hof auf Leonhard Ruß († 1884) als Pächter über, 1884 auf Lorenz Hecht († 1890), der die Witwe von Leonhard Ruß, Gertrud geb. Engler, geheiratet hatte. 1928 erwirbt Paul Kieferle aus Ennetach den ehemaligen fürstlichen Kameralhof, durch Jahrhunderte Zentrum von Alleshausen, von der fürstlichen Vermögensverwaltung um 56000 Reichsmark, nachdem die Gemeinde auf das Vorkaufsrecht unter der Bedingung verzichtet hatte, dass der Erwerber Paul Kieferle († 1954), seit 1902 Pächter des Hofes, 18 Morgen Güter an die Gemeinde verkauft. 1939 übernimmt der Sohn Albert das Anwesen.

Bei der Säkularisation 1803 waren die Rechte am Kameralhof St. Blasius an den Fürsten von Thurn und Taxis in Regensburg gefallen. Auch die sonstige Verwaltung änderte sich Schritt für Schritt. Von 1802 bis 1810 amtierte noch ein Ammann, als letzter Joseph Ströbele. Dann folgen die Schultheißen, später die Bürgermeister.

Unter dem Krummstab des Klosters Marchtal (1477–1803)

Das Angebot des Klosters St. Blasien an Marchtal, mit Alleshausen, Brasenberg und Bischmannshausen das Marchtaler Klostergebiet zu erweitern, muss für Abt Jodokus (1461–1482) attraktiv gewesen sein, sonst hätte er nicht zugegriffen. Für Abt Christoph von St. Blasien und seinen Konvent bedeutete die Ablösung des weit vom Kloster entfernten Gebietes eine Entlastung von mancherlei Problemen. Für 6500 Gulden wird der Vertrag besiegelt. Marchtal besitzt nun neben der 1446 erlangten Vogtei und dem bereits 1395 erworbenen Patronat über die Pfarrei auch alle „Zugehörigkeiten, Gerichte, Zwing, Löhne, Egglasten und Gerechtigkeiten" des seitherigen Besitzers, ist damit weltlicher und geistlicher Herr am Ort, vertreten durch den Ammann und den Pfarrer in Seekirch.

Die Politik des Klosters durch all die Jahrhunderte war, den Eigenbesitz zu mehren und sich mit den Bauern zu vergleichen, die sich in der Dorfgemeinschaft zusammenfanden. Die Dreifelderwirtschaft (seit alten Zeiten Brasenberger Ösch, Mittelösch, Kanzacher Ösch) zog viele gemeinschaftlich zu regelnde Arbeiten nach sich, die sich teilweise bis ins letzte Jahrhundert erhalten haben. Die Allmendnutzung war zu regeln, ebenso der Viehtrieb. Die zahlreichen Steuern und Abgaben mussten auf die einzelnen Personen umgelegt und eingezogen werden. Die Feldflur mit Wegen, Gräben, Brücken war instand zu halten, Trieb und Tratt zu regeln. Die oberste soziale Gruppe stellten die Inhaber der großen Lehenhöfe. Eine weitere Gruppe bildeten die Söldner, Bewohner mit einem kleinen Haus und wenig Land, die nebenbei häufig ein Handwerk ausübten, wovon es in Alleshausen zahlreiche gab. Im gemeindeeigenen Hirtenhaus lebte der Dorfhirte, zumeist verarmte Familien, die von den Bauern lebten, deren Vieh sie hüteten. Knechte und Mägde zählten zu den Haushaltungen, in denen sie dienten. Zur untersten sozialen Schicht gehörten die Taglöhner. Über alle die dabei entstandenen Probleme, die durch erhöhtes Fronen für den Bau des Schlosses in Seekirch noch gesteigert wurden, schließt das Kloster Marchtal 1520 mit den Alleshausenern einen Vertrag, der nicht lange halten sollte; denn schon 1524 verklagen die Bauern Abt Heinrich beim Schwäbischen Bund, weil er es nicht beim alten Herkommen belasse, und 1525 schließen sich Alleshausener und Brasenberger dem „Baltringer Haufen", einer Gruppierung des Bauernkrieges unter Führung des Ulrich Schmid aus Sulmingen, an. Aus einer Gruppe von 20 Bauern, die am 29. Januar 1525 im Wirtshaus zu Baltringen zusammenkommen, wird in kurzer Zeit eine Schar von 12000 Aufständischen, über deren Lager eine Fahne mit einem roten Andreaskreuz wehte. Mit ihren 12 Artikeln unterstreichen sie die Forderungen der Untertanen an die Herrschaften. In ihrem Siegel brachten sie die Ideen von der „Freiheit eines Christenmenschen", wie Martin Luther sie um diese Zeit verkündete, zum Ausdruck: D. W. G. B. I. E. (Das Wort Gottes bleibt in Ewigkeit).

In dieser Situation berät sich in Seekirch Abt Heinrich, „wie dem Bauernunfug zu begegnen sei", und erwirkt dabei einen Teilerfolg. Die Seekircher schlossen sich den Aufrührern nicht an, dagegen einige Tiefenbacher. Dem beliebten Pfarrer Markus Hirth (1516–1542) war nur für Seekirch eine Vermittlung gelungen. Die Alleshausener sammelten sich mit zahlreichen Untertanen anderer Klöster auch um den Federsee und zogen gegen Marchtal, wo sie das Kloster plünderten. Selbst den Ammann des Klosters zwangen sie unter Androhung der Todesstrafe zum Mitziehen. Durch Plünderung und Verderben entstand ein Schaden von 2000 Gulden. Der Hofmeister zu Marchtal bezeugt später im Prozess, die Alleshausener und Brasenberger seien auch bei der Plünderung der Kirche dabei gewesen. Pfarrer Schöttle fasst das Ergebnis so zusammen: „Im Herbst 1526 war die allgemeine Ruhe wieder hergestellt. Tausende hatten ihr Leben verloren; Hunderte von Klöstern, Schlössern, Burgen, Städten und Dörfern lagen niedergebrannt in Schutt und Asche und große

Stücke Landes waren verwüstet und öde. Die Verhältnisse der Bauern wurden nachgerade eher verschlimmert als verbessert, die Lasten ihrer Dienstbarkeit gemehrt und gesteigert“ (J 10, 63).

Doch die Alleshausener und Brasenberger gaben nicht nach, gingen auch nicht auf Vergleichsangebote des Marchtaler Abtes ein, weswegen von 1528 bis 1533 beim Bundesgericht in Augsburg ein Prozess geführt wurde. Kläger war Abt Heinrich von Marchtal, Beklagte die Gemeinde Alleshausen und Brasenberg. Der Tenor des Prozesses war: Die Bauern wollen keine gütliche (wie der Abt), sondern eine rechtliche Entscheidung. Am 16. Januar 1533 wird das Urteil gefällt: Die beiden Gemeinden bezahlen 187 Gulden. „Damit sollte jede Irrung abgethan und vergessen sein und versprachen beide Parteien, dem nach zu leben.“

Der nächste größere überlieferte Konflikt entsteht 1610, nachdem 1570 wieder eine neue Gemeindeordnung in Kraft getreten war. Abt Jakob Heß (1600–1614) bezichtigt die Gemeinde des Ungehorsams und der Rebellion, während die Bauern – alle Leibeigene – sich auf das Herkommen und den Vertrag von 1520 berufen und ein Gutachten der Universität Freiburg zur Beurteilung ihrer Beschwerden einholen, das allerdings negativ ausfällt. Anlass waren Missstände bei Truppendurchzügen des Markgrafen von Brandenburg und des Pfalzgrafen von Neuburg mit liederlichem Gesindel, wogegen eigene Wachen aufgestellt werden mussten, „weil der Amtmann immer trunken war“. Auch weigerten sie sich, zwei Mann als Soldaten zu stellen. Mit einem Vergleich endete auch dieser Streit wenige Jahre vor dem 30-jährigen Krieg, der unbeschreibliches Leid über die Gemeinde bringen sollte. Pest, Hunger und Krieg brachen über die Menschen herein. Nur sieben von 63 Untertanen überlebten dieses Elend in Alleshausen.

Das Jahr 1627 ließ den Krieg hautnah erleben. Unter dem Kommando des Generalissimus Wallenstein sammelte sich in ganz Oberschwaben viel kaiserliches Kriegsvolk. 1631 folgen neue Durchzüge kaiserlicher Truppen; in den Herrschaften Buchau und Marchtal wird Winterquartier bezogen. Übler Hagelschlag vernichtet zudem noch die Ernte. Später folgen Truppen des Schwedenkönigs Gustav Adolf. Am Osterfest 1632 fliehen Abt und Konvent von Marchtal nach Konstanz. Auch der Pfarrer von Seekirch befindet sich zeitweise auf der Flucht. Die Seekircher und Alleshauser Kinder werden in Uttenweiler, die Tiefenbacher in Buchau getauft. Ehingen und Riedlingen werden bald von Schweden, bald von Kaiserlichen besetzt, desgleichen das Kloster Marchtal. Als mit dem Westfälischen Frieden 1648 der Krieg beendet wurde, musste in Alleshausen eine bittere Bilanz gezogen werden. Von 1631 bis 1647 konnte aus Not keine Gült mehr bezahlt werden. Als diese samt Zinsen nachgerechnet wurden, waren viele der Lehensinhaber gar nicht mehr am Leben, wodurch die Lehen zurückfielen. Um das gemeindliche Leben wieder zu aktivieren, mussten durch das Kloster neue Lehensträger gefunden werden. Abt Konrad

Kneer (1637–1660) kaufte 1642 um 24000 Gulden Äcker, Wiesen, Häuser und Gärten, um diese als Lehen weitergeben zu können. Die Not traf alle. Auch der angesehene Thomas Engler († vor 1647) hatte nichts außer Schulden hinterlassen und von 1630 bis 1647 keinen Zins mehr bezahlen können. Durch kluge und gütige Politik der Herrschaft, aber auch durch die stabilisierende Unterstützung guter Seelsorger wurde ein Neuanfang aus den Trümmern möglich. 1656 lebten bereits wieder 22 Bauern in Alleshausen und fünf in Brasenberg.

Seit dem Konzil von Trient und dem Entstehen des Jesuitenordens bahnte sich eine kirchliche Neuordnung an, die nach dem 30-jährigen Krieg auch in der Prämonstratenserabtei Marchtal voll zum Durchbruch kam. Kennzeichen dafür wurden die prächtigen Klosterkirchen und Konventgebäude, dann aber auch die vielen Kirchen mit herrlicher Ausstattung wie Seekirch, Alleshausen und Tiefenbach. Bruderschaften und Wallfahrten gewannen Raum.

1721 erhielten alle Höfe einen Heiligen als Patron und als Vorbild fürs Leben. Eine lückenlose Erfassung der Seelsorge führte zur Einführung der Kirchenbücher (erster Eintrag 1659). Vor allem die Eheschließung wurde in die Kirche verlegt und musste nun wie die Taufe registriert werden. Die oberste Sorge galt dem Erhalt der Religion. Pflicht wurde, die Berührung mit den lutherischen Ketzern zu unterbinden und gegen den Aberglauben einzuschreiten. Auffallend oft wird in der Herrschaft Marchtal vom Hexenglauben berichtet. Zwischen 1586 und 1593 werden aus Alleshausen acht Menschen als Hexen verbrannt, zwischen 1746 und 1747 weitere sieben Personen. In den Landesverordnungen der Reichsabtei Marchtal von 1578 und 1771 wird der christliche Lebenswandel klar festgelegt. Dem Pfarrer kommt dadurch über die Bewohner des Dorfes eine beträchtliche Verantwortung zu.

In den letzten Jahrzehnten des 18. Jahrhunderts bahnten sich geistig wie politisch neue Entwicklungen an, an deren Ende eine politische wie kirchliche Neuordnung steht. Die Reichsabtei Marchtal wird 1802 säkularisiert und 1803 den Fürsten von Thurn und Taxis definitiv zugesprochen. Damit stand auch Alleshausen am Ende und zugleich am Anfang einer Entwicklung.

Vom Leibeigenen zum Bürger

Die Französische Revolution von 1789 wirkte sich auch auf unsere Heimat aus. Wiederum durchzogen Kriege unser Land. Der französische General Moreau drang 1796 mit seinen Truppen bis Oberschwaben vor, wobei es am Federsee zu Gefechten mit den nachrückenden Österreichern kam. Über 70000 Mann hielten sich in unserer Gegend auf. Erst der Friede von Lunéville 1801 unterbrach die kriegerischen Auseinandersetzungen, bevor 1805 der nächste, der dritte Koalitionskrieg gegen Napoleon, begann. Die Quartierkosten von 1806 betrugen in Alleshausen 350 Gulden; die Schulstube diente als Lazarett.

Inzwischen gab es große Veränderungen in den Herrschafts- und Besitzverhältnissen. Durch den Reichsdeputationshauptschluss von 1803 wurde – wie oben erwähnt – das Kloster Marchtal dem Fürsten von Thurn und Taxis als Entschädigung für seine verlorenen Einkünfte aus dem Postwesen links des Rheins zugesprochen. Die Rheinbundakte von 1806 unterwarf die Thurn und Taxis'schen Besitzungen, darunter Alleshausen, der württembergischen Staatshoheit. Das Ende der geistlichen Herrschaft brachte zunächst wenig Änderung. Die Einkünfte des Groß- und Kleinzehnten und der anderen Abgaben gingen nun an den neuen Herren über, dem zu huldigen war. Noch 1765 war von Marchtal eine neue Zehntordnung (Augstordnung = augsten = ernten) erlassen worden. 1801 werden die Alleshausener wegen Nichtbezahlung von Zehnten aus 1792 verteilten Ländereien vor das bischöfliche Gericht in Konstanz geladen, wobei im Vorfeld, zur Vergleichung des Konflikts, der Marchtaler Prälat persönlich nach Alleshausen gekommen war. Seine Untertanen aber blieben aufmüpfig und gaben an, sie hätten das Privileg einer siebenjährigen Erlassung erhalten. Nur langsam wurde der Weg vom Leibeigenen zum freien Bürger geebnet. Das königlich-württembergische Gesetz von 1817 über die Ablösung der Feudallasten hob die Leibeigenschaft auf. Die Ablösung der einzelnen Lasten daraus zog sich aber noch länger hin. Die Gesetzgebung von 1836 brachte spürbare Erleichterungen und die revolutionären Ereignisse von 1848 führten zur Ablösung der grundherrschaftlichen Rechte wie der Falllehen (Abgabe bei Übergang des Hofes) und 1849 zur Ablösung der Zehnten. Die Ablösungsurkunde von 1852 bezieht sich auf 2240 Morgen und weist Großzehnten, Klein- und Novalzehnten für 171 Zehntpflichtige aus. Weil es manchem zu langsam gehe, die Revolution von 1848 insgesamt ruhig verlaufen sei, gebe es in Alleshausen doch einige Schreier, und die Zehntpflichtigen wollten dem Geistlichen den Zehnten nicht mehr geben, berichtet der Pfarrer. Die eigenen Pfarrkinder seien äußerst roh gegen ihren Seelsorger, und jeder Lotterbub schreie „Pfaff". Plötzlich wollte alles frei sein, was seinen Preis kostete. Die Ablösungskapitalien wurden nach einem bestimmten Schlüssel errechnet, und so mancher kam statt in die Freiheit in die Gant (gerichtliche Zwangsversteigerung), weil er die Ablösungssumme nicht aufbringen konnte; denn diese war mit 4 % ab 1848 zu verzinsen und binnen 25 Jahren zu bezahlen. Der Zehnte der Kirche musste mit dem 16-fachen Jahreswert abgegolten werden, denn auch die Pfarrbesoldung musste auf eine neue Grundlage gestellt werden. In Seekirch errichtete Fürst Thurn und Taxis eine in seinem Patronat stehende Pfarrei mit Kaplansstelle. Durch die Zehntumstellung konnte nun der Pfarrer auch seinen landwirtschaftlichen Betrieb aufgeben. Der Pfarrhof existierte von jetzt an nur noch dem Namen nach. Die Pfarrscheuer wurde dann 1907 abgebrochen.

Die Ablösung der Stiftungspflege – in Alleshausen 228 Gulden 24 Kreuzer – erfolgte 1852, dem Jahr des Neubaus der Schule. Der Lehrer bezog sein Einkommen aus Geld und Gütern, Naturalien, Holz und Torf von der Gemeinde, wozu er ein Ökonomiegebäude benötigte, das 1865 errichtet wurde. Nicht zuletzt aus finanziellen Gründen war mit dem Schuldienst der Mesnerdienst an der Kapelle verbunden, wobei dort die Vergütung in allgemeine und besondere Dienste aufgelistet wurde. Zu den Sonderdiensten zählte: Läuten bei „Leichen", Aufziehen der Kirchenuhr, Besorgung des Ewigen Lichtes. Bis zur Ablösung bzw. der Trennung der Dienste sollte es noch Jahrzehnte dauern.

1849 baut Wilhelm Traub außerhalb des Dorfes den Wilhelmshof, den 1854 Matthias Merk kauft. 1872 übernimmt dessen Sohn Sebastian das Anwesen und lässt 1877 ein steinernes Bildstöcklein mit gusseisernem Christus errichten. 1903 werden die Gebäude abgebrochen. Ganz gut ging es dem Pächter Leonhard Ruß auf dem Taxis'schen Kameralhof. 1868 erweitert er das Anwesen um eine Kegelbahn. Wenige Jahre zuvor (1864) wird von der Gemeinde der erste in Buchau gefertigte Leichenwagen angeschafft. Zur Stabilisierung der Gemeinde in einer freien Gesellschaft bedurfte es auch der Klärung am Eigentum der Gemeindegüter. Nach erregten Auseinandersetzungen erhielten 1792 69 Berechtigte einen Teil davon. Der Wald wurde 1826 und 1831/32 aufgeteilt. 1841 werden die verteilten Ländereien und der Wald von 59 Morgen den Inhabern gegen Bezahlung als freies Eigentum überlassen. 1834 erwirbt die Gemeinde zusammen mit Seekirch von der Herrschaft Thurn und Taxis den ehemaligen Anteil am Federsee. Alleshausen erhält 1835 723 Morgen an dem See, der in allen Jahrhunderten auch seine Menschenopfer fordert, denn allein von 1718 bis 1818 sind acht Alleshausener im Federsee ertrunken. Der Besitz wurde unter die „Gerechtigkeitsbesitzer" aufgeteilt, die nun ihre „Seeteile" als Streuwiesen nutzen konnten, bis im 20. Jahrhundert daraus ein besonderes Vogelschutzgebiet wurde und viele Eigentümer ihre Anteile verkauften. Die Funktion der Gemeindeanteile (Allmenden) als Weideplatz war durch die Einführung der Stallfütterung und den Anbau von Klee und Kartoffeln weitgehend erledigt.

Bauern und Handwerker beherrschten durch Jahrhunderte das Dorfbild. Eine Auflistung von 1879 zeigt deren Vielfalt: 2 Bierwirte: Lippen (1794) und Engel mit Brauerei. Handwerker: Bäcker, Schuster, Forstleute, Chirurg/Bader, Schmid, Schneider, Weber, Schlosser, Wagner, Glaser, Binder, Schreiner, Zimmermann, Sattler, Metzger.

Streiflichter aus dem 20. Jahrhundert (1900–1945)

Die erste Hälfte des 20. Jahrhunderts zählt zu den traurigsten Zeiten in der Geschichte des Dorfes. Noch war der Deutsch-Französische Krieg 1870/71 in aller Erinnerung, da brach 1914 der Erste Weltkrieg aus. Bereits zu Kriegsbeginn werden 20 Alleshausener und sechs Brasenberger eingezogen und wenige Wochen später, am 8. September, fällt bereits Engelbert Traub. Das 1923 in Seekirch errichtete Kriegerdenkmal hält die Namen der 17 Gefallenen für die Nachwelt fest. Auch die Nachkriegsverhältnisse brachten wenig Besserung. Zum Höhepunkt wurde die Inflation von 1923, wodurch viele Leute fast vor dem Nichts standen. Der Weg von der Monarchie zur Weimarer Republik war schwierig, die politische Stimmung instabil. Nach Gründung der Zentrumspartei hatte diese in Alleshausen viel Sympathie. Pfarrer und Bürgermeister betätigten sich im Bezirksausschuss und der dieser Partei nahe stehende Volksverein für das Katholische Deutschland fand große Unterstützung. Der Gründer der württembergischen Zentrumspartei Adolf Gröber hielt 1906 im Adler von Seekirch eine gut besuchte Wahlveranstaltung. Bei der folgenden Wahl entfielen auf ihn in Alleshausen 81 von 83 abgegebenen Stimmen. Woher die zwei liberalen Stimmen kommen könnten, wurde gerätselt. Ähnlich stimmten die Bewohner (462, davon 88 in Brasenberg) bis zum Ende der Weimarer Zeit bei Wahlen ab, wobei lange Zeit der Vermerk steht: „Kein Sozialdemokrat".

Durch die Weltwirtschaftskrise 1929 verschlechtert sich die wirtschaftliche Situation zusehends. Die Wahl von 1933 bringt auch in Alleshausen einen Dammbruch. Die NSDAP erhält 134, das Zentrum 60 Stimmen. Zu diesem Ergebnis meint der Chronist, der sehr zurückhaltende Pfarrer Raphael Hartmann (1924–1935): „Die Jugend vor allem ist für Hitler eingestellt und die verschuldeten Bauern; diese hoffen Schuldenstreichung oder Geldentwertung; bis zum 31. Oktober [1933] sind Landwirte gegen Zwangsvollstreckung

Alleshausen vor dem 2. Weltkrieg.

Das „Tollenkreuz“ an der Straße nach Bischmannshausen, gestiftet von Anton Aßfalg, wurde an Himmelfahrt 1940 (2. Mai) während der Öschprozession geweiht.

geschützt.“ Vor allem die Landwirte kommen in Nöte, die ihre Gebäude renovieren oder neu bauen sollten. Durch Maßnahmen der Partei gegen die Kirche werden die Leute beunruhigt. Vor allem Lehrer in Alleshausen machen die Situation nicht einfacher. Dazu kommt 1938 noch der Ausbruch der gefürchteten Maul- und Klauenseuche. Kurz zuvor (1937) kann Kapellenmesner Nikolaus Huber sein 50-jähriges Mesnerjubiläum feiern. Hundert Jahre übte die Familie den Mesnerdienst aus, davon Nikolaus Huber († 1952) 63 Jahre.

Bald kündigt sich der Zweite Weltkrieg an. Hitlers Einmarsch nach Österreich 1938 und in die Tschechoslowakei 1939 führt an den Rand des Krieges. Noch zögern die Verbündeten England und Frankreich mit schärferen Reak-

Das Käppele am Kirchweg nach Seekirch.

Kieferles Kreuz an der Straße nach Moosburg.

tionen. Am 1. September 1939 eröffnet Adolf Hitler die größte Katastrophe des 20. Jahrhunderts, den Zweiten Weltkrieg, der auch in Alleshausen tiefe Spuren hinterlässt. Einige seien angeführt: Wiederum rücken Soldaten aus. Polnische Arbeitskräfte treffen schon 1939 als Arbeiter bei den Bauern ein. Am 20. Juli 1940 werden zehn gefangene Franzosen untergebracht. Als 1942 drei von ihnen fliehen, herrscht große Unruhe. Der Krieg wird immer härter. Die ersten Gefallenenmeldungen treffen ein. Während des Krieges stiftet Anton Aßfalg an der Straße nach Bischmannshausen das „Tollenkreuz“ an dem Ort, wo in keltischer Zeit (tol = Stein/Opferstein) bereits eine Opferstätte errichtet war. Nicht weit davon entfernt wird am 28. April 1945 der Angehörige des Reichsarbeitsdienstes Eberhard Eisele aus Scheer auf der „Flucht“ in die Heimat von den Franzosen erschossen. Albert Kieferle stiftet auf seinem Grundstück an der Straße nach Buchau ein Feldkreuz. Die Verschärfung des Krieges zeigt sich mehr und mehr. Am 16. März 1943 fallen bei Alleshausen, ca. 300 Stab- und Phosphorbomben glücklicherweise auf das freie Feld. Bomber überfliegen das Land. Das Ortsbild verändert sich zusehends weiter. Ostarbeiter aus Russland werden zugewiesen und über hundert Evakuierte aus den bombenbedrohten Städten Duisburg, Pirmasens, Neunkirchen halten sich in Alleshausen auf.

Im Frühjahr 1945 werden 130 deutsche Soldaten einquartiert. Tiefflieger lassen die Bewohner kaum mehr auf die Straße. Das Ende des Krieges wird herbeigesehnt. Pfarrer Georg Baur (1938–1947) schreibt: „Am 22. April 1945 hörte man den ganzen Sonntag über von der Ferne Geschützdonner. Überall wurden kriegswichtige Dinge in die Luft gesprengt. Nachdem am Sonntag vorher und am Donnerstag, 19. April 1945, der Flugplatz Reichenbach beschossen und bombardiert und ca. 20 Flugzeuge zerstört worden waren, sprengten die Deutschen ca. 100 Maschinen selber. Den ganzen Tag krachte es. Am südlichen Horizont stiegen mächtige Rauchwolken empor. Am 22. April war in Tiefenbach noch um 8 Uhr eine Abendmesse. Alles war schon in heller Aufregung. Am Nachmittag war der Volkssturm eingezogen und in den Seelenwald bei Kanzach befohlen worden. Dort wollte die verfluchte SS Widerstand leisten. Da der Volkssturm aber keinerlei Waffen besaß und auch keine Kampfeslust zeigte, wurde er wieder nach Hause geschickt. Die Männer waren froh, da ein Widerstand nur unnötiges Blutvergießen gebracht hätte. Abends 9 Uhr schlugen dann auch schon die Granaten der Panzergeschütze bei Kappel ein. Soldaten und Volkssturmmänner eilten zu Fuß, an Stöcken oder auf entwendeten Fahrrädern durch Alleshausen nach Seekirch, teils querfeldein. In Alleshausen war noch Einquartierung. Diese verließen fluchtartig den Ort. Die Bürger von Alleshausen, dann Bürger von anderen Orten Riedlingen zu, mussten mit ihren Pferden das Gepäck fortführen. Im

Trab rumpelte Wagen hinter Wagen auf der Straße von Alleshausen nach Seekirch, eine regelrechte Flucht. Die Nacht senkte sich schon hernieder. Die Leuchtspuren der Geschosse flogen von Moosburg Richtung Buchau. Das Feuer wurde erwidert. Buchau machte Miene sich zu verteidigen. Es begann in Kappel bei Buchau zu brennen. Maschinengewehre ratterten ihr schauriges Lied. Richtung Kanzach brannte es auch. Unter diesem Kriegszauber fuhr Pfarrer Baur [mit dem Fahrrad] mit dem Allerheiligsten bei sich von Alleshausen nach Seekirch unter dem Strom der flüchtenden Soldaten und Volkssturmmänner. Unter diesen Umständen konnte man das Allerheiligste nicht in der Kapelle lassen. Es war ein schauriges Bild zum Weinen, wie die Soldaten daherkamen, ohne Gewehre, ohne Säbel, ohne Mützen, in allen möglichen Aufzügen, gekleidet wie Handwerksburschen, wie Mechaniker, wie Bauern, hinkend, hungernd, verscheucht, verbittert! Zum Glück zog sich der Kampf über Buchau auf Schussenried zu. Panzer stießen nach Oggelshausen vor und von dort nach Biberach. Abends ca. 10 Uhr war der schlimmste Spektakel vorüber. Maschinengewehre ratterten zwar fast die ganze Nacht noch, auch fielen immer Schüsse. Man konnte nur in den Kleidern ins Bett liegen. Am Montag zog eilig deutsches Militär durch. Die Dorfbewohner standen Todesangst aus, sie möchten doch weiterziehen. Wir waren Frontgebiet geworden." Das kalendarische Ende des Krieges wird in Alleshausen wie folgt wahrgenommen: „Am Dienstag, 8. Mai 1945, war in Alleshausen hl. Messe. Da kein elektrischer Strom mehr in den Leitungen war, lief dort kein Radio. So wussten die Alleshausener noch nicht, dass der Krieg zu Ende war. Ich verkündete es daher vor Beginn der hl. Messe. Da fing alles zu weinen an. Es wollte das Singen der Danklieder fast nicht gelingen. Die Gläubigen weinten aus Freude und aus Schmerz. Während der ganzen hl. Messe ließ ich die große Stahlglocke läuten."

Leben ohne unmittelbare Kriegserlebnisse (1945 bis nach 2000)

Die 2. Hälfte des 20. Jahrhunderts ist bei allen aufkommenden Problemen in unserer Heimat eine Zeit ohne Krieg. Junge Menschen dürfen heranwachsen, die derlei Ereignisse nur noch vom Erzählen kennen und sich manches Mal schwer tun, die vergangene Geschichte zu verstehen. Bei den Älteren bluten noch lange die Wunden, vor allem in den Familien, wo die Frau den Gatten, die Kinder den Vater im Krieg verloren haben; denn zwanzig Männer sind im Zweiten Weltkrieg gefallen, einer ist vermisst. Und doch entsteht ein gesunder Wille zum materiellen wie geistigen Wiederaufbau. Politisch finden sich die Bürger Alleshausens in der Christlich Demokratischen Union (CDU) mehrheitlich wieder. Bei der Abstimmung um den Südweststaat 1952 hat Alleshausen eine Wahlbeteiligung von

91,6 % und den höchsten Anteil an CDU-Stimmen im Landkreis, und dies auch bei den Wahlen 2004 (Europa-Kreistag-Gemeinderat). Auch der Wählerblock der Heimatvertriebenen und Entrechteten (BHE) erhielt seinerzeit 26 Stimmen, denn 1950 lebten 74, 1961 noch 54 aus ihrer Heimat Vertriebene, meist evangelische Bürger, im Ort. Aus dieser Gruppe tritt Hildegard Erdmann, geboren 1942 in Tolkemet (Kreis Elbig/Westpreußen) in das Kloster Nette/Osnabrück ein, wo sie 1973 als Schwester Maria Leoni ihre „ewige Profess“ ablegt. Herta Härle wird 1954 als Vinzentinerin (Schwester Emma) im Kloster Untermarchtal eingekleidet. Seit 1930 waren Ordensschwestern aus Reute in der Pfarrei Seekirch tätig, versorgten die Kranken und jahrelang auch die „Strickschule“.

Durch den Weggang der Ordensschwestern musste nach über 50 Jahren die Seekircher Schwesternstation aufgelöst werden. Alleshausen schloss sich 1979 der Katholischen Sozialstation Riedlingen an. Auch unter veränderten Gegebenheiten wird das religiöse Erbe weitergetragen. 1960 wird eine eigene Landjugendgruppe gegründet. Auch wirken politische Gemeinde und Kirchengemeinde in enger Bindung zum Wohle der Gemeinde zusammen, worauf die Bürgermeister großen Wert legen. In dieses Amt werden nach dem Zweiten Weltkrieg gewählt: Josef Traub 1945 bis 1948, Anton Aßfalg 1948 bis 1968, Alfons Brehm 1968 bis 1981, Karl Weckenmann 1981 bis 1997, Harald Fischer ab 1997. Ein wichtiges Bindeglied bildete Albert Kieferle (1905–1985), seit 1939 Inhaber des früheren Kameralhofs mit Gasthof, Jahrzehnte 2. Vorsitzender des Kirchengemeinderates, 30 Jahre Gemeinderat und stellv. Bürgermeister, 1975 Ehrenbürger der Gemeinde Alleshausen. Auch der 1962 gegründete Schützenverein, der 1970 ein eigenes Vereinsheim eingerichtet hat, wirkt integrierend, während der 1873 gegründete Veteranenverein vor allem in den Zeiten nach den Weltkriegen in Erscheinung trat. Dem 1907 durch Lehrer Fridrich gegründeten Gesangverein war nur ein kurzes Dasein beschieden. Die seit 1883 bestehende Ortsfeuerwehr wurde 2003 durch eine Jugendfeuerwehr ergänzt. Den Hof der Nachbarschaftsschule für die Grundschüler aus Alleshausen, Betzenweiler, Moosburg, Seekirch, Tiefenbach ziert seit 2003 dank einer Stiftung von Paul und Rosina Kopf aus Tiefenbach ein markanter Brunnen des Künstlers Josef Henger aus Ravensburg.

Konstant vollzog sich der Wandel von der Landwirtschaft zum ländlichen Raum. 1895 waren 86 %, 1950 67 %, 1970 38,2 % der Erwerbstätigen landwirtschaftlich tätig. Die Betriebsgröße veränderte sich zunehmend. Kleine Betriebe verschwinden und die Produktion konzentriert sich auf wenige Betriebe mit hoher Leistung. 1906 wird die Molkereigenossenschaft gegründet, später übernimmt die Firma Bilger, Biberach, die Sammelstelle, heute das Milchwerk Allgäuland-Käsereien GmbH in Riedlingen. Die 1963 erfolgte Flurbereinigung wirkt sich ebenfalls positiv aus, desgleichen seit 1898 die Spar- und Darlehenskasse, die sich zur Federseebank mit Sitz in Bad Buchau weiter entwickelte. Parallel zur landwirtschaftlichen Entwicklung erhöht sich die gewerbliche Wirtschaft.

Erinnerungen an früher

Ein Fuhrwerk in der Seestraße um 1936 mit Karl Cadus.

Von der Mene zum Traktor (Karl Birk sen. nach 1950).

Hans Buck beim Pflügen.

Erinnerung im Heuet (Familie Gustav Roth um 1940).

Die landespolitischen Umstrukturierungen bringen 1938 Alleshausen vom Oberamt Riedlingen zum Kreis Saulgau und die Gebietsreform 1973 macht den Weg in den Kreis Biberach frei. Durch rechtzeitige Überlegungen in der Raumschaft des Federsees kann Alleshausen bei der Gebietsreform 1973 seine Selbstständigkeit wahren, indem es dem Gemeindeverwaltungsverband Bad Buchau beitritt.

Das Dorfbild verschönert sich zusehends, nicht zuletzt durch außerordentliche Unterstützung des Landes im Rahmen von Dorfentwicklungsprogram-

Alois Riedmüller (Tiefenbach) baute nach dem Zweiten Weltkrieg einen speziellen Bagger zur Öffnung der Seegräben.

men, wobei 1978/79 im Rathaus ein Kindergarten eingerichtet wird. Bereits 1950 wird im Gewann Tollenkreuz zur Wasserversorgung ein 1996 dann wieder abgebrochener Hochbehälter angelegt; der folgende wird ins Versorgungsnetz des Zweckverbandes Wasserversorgung Nördliches Federseebecken eingebracht. Die Ortskanalisation beginnt, 1981 folgt der Anschluss an die Sammelkläranlage des Verwaltungsverbandes Bad Buchau, die beim Vollochhof errichtet wurde. Eine grundständige Sanierung der Kanalisation erfolgt 2003/2004. Die Müllbeseitigung geschieht im Rahmen der Aufgaben des Landkreises.

Trotz ansehnlicher Neubaugebiete bleibt die Bevölkerungszahl relativ stabil. Ein Spitzenwert lag 1972 bei 462 Einwohnern. Am 31. Dezember 2003 waren es 500 Bewohner. Ein großer Bogen spannt sich somit von der Pestzeit mit sieben Überlebenden bis in die Gegenwart.

750 Jahre Dorf und Kapelle Alleshausen zeigen Höhen und Tiefen im Leben der Bewohner. Auf ihren Spuren weiterzugehen dürfte das Vermächtnis derer sein, die in oft unvorstellbaren Verhältnissen ein Stück Glück und Hoffnung im Leben suchten und dies weitergeben wollten. Etwas vom überkommenen Selbstbewusstsein dabei zu bewahren, dürfte auch in der Zukunft nicht schaden. Aufmüpfig sein hat nicht geschadet.

(BC 2/2004)

Die Feier „750 Jahre Dorf und Kapelle Alleshausen“ am 5. November 2004 im Schützenhaus mit Regierungspräsident Hubert Wicker als Ehrengast (3. v.l.).

Alleshausen, im Hintergrund der Federsee im Jahre 2005.

Die Ortsoberen von Alleshausen

Ammann – Schultheiß (ab 1810) – Bürgermeister (ab 1930)

Hans Beck	1475
Hans Fleß	1529–1543
Bläsi Bader	1542–1549
Hans Beck	1550–1575
Hans Riedgasser	1586–1602
Hans Bader	1615–1621
Thomas Engler	1621–1639
Matthäus Bader	1639–1647
Johann Burgmaier	1647–1661
Lorenz Engler	1661–1665
Georg Cadus	1665–1678
Johann Troll	1678–1688
Johann Weiler	1688–1700
Carl Stadler	1700–1702
Georg Cadus	1702–1736
Joseph Cadus	1736–1744
Joseph Anton Pauler	1744–1747
Lorenz Engler	1747–1760
Jakob Cadus	1760–1772
Joseph Scheffold	1772–1780
Bläsi Scheffold	1780–1786
Matthäus Ströbele	1786–1802
Joseph Ströbele	1802–1822
Lorenz Briem	1823–1827
Gottfried Scheffold (Schauz)	1827–1833
Joseph Aßfalg	1833- 1841
Anton Briem	1841–1849
Alois Koch	1849–1852
Matthäus Aßfalg	1852–1889
Blasius Weidelener	1889–1890
Richard Strohm	1890–1924
Sebastian Brehm	1924–1943
Blasius Hepp	1943–1945
Josef Traub	1945–1948
Anton Aßfalg	1948–1968

Alfons Brehm	1968–1981
Karl Weckenmann	1981–1997
Harald Fischer	1997–

Sebastian Brehm,
Bürgermeister
1924–1943

Anton Assfalg,
Bürgermeister
1948–1968

Alfons Brehm,
Bürgermeister
1968–1981

Karl Weckenmann,
Bürgermeister
1981–1997

Harald Fischer,
Bürgermeister
1997–

Die Lehrer in Alleshausen

Erwähnungen: 1525, 1688, 1761, 1774

Joseph Bollmann	1785–1809 (erster geprüfter Lehrer)
Matthäus Halder	1809–1817
Franz Anton Strobel	1817–1821
Lorenz Stehrer	1821–1825
Franz Xaver Gulden	1826–1857
(von 1854–1857 dessen Sohn Maximilian als Provisor)	
Maximilian Gulden	1857–1892
Franz Kurfeß	1893–1903
Anton Hagenmayer	1904–1906
Amtsverweser Fridrich und Späth	1906–1907
Josef Maier	1907–1917
Josef Anton Maier	1917–1926
Hermann Josef Halbherr	1926–1938
Erwin Ziller	1938–1945

(Vertreter während dessen Militärzeit:
Gebhard Tress (1940), J. Zell (1940), Otto Weber, Conrektor Heise.
Heise wurde 1945 in Oberessendorf, Weber 1945 in Biberach wegen nationalsozialistischer Betätigung im Dritten Reich von den Franzosen erschossen).

Nach dem Zusammenbruch wurde Hauptlehrer Wieland, Buchau, wegen Parteizugehörigkeit bis 1. September 1947 nach Alleshausen abgeordnet.

Von 1947–1953 Vertretungen:
Lehrer Pribil, Frau Durach, Lehrer Huber, Ludwig Zitterell, Heinz Müller, Lehrer Stumpp und Hirrlinger.

Walter Willbold	1953–1966

(1966–1982 erster Leiter der gemeinsamen Schule).

Kapellenmesner in Alleshausen

Jakob Zeylin	1617
Peter Braunegger	1656
Jakob Maiggler	1664
Joseph Neubrand	1728–1753
Michael Heggenberger	1753–1754
Jakob Halder	1754–1774 (Lehrer/Mesner)
Joseph Auchter	1774- 1786
Bläsi Auchter	1786–1816
Joseph Auchter	1816–1855
dessen Witwe Agatha, geb. Majer, die 90 Jahre alt wurde und	
deren Tochter Theresia	1855–1877
Paul Huber	1877–1904
Nikolaus Huber	1904–1950 (ab 1887 Gehilfe)
Franz Metzler	1950–1966
dessen Kinder bis	1969
Josefine Kramer	1969–1975
Maria Hepp	1975–1992
Josefine Koch	1992–2006
Waltraud Rehm	2006–

Franz Metzler, von 1950 bis 1966 Mesner, am Tag der Glockenweihe, dem 8. September 1962. Sein Vorgänger Nikolaus Huber war 63 Jahre Mesner.

Josefine Koch, 1992–2006

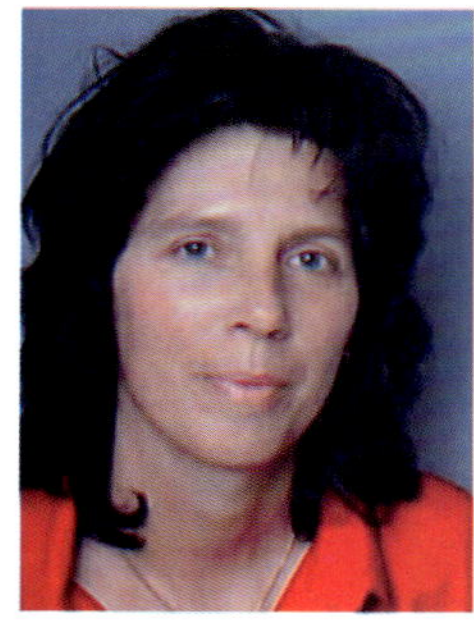

Waltraud Rehm, Alleshausen, derzeitige Mesnerin in der Blasius-Kapelle in Alleshausen.

Die Neuausrichtung des Schulwesens nach 1960

Als Pfarrer Karl Müller am 1. 12. 1957 zum Abschluss seines Wirkens im „schönen Gottesgarten am Federsee“ (Chr. S. 92) einen Rückblick hielt, kam er auch auf die drei Schulen zu sprechen, an denen er wöchentlich 21 Stunden Religionsunterricht erteilte. Die kleine Schülerzahl empfand er dabei als besonders angenehm und meinte: „Auch mit der Jugend kann man was anfangen“ (ebd.). Dabei hat er wohl weniger an die Zukunft als an die Vergangenheit gedacht, denn diese Idylle der Einklassenschulen war damals in Fach- und Regierungskreisen schon länger in Frage gestellt. Noch war es allerdings nicht klar, in welche Richtung der Weg zur Konzentration der Schulen gehen könnte.

Der Gedanke, für die Gemeinden der Pfarrei eine gemeinsame Schule zu errichten, findet keinen ungeteilten Beifall. Tiefenbach könnte mit Oggelshausen sympathisieren, Alleshausen nicht nach Seekirch wollen und zwischen Alleshausen und Seekirch zu bauen wäre nicht sinnvoll. In Seekirch einen Bauplatz zu finden wäre auch sehr schwierig, waren die gängigsten Meinungen. Auch die Profilierung der einzelnen Gemeinde mache eine Lösung nicht einfach, meint der Chronist (S. 104f.).

1964 kann Pfarrer Benno Unterricker, der seit seinem Hiersein 1958 die Schulfrage skeptisch begleitet, schreiben: „In der Schulfrage sind die Dinge soweit geklärt. Der Pfarrer schweigt, da man nun angefangen hat zu bauen. Hoffentlich werden spätere Generationen wirklich ihre Freude haben“ (Chr. S. 109).

1967 kann er berichten: „Seit 8. Dezember 1966 ist die neue Schule zwischen Seekirch und Alleshausen belegt. Alle Schüler von Seekirch und Alleshausen, Klasse 8 und 9 von Tiefenbach und Oggelshausen, alle Schüler von Moosburg“ (S.112). Ab September 1967 kommen wegen Krankheit von Lehrer Kuon alle Klassen von Tiefenbach nach Alleshausen.

Die Grundlage für diese Entwicklung bildete nach vielen Diskussionen die von den Gemeinderäten Alleshausen und Seekirch verabschiedete Satzung des Volksschulverbandes Alleshausen/Seekirch vom 1. August 1962, der unter dem Namen „Schulverband Alleshausen“ ein Zweckverband im Sinne eines entsprechenden Gesetzes von 1939 ist.

§ 2 des Vertrages lautet: „Der Verbund errichtet in den Jahren 1962 und den folgenden ein gemeinsames Volksschulgebäude mit Gymnastikraum und Lehrerwohnung zwischen Alleshausen und Brasenberg im Gewand Grund.

Mit der Fertigstellung des Volksschulgebäudes übernimmt der Verband an Stelle der Mitglieder alle Aufgaben, die den Gemeinden auf dem Gebiete des

Von links: Albert Braig (Seekirch), Hugo Kuon (Seekirch), Kurt Aßfalg (Seekirch), Eugen Miehle (Tiefenbach), Kurt Schmid (Tiefenbach), Peter Kauer (Tiefenbach), Oswald Breichler (Tiefenbach), Alois Kugler (Tiefenbach), Franz Bleicher (Alleshausen), Dieter Bunke (Seekirch), Ulrich Gertz (Alleshausen), Pfarrer Benno Unterricker (Seekirch), Berthold Bailer (Alleshausen), Walter Willbold (rechts), 1953–1966 Alleshausen, 1966–1982 Leiter der gemeinsamen Schule, Aufnahme nach der Firmung.

Volksschulwesens obliegen, insbesondere den Betrieb und die Unterhaltung einer Volksschule".

§ 3 Schulort: „Nach Fertigstellung des Verbandsschulgebäudes haben die volksschulpflichtigen Kinder aus dem Gebiet der zum Verband gehörenden Gemeinden ihre Schulpflicht in Alleshausen zu erfüllen. Bis dahin verbleibt es hinsichtlich des Schulorts bei der bisherigen Regelung".

Für die Gemeinden schien damit eine zukunftsträchtige Lösung gefunden worden zu sein. Doch der Schein trog.

Am 14. Dezember 1966 hielt Dipl. Ing. R. Enßlin vom Kreisplanungsdienst Saulgau vor dem Kreistag ein Referat über die Schulentwicklung, das er mit dem Satz begann: „Um es brutal zu sagen, die Schulentwicklung ist dunkel".

Den Hintergrund dieser Aussage bildet ein neuer Schulentwicklungsplan, der die Bildungsmöglichkeiten der Kinder auf dem Lande soweit als möglich denen der Stadt angleichen soll. Ein erster Schritt ist bei der Volksschule geplant, die künftig in Grund- und Hauptschule unterteilt werden wird. Die Grundschulen sollen in den Gemeinden bleiben, falls die Schülerzahl nicht unter 15 sinkt. In der Hauptschule wird das 9. Schuljahr verpflichtend eingeführt, der Bildungsumfang erweitert, die Schuljahre 5–9 werden als Jahrgangsklassen geführt. Um dies zu erreichen, kommen Schüler aus anderen Gemeinden in einer Schule zusammen, wo Kursunterricht eingeführt werden soll, was am besten bei Zweizügigkeit ermöglicht wird.

Neben mehr Lehrern werden für dieses Vorhaben mehr Schulräume vonnöten sein. Nachbarschaftsschulen, Schulbuslinien, neue Schulbezirke, Verwendung der bisherigen Neubauten kommen ins Gespräch.

Schon am 23. Februar 1967 teilt das Staatliche Schulamt Saulgau dem Vorsitzenden des Schulverbandes Alleshausen/Seekirch, Bürgermeister Anton Aßfalg, mit, das Kultusministerium habe für den Planungsbezirk Bad Buchau seine Zustimmung erteilt. Dort soll ein Schulhausneubau für die Nachbarschaftsschule erfolgen und nach dessen Fertigstellung laufe die bisherige Zusammenfassung der Schuljahre 5–9 in Alleshausen aus. Dort würden dann nur noch zwei Grundschulklassen unterrichtet.

Angedacht war in den frei werdenden Räumen eine Tagesheimschule für Bildungsschwache unterzubringen. Auch wurde geprüft, ob sich die Räume nicht für ein Schullandheim nützen ließen.

Nachdem das Kultusministerium am 3. Oktober 1967 die Planungszustimmung zur Errichtung einer Nachbarschaftsschule mit dem Sitz in Bad Buchau für die Schulorte Bad Buchau, Allmannsweiler, Dürnau, Kappel, Alleshausen, Seekirch, Moosburg, Oggelshausen und Tiefenbach erteilt hatte, musste baldmöglichst eine öffentlich-rechtliche Vereinbarung darüber unterzeichnet werden, wozu sich die Gemeinderäte von Alleshausen und Seekirch nicht bereit erklärten. Daher wurde für diese Gemeinden die Vereinbarung „im Wege der Ersatzvornahme“ durch den Landrat am 10. November 1969 abgeschlossen, nachdem auch direkte Gespräche mit dem Saulgauer Landrat Dr. Steuer und eine Versammlung im Gasthaus zum Adler zu keinem anderen Ergebnis führten. Der Gemeinderat Alleshausen stellt am 27. März 1969 im Protokoll fest: „Er sieht kein dringendes öffentliches Bedürfnis dafür, daß die Schüler aus Alleshausen die Nachbarschaftshauptschule in BB [Bad Buchau] besuchen sollen. In der Volksschule in Alleshausen erhalten sie einen Unterricht, der den Erfordernissen und Zielen des Schulentwicklungsplanes genügt.
Die Gemeinden Seekirch und Tiefenbach sind auch daran interessiert, die Schule in Alleshausen zu erhalten“.

Am 7. August 1970 werden die Hauptschulen in Alleshausen, Allmannsweiler, Dürnau, Kappel, Moosburg, Oggelshausen, Seekirch und Tiefenbach aufgehoben.

Die Grund- und Hauptschule Alleshausen besuchen 1970 208 Schüler, davon 100 Grundschüler, 1972 213, davon 118 Grundschüler, 1973 218, davon 132 Grundschüler.

Grundschule im Grund 108 mit Federseehalle 2006.

Der Schulentwicklungsplan III sah jedoch noch weitere Differenzierungen vor. Jahrgangsklassen müssen gewährleistet werden. Demnach soll die Hauptschule Alleshausen aufgelöst und nach Bad Buchau eingegliedert werden.

Entsprechende Vereinbarungen sollen für eine Nachbarschaftsgrundschule in Alleshausen abgeschlossen werden, welche die Gemeinden Alleshausen, Betzenweiler, Moosburg, Seekirch und Tiefenbach umfasst, wodurch die Grundschulen in Betzenweiler, Moosburg, Seekirch und Tiefenbach aufgelöst werden.

Eine öffentlich-rechtliche Pflichtvereinbarung am 5. Dezember 1975 durch das Landratsamt Biberach mit Wirkung vom 1. Januar 1976 beurkundet das Vorhaben, das vor allem in Betzenweiler auf wenig Gegenliebe stößt.

Die Nachbarschaftsgrundschule Alleshausen ist am 1. August 1976 für oben genannte Gemeinden errichtet. Die Schülerzahl beträgt 1976 159, 1980 115, 1985 101, 1987 82, 1995 123, 1998 134, 2000 128, 2005 132 Schüler-/innen, die in vier Jahrgangsklassen unterrichtet werden und sonstige differenzierte Angebote erhalten.

Leiter der Schule sind bis 1982 Oberlehrer Hans Willbold, 1982–1986 Hauptlehrer Peter Hilkinger, seit 1986 Karin Schäfer, ab 1989 mit der Amtsbezeichnung Rektorin.

Ein langer Weg scheint mit dieser Entwicklung zu einem guten Ziel gekommen zu sein. Das Umdenken vieler Bürger und Bürgerinnen war notwendig, um die einzelnen Schritte nachvollziehbar zu machen. Oftmals ging die Neuorientierung einen Weg, bei dessen Zielführung die Obrigkeit viel Nachhilfe leisten musste. Was heute selbstverständlich, war hart umkämpft, zumal die alte Einheit Kirche-Schule-Rathaus nicht mehr gelten konnte. Wer dabei zu

Karin Schäfer, Rektorin, bei einer Bilderausstellung in der Schule in Alleshausen.

sehr in die Vergangenheit schaute, konnte der neuen Entwicklung, die – von der Politik gewollt – um der Kinder willen notwendig war, keine Chance geben.

Inzwischen ist aus dem Gelände „Im Grund 108“ ein angenommenes Zentrum geworden, das im Jahre 2002 in der „Federseehalle“ eine wertvolle Ergänzung erhielt.

Zu deren Realisierung hat nicht zuletzt das Land Baden-Württemberg einen überdurchschnittlichen finanziellen Beitrag geleistet. Ein Zeichen, dass der Raum um den Federsee förderungswürdig ist, bedarf aber ob der strukturellen Verhältnisse besonderer Unterstützung.

Daher auch das jahrelange Ringen um die bestmögliche Schulbildung der Kinder dieser Gemeinden. Die jetzige Chance heißt: Das Angebot annehmen.

Einen guten Beitrag leistet auch der 2003 gegründete „Förderverein der Grundschule Alleshausen e.V.“, der sich zur Aufgabe gestellt hat die Schule in ihrem Bildungs- und Erziehungsauftrag zu unterstützen.

Der Brunnen für die Kinder der Grundschule Alleshausen

Der 22. Juni 2003 wurde für die Kinder der Grundschule Alleshausen ein denkwürdiger Tag. Bildhauer Josef Henger, 1931 in Empfingen/Hohenzollern geboren, in Ravensburg tätig, bekam von Paul und Rosina Kopf, gebürtig aus Tiefenbach, den Auftrag, für den Schulhof der Grundschule Alleshausen einen Brunnen zu schaffen. Würzburger Muschelkalk und Bronze wurden das Grundmaterial, aus dem der Künstler das Werk gestalten konnte. Die stufenförmig angelegte Brunnensäule zieren die Kirchenpatrone der Pfarrei Seekirch, wobei jeder Heilige zu seiner Gemeinde blickt: Wendelin nach Brasenberg, Blasius nach Alleshausen, Oswald nach Tiefenbach und als Krönung die Patronin der Pfarrkirche, Maria, nach Seekirch. Bereits beim Guss der Figuren in der Gießerei in Oberschleißheim bei München im November 2002 konnten Schülerinnen, Schüler und einige Eltern dabei sein, um zu erleben, wie ihr Brunnen Gestalt annimmt.

Im Rahmen der Einweihungsfeier durften die Kinder den Brunnen in Besitz nehmen. Der Stifter selber deutete den zahlreichen Festgästen den Sinn dieses Zeichens aus biblischer Sicht. Rosina Kopf, seit Jahrzehnten Stadträtin in Ludwigsburg, beantwortete in ihrem Wort zur Übergabe die Frage nach

Beim Brunnenguss in Oberschleißheim bei München am 5. Dezember 2002.

Muttergottes, Patronin der Pfarrkirche Seekirch.

Oswald, Patron der Kapelle Tiefenbach.

Blasius, Patron der Kapelle Alleshausen.

Wendelin, Patron der Kapelle Brasenberg.

dem Brunnen an diesem Ort in drei Aspekten: 1. Schule, ein Ort des Lernens und der Begegnung. 2. Bildung und Lernen als Zukunft und Orientierung für jedermann. 3. Bildung braucht Leitbilder.

Prälat Paul Kopf führte im Rahmen der Weihehandlung in die Symbole des Brunnens auf dem Hintergrund der Wertebildung für Kinder, Lehrer und Eltern ein. Er meinte, der Brunnen sei ein Geschenk, damit die seither tragenden Werte sichtbar, leibhaftig, sinnenhaft vor Augen stünden, um die Erziehungsgemeinschaft von Eltern und Schule so zu vermitteln, dass die heutigen Generationen den Herausforderungen der Welt von heute und morgen gewachsen seien.

Mit dem Spiel vom Wasser des Lebens, gekonnt eingeübt von Rektorin Karin Schäfer, nahmen die Kinder begeistert Besitz von ihrem Brunnen, an dem die Widmung an Stifter und Jahr mit den Worten erinnern soll: „Den Kindern dieser Schule von Paul und Rosina Kopf aus Tiefenbach am 22. Juni 2003".

Landrat Peter Schneider beglückwünschte die Schule zu diesem Kunstwerk und meinte bei seiner Ansprache: „Mit dieser Stiftung hat die Schule im Grünen einen der schönsten Brunnen im Landkreis Biberach erhalten".

Schützenverein Federsee – Alleshausen e. V.

Die Gründung des Vereins ist auf sonntägliche Treffen junger Männer aus Alleshausen zurückzuführen, die sich im Sommer 1962 in stillgelegten Kiesgruben zu schießsportlichen Übungen trafen.

Im Januar 1963 fand im Gasthaus „Adler" in Seekirch die Gründungsversammlung mit der Namensgebung „Schützenverein Federsee" statt, wobei sich alle 25 Anwesenden in die Mitgliederliste eintrugen. Die Wirtsfamilie des Gasthofes „Adler", Harscher, stand der Schützensache wohlwollend gegenüber und ermöglichte die Einrichtung eines Schießstandes im damaligen großen Saal des Gasthauses.

1963 wurde bereits der erste Vereinsmeister ermittelt und das erste Preisschießen ausgetragen.

1964 stellte die Vorstandschaft den Antrag zur Aufnahme in den Landesschützenverband sowie in den Landessportbund. Im selben Jahr fand auch der erste Schützenball statt, bis heute fester Bestandteil im Jahresgeschehen.

Die Jahre 1968 und 1969 standen im Zeichen großer Bemühungen, ein eigenes Schützenhaus zu bauen, ein Ziel, das mit über 5000 freiwilligen Helferstunden erreicht werden konnte. Die Einweihung des neuen Schützenheimes 1970 war mit einem großen Preisschießen verbunden.

1976 gehörten dem Verein bereits 40 Mitglieder an. Es fand der erste Vereinsausflug statt.

Die Werbung um den Schießsport und vor allem um jugendliche Mitglieder wird nunmehr verstärkt betrieben. Die Anschaffung einer Vereinsuniform sowie vereinseigener Gewehre vervollständigten die Aktivitäten dieses Jahres, wodurch sich die Mitgliederzahl auf 85 erhöhte.

Das Schützenhaus 2005.

Die Fahnenweihe 1980.

Zu einem besonderen Höhepunkt wurde 1980 die Weihe der neuen Vereinsfahne, verbunden mit einem großen Zeltfest.

1987 wurde das 25-jährige Vereinsjubiläum mit einem großen Heimatfest vom 29.–31. Mai verbunden. Zum Höhepunkt dieses Festes wurde ein Umzug mit befreundeten Vereinen und der Alleshauser und Brasenberger Einwohnerschaft, die die bäuerlichen Arbeitsweisen und Brauchtümer mit wunderschön geschmückten Wagen demonstrierte.

Dieter Schmauz, seit 1978 Vorstand (rechts) beim Jubiläum 25 Jahre Schützenverein (1987).

1989 wurde das Schützenhaus außerhalb der Schießanlage neu aufgebaut, die Außenanlagen mit in den Umbau einbezogen. 1992 wurde das 30. Gründungsjahr festlich begangen.

Die aktiven Schützen des Vereins nahmen mit fünf Mannschaften an den Luftgewehr- und mit zwei Mannschaften an den Luftpistolen-Rundenwettkämpfen teil. Sie konnten Erfolge bei den Bezirks- und Kreismeisterschaften sowie bei der Teilnahme an den Landesmeisterschaften vorweisen.

Neu eingeführt wurde auch die Schützenkette. Von Vereinsmitgliedern durchdacht und liebevoll gestaltet wie auch hervorragend gearbeitet konnte mit diesem Schmuckstück 1995 erstmals ein Schützenkönig geehrt werden.

Die notwendige Renovierung der seit 1970 genutzten Schießhalle – ursprünglich eine Baubaracke vom Reichsarbeitsdienst –, vermehrtes Trainingsaufkommen der Jungschützen und ein neuer Wettkampfmodus gaben für einen Neubau der Schießhalle den Ausschlag. Im März 2001 wurde die alte Schießhalle abgerissen und mit dem Neubau begonnen. Allein ca. 1000 m^3 Bodenaustausch war für die Untergrundverbesserung notwendig. Beim 40-jährigen Vereinsjubiläum konnte am 11. und 12. Mai 2002 die neue Schießhalle eingeweiht werden.

Mit der Möglichkeit zum Bogenschießen stellt der Verein 2003 eine neue Sportdisziplin bereit.

Die gesellschaftlichen und familiären Angebote im Verein sind vielseitig, unter anderem Dreikönigsschießen, Faschingsball, Jedermannschießen mit Sommerfest, Radtour, Preisbinokel, Metzelsuppe und Nikolausfeier.

Im öffentlichen Leben ist der Verein Mitausrichter des Kirchenpatroziniums St. Blasius, des weiteren beteiligt er sich am Fronleichnamsfest. Der Schützenverein Federsee ist auch beim Festumzug des Adelindisfestes in Bad Buchau vertreten. Inzwischen zählt der Verein, seit 1978 unter Führung von Dieter Schmauz, 150 Mitglieder. Dessen Vorgänger waren: Erich Hepp (†) 1962–1964; Richard Kohler 1964–1970; Georg Wachter 1970–1976; Richard Kohler 1976–1978.

Amitié-Club Alleshausen

Aus einer ehemaligen Wäscherei wurde an Silvester 1972 ein Treffpunkt für junge Leute geschaffen. In Eigenregie entstand daraus ein gemütliches Vereinsheim.

„Amitié" steht für Freundschaft als Garant für ein erfolgreiches Miteinander, wobei die Jugendarbeit auf der einen Seite, aktives Umweltengagement und Beteiligung am öffentlichen Gemeindeleben auf der anderen Seite als Vereinsmaxime stehen.

Alljährlich finden zahlreiche Festlichkeiten und Begegnungen statt.

Vorstandschaft 2005:
Christopher Bailer, Vorsitzender
Rainer Brehm, 2. Vorsitzender
Benjamin Brehm, Kassier
Philipp Rehm, Schriftführer

Kleintierzuchtverein Z 549 Federsee/Alleshausen

Das Bild zeigt die Vorstandschaft im Jahre 2002.
Von links nach rechts: Erster Vorsitzender Anton Fiesel, Kassierer Alfons Moll, Beisitzer Anton Rief, Schriftführer Wolfgang Jerski, Zweiter Vorstand Hermann Wachter, Beisitzer Karl Fiesel, Ehrenmitglied Albert Stoll.

Der Kleintierzuchtverein wurde am 28. Oktober 1982 gegründet. Die Erhaltung und Verbesserung von Rassekaninchen und Rassegeflügel zu fördern wurde als dessen Ziel angesehen. Bereits 1983 wurde eine Jugendgruppe gegründet und der noch junge Verein war bestrebt, seine Ziele umzusetzen, wozu viel Aufbauarbeit geleistet wurde. Von der Gemeinde konnte die Kiesgrube gepachtet und zu einer Zuchtanlage ausgebaut werden. In Wels/Österreich wurde der Titel Europameister mit Hühnern errungen und desgleichen ein Deutscher Meister bei der Bundesschau in Stuttgart. Auch auf Kreisebene wurden Erfolge erzielt. 2002 konnte das 20-jährige Bestehen begangen werden und seit 1992 findet alljährlich in der Turnhalle eine Kleintierschau statt.

Die Narrenzunft „Deiflsweiber“

Auf wohl heidnische Ursprünge geht die Überlieferung zurück, wonach in einer Siedlung im Ried Teufelswesen herrschen, die bis heute bei Nacht und Nebel im geheimnisumwitterten Ried ausgemacht werden können. Erzählt wird, diese Wesen würden wie leibhaftige Teufel aussehen und Röcke tragen. Auch wird berichtet, die Riedkapelle sei 1466 als Schutz gegen diese Geister errichtet worden.

Der Gedanke, vor solchem Hintergrund eine Narrenzunft in Alleshausen zu gründen, kam am Blasitag 2003 auf, die Gründung erfolgte am 24. Mai 2003.

Das erste Narrenbaumstellen fand am 14. Februar 2004 statt, kurz zuvor die erste Beteiligung an einem Fasnachtsumzug in Erolzheim.

Von den 100 Mitgliedern beteiligen sich 70 aktiv am Vereinsleben.

Das Häs und die Maske der Deiflsweiber besteht aus einer Mischung von Teufel und Hexe in den Farben Schwarz, Rot und Orange. Rot und Orange stellen das teuflische Feuer, schwarz die Hölle und das Böse dar. Auch in der Maske vereinigen sich die Farben für Teufel und Hexe.

Der Spruch der Deiflsweiber lautet: „Deiflsweib – bleib m'r vom Leib“.

Rentner- und Seniorenkreis Alleshausen/Brasenberg

Senioren- und Rentnerkreis beim Ausflug in Haigerloch am 12. Mai 1993 vor der St. Anna-Kirche.

Auf Wunsch von einigen Senioren der Gemeinde, insbesondere auf Initiative von Georg Strohm († 1994) hat der damalige Altbürgermeister Alfons Brehm im Dezember 1988 zu einem Rentnernachmittag in das Gasthaus „Engel“ eingeladen. Von den Anwesenden wurde beschlossen, jeden ersten Dienstag im Monat im Winterhalbjahr einen Rentnernachmittag abzuhalten und zwischen den Wohnbezirken Alleshausen und Brasenberg dabei abzuwechseln. Auch sollte alljährlich ein Ausflug mit einem Omnibus stattfinden, der die Rentner bislang zu vielen Sehenswürdigkeiten geführt hat.

Erster Vorsitzender des Seniorenkreises wurde bis 1995 Altbürgermeister Alfons Brehm, sein Stellvertreter Josef Schoßer. Bürgermeister Karl Weckenmann übernahm die Bekanntgaben im Mitteilungsblatt der Gemeinde und folgte 1995 als Vorsitzender, Hans Buck als Stellvertreter nach.

Im Jahr 2005 zählt der Rentner- und Seniorenkreis Alleshausen/Brasenberg 50 Mitglieder.

Sowohl zum 10-jährigen wie zum 15-jährigen Bestehen der aktiven Gemeinschaft gab es eine würdige Jubiläumsfeier im Schützenhaus.

Luftbild von Brasenberg, im Hintergrund Minderreuti um das Jahr 2000.

Der Weiler Brasenberg mit der Kapelle St. Wendelin

Der Prämonstratenserpater Modest Schwarzenberger, der von 1659 bis zu seinem Tod 1677 Seelsorger der Pfarrei Seekirch und dort zuvor auch schon einige Zeit tätig war, schildert die damalige Situation und meint, vor dem Krieg (1618–1648) sei alles in Ordnung gewesen, im Krieg dagegen alles außer Rand und Band gekommen, die Aktenstücke verbrannt und zerstreut, der Wohlstand dahin, die Bevölkerung dezimiert, Häuser und Scheunen verbrannt. Eine neue Ordnung der Dinge sei nun zu begründen, ein frischer Boden zu legen und die Bürgerschaft zu erhalten, wenn auch die Felder eine Wüstung seien, die Gärten meist ohne Bäume, es nichts zu nagen und zu beißen gebe und Küche, Keller und Bühnen leer stünden. Auf mancher Hofstatt wuchs Holundergesträuch; wo noch Haushaltungen bestanden, da waren sie überschuldet. Pfarrbücher und Akten mussten neu angelegt werden.

So ist es nicht verwunderlich, wenn die Jahrhunderte zuvor nur bruchstückhaft in ihrer Geschichte dargestellt werden können. Brasenberg (früher Brachsenberg) hat wohl eine lange, wenn auch zumeist unbekannte Geschichte. Die Siedlung lag vor den Seefällungen 1790/91 und 1808 direkt am Federsee; einige Bauernhöfe und Fischerhäuser bildeten den Grundstock. Die frühesten Geschichtszeugnisse sind im Raum Brasenberg, Alleshausen und Seekirch Siedlungsreste am Hartöschle bei Alleshausen um 3000 v. Chr. und bei Ödenahlen um 3700 v. Chr. Aus der ausgehenden Jungsteinzeit (2600–2800 v. Chr.) wurden Rechteckhäuser entdeckt. Ein Radfund dieser Zeit in den Aach- und Stockwiesen von Seekirch ist zu einem beliebten Ausstellungsobjekt geworden, selbst bei der Darstellung der Geschichte von Baden-Württemberg im Jubiläumsjahr 2002 auf dem Stuttgarter Killesberg und bei der Ausstellung Archäologie in Berlin 2003.

Die Christianisierung der Bevölkerung zeigte sich in der Errichtung von Kirchen, wobei Seekirch wie bereits erwähnt im Jahre 805 bezeugt ist. Herzog Rudolf von Rheinfelden schenkte der klösterlichen Überlieferung nach seinen Besitz in Alleshausen und dem stets mit ihm verbundenen Brasenberg – das allerdings erst 1347 erstmals urkundlich fassbar wird – an das in das 9. Jahrhundert zurückreichende Benediktinerkloster St. Blasien, das sich um diese Zeit bereits durch einen riesigen Besitz und hervorragende Gelehrte auszeichnete. Die Vogtei gehörte wohl schon 1254 der Herrschaft Warthausen, wurde dann aber 1446 an St. Blasien vertauscht, das 1477 Alleshausen mit Brasenberg und Bischmannshausen um 6500 Gulden an das Kloster Marchtal verkaufte. Da die Pfarrei Seekirch dem Kloster Marchtal inkorporiert war, war für Abt Jodokus Blank (1461–1482) das Angebot – im Jahr der Gründung der Universität Tübingen (1477) durch Graf Eberhard im Bart (1459–1496) – eine günstige Gelegenheit zur Erweiterung seines Territoriums. Die kirchlichen Bedürfnisse waren durch die seit 1254 nachgewiesene Kapelle in Alleshausen und die Pfarrkirche in Seekirch befriedigt.

Bemerkenswert für diese religiös aufgeschlossene Zeit ist jedoch auch die Stiftung der St.-Veits-Kapelle im Ried zwischen Seekirch und Ahlen vor 1466 durch den zu Biberach wohnhaften und auch in Seekirch nachgewiesenen Hans Haberbosch, der zugleich 200 Gulden für eine Wochenmesse vermachte. Abt Jakob Heß (1600–1614) übertrug diese Kapelle zu Ehren der hl. Vitus und Rochus wegen ungünstiger Lage 1612 an den neuen am Ortsende von Seekirch errichteten Friedhof. 1732 stiftete das Kloster Marchtal dieser Kapelle 12 Apostelfiguren aus dem 15. Jahrhundert. 1819 wurde das Kleinod abgerissen, die Glocken verkauft, das Material zum Bau der Seekircher Schule genutzt. Nur der Apostel Philippus „überlebte“ die Tragödie. Noch 1758 stiftete Oswald Jos (1700–1758) von Brasenberg kurz vor seinem Tod zwei Messen in diese Kapelle.

Die Brasenberger Kapelle und ihre Stifter

Langenbauer Joseph Strohm (1742–1808) übernahm 1765 von seinem Vater Johannes Strohm, 1730 bis 1765 Inhaber des Hofes St. Gottfried, das Anwesen. Seine Ehen mit Gertraud Weiler (1782) und Anna Maria Zitterell (1797) blieben ohne Nachkommen. Zu ihrer Heirat 1806 ging das Anwesen im Anschlag von 5300 Gulden (zweistöckiges Wohnhaus mit Scheuer, Stallung und gewölbtem Keller) mit 18 Jauchert Äckern und 7 Mannsmahd Wiesen an Mathias Schönberger (1777–1829) und Barbara Strohm (1784–1867), einer Verwandten, über. Nach dem Tod von Mathias Schönberger 1829 führte die Witwe mit den Kindern bis zur Übernahme durch ihren Sohn Isidor 1839 den Hof weiter. 1876 übernahm dann dessen Sohn Joseph (geb. 1841) den Hof. Im 1773 erbauten Speicher wohnten bis zum Ableben Altlangenbauer Joseph Strohm, gest. 19. Dezember 1808, und Altbäuerin Anna Maria, die am 4. November 1823 verstarb. Die Pfründnersleute erhielten vom Hof zum Lebensunterhalt einen Hauszins und die damals üblichen Naturalien, die Altersversorgung der Bauern bis zur Einführung der Bauernrente nach dem Zweiten Weltkrieg. Ehe der Langenbauer seinen Hof übergab, wollte er jedoch ein gutes Werk verrichten, einen guten Leumund hinterlassen und seiner Gemeinde Brasenberg eine Kapelle zur täglichen Privatandacht vermachen.

Als Bauer war er ein großer Verehrer des alamannisch-fränkischen Volksheiligen Wendelin, der seit alters als Viehpatron verehrt wird. Nach der Legende des 14. Jahrhunderts soll dieser um 554 in Schottland aus königlichem

Geschlecht geboren und als Abt von Tholey/Saarland um 617 gestorben sein. Die Überlieferung macht ihn zum Einsiedler und Hirten, und so wird er mehr und mehr zum Volksheiligen, dessen geschichtliche Persönlichkeit kaum fassbar wird. Tradition und Volksfrömmigkeit bestimmten seine Verehrung vor allem im späten Mittelalter wie in der Barock- und Rokokozeit, wobei St. Wendel, sein Begräbnisort, sich zum Zentrum der Verehrung entwickelte. Zum liturgischen Festtag wird der 21. Oktober, in vielen Bistümern, darunter Rottenburg, der 20. Oktober bestimmt. Die Verehrung geschieht häufig in Verbindung mit den Pestpatronen Sebastian und Rochus, die sich bald zu Seuchenpatronen bei Mensch und Tier entwickeln. Umritte und Wallfahrten entfalten sich. Allein in Württemberg können 174 Patronate nachgewiesen werden. Durch die schriftlichen und noch mehr mündlichen Überlieferungen über Pest, Hunger und Krieg und das Angewiesensein auf die Tiere zum Lebensunterhalt, aber auch als Mähne (Zugtiere), wird das Vorhaben der Errichtung einer Wendelinskapelle als Vermächtnis mehr als verständlich. Joseph Strohm steht voll in der lebendigen Tradition der Frömmigkeit und es wundert nicht, wenn seine Stiftung alsbald zum Wallfahrtsort in der Bedrängnis vieler Menschen wird.

Der Stifter bestimmte als Ort seines Vorhabens den Platz zwischen Speicher und Deissenbauers Garten (Deiss = Matthäus). Der Nachbarhof St. Michael, dessen erster Besitzer Matthäus Gaisser (1680–1732) war, zählt ebenfalls zu den ältesten Hofstätten. Seit 1700 nachgewiesen, ist er seit 1757 Eigentum der Familie Hildenbrand und wird von 1797 bis 1832 von Andreas Hildenbrand (1763–1842) und Gertraud Traub (1765–1808) bewirtschaftet. Mit Nikolaus Hildenbrand (1835–1874), von 1859 bis 1874 Besitzer, endet der traditionelle Name; denn dessen Witwe aus zweiter Ehe – sie heiratete erstmals 1870 – ehelichte am 28. Februar 1876 Johann Michael Schrodi aus Emerkingen, der dadurch der siebte Deissenbauer seit 1713 wurde.

1806 war der Bau mit Türmchen und einer Glocke von 80 kg vollendet. Letztere, 1748 von Johann Melchior Ernst in Memmingen gegossen, hat einen Durchmesser von 34,5 cm und eine Höhe von 28 cm. Woher sie stammt, ist nicht überliefert. Aus den zahlreichen nach der Säkularisation abgebrochenen Kirchen und Kapellen Glocken oder Bilder zu billigsten Preisen zu erwerben, war nicht schwierig. Am Platz der Kapelle befand sich der Überlieferung nach eine kleine Mauernische mit dem lebensgroßen „Christus im Kerker“, eine Darstellung, die im Zuge barocker Frömmigkeit des Öfteren anzutreffen ist.

Der 34 m lange und 17 m breite Bau war im Innern bescheiden ausgestattet; nur über dem einfachen Altar war ein zierliches Fresko „Christus am Kreuz“ gemalt. Die Seiten des Altars schmückten zwei Holzbildnisse mit Darstellungen des hl. Wendelin und der Schmerzhaften Muttergottes. An der Evangelienseite war das Bildnis „Christus im Kerker“ aufgestellt. Kreuzwegstationen wurden

Die 1806 erbaute Kapelle, die 1996 abgebrochen wurde.

ebenfalls angebracht. Die Kapelle wurde wohl angenommen.1862 trat Johann Evangelist Schöttle (1819–1884), aus Granheim gebürtig, die Seekircher Pfarrstelle an. Unermüdlich mühte er sich um den Erhalt der Pfarrkirche und deren Kapellen in den Filialen und dachte bald daran, die St.-Wendelinus-Kapelle zu renovieren. Er erwähnt im Vorfeld viele Schwierigkeiten; doch am Schluss brachten die Brasenberger die Kosten von 271 Gulden auf. Angeschafft wurde ein neues Altärchen um 18 Gulden aus der Kirche in Erbstetten; die zwei Statuen St. Rochus und St. Sebastian kaufte zum Preis von 27 Gulden der kunstsinnige Lehrer Wilhelm Freudenreich aus Tiefenbach, der auch das Antipendium „Jesus am Ölberg“ malte, 1867 in Ulm. 1873 erwarb er ebenfalls in Ulm für die Pfarrkirche den „HI.-Grab-Christus“, ein Werk der Ulmer Schule Hans Multschers. Der Tabernakel und der Altartritt wurden geändert, wobei Maler Schöttle aus Munderkingen, ein Verwandter des Pfarrers, die meisten Dienste leistete. Er kaufte den am 5. Juni 1867 aufgestellten Altar, fasste Bilder und Leuchter neu, vergoldete die 15 Stationen und erhielt dafür 185 Gulden 6 Kreuzer. Die zwei Engel am Altärchen ließ Grasbäuerin Franziska Rettich, geb. Hirschmann aus Achstetten, um 12 Gulden in Ehingen anfertigen. Sie war die Ehefrau des Franz Joseph Rettich, der von 1848 bis 1879 Grasbauer war. Der Hof kann seit 1650 nunmehr in der 8. Generation nachgewiesen werden. Johann Georg Rettich (1790–1858) aus Dietershausen, von 1819 bis 1848 Grasbauer, wurde 1819 durch die Heirat mit der Witwe Elisabeth Rösch (1782–1823) der erste Rettich-Grasbauer auf dem Hof. Als besondere Wohltäterin werden auch Josepha Rief (1805–1878), Schneidersbäuerin von 1830 bis 1867, verheiratet mit Anton Rief, und ihre Familie erwähnt, die 23 Gulden 36 Kreuzer spendeten.

Hl. Wendelin (17. Jahrh., 120 cm hoch), seit dem Bau 1806 in der Kapelle (rechte Seite).

Schmerzhafte Muttergottes (17. Jahrh., 96 cm), seit dem Bau der Kapelle auf der Altarseite angebracht (linke Seite).

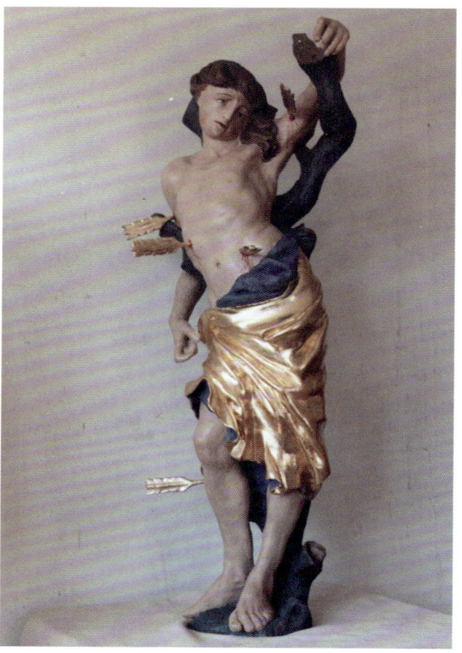

Hl. Sebastian (Anfang 18. Jahrh., 110 cm) 1867 in Ulm erworben (rechts vom Altar).

Der Pestheilige Rochus (Anfang 18. Jahrh., 110 cm) 1867 in Ulm erworben. Den Hund ergänzte Schreiner Scheffold (links vom Altar).

Christus an der Geißelsäule (Barock, Anfang 18. Jahrh., 180 cm hoch)

Der 1867 aus der Kirche zu Erbstetten erworbene Altar nach dem Neubau der Kapelle 1997 mit den beiden von Franziska Rettich 1867 gestifteten Engeln.

Das Umfeld der Kapelle

In den letzten Jahrhunderten schwankte die Zahl der Einwohner in Brasenberg nur geringfügig und auch die Zahl der Häuser blieb konstant. So zählte der Weiler um 1880 11 Haupt- und 22 Nebengebäude, darunter 14 Scheunen. Die Einwohner ernährten sich von Ackerbau und Viehzucht; nur der Grasbauer besaß einen größeren Gras- und Obstgarten. Auch hatte nur ein Anwesen eine „Brietsmaschine" (Futterschneidemaschine), während drei Backöfen und Waschhäuser vorhanden waren. Außer der Wirtschaft „Zur Rose" und einer Käserei gab es noch den Wagner Johannes Schosser (geb. 1826), der 1858 das Hauswesen St. Johann Evangelist übernahm und 1871 neu baute.

Der Schmied Sebastian Pfänder, aus Hundersingen gebürtig, baute an sein Haus 1832 eine Schmitte an, die er aber bereits 1834 wieder abgebrochen hat. Wegen Mangel an Arbeit zog er nach Uttenweiler, der Heimat seiner Frau.

Von 1662 bis 1880 wurden 670 Kinder geboren, wobei die Sterblichkeit sehr hoch war; dagegen stehen 410 Sterbefälle. Von 1659 bis 1858 wurden 108 Ehen geschlossen. Im Durchschnitt heißt dies pro Jahr drei Geburten, fast 3 Todesfälle und alle zwei Jahre eine Trauung. Verhältnismäßig wenige sind ausgewandert. Zu ihnen zählte 1725 Barbara Scheffold, die nach ihrer Verheiratung mit Johann Reich aus Bischmannshausen und dessen Entlassung aus der Leibeigenschaft nach Ungarn übersiedelte. Viele Auswanderer aus der Herrschaft Marchtal siedelten sich in Hajos, einem durch die Türken 1686/87 verwüsteten Dorf an, das 1722 fast ausschließlich von schwäbischen Auswanderern wieder besiedelt wurde. Dort lebt die Erinnerung an die Heimat weiter; denn Anna Maria Hall nahm 1726 aus Dietelhofen eine aus der Ulmer Schule des 15. Jahrhunderts stammende Marienstatue, die zeitweise auch auf dem Bussen stand, mit. Diese wird bis heute in dem weit bekannten Weindorf mit deutscher Sprache in der dortigen Pfarrkirche als Wallfahrtsbild hoch verehrt. Alljährlich findet am Sonntag nach dem 16. Mai eine große Wallfahrt statt.

Zwischen 1820 und 1870 lebten zwischen 66 und 82 Personen im Dorf. Da sie ihre Kapelle hatten, wehrten sie sich, für die Alleshausener Kapelle Beiträge zu leisten, was zu Missstimmungen führte, die in Verträgen von 1865 und 1875 gelöst werden konnten. Joseph Strohm selber stiftete für den Unterhalt der Kapelle 600 Gulden als Stiftung für 52 Wochenmessen in Seekirch, die später in Brasenberg gelesen wurden. Seine Witwe vermachte 1824 weitere 100 Gulden, die bis 1834 von der Stiftungspflege Seekirch verwaltet wurden. Ab 1835 wird Brasenberg ein eigener Kapellenpfleger zugestanden. Weitere Stiftungen folgten, die aber durch die Abwertungen 1923 und 1948 in ihren Pflichten reduziert werden mussten. 1848 stiftet Pfarrer Sebastian Gärtner (1824–1848), ein ehemaliger Konventuale des Klosters Marchtal wie sein Vorgänger Joseph Vonier (1800–1824), kurz vor seinem Tod 50 Gulden zur Anschaffung eines

Messgewandes. 1883 vermacht Pfarrer Johann Evangelist Schöttle weitere 200 Gulden. Die Gemeinde Alleshausen gewährt Ersätze für Mesnergehilfen und zahlt den Nachtwächterbeitrag an Brasenberg zurück, weil es dort keinen gab. Die allgemeine Ausscheidung des Kirchenvermögens von der politischen Gemeinde, durch das Gesetz von 1887 angeordnet, ergibt wenig, so dass die meisten Auslagen für den Erhalt der Kapelle und die Besorgung der Gottesdienste durch Umlagen der Kapellenpflege bei den Einwohnern gedeckt werden mussten. Bei den Brasenbergern wurde dadurch ein Gemeinschaftsbewusstsein und eine besondere Verantwortung für ihre Kapelle geweckt, in der auch mancher sorgenvolle Pilger ein Schärflein in den Opferstock geworfen hat.

Besonderer Aufmerksamkeit bedurften auch die christlichen Zeichen in Feld und Flur, auf die die Seelsorger immer großen Wert legten. Nicht weniger als vier Feldkreuze gibt es um 1880, eine Zeit religiöser Blüte im Gebiet der 1821 errichteten Diözese Rottenburg. 1865 wurde das Kreuz auf der Steig auf Kosten der Gemeinde wieder neu errichtet, 1866 Kuonles Kreuz am Weg zwischen Brasenberg und Minderreute neu hergestellt und 1853 das Missionskreuz an der Straße bei Deissenbauers Garten gesetzt. Pater Nikolaus Beck, Pfarrer zu Seekirch von 1708 bis 1713, ließ das St.-Nikolaus-Bildstöcklein am sog. Totenweg errichten, das 1787 restauriert wurde. Beim Öschgang am Himmelfahrtstag wird hier das erste, beim Missionskreuz das zweite Evangelium verlesen. Unter guten Vorzeichen konnte 1906 das 100-jährige Bestehen der Wendelinskapelle begangen werden. Es war wohl das größte Fest, das in Brasenberg stattfand. Ankündigungen in der Riedlinger Zeitung und dem Buchauer Wochenblatt ließen auf zahlreiche Teilnehmer schließen. In der Ulrich'schen Buchdruckerei Riedlingen wurden Jubiläumsbildchen und eine farbige Lebensbeschreibung mit Gebeten zu St. Wendelin, Schutzpatron bei Krankheiten und Viehseuchen, in Auftrag gegeben. Die bildlichen Darstellungen entsprachen voll dem damaligen Nazarenerstil, zeigen St. Wendelin als jugendlichen Pilger und Hirten. Auch das Deutsche Volksblatt in Stuttgart brachte eine Würdigung dieses Festes am 29. Oktober. Die Riedlinger Zeitung berichtet: „An der Jubelfeier ihrer Kapelle nahmen alle Einwohner Brasenbergs – zu ihrem Lob sei es gesagt – ohne Ausnahme einmütig Anteil. Die Häuser des kleinen Ortes waren alle sehr schön geziert, aufs Prächtigste aber die Jubilarin, die Kapelle. Die Jungfrauen Brasenbergs (unterstützt von Mädchen aus Minderreuti) waren unermüdlich in der Zubereitung des Schmuckes für Kapelle und Ort; tagelang arbeiteten sie mit bewunderungswürdigem Eifer bis spät in die Nacht hinein, ganz beseelt vom Bibelspruche: ‚Herr, ich liebe die Zierde deines Hauses' (Ps. 25, 8). Darum sei diesen Mädchen an dieser Stelle noch einmal Ehr und Dank gesagt! Was die Beteiligung an der kirchlichen Feier anbelangt, so sei hervorgehoben, dass die Muttergemeinde Brasenbergs, Alleshausen, soweit als überhaupt nur möglich, vollzählig sich einfand, eine

Die 1997 neu erbaute Wendelinuskapelle.

Tatsache, durch die Alleshausen sich selbst aufs Schönste ehrte. Das Erscheinen der Feuerwehrgesellschaft Alleshausen, die ganz aus eigenem Antrieb mitmachte, trug nicht wenig bei zur äußerlichen Verschönerung des Festes. – Die Festpredigt, die im Freien stattfand und welcher als Text zu Grunde gelegt war: ‚Schau hin und handle nach dem Vorbild' (2. Mos. 25, 40), hielt der hochw. Herr Pfarrer Schmucker von Ahlen. Er gedachte ehrend des Stifters, wies Brasenbergs Bürger hin auf das Glück, ein eigenes Kirchlein und eine eigene Wochenmesse zu haben. Als Hauptthema hatte er sich vorgenommen: ‚Der hl. Wendelinus ein Vorbild der Bauersleute'. Er warnte das anwesende Volk vor manchen Verführungsgefahren unserer Zeit und mahnte, sich jene Tugenden zu wahren und zu festigen, welche jeden Stand, zumal den hochedlen und mühevollen Bauernstand zieren, als da sind: Frömmigkeit und Gottesfurcht, Fleiß, Zufriedenheit mit seinem Stande, Einfachheit und Schlichtheit, Sparsamkeit und Mäßigkeit, Liebe zur Kirche, Treue zu Kaiser, König und Vaterland. Die ganz und gar zeitgemäße Predigt erhabenen Inhalts machte, wie allgemein verlautete, einen tiefen Eindruck auf alle Zuhörer. Das Hochamt, während dem die Alleshauser Schulkinder unter Leitung des H[errn] Lehrers Fridrich eine deutsche Messe recht schön sangen, hielt der hochw. Pfarrverweser Selig von Seekirch. Nach dem Gottesdienste trugen neun Schüler vor der Wirtschaft unter dem Beifall des Publikums hübsche Gedichte vor. Sämtliche schulpflichtigen Kinder der Gemeinde Alleshausen-Brasenberg wurden mit je einer Wurst und einem Brot beschenkt. Nachmittags um zwei Uhr wurde in der Kapelle eine Andacht gehalten, zu welcher sehr viele Beter erschienen. – Die schlichte, bescheidene sog. weltliche Feier, welche an die gottesdienstliche Hauptfeier sich anschloss, diese ehrliche Freude wird uns wohl von niemand übel genommen worden sein. Ein einfaches Festessen (zu M. 1,40), welches der Küche alle Ehre machte und an welchem ca. 40 Männer teilnahmen, fand statt in der Wirtschaft des Herrn Maikler, welcher überhaupt mit den Seinen eifrigst bemüht war, alle Gäste zu befriedigen."

Gottesdienste in der Kapelle

Über die Weihe der Wendelinuskapelle liegt keine Urkunde vor und auch kein Vermerk über den Geistlichen, der die Weihehandlung vorgenommen hat. Pfarrer Joseph Vonier wendet sich 1810 an das damals noch zuständige Bischöfliche Ordinariat Konstanz und erhält am 26. November 1810 ein von Generalvikar Ignaz Heinrich von Wessenberg (1802–1817) – Generalvikar von Karl Theodor von Dalberg, 1800 bis 1817 Bischof von Konstanz, 1803 bis 1817 auch Erzbischof von Regensburg – unterzeichnetes Dokument, in dem auf dem „altare portabile" (tragbarer vom Bischof geweihter Altarstein) der Kapelle in Brasenberg die Erlaubnis zur Messfeier auf sieben Jahre erteilt wird, woraus zu schließen ist, der Altar als solcher war nicht geweiht. Der Pfarrer verlegt aufgrund dieser Vollmacht 1811 die Strohm'sche wöchentliche Stiftungsmesse von der Pfarrkirche nach Brasenberg. Sieben Jahre später richtet der Pfarrer das notwendig gewordene Gesuch an das nun zuständige Generalvikariat in Ellwangen, das zwar bereits nach Rottenburg verlegt wurde, in Ellwangen aber noch eine Kanzlei aufrechterhielt. Am 12. Dezember 1817 wird in Ellwangen die weitere Erlaubnis auf sieben Jahre ausgestellt und dies im Namen von Franz Karl Joseph Fürst von Hohenlohe-Waldenburg-Schillingsfürst, der – wenige Monate zuvor zum Generalvikar für die württembergischen Anteile der Diözese Konstanz ernannt – aber bereits im Frühjahr 1817 nach Augsburg umgezogen war, wo er von 1804 bis zu seiner Ernennung zum Bischof 1818 als Weihbischof tätig war und dort 1819 starb. Die kirchlichen Oberen wollten in dieser umstrittenen Zeit nach der Säkularisation ihre Befugnisse aufgrund ihrer alten Titel ausüben.

Die wöchentliche Messe wurde erst reduziert, als die Kaplanstelle in Seekirch 1925 nicht mehr besetzt wurde. Die sonstigen Gottesdienste, vor allem der Rosenkranz, werden als Privatandacht der Brasenberger wahrgenommen. Die heutige monatliche Messfeier und vor allem das hoch geschätzte Wendelinusfest bilden einen Höhepunkt im Reigen des Jahres. Die angeführte Reduzierung hatte eine bedauerliche Folge. Da für die Aufbewahrung des Allerheiligsten eine wöchentliche Messfeier vorgeschrieben ist, hat das Bischöfliche Ordinariat einen Antrag auf Aufbewahrung desselben im vorhandenen Tabernakel 1953 abgelehnt. Der somit nicht mehr benötigte Tabernakel wurde daher im Neubau von 1997 nicht mehr aufgestellt.

Persönlichkeiten aus Brasenberg

Die Bildungsmöglichkeiten in den ländlichen Gegenden waren durch Jahrhunderte äußerst bescheiden. Der Schulunterricht in Alleshausen, nach dem 30-jährigen Krieg begonnen, beschränkte sich auf die Winterzeit; denn im Sommer mussten die Kinder in der Landwirtschaft mitarbeiten, im Herbst das Vieh hüten.

Die Betreuung der Pfarrei Seekirch durch in der Regel hoch gebildete Mönche der Prämonstratenserabtei Marchtal vermittelte gutes Wissen, machte kirchliches Leben ansprechend. Pfarrbücher und Chroniken sind zumeist in lateinischer Sprache verfasst. Auf solchem Hintergrund kamen auch zwei Brasenberger in hohe kirchliche Ämter in allerdings sehr verschiedener Zeit: Michael Müller 1598 bis 1628 als Abt in Zwiefalten und Magdalena Schoßer 1901 bis 1905 als Generaloberin in Reute.

Abt Michael Müller

Am 22. März 1566 verleiht Abt Christoph Schenz (1559–1571), gebürtig aus Munderkingen, 8. Abt des Prämonstratenserklosters Marchtal, an Hans Müller von Brasenberg das Gut, welches sein Vorfahre Adam Brunner als Falllehen innegehabt hatte; der Vorbesitzer war also gestorben und das Gut an das

Abt Michael Müller aus Brasenberg, Abt in Zwiefalten 1598–1628.

Kloster zurückgefallen. Diese Beurkundung bildet den einzigen Nachweis der Familie Müller in Brasenberg. Aus ihr stammt der am 15. Mai 1598 zum Abt gewählte P. Michael Müller, zuvor Prior der 1089 gegründeten Benediktinerabtei Zwiefalten, im Konvent als umsichtig und gelehrt bekannt. Eine gediegene Ausbildung hat der in Zwiefalten eingetretene Kandidat in der Zeit erhalten, in der als Folge des Konzils von Trient (1545–1563) die Kirche sich erneuerte. Auffallenderweise tritt der Kandidat nicht in das Kloster ein, das Grund- und Lehensherr in seinem Dorf und dem elterlichen Hofe war; er wollte wohl Distanz bewahren. In der Leitungsaufgabe als Prior bewährt, in Ökonomie gewandt – sein Vorgänger Abt Georg III. Rauch (1578–1598) wurde wegen schlechter Wirtschaft abgesetzt –, in Literatur und Sitten ein Beispiel, in Erziehung erfahren, so wird er beschrieben. Kein Wunder, wenn der aus kleinen Verhältnissen Kommende zum Abt des bekannten Klosters gewählt wird, wobei nicht wenige seiner Vorgänger und Nachfolger aus bürgerlicher Herkunft stammten. Voll von der Bewegung der Gegenreformation getragen und im Wissen, Kirche und Mönchtum bedürften einer Erneuerung, geht er ans Werk. Strenge Zucht und wissenschaftliche Betätigung zeichnen den Konvent aus, der sich unter der Führung von Abt Michael an eine strengere Lebensführung gewöhnen muss. In diese Richtung geht auch sein Wirken nach außen. Die Modernisierung bzw. Neuausstattung der Klosterkirche (1614–1629) ist sein oberstes Ziel. Ein neuer Hochaltar im Jahre 1614 und ein neues Reliquiar für die kostbare Stefanusreliquie 1624 sind neben Bauten für den weltlichen Bereich wie Gästehaus und Bibliothek besonders erwähnenswert. In den Klosterpfarreien suchte er die Voraussetzungen für das religiöse Leben zu verbessern, wie es die Konstanzer Diözesansynode von 1609 gewünscht hatte. In Mörsingen und Lauterach wird die Kirche neu erbaut, in Wilsingen erneuert. Um das Wallfahrtswesen im Klostergebiet zu heben, wird bei Tigerfeld die Kapelle „St. Maria auf dem Sattler“ erbaut, die 1812 wie viele andere Kirchen und Kapellen abgebrochen wird, wobei zahlreiche Bilder und Andenken verschleudert wurden. Aus einer dieser Kapellen dürften auch die Heiligenfiguren in der Wendelinuskapelle zu Brasenberg stammen. Der treffliche Reformer und Förderer der Klosterzucht, der Verteidiger des katholischen Glaubens Abt Michael Müller, der seinen Namen latinisierte und der Sitte gemäß in Molitor änderte, starb am 13. Mai 1628. Sein Grabmal wurde vor dem Apostelaltar des von ihm ausgeschmückten Münsters errichtet und sein Lebenswerk in einer lateinischen Inschrift gewürdigt.

Das herrlich ausgestattete alte Münster, von Abt Michael im Zuge der Reform grundständig erneuert, wurde 1739 im Geiste der neuen Kunstauffassung des Barock abgebrochen. Damit ging auch sein Grabmal verloren. Der Tiroler Johann Jüngling, in Zwiefalten als Kirchenmaler tätig, malte 1625 einen Bilderzyklus aller Zwiefalter Äbte, als letzten Abt Michael, den er persönlich gekannt hatte. So dürfte dieses Porträt ihm sehr nahe kommen. Die Galerie der Äbte, die der Ausgestaltung des Tafelzimmers dienen sollte, schmückt heute eine Galerie des neuen Münsters, das 1739 bis 1765 nach den Plänen des genialen Baumeisters Johann Michael Fischer (1691–1766) von München erbaut worden ist.

In den nach dem 30-jährigen Krieg angelegten Kirchenbüchern (1659) der Pfarrei Seekirch findet sich der Name Müller in Brasenberg nicht mehr wieder. Die Familie dürfte wie so viele andere Opfer der verheerenden Zustände während und nach diesem schrecklichen Krieg geworden sein. Eine Neubesiedlung war unvermeidlich. Familien aus Vorarlberg und der Schweiz ließen sich in hiesiger Gegend nieder.

Generaloberin Bonaventura Schoßer

Die spätere Generaloberin entstammt einer Familie, die seit dem 17. Jahrhundert in Brasenberg nachgewiesen werden kann. Wangers, später Nises Haus genannt, war der Sitz der Familie. Besitzer war von 1670 bis 1690 Johann Scheffold († 1690). Ursula Aßfalg, seine Witwe aus zweiter Ehe (1681), heiratete 1691 Dionisius Schoßer (1666–1736). Deren Sohn Michael Schoßer (geb. 19. September 1692, † 22. September 1744) übernahm den Hof von 1725 bis 1744; nach seinem Tod trieb ihn seine Witwe Elisabeth zusammen mit den Kindern bis 1747 um. Von 1747 bis 1769 bewirtschaftete der Sohn Martin Schoßer (geb. 2. November 1729, † 13. August 1769) das Anwesen und von 1769 bis 1783 dessen Frau Katharina geb. Majer aus Sauggart mit den Kindern Johann Georg (Hansjörg) und Anton.

Von 1783 bis 1811 gehörte Johann Georg Schoßer (geb. 25. Januar 1749, † 25. November 1811) das Anwesen. Dessen 13. Kind Franz (sechs starben als Kleinkind) aus zweiter Ehe mit Anna Maria Scheffold aus Rupertshofen (1763–1844), geb. 30. September 1804, † 27. Dezember 1864, heiratete am 22.

Gedenktafel für Generaloberin Bonaventura Schosser auf dem Klosterfriedhof in Reute.

August 1832 Franziska Strohm (geb. 5. Juni 1802, † 18. Juni 1869). Das junge Paar kaufte 1834 von Sebastian Pfänder das Haus Rechenmachers, dann Schumachers. Das elterliche Anwesen übernahm am 28. Oktober 1819 (bis 1858) der ältere Bruder Sebastian (geb. 12. Januar 1794, † 5. Dezember 1876), der 1858 ein neues Haus, Nises genannt, erbaute, das er 1863 seinem Sohn Wendelin (geb. 28. August 1835, † 17. Mai 1923) übergab.

Am 1. August 1833 wurde Franz und Franziska Schoßer ihre Tochter Magdalena geboren. Sie sollte einen besonderen Weg gehen, der es verdient, der Nachwelt erhalten zu bleiben. Magdalena trat im November 1855 in die neu gegründete Kongregation der Barmherzigen Schwestern vom Dritten Orden des hl. Franziskus ein, die 1847/48 in Ehingen/Donau von einer kleinen Schar von Jungfrauen mit dem Ziel der Krankenpflege gegründet worden war. Im Jahr des Eintritts wurde Ehingen zum Mutterhaus der kleinen Gruppe erklärt, 1861 aus Raummangel Steinbach bei Schwäbisch Hall, später Biberach/Riß, bis 1869 die ehemaligen Klostergebäude in Reute bei Waldsee erworben werden konnten, die seitdem zum Ausgangspunkt einer segensreichen Einrichtung geworden sind. Alle diese Stationen machte Magdalena Schoßer mit. Bei der Einkleidung im Dezember 1856 erhielt sie den Schwesternnamen Bonaventura; die Profess legte sie im April 1858 ab. In den folgenden Jahrzehnten wurde sie als geschätzte Krankenschwester an verschiedenen Orten eingesetzt, so während des Krieges 1870 als Schwester im Lazarett, wofür sie mit der Kriegsgedenkmünze ausgezeichnet wurde. Später wurde ihr der württembergische Olgaorden verliehen. Die entscheidende Berufung in ihrem Leben erfolgte 1901. Die seitherige, erste Generaloberin der jungen Kongregation mit inzwischen 444 Professschwestern lehnte aus Gesundheitsgründen eine Wiederwahl ab. Unter diesen Vorgaben wurde Sr. Bonaventura am 20. Juni 1901 zur Generaloberin gewählt. Sie ließ sich in dieser Zeit religiöser Blüte und Entfaltung klösterlichen Lebens fordern, ohne sich im Geringsten zu schonen. Von 1901 bis 1905 stieg die Zahl der Klostereintritte allüberall unaufhörlich. Viele Novizinnen bedurften der Begleitung. Die gesundheitlichen Umstände rissen durch frühen Tod – das Durchschnittsalter war 30 bis 40 Jahre – aber auch Lücken in die Gemeinschaft, die in wenigen Jahren 27 Filialen neu übernehmen konnte und 1905 563 Professschwestern zählte. Anfang September 1905 fanden im Mutterhaus Reute die Oberinnenexerzitien statt. Am Ende derselben traf Sr. Bonaventura der Schlag; wenige Tage später starb sie. Am 8. September, dem Fest Mariä Geburt, wurde die hoch geschätzte Generaloberin auf dem Klosterfriedhof von Reute begraben. Der Geistliche Paul Pfaff, seit 1890 erster hauptamtlicher Superior der Kongregation, widmete der Verstorbenen einen würdigen Nachruf mit dem biblischen Wort „Die Liebe ist geduldig, sie ist gütig, sie ist nicht ehrgeizig, sie sucht nicht das Ihrige" (1. Kor. 13, 4 f.). Ein Jahr zuvor wurde die bescheidene Klosterfrau mit der päpstlichen Medaille Bene merenti ausgezeichnet, und am Sterbebett besuchte sie der Rottenburger Diözesanbischof Paul Wilhelm Keppler (1899–1926). Bedauerlicherweise gibt es kein Bild von der Verstorbenen, ein Zeichen, wie bescheiden es damals im Kloster zuging.

Im 20. Jahrhundert

Die große Teilnahme an der Jubiläumsfeier 1906 zeigte die Verbundenheit des gläubigen Volkes über die Pfarrei Seekirch hinaus und wurde auch zu einer Verpflichtung, das Erbe des hl. Wendelin zu pflegen, wobei die Wendelinusbruderschaft sich besonders einsetzte. In all den Jahrzehnten des abgeschlossenen Jahrhunderts ist dies geschehen. Das Glöcklein wurde 1917 von der Ablieferung für Kriegszwecke ausgenommen, nicht aber 1942. Und weil die Kapelle ohne Glocke nicht denkbar ist, wurde eine kleine 6 Pfund schwere gestiftet und auf dem Turm aufgehängt, nachdem zuvor Dekan Franz Xaver Kästle, Erisdorf, seit 1937 Dekan des Kapitels Riedlingen, deren Weihe vollzogen hatte. Umso größer war die Freude, als bekannt wurde, das Brasenberger Glöcklein habe den Zweiten Weltkrieg in Hamburg überlebt und könne auf dem Türmchen wieder Platz nehmen. Letzteres war beim Erdbeben 1935, das auch in Seekirch und vor allem an der Kirche in Kappel großen Schaden angerichtet hatte, eingestürzt und wurde von Maurermeister Richard Hepp wieder erneuert. 1939 besorgt Pfarrer Georg Baur aus Ton gebrannte Wendelinusplaketten zur Anbringung in den Häusern, und auch am Kreuz an der Tiefenbacher Halde wird eine eingemauert.

Der Pfarrer, der selbst während des Krieges unaufhörlich für die Erhaltung der Pfarrkirche und der Filialkapellen besorgt war, nahm 1940 mit Restaurator Kneer, Munderkingen, Verhandlungen wegen der Renovation der Ka-

Weihe der Kapelle am 25. Mai 1997 durch Weihbischof em. Bernhard Rieger. Links: Pfarrer Werner Schmid, rechts: Ernst Rehm, Alleshausen.

pelle auf. Zwar musste sie dann doch zeitbedingt unterbleiben; doch wurden bereits 1946 Figuren restauriert. In den 50er-Jahren wurde das aus dem letzten Jahrhundert stammende Marienbild an der Decke zugemalt. Es stammte von Lehrer Wilhelm Freudenreich, der von 1860 bis 1868 in Tiefenbach tätig gewesen war, wo er auch das dortige Altarbild in der Kapelle malte. Der Vorsitzende des Kunstvereins der Diözese, Stadtpfarrer Erich Endrich, Buchau, riet in diesen Jahren den Pfarrern, Bilder des letzten Jahrhunderts als zu wenig künstlerisch zu entfernen. Um diese Zeit wurde allerdings ein neues Marienbild – die Fatimastatue – angeschafft. Der große Marienverehrer Pfarrer Karl Müller (1948–1957) wollte dieses Zeichen setzen, das jetzt an der Rückwand der Kapelle den Besucher grüßt. 1971 haben die Brasenberger ihre Kapelle gründlich renoviert und neue Fenster, Bänke sowie eine Fußbodenheizung eingebaut. Die Firma Erich Hepp, Alleshausen, hat dabei das ganze Baumaterial kostenlos zur Verfügung gestellt. 1978 folgte ein neuer Außenputz, und als 1982 das Turmkreuz bei einem Sturm heruntergerissen wurde, hat der Brasenberger Willi Schönberger, jetzt Reichenbach, seiner Heimatkapelle ein neues Kreuz gefertigt, das in Schussenried gegossen und verziert wurde. Ein unbekannt bleibender Spender stiftete 1985 das elektrische Läutewerk.

In den 90er-Jahren festgestellte Schäden machten eine neuerliche Renovation unaufschiebbar. Ein entsprechender Zuschussantrag wurde 1993 von der Diözese zurückgestellt. Eine Kostenschätzung ergab 1995 einen Betrag von 240000 DM. Je mehr untersucht wurde, umso unsicherer wurden die Verantwortlichen (Architekt, Bauamt, Pfarrer, Kirchengemeinderat); denn die Schäden waren größer als gedacht. Überlegungen, ob ein Neubau nicht günstiger wäre, kamen auf, wurden verständlicherweise aber zunächst abgelehnt, denn die Leute hingen an ihrem „Käppele". Am 12. April 1996 beschloss der Kirchengemeinderat angesichts der vorliegenden Fakten, die Kapelle abzureißen und neu aufzubauen. Am 9. Juni 1996 wurde Architekt Joachim Frank, Bad Schussenried, mit der Ausführung beauftragt. Bereits am 2. September 1996 genehmigt das Landratsamt Biberach das Baugesuch, nachdem der Abbruchgenehmigung nichts mehr im Wege stand. Als Baukosten wurden im Voranschlag 240000 DM errechnet. Das Bischöfliche Ordinariat gab zu den endgültigen Kosten von 170000 DM einen Zuschuss von 135000 DM.

Die größte Begeisterung zeigten die Brasenberger durch ihre Eigenleistungen. Das Wendelinusfest 1996 konnte im Rohbau gefeiert werden, die Kirchweihe durch Weihbischof em. Bernhard Rieger am 25. Mai 1997. Restaurator Albert Neubrand, Munderkingen, fasste die Kunstwerke neu und leistete seinerseits dadurch einen guten Beitrag für das gelungene Werk – das Jahrhundertwerk in Brasenberg: Am Anfang des 19. Jahrhunderts das Werk des Stifters – am Ende des 20. Jahrhunderts das Werk der Brasenberger, ganz im Sinn der beeindruckenden Predigt am Weihetag mit dem Thema: „Ich bin bei euch alle Tage bis ans Ende der Welt." (Matth. 28, 16–20).

Nicht wenige kümmerten sich um das Heiligtum des hl. Wendelin. Beispielhaft seien die Kapellenpfleger und Mesner. Bis 1834 wurde das Rechnungswesen durch die Pfarrei Seekirch besorgt; seit 1835 besteht eine eigene Kapellenpflege mit einem gewählten Kapellenpfleger. Es waren dies:

1835 bis 1858 Georg Burgmaier
1858 bis 1864 Anton Burgmaier
1864 bis 1874 Nikolaus Hildenbrand
1874 bis 1903 Wendelin Schoßer
1903 bis 1924 Fidel Stützle
1924 bis 1936 Josef Maikler (I)
1936 bis 1958 Josef Maikler (II)
1958 bis 1985 Josef Maikler (III)
1985 bis heute Josef Maikler (IV)

(BC 2/2003)

Als Kapellenmesner wirkten:

Joseph Strohm (der Stifter der Kapelle)	1806–1808
Anna Maria, dessen Witwe	1808–1823 (†)
Andreas Hildebrand	1823–1842
Georg Burgmaier	1842–1854
Rochus Gaupp	1854–1874
Johann Ev. Liebhardt	1874–1886
Ulrich Schoßer	1886–1895
Joseph Reich	1896–1905
Anton Hildebrand	1905–1922
Maria Anna Hugger	1922–1941
Senze Maikler	1941–1949
Josef Rettich	1949–1970
Maria Rief	1970–1994
Hildegard Baier / Monika Koch / Lydia Frommknecht	1994–

Die Brasenberger Einwohner 1997

Baier Hilde, Baumann Maria, Baumann Max, Baumann Claudia, Baumann Christian, Baumann Stefan, Burgmaier Irmgard, Figel Anton, Figel Claudia, Figel Martina, Figel Sonja, Figel Reinhold, Figel Stefanie, Figel Christine, Frommknecht Josef, Frommknecht Lydia, Fuchs Hans, Fuchs Johanna, Fuchs Peter, Fuchs Liane, Gnann Alfons, Gnann Käthe, Gnann Rainer, Gnann Roland, Herzog Erwin, Herzog Hilde, Koch Josefine, Koch Christa, Koch Josef, Koch Monika, Koch Bettina, Koch Josef, Koch Alexander, Maikler Elsa, Maikler Josef, Maikler Margret, Maikler Melanie, Maikler Andreas, Maikler Thomas, Moll Alfons, Moll Rosemarie, Moll Frank, Rettich Franz, Rettich Ulrike, Rettich Erwin, Rettich Anna, Rief Maria, Rief Anton, Rief Sybille, Rief Joachim, Rief Anette, Rief Alina, Rief Anna, Rief Anton, Rief Monika, Rief Evelin, Rief Daniel, Schosser Alfons, Schosser Lotte, Schosser Sabine, Schosser Jürgen, Schosser Tanja, Schosser Patrick, Schosser Carina, Werkmann Elisabeth, Werkmann Paul, Werkmann Dietmar, Zentner Theresia.

Die Gemeinde Tiefenbach

Wappen verliehen 1981: Über blauem Schildfuß, darin ein silberner Fisch, in Gold drei abgeschnittene grüne Ähren nebeneinander, die seitlichen nach außen geneigt. Die Ähren weisen auf die örtliche Landwirtschaft, der Fisch auf den Federsee hin. Flagge: Grün-Gelb.

Luftbild der Gemeinde Tiefenbach mit dem Federsee um das Jahr 1990.

Tiefenbach im Spiegel des Jahres 2005

Tiefenbach grenzt als einzige Seegemeinde direkt an den Federsee. Die Gemeinde liegt an der Klifflinie zwischen Naturschutzgebiet und Altmoränenland. Wanderer und Radfahrer kennen das Dorf vom Federseerundwanderweg. In harten Wintern, wenn der See ganz zugefroren ist, starten viele Schlittschuhläufer und Fußgänger von hier aus zu einem Ausflug über das Eis bis nach Bad Buchau.

Von der Aussichtsplattform an der Halde ist herrlicher Ausblick auf den Federsee und das Federseeried gegeben. Eine weitere Aussichtsplattform steht direkt an der Tiefenbacher Bucht mit Rundblick in das Federseeried.

Der Nordostteil des Federsees nennt sich „Tiefenbacher Bucht" und reicht – einer Zunge gleich – bis 450 m vor den Ortsrand von Tiefenbach. Durch einen Kanalausläufer reduziert sich diese Strecke auf gut die Hälfte, so dass Tiefenbach praktisch durch nur ca. 200 m Riedstreifen vom Federseewasser getrennt ist.

Das Rathaus in Tiefenbach im Jahre 2005.

Das Dorf ist heute noch landwirtschaftlich geprägt. In der Gemeinde sind noch sechs Landwirte im Haupterwerb tätig: Paul Hepp, Wolfgang Riedmüller, Erwin Kopf, Markus Schmid, Markus Kramer, Anton Rauscher. Daneben gibt es noch weitere neun Nebenerwerbslandwirte. 1980 zählte die Landwirtschaft 42 Betriebe, darunter auch Kleinstbetriebe ab 1 ha Nutzfläche und sieben Betriebe mit über 20 ha. Früher zählten die Streuwiesen ebenfalls zur Nutzfläche.

Die örtlichen Vereine bilden das Rückgrat des kulturellen Lebens in Tiefenbach. Das Haldenfest an Christi Himmelfahrt sowie das St.-Oswald-Fest zieht jedes Jahr Besucher aus nah und fern an. Der neu eingebaute Gemeindesaal im Feuerwehrhaus bietet Platz für 200 Personen.

Die Gemeinde Tiefenbach ist verkehrsmäßig inzwischen günstig erschlossen. Im Zweistundentakt ist Biberach und Bad Buchau mit öffentlichen Verkehrsmitteln erreichbar.

Im Gewerbegebiet „Zeilweg" ist für einheimische und auswärtige Gewerbetreibende günstiges Gewerbegebiet erschlossen.

Im Baugebiet „Bei der Oberwiese" wurden 2005 im ersten Erschließungsabschnitt sechs von 23 Bauplätzen zum Preis von 50 €/m² erschlossen.

Gemeinde Tiefenbach, im Hintergrund der Bussen.

Die Statistik am 31. 12. 2005

Einwohner:	515
Gemeindefläche:	695 ha
Anzahl der Haushalte:	200
Anzahl der Vereine:	6 (Feuerwehr: Anton Rauscher; Männerchor: Hans Müller; Musikverein: Klaus Bart; Jugendtreff: Benjamin Etter; Landfrauen: Lucia Hepp; Senioren: Elfriede Hecht).
Anzahl der Gewerbebetriebe:	24
Erschlossene Bauplätze:	6, in Planung 23

Haushaltszahlen 2005:

Verwaltungshaushalt:	636.000 EUR
Vermögenshaushalt:	421.000 EUR
Pro-Kopf-Verschuldung:	0 EUR
Grundsteuer: Hebesatz A	330 v. H.
Hebesatz B	280 v. H.
Gewerbesteuer:	340 v. H.

Anzahl der Gewerbegebiete: 1

(Nach einem Bericht von Bürgermeister Helmut Müller)

Tiefenbach im Spiegel des Jahres 1923

Tiefenbach gehört nach Einwohnerzahl zu den mittleren Gemeinden des Bezirks, zu den größeren hinsichtlich der Markungsfläche. Von letzterer entfällt etwas mehr als 1/8 (= 13,4 %) auf das 107 ha große Waldland (9 ha Staatswald, 34 ha Biberacher Hospitalwald, 64 ha Bauernwald) und 70 ha auf die im Federseeried gelegenen Streuwiesen, welche lediglich der Streunutzung dienen. Fast ausschließliche Erwerbsquelle ist die Landwirtschaft. Von der landwirtschaftlichen Fläche gehören 0,8 ha der Gemeinde. Eigentlich landwirtschaftliche Betriebe 62, darunter 4 mit weniger als 2 ha, 10 mit 2–5 ha, 24 mit 5–10 ha, 17 mit 10–20 ha, 7 mit 20–50 ha. Auf dem Ackerfeld (schwerer Lehmboden) werden in 3feldriger Wirtschaft hauptsächlich angebaut von Getreide Haber (55 ha), Gerste (50 ha), Dinkel (40 ha), Weizen (25 ha), Roggen (12 ha), ferner Kartoffeln (30 ha), Kohl- (auch Runkel-)rüben (35 ha), Erbsen (8 ha), Klee (57 ha), etwas Reps, Mohn, Flachs. Die ziemlich ausgedehnten, teils gegen das Ried, teils zwischen den Äckern gelegenen Wiesen sind zweimähdig und werden im Herbst, jedoch nicht allgemein, vom Rindvieh beweidet. Von den Bodenerzeugnissen kommt ein beträchtlicher Teil des Ertrags von Getreide (im Wirtschaftsjahr 1918/19 an Brotgetreide und Gerste 2130 Ztr., Haber 12709 Ztr.) und Kartoffeln zum Verkauf. Etwas Pferdezucht (10 Zuchtstuten). Die Rindviehzucht (Farrenhaltung vergeben) bildet einen Haupterwerbszweig; Genossenschaftsmolkerei (1921 56 Mitglieder, zugelieferte Milchmenge 225 149 Liter, ausbezahlte Milchgelder 344 970 Mk.). Obstbau, obwohl durch das Klima nicht besonders begünstigt, wird rege betrieben; 1921 1500 (ertragsfähige) Apfel-, 430 Birn-, 250 Pflaumen- und Zwetschgenbäume. Die Fischerei sowie die Schilfstreugewinnung im Federsee ist von der Federsee-

Im Vordergrund das 1846 von Käser Schwörer als Lehrhaus erworbene Anwesen (später Pfarr/Schilling), an das ein Stadel angebaut wurde, der 1942 nachts abbrannte. Daneben das elterliche Anwesen des Verfassers, seit 1858 im Besitz der Familie Kopf, zuvor von Johann Georg Schröter, daher der Hausname „Schröters“.

herrschaft verpachtet. An Gewerben die ortsüblichen; 3 Gastwirtschaften, 3 Kramläden. Vereine: Veteranenverein, Molkereigenossenschaft (s.o.), Darlehenskassenverein (1921 58 Mitglieder, 612560 Mk. Umsatz). Schülersparkasse. Keine Wasserleitung, sondern Brunnen vor jedem Haus. In einer Kiesgrube (bei den Hornwiesen) wird Kies zur Straßenbeschotterung gewonnen. Einige Einwohner gehen täglich in Arbeit in das Staatsried. 1 fahrender Bote von Alleshausen kommt werktäglich auf seiner Fahrt nach Buchau durch den Ort. OEW (Ende August 1922 64 Anschlüsse).

(Beschreibung des Oberamtes Riedlingen 1923, S. 892 f.)

Bilder aus vergangenen Tagen

Der „Speicher" von Anton Aßfalg an der Hauptstraße.

Die ungebundene Dorfstraße vor dem 2. Weltkrieg.

Die Pferde sind durchgegangen, das Güllenfass vom Wagen gefallen. Unglücksszenen, wie sie öfters vorgekommen sind.

650 Jahre Kapelle St. Oswald

Ein Steuerverzeichnis, das Bischof Johann III. Windlock (1352–1356) aus Konstanz zur Veranlagung der Kirchen, Pfründen und Altäre anfertigen ließ, gibt 1353 den ersten Hinweis auf eine Kapelle in der Filiale Tiefenbach der Pfarrei Seekirch.

Die Lasten der damaligen Zeit waren für Klerus und Volk nicht klein. Die Zustände und Umstände der Geschichte sind für uns nicht leicht zu verstehen. Der regierende Papst Innozenz VI. (1352–1362), auf Steuern aus den Diözesen angewiesen, wird zwar als sittenstrenger und friedfertiger Herr geschildert, hatte aber seine Residenz wie seine Vorgänger seit 1309 im Exil in Avignon, während in der Stadt der Päpste, Rom, ein großes Chaos herrschte und die päpstliche Herrschaft im Kirchenstaat ernsthaft bedroht war. Und auch der Bischof von Konstanz, zu dessen Diözese die Pfarrei Seekirch mit den Filialkirchen Alleshausen und Tiefenbach seit Bestehen zählte, hatte seine Probleme im Spannungsfeld von geistlicher und weltlicher Macht, in das die Bischöfe mehr als heute verwickelt waren. Neben ihrem geistlichen Bischofsamt regierten sie als Reichsfürsten als weltliche Herrscher, wodurch selbst seeleneifrige und fromme Geistliche, die zum Bischofsamt aufstiegen, sich bald mehr um ihr Territorium als um das geistliche Wohl der Diözesanen kümmern mussten. Letzteres wurde den Weihbischöfen überlassen, während der Diözesanbischof versuchte, im Machtgefüge des Papsttums und vor allem der aufkommenden Habsburger-Dynastie seinen Platz zu finden, wobei die bayrischen Regenten in der Nachbarschaft auch damals schon kluger Beobachtung bedurften. Mächtige Abteien des Landes wie St. Gallen, Reichenau, Weingarten, Kempten, Bregenz, Lindau mussten in das Kalkül einbezogen wer-

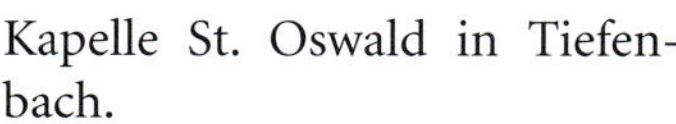
Kapelle St. Oswald in Tiefenbach.

den, desgleichen die aufblühenden Reichsstädte im Lande, und nicht zu übersehen waren die neu entstandenen Orden wie Franziskaner und Dominikaner.

1345 wurde der reiche Konstanzer Bürgersohn Ulrich Pfefferhard als erster Nichtadeliger zum Bischof von Konstanz gewählt. Auf ihn folgte ein zweiter Bürgerlicher, der frühere Offizial Johann Windlock, der Kanzler des vorderösterreichischen Herzogs von 1352 bis 1356. Der Subdiakon wird erst zwei Jahre nach seiner Wahl zum Bischof geweiht und inthronisiert. Und wieder zwei Jahre später wird der als gewissenhaft bezeichnete Konstanzer Bischof beim Nachtmahl in seinem Haus ermordet und in ungeweihter Erde begraben, eine Tat, die vom Adel beschlossen, aber nie gesühnt wurde. In seiner Regierungszeit wurde der „Liber taxationis ecclesiarum et beneficiorum in D[ioecesis] Const[antiensis] de anno 1353“ als Steuerregister angelegt. In diesem Realkatalog des Bistums wurden alle Pfarreien mit Einnahmen und Ausgaben der Pfründen, der Angabe des Patronatsherrn und weiterer Kriterien verzeichnet. Tiefenbach stand demnach unter der Hoheit der Herren von Hornstein, einem seit 1244 bekannten Geschlecht, dessen Stammburg über dem Laucherttal bei Sigmaringen stand.

Die Bewohner dieser Filiale von Seekirch spürten die Politik der Mächtigen ihrer Zeit wohl am härtesten über steuerliche Auflagen. Zu schwierig war ansonsten die Kommunikation in die weite Welt. Weltliche wie kirchliche Hoheit waren den Einwohnern des Dorfes jedoch wohl bekannt, das seinen Namen Tiefenbach, seit dem 18. Jahrhundert so geschrieben, wahrscheinlich von dem Bach erhielt, der im heutigen Seekircher Wald beginnend über den Brühl des einstigen Maierhofes in Richtung Federsee fließt, während ein zweiter aus dem Bernried kommend im Süden dem Federsee zusteuert.

Die weltliche Herrschaft Warthausen war damals Pfandbesitz der Herren von Hornstein. Dieses Geschlecht, deren Herrschaft 10 Orte umfasste, stand in enger Beziehung zu den mächtigen Staufern und den Truchsessen von Waldburg. 1331 war die Herrschaft durch Verkauf an Österreich übergegangen, 1529 erhielten sie die Herren von Schad zu Mittelbiberach, die 1690 von den Freiherrn, seit 1711 Grafen von Stadion abgelöst wurden. In diesem weltlichen Rahmen sollte Tiefenbach bis zur Übernahme der Landeshoheit durch das Königreich Württemberg (1806) bleiben. Die Filiale mit der Kapelle, über deren Ursprung und Größe nichts weiter bekannt ist, zählte seit Anbeginn zur 805 erstmals genannten Pfarrkirche Seekirch. Seit deren Inkorporation in das 1171 gegründete Prämonstratenserchorherrenstift Marchtal nach 1390 bestanden dorthin enge Verbindungen, zumal bis zur Auflösung des Klosters 1803 ein dortiger Chorherr mit Helfer im Auftrag des Abtes die Pfarrei Seekirch mit deren Filialen seelsorgerlich zu betreuen hatte. Der bekannteste Helfer war von 1745 bis 1747 der berühmte Marchtaler Kanzelredner und Poet Sebastian Sailer (1714–1777). Damit verbunden waren vielfältige Verflechtungen nicht zuletzt finanzieller Natur, wie es die Verhandlungen um Zehnten und Abgaben aus der Filiale Tiefenbach bezeugen. Nicht minder bedeutend war das Stift Buchau, deren Äbtissin unmittelbar unter der Kapelle einen ihrer 12 Maierhöfe im Umfang von 8 Mannsmahd Wiesen (Brühl) und 52 Jauchert Acker, fast alles unmittelbar beim Dorf gelegen, bis zur Auflösung des Stifts 1803 besaß. Da die Maierhöfe Mittelpunkte adeliger Grundherrschaften waren, in deren Zentrum der Besitzer eine Kirche gegründet hatte, ist zu vermuten, der Tiefenbacher Maierhof, urkundlich 1421 als „uraltes Herkommen" erwähnt, reiche in die Anfänge des Stiftes Buchau (um 770) oder noch weiter zurück und stehe in Beziehung zur später erbauten Kapelle. Die Linie der bekannten Maier reicht vom Ersten, Konrad Tötschler (1455–1476), bis zu Anton Dorner (1931–1997) als Letztem auf dem Hof. In der 12. bis 18. Generation (1701–1907) ist das Geschlecht Hepp – schon vor 1600 in Stafflangen nachweisbar, wie überhaupt auffallend viele andere Tiefenbacher Familien auch – Inhaber des Hofes, der 1840 in seiner Größe von 1002/8 Morgen 21 Rth. unter zwei Brüder aufgeteilt wird. Erster Neubauer wird Anton Hepp, geb. 1807 als 4. Kind von Johann Georg Hepp, vierter Maier der Hepp'schen Sippe. 1907 heiratet Karoline (1876–1942), Tochter des sechsten Maier-Hepp Anton Dorner aus Oggelshausen (1875–1942), von 1927 bis 1934 Bürgermeister, dessen Sohn Karl (1906–1976) 1930 den Hof übernimmt.

Der ehemalige stiftische Maierhof um das Jahr 1900.
1953 brannte das frühere Ökonomiegebäude ab, 1978 wurde eine KFZ-Werkstatt eingebaut, ein weiterer Umbau erfolgte 1982. 1992 wurde das Gebäude von der Gemeinde erworben, um dort das Feuerwehrgerätehaus unterzubringen. 2001 wurde das Dachgeschoss zu einem Versammlungs- und Veranstaltungsraum umgebaut.

Zahlreiche Tiefenbacher Familien besaßen sog. Corneliergüter, die erstmals in der ersten Hälfte des 14. Jahrhunderts belegt sind (1594 40 Cornelier bei 61 Familien) und standen damit in einem besonderen Verhältnis zum adeligen Damenstift Buchau. Zwar mussten diese als Abhängige des Stifts St. Cornelius und Cyprian Abgaben an dasselbe entrichten, besaßen andererseits aber durch einen Lehensvertrag Freiheiten und Gerechtigkeiten und waren, da die Güter erblich, besser gestellt als die Nichtcornelier des Dorfes. Dadurch ergab sich eine gewisse Stabilität in der Dorfgemeinschaft, die durch Kirchenbücher bezeugt leider erst durch das Familienregister ab 1660 detailliert nachgewiesen werden kann. Doch tauchen damals schon Namen auf, die auch heute noch gängig sind:

Kramer, zumeist Fischer 1402, Miehle 1509, Fieseler 1594, Ahlemann 1694 von Graubünden eingewandert, Haller 1639, Breichler 1670, Hepp 1702, Kopf 1702, Neubrand nach 1700, Pfarr 1670, Schmid 1690.

Im Spannungsfeld der Herrschaft Warthausen, der Prämonstratenserabtei Marchtal und des Damenstifts Buchau entfaltete sich das Leben der Bewohner am Tiefenbach. Was die Dorfgemeinschaft im Jahr des Beginns des Konzils zu Konstanz 1414 bewogen hat, ihre Kapelle neu zu erbauen, ist leider ebenfalls nicht überliefert.

Als künftiges Herzstück inmitten des Dorfes, die Gebäude des ansehnlichen Maierhofes der Äbtissin von Buchau überragend, auf trockener Hochfläche des Altmoränenlandes erbaut, sollte sie für Jahrhunderte der Ort der Gemeinschaft in Freud und Leid, Krieg und Frieden werden. Als ihre Patrone werden 1491 Unsere Liebe Frau und St. Oswald, ab 1664 nur St. Oswald genannt. Zu diesem Titel mag die Verbindung zum

St. Oswald, Patron der Kapelle in Tiefenbach von Joseph Christian aus dem Jahre 1745.

Kloster Marchtal – die Prämonstratenser förderten die Verehrung Mariens und des hl. Oswald – und der Marienkirche Seekirch beigetragen haben. Das Patronat St. Oswald findet sich in nicht wenigen oberschwäbischen Pfarreien (u.a. Otterswang, Herbertingen, Achstetten, Heudorf am Bussen) und verweist auf enge Verbindungen zu den iro-schottischen Mönchen, die unseren heutigen Lebensraum christianisierten.

Das Bild des Heiligen in der Geschichte wird vielfältig überliefert. Demnach wurde Oswald um 605 als Sohn des Königs Ethelfried im heutigen England geboren. Nach dem Tode seines Vaters (607) floh der Sohn zu den Schottenmönchen nach Jona, wo er im Glauben unterrichtet und getauft wurde. 634 schlug Oswald den heidnischen König Cadwalla bei Hexham und es gelang ihm, sein verlorenes Land zurückzuerobern, das nun christianisiert wurde. Oswald verlobte sich mit der Tochter des heidnischen Königs von Wessex und brachte seinen künftigen Schwiegervater dazu, den christlichen Glauben für sich und seine Untertanen anzunehmen. Oswald gewann nach und nach eine Art Oberherrschaft über fast ganz England und ließ viele Kirchen und Klöster bauen. Der König fiel jedoch in der Schlacht bei Maserfield am 5. August 642 gegen König Penda von Mercien, der ihm Haupt und Hände abschlagen und an Pfähle annageln ließ. Seine ihm ergebenen christlichen Untertanen setzten den Leichnam des Königs in Bardney/Lincolnshire in der Klosterkirche bei, wobei seine rechte Hand unversehrt blieb. Unmittelbar nach seinem Tod geschahen am Grab des Märtyrers Wunder und Krankenheilungen.

Nicht wenige Legenden ranken sich um Leben und Wirken des hl. Oswald, dessen Kult im Zuge der angelsächsischen Misssionsbewegung bald auf dem europäischen Festland verbreitet wird. Die Überlieferung schildert den Heiligen als streitbaren Helden, demütigen Christen und freigebigen Wohltäter. Am Hauptplatz der Missionstätigkeit des hl. Willibrord, Echternach (um 690), entstand ein Zentrum der Verehrung, das sich von den Friesen bis zu den Westfalen mit Reliquien im Kloster Herford (789) entfaltete. Im Zuge der Missionierung des hl. Bonifatius (672–754) entwickelte sich ein Schwerpunkt der Verehrung in Bayern. Der Verwandte Willibrords, Alkuin (ca. 730–804), Begründer der Hofschule Karls des Großen (768–814), verbreitete die Verehrung, die sich nach Salzburg und Kärnten ausdehnte. Von dieser Karolinischen Linie aus dürften die Spuren über Irmgard (nach 830–866), die Tochter Ludwigs des Deutschen (um 806–876), und die Welfin Hemma nach Buchau am Federsee führen, wo Irmgard vor 857 Klosterfrau war, ehe sie in der Abtei Frauenchiemsee das Amt der Äbtissin übernahm.

Durch Judith (1032–1094), die Tochter von Graf Balduin V. von Flandern (1035–1067) und zweite Gemahlin von Herzog Welf IV. (1055–1101), dem Gründer des Klosters Weingarten (1056), kommen Reliquien des hl. Oswald – Judith stammt aus dessen Heimat – nach Altdorf-Weingarten. Dort werden

die Stiftergrablege der Welfen und die alte Pfarrkirche (im 19. Jahrhundert abgebrochen) dem hl. Oswald, dem zweiten Patron des Klosters, geweiht. Über die Herrschaft Warthausen werden von dort am 4. August 1773 der Kapelle in Tiefenbach Reliquien ihres Patrons geschenkt, wobei die verwandtschaftlichen Beziehungen der letzten Äbtissin von Buchau, Maria Maximiliana von Stadion zu Thann- und Warthausen, die 1754 in das Stift aufgenommen worden war, zur Ortsherrschaft Warthausen wohl eine Rolle gespielt haben. Nicht von ungefähr ziert ihr Wappen den Altar der St.-Oswald-Kapelle.

Oswald-Reliquiar von 1773.

Innenansicht der Kapelle St. Oswald.

In Kärnten und Steiermark tragen viele Ortschaften seinen Namen. Die Stiftskirche in Solothurn besitzt eine Armreliquie des Heiligen, und die Stadt Zug hat den Heiligen, der vielfach zu den 14 Nothelfern gezählt wird, zu ihrem Schutzpatron erwählt, desgleichen die Stadt Traunstein in Bayern. Die Darstellung des Märtyrers erfolgt als König mit Zepter, Prunkgefäß und einem Raben neben sich, der einen Ring oder Brief im Schnabel hält, Hinweis auf eine Legende bei seiner Königsweihe, wonach ein Rabe mit einem Brief im Schnabel vom Himmel das vom hl. Petrus geweihte Chrysamöl gebracht habe.

Schicksalsgemeinschaft mit dem Federsee

Wer in die Kapelle eintritt, sieht auf der linken Seite – beim Aufgang zur Empore – eine künstlerisch zwar nicht wertvolle, von den Leuten der Gemeinde aber umso geschätztere Kopie eines Votivbildes, dessen Original sich auf dem Rathaus befindet. Es zeigt die Muttergottes mit goldener Krone und ausgebreitetem Mantel, in der rechten Hand ein goldenes Zepter, auf dem linken Arm das Jesuskind mit der Weltkugel, unten der stürmische Federsee mit zwei Schiffen, im einen ein Mann, sich auf sein Ruder stützend, vor ihm eine Frau mit erhobenen Händen kniend zum Himmel blickend; im anderen Schiff, das unterzugehen droht, zwei Männer, einer mit ausgestreckten Armen Hilfe erwartend, der andere mit Rudern beschäftigt. Zwei Personen liegen im Wasser, die eine, eine Frau, hält sich mit der rechten Hand am Schiffsrand fest, mit der linken versucht sie, die andere Person aus dem Wasser zu ziehen. Eine Erinnerung an Menschen in Seenot im Jahre 1803!

Es ist eines der vielen Beispiele, die zeigen, wie die Bewohner um den Federsee mit diesem seit Jahrtausenden in einer Schicksalsgemeinschaft verbunden sind. Diese hat geradezu deren Leben geprägt. Funde an der Schussenquelle weisen vor 15000

Votivbild aus dem Jahre 1803.

Jahren schon auf Besiedlung hin. Der 3000 ha umfassende Federsee bot durch seinen Fisch- und Geflügelreichtum geschätzte Nahrung. Der See reichte bis an die Etter der Dörfer; in Tiefenbach begann die Wasserfläche unweit des Maierhofes. Siedlungen entstanden auf leichten Anhöhen am Rande dieser Flächen. Um 8000 v. Chr., so schätzen Archäologen, gingen die Menschen vom Nomadendasein in Sesshaftigkeit über, bestellten das Land und züchteten Vieh. Die Dächer der Häuser wurden mit Schilf bedeckt. Als Fundamente dienten in der Nähe des Sees Pfähle, die in den Untergrund hinabgetrieben wurden. 1200 bis 800 v. Chr. ist die Wasserburg Buchau, ganz vom See umgeben, anzusetzen. Überhaupt bestimmten Ausdehnung oder Rückgang des Sees die Siedlungsgeschichte. Als das Christentum eingeführt wurde, griffen die Missionare nicht selten bei der Errichtung von Kirchen auf Orte mit einst heidnischen Heiligtümern zurück. Dies wird auch in Seekirch mit der Marienkirche hoch über dem Federsee vermutet, desgleichen für die Kirche auf dem „heiligen Berg Oberschwabens", dem Bussen. Für Tiefenbach finden sich keine Anhaltspunkte, was an der Stelle der heutigen Kapelle gestanden haben könnte. Es könnte Besitz des wohl um Jahrhunderte älteren Maierhofes gewesen sein.

Unweit des 1863 erbauten Maierhofes bei Hofen, bis 1977 Markung Tiefenbach, finden sich Reste einer kleinen Viereckschanze aus der Keltenzeit. Diese in das Gefüge der Besiedlung einzureihen dürfte ebenfalls nicht einfach sein. Aber auch hier könnte es sich um eine keltische Opferstätte für diesen Siedlungsbereich handeln.

In den sog. Seebriefen, der älteste stammt von 1454, wurden die Fahr- und Fischrechte am See durch die Seeherrschaften geregelt. Diese klärten unter anderem die Organisation über die Berufsfischer und Bootsmeister, wobei die Fürstäbtissin von Buchau auf Sonderrechte gegenüber den drei Seeherrschaften bestand. Die Stadt Buchau, die Herrschaft Warthausen mit den Dörfern Oggelshausen und Tiefenbach und das Kloster Marchtal mit den Dörfern Alleshausen und Seekirch teilten sich die Rechte am See. Als Ort der Zusammenkunft für Verhandlungen ist im 18. Jahrhundert die „Hornwiese" zwischen Oggelshausen und Tiefenbach überliefert. Da erst 1791 die Straße zwischen Oggelshausen und Buchau gebaut wurde, bedurfte es der Klärung vieler Verkehrsfragen, auch zwischen Tiefenbach und Buchau, wobei der Seeweg lange Zeit der kürzeste war.

Um diese Zeit setzte sich das Stift Buchau wegen besserer Nutzung der Weide- und Torfbezirke dafür ein, den Federsee zu fällen. Bei dieser aus heutiger Sicht verhängnisvollen Aktion wurde ein Gebiet von 1300 Morgen freigelegt. Noch tiefer war der Eingriff, der 1808/09 auf Befehl König Friedrichs (1806–1817), der 1807 und 1811 den Federseegemeinden einen Besuch abstattete, vorgenommen wurde. Bei dieser Maßnahme, eine der ersten sichtbaren Tä-

Mit dem Kahn auf dem See, vorne: Sebastian Kopf.

Wilhelm Rempp (1899–1976), der auf dem Federsee die Fischrechte besaß (um 1950).

tigkeiten des neuen Regenten, wurden dem See wiederum 1300 Morgen abgenommen, wodurch sich der Seespiegel von 3475 Morgen auf 811 verringerte und sich bis heute nochmals halbierte. Beim zweiten Besuch ordnete Friedrich an, die Dörfer Tiefenbach und Seekirch mit einer Fahrstraße zu verbinden. Die Entscheidungen, den See zu fällen, beeinträchtigen die Qualität des Federsees bis in die Gegenwart.

Im Jahre 1828 wurde der so gewonnene Boden unter die Parteien Stadt Buchau, Thurn und Taxis für Marchtal und dem Staat als jetzigem Inhaber der Herrschaft Warthausen aufgeteilt. 1830 verkaufte der Staat seinen Anteil

Bergung eines abgestürzten Flugzeugs aus dem Federsee im Zweiten Weltkrieg.

von 287 ha mit allen Rechten der Seeherrschaft und mit allen Lasten an die Gemeinden Oggelshausen und Tiefenbach. Zur Begleichung der daraus entstandenen Schulden mussten Darlehen aufgenommen werden. Je 500 Gulden stellten der Besitzer des Maierhofes Georg Hepp, Mösmüller Josef Zinnecker und Bauer Johann Maikler in Eichen zur Verfügung. 1834 tat Thurn und Taxis dasselbe, wodurch die Gemeinden Alleshausen und Seekirch Eigner dieses Seeteils wurden. So entfällt heute der See zu einem Drittel auf die Stadt Buchau und zu je 1/6 auf die anderen Gemeinden.

Die Gemeinde Tiefenbach übernahm ihre „Seeteile" und verteilte sie unter die Mitglieder der „Gemeindegerechtigkeit" zu 44 Teilen. Jeder dieser 44 Besitzer erhielt einen Riedlesbühl, einen „Großen Teil" (Ahlenbockwasen), einen Aachteil und einen Birkwasen. Das Jagdrecht auf dem Federsee mit 357 Morgen traten die Realrechtsbesitzer im Vertrag vom 17. Oktober 1874 an die politische Gemeinde Tiefenbach ab. Die Streuteile sind jedoch im Blick auf den ursprünglichen Plan, nach dem die nahrungslose Gegend blühendes Gefilde werden sollte, nahezu wertlos. Erst in neuerer und neuester Zeit wurde der Blick wieder stärker auf den Federsee und sein Umfeld gelenkt. Europäische, Bundes- und Landesförderung suchen den Missgriff der Geschichte auszugleichen. Gerade die Tiefenbacher Bürger, die an der Fischerei im Federsee bis in die Gegenwart teilhaben und 1620 in der Zunft der Fischer 3 von 28 Zunftgenossen stellten, fühlen sich ihrem See verbunden. Daher beabsichtigten sie 1971, am Stichkanal einen Steg zum Federsee zu errichten, was einen fast unverständlichen Behördensturm hervorrief. Als Teil der Seeherrschaft sollte nicht nur die Stadt Buchau mit ihrem Steg einen gebührenden Zugang zum See haben, sondern – so meinten die Tiefenbacher – auch der Eigentümer auf der anderen Seite. So wird auch heute noch die Thematik Federsee von den Auseinandersetzungen der Geschichte geprägt. Die 2001 errichtete Aussichtsplatte am Eingang zum See wurde zu einer kleinen Entschädigung, von der aus das Umfeld des einstigen Federsees mit seinen schmucken Dörfern von Tiefenbacher Seite aus betrachtet werden kann.

Noch eine andere Schicksalsgemeinschaft verbindet den Bürger mit seinem See. Zu allen Zeiten wird vom nassen Tod berichtet. Das Eis im Winter, das Gewitter im Sommer, der Sturm fordern Tribut an Menschenleben (1704, 1724, 1747, 1756, 1873, 1939). In ihrer Verzweiflung trieb es zu allen Zeiten auch Menschen in das Wasser. Ort des ersten Totengedenkens ist aber bis heute die Kapelle St. Oswald, in der das Beten des Totenrosenkranzes seit Jahrhunderten überliefert ist. Das Läuten der „Schiedung" kündet jeden Todesfall an, womit die Glocken zum besonderen Botschafter werden.

Aussichtsplattform am Eingang zum Federsee 2002.

1971 wurde von den Tiefenbachern versucht, in einer „Nacht- und Nebelaktion" illegal einen Steg zum Federsee zu errichten, „weil der Federsee immer mehr zuwächst und weil, was Bad Buchau recht sei, Tiefenbach nur billig sein könne" (Schwäbische Zeitung vom 4.3.1971). 250 Pfähle auf 180 Meter Länge ragten schon aus dem Boden, als die Naturschutzbehörden massiv dagegen ankämpften. Nach langen Auseinandersetzungen mit den Naturschützern scheiterte das Projekt, zu dessen Besichtigung am 2. März 1971 auch Regierungspräsident Willi Birn, Ehrenmitglied des Tiefenbacher Männerchors seit dessen 100. Jubiläum, zur Begutachtung gekommen war.

Die Tiefenbacher wollen zu ihrem See

Damm und Steg gebaut

Landratsamt stoppte „Nacht-und-Nebel-Aktion" in letzter Minute

SAULGAU (bc) — Unvollendet ragt in Tiefenbach im Kreis Saulgau ein Steg in den Federsee. In einer „Nacht-und-Nebel-Aktion" hatten über 30 Tiefenbacher dem Ort einen Zugang zum langsam zuwachsenden See schaffen wollen. Sie schüttelten einen etwa 200 Meter langen Damm neben der Aach auf und verlängerten ihn mit dem etwa 180 Meter langen Steg. Bevor sie den Steg vollenden konnten, stoppte Landrat Dr. Steuer — von Vertretern des Naturschutzes informiert — die Aktion.

Die Männer aus Tiefenbach rammten in freiwilliger und unentgeltlicher Arbeitsleistung etwa 200 durchschnittlich sechs Meter lange Pfähle in den morastigen Grund. Die 430 Köpfe zählende Bevölkerung Tiefenbachs steht — „vom ältesten Mann bis zum kleinsten Buben" — hinter der Aktion. Bürgermeister Rauscher aber muß sich jetzt gegen heftige Angriffe „von oben" zur Wehr setzen.

Die Tiefenbacher, die bisher ebenso wie die Bevölkerung der Uferorte Seekirch, Alleshausen und Oggelshausen auf die Anhöhe steigen mußten, um den Federsee zu sehen, fühlten sich im Recht. Sie verlangen zu ihrem eigenen Seeanteil einen Zugang. „Solange es den sterbenden See noch gibt, wollen auch wir ihn sehen", sagen sie.

Ein entsprechender Antrag, den die Gemeinde vor vier Jahren an das Saulgauer Landratsamt gestellt hatte, blieb bisher ohne Bescheid. Weil der See festgefroren und die Situation besonders günstig war, fingen die Tiefenbacher ohne lange Vorbereitung mit der Arbeit an. Sie kamen rasch voran, weil sie beim Bau des Bad Buchauer Steges einschlägige Erfahrungen sammeln konnten. Gespannt wartet die Gemeinde nun auf die Entscheidung des Tübinger Regierungspräsidiums.

Die Tiefenbacher wollen von ihrem See auch etwas haben

In einer „Nacht-und-Nebel-Aktion" bauten etwa 30 Tiefenbacher einen Damm und einen Steg in den langsam zuwachsenden Federsee. „Wir wollen von unserem See noch etwas haben, solange es ihn gibt", sagten die Initiatoren der Aktion, die erst in letzter Minute vom Saulgauer Landratsamt gestoppt werden konnte. Jetzt muß das Tübinger Regierungspräsidium entscheiden, ob der unvollendete Steg — unser Bild — vollendet werden darf oder wieder abgerissen werden muß. Bild: Berger

Abgrundtiefe Skepsis zeigten die Gesichter der Federseebauern, als Natur- und Vogelschützer ihnen den heimlich gebauten Steg wieder abspenstig machen wollten.
SZ-Bild: Lübker

Keine Ausnahme für Tiefenbach

Naturschutz versagt Ausnahme für widerrechtlichen Steg

Von unserem Redaktionsmitglied

SAULGAU (fs) - Nach einer mehrstündigen Anhörung der Tiefenbacher Bürger hat die Bezirksstelle für Naturschutz beim Regierungspräsidium in Tübingen am Dienstagabend in Saulgau mit der Stimme von Regierungspräsident Willi Birn der Gemeinde Tiefenbach die nachträgliche naturschutzrechtliche Ausnahmegenehmigung für den widerrechtlich begonnenen Bau eines Dammes und eines Stegs zum Federsee auf Tiefenbacher Markung verweigert.

Regierungspräsident Birn begründete diese Entscheidung, die er zusammen mit dem achtköpfigen Beirat der Bezirksstelle gefällt hat, mit dem Hinweis, der Federsee sei so klein, daß jede Beeinträchtigung des Schutzgebiets einen nicht mehr gutzumachenden Schaden für die dortige Vogelwelt anrichten würde. Für die durch den Stegbau gestörten Vögel gebe es keine Möglichkeiten, an andere Stellen des Sees oder Oberschwabens auszuweichen.

Nach den Worten des Regierungspräsidenten hätte der Verkehr auf dem Damm und dem Steg auch nicht so stark eingeschränkt werden können, um dadurch merkliche Störungen der Umwelt zu vermeiden.

Der Regierungspräsident verhehlte allerdings nicht sein Bedauern darüber, daß Verwaltungsfachleute bei solchen Entscheidungen immer mehr von reinen Spezialisten abhängig würden.

Der Wunsch der Tiefenbacher, ihren See zu sehen, kann nach Ansicht der Naturschützer durch den Bau einer Aussichtsplatte erfüllt werden, wofür im Gebiet von Tiefenbach gute Voraussetzungen herrschten. Einen solchen Aussichtspunkt würde der Naturschutz, wie Birn versicherte, gestatten.

Mit der Begründung, eine zeitweise Sperrung des Stegs wäre nicht wirkungsvoll gewesen, verwarfen die Naturschützer einen Kompromißvorschlag von Landrat Dr. Steuer, der bei der Anhörung um des Friedens am Federsee willen angeregt hatte, man solle den Steg während der Schon- und Brutzeiten abschließen. Die Tiefenbacher hätten dafür die Zusage geben müssen, weder eine Terrasse noch Parkplätze anzulegen und keine Kioske am Steg zu bauen. Auch hätten sich nach Dr. Steuers Vorschlag die anderen See-Anlieger-Gemeinden verpflichten müssen, keine Stege zu bauen.

Landrat Dr. Steuer zeigte sich über die Entscheidung sehr enttäuscht und betonte, diese sei zwar im Saulgauer Landratsamt gefällt worden, aber ohne Zutun der Kreisstelle für Naturschutz. Die berechtigten Anliegen der Tiefenbacher seien gar nicht, die des Naturschutzes einseitig berücksichtigt worden.

Der zugefrorene Federsee in der Tiefenbacher Bucht 2004.

Die Kapelle vom Bau bis in die Zeit der politischen Neuordnung Deutschlands durch Napoleon

Wesentliche Elemente der Kapelle St. Oswald weisen auch heute noch auf die Erbauungszeit hin, wobei die gotische Bauphase vor allem im Chor gut ablesbar ist. Das rechteckige Schiff mit eingezogenem, dreiseitigem gotischen Chor mit Netzgewölben, Schlusssteinen und durch Masken verzierten Konsolen blieb bis zur barockisierenden Gestaltung im 18. Jahrhundert erhalten, wobei von der gotischen Originalfassung besonders die zwölf gemalten Apostelkreuze – 7 im Chor, 5 im Schiff – seit der letzten Renovation wiederum sichtbar sind. Von der Gründerzeit bis heute hat jede Generation ein Stück des eigenen Lebensbefundes dem Raum (56 m lang, 26 m breit) mit 160 Sitz- und 60 Stehplätzen hinzugefügt, die einen durch notwendige Maßnahmen zur Erhaltung, die anderen durch Ausstattung mit Kunstwerken. Der Klang der Glocke von 1570 und ihrer noch älteren Schwester aus der Zeit der Erbauung riefen schon durch Jahrhunderte Menschen zusammen. Die materiellen Grundlagen zum Erhalt des Gotteshauses waren einerseits Anlass zu Zwistigkeiten, andererseits schufen sie die Voraussetzungen für eine Dotation, die erst im 19. Jahrhundert abgelöst und an die neue Zeit angepasst wurde.

Die materielle Grundlage zum Erhalt der Kapelle im Einzelnen nachzuweisen erweist sich als schwierig, fehlen doch auch hier Urkunden und Archivalien, wie selbst die Herren von Warthausen im 16. Jahrhundert zugestehen mussten. Den Spuren der Geschichte folgend ergibt sich etwas bruchstückhaft dieses Bild:

Der Heilige, wie der Kirchenpatron genannt wird, besaß nie einen finanziellen Fonds, aber Güter und Waldungen, deren erste Erwerbung 1491 dokumentiert ist. Die St.-Oswald-Güter mit 1561/2 Morgen lagen zerstreut auf der Markung, der größte Komplex nannte sich St.-Oswald-Öschle, das schon 1590 der Kapellenpflege gehört und bereits damals der Gemeinde zu Nutzen übergeben wurde, wofür diese die Kapelle innwendig zu zieren hatte.

1611 ist das ganze Heiligengut in die Verwaltung der Gemeinde übergegangen. Allerdings beklagt der damalige Pfarrer die schlechte Verwaltung der Güter, was zu erheblichen Spannungen führt, wobei die Pfleger 1629 erklären, die Heiligenpflege der Pfarrkirche solle die Reparaturen an der Tiefenbacher Kapelle bezahlen. Ein Spannungsfeld tut sich hier auf, das bei den gegebenen Verhältnissen wohl immer bestehen bleiben dürfte, denn bei allen Entwicklungen auf der Markungsebene wird das Eigentum des heiligen Oswald tangiert. 1760 werden die „neuen Äcker", 1795 die Holzwiese am Vogelholz umgebrochen, 1791 das Schwärzle angebaut, 1801 die Höllweiher, die alle gutteils St. Oswald gehörten, aber der Gemeinde überlassen wurden mit der Auflage, die Kapelle in allen Erfordernissen zu gestalten. Im Gegenzug verlangten die Tiefenbacher von der Obrigkeit die Zehntfreiheit, eben weil sie die Kapelle unterhalten müssten. Als 1776/77 die „Grundbirentheile" in Richtung Hofen angelegt werden, gehen diese auch in den Fonds zum Kapellenneubau und zu deren Erhaltung nebst Beschaffung der nötigen Utensilien über.

Die Erweiterung der Kapelle in der zweiten Hälfte des 18. Jahrhunderts und deren Barockisierung erforderten erhebliche Mittel. Hochaltar, Gestühl, Dachreiter werden erneuert, wertvolle Bilder und ein Kreuzweg angeschafft, das Schiff der Kirche umgestaltet, der Chorbogen vergrößert und mit Stuck versehen. Die ursprünglichen Apostelkreuze werden zugestrichen. Die Barockisierung der Kapelle wurde zur größten Umgestaltung seit deren Bau. Die Weihe des St.-Oswald-Altares aus Gründen der Entsühnung am 12. Juni 1673 durch Weihbischof Georg Sigismund Müller (1656–1686) aus Konstanz auf Kosten der Gemeinde dürfte auf Ereignissen ruhen, die aus den Folgen des 30-jährigen Krieges stammen, in dem Tiefenbach und die Klosterherrschaft Marchtal von den Schweden wiederholt heimgesucht wurden, wobei Pfarrer Vitus Leyrer (1622–1656), Dekan des Kapitels Biberach, fliehen und zwei Patres aus Marchtal die Pfarrei versehen mussten, die in dieser Zeit (1634) auch noch von der Pest heimgesucht wurde. Dies geschah wenige Jahre nach dem Bau der Seekircher Pfarrkirche (1616) durch Abt Johann Engler (1614–1637), der auch die Rosenkranzbruderschaft einführte.

„Frei Mann, Frei Gut – Das Joch des eisernen Privilegiums wird abgeworfen"

Nicht nur die Kultur – noch mehr die Sozialgeschichte des Dorfes Tiefenbach zeigt sich im Spektrum der Kapelle St. Oswald.

Der Umbruch im 19. Jahrhundert war dabei wohl der bedeutendste in der bekannt gebliebenen Geschichte. Im Zuge von Säkularisation und Mediatisierung wechselten kirchliche und weltliche Herrschaft. Der König von Württemberg, nun oberster Souverän, suchte sein neu erworbenes Gebiet, „Neuwürttemberg" genannt, und seine Untertanen in sein Königreich zu integrieren, ein langwieriger und zäher Prozess, der erst mit der Bildung von Baden-Württemberg (1952) als abgeschlossen gelten dürfte. Kirchlicherseits wurden die Patres von Marchtal von Weltgeistlichen der Diözese Konstanz und ab 1821 der Diözese Rottenburg abgelöst, die bis 1939 dem Patron, dem Fürsten von Thurn und Taxis, in Regensburg vorher präsentiert und nach dessen Zustimmung vom Bischof ernannt werden konnten. Die Spuren der Geschichte zeigen sich in Kriegs- und Friedenszeiten. Fünf Tiefenbacher vom Württemberger Truppenkontingent kehrten 1812 nicht mehr vom Russlandfeldzug Napoleons zurück und auch die späteren Auseinandersetzungen fordern Tribut an Menschenleben, wobei das Los derer, die vom 18. bis 20. Jahrhundert mangels Existenzmöglichkeit in der Heimat zur Auswanderung gezwungen waren, nicht vergessen sei. An der ab 1622 beginnenden Wanderwelle nach Ungarn, die bis ins 19. Jahrhundert dauert, nahm bereits 1623 Michael Amann aus Tiefenbach teil, wie 1712 Maria Kramer, verheiratet mit Martin Maikler aus Oggelshausen. Unter den Auswanderern nach Amerika im 19. und 20. Jahrhundert finden sich ebenfalls zahlreiche Tiefenbacher, obwohl die aufkommende Industrie und die Erschließung des Landes durch die Eisenbahn für die kinderreichen Familien neue Arbeitsmöglichkeiten schuf.

Der Umbruch von 1803 brachte einschneidende Veränderungen für die Untertanen, die nun nach dem Motto „Frei Mann, Frei Gut" Bürger wurden und es genossen, „das Joch des eisernen Privilegiums" von Adel und Klöstern abgeworfen zu haben. Das Vorrecht des Maierhofes war erloschen, wenngleich dieser als stattlicher Hof weiterbestand. 1810 konnten 60 Morgen Allmenden an 45 Berechtigte aufgeteilt werden. 1825 wurden 56 der 450 Morgen Wald im Hartwald ausgestockt, 1835 wurde der Wald verteilt.

Das Gesetz von 1848 hob die Grundherrschaft auf, in deren Gefolge die Ablösung der Zehnten nach bestimmten Verrechnungen erfolgte. Die Bauern als Inhaber der Gemeindegerechtigkeiten, d. h. des gemeindlichen Besitzes, nahmen ihre Rechte in Anspruch. Der Weg in Richtung Gleichberechtigung war angepeilt. Vom Ende des Mittelalters an gab es Bauern als Belehnte des Gutes und Söldner, die vom Gemeinderecht ausgeschlossen waren. Vorbedingung für das Gemeinderecht war der Besitz eines Hauses. Bauern, die ihren Hof aufgaben, schieden aus dem Gemeinderecht aus und lebten als Pfründner. 1874 traten die Tiefenbacher Gerechtigkeitsbesitzer die letzten gemeinnützigen Anteile der Markung (darunter 345/8 Morgen Grundstücke) an die Gemeinde ab, darunter die Kapelle St. Oswald, ein Vorgang, der bereits 1611 mit der erstmaligen Erwähnung der Aufteilung von St.-Oswald-Gütern begonnen hatte.

Damit wäre nun die Kapelle in das Eigentum der politischen Gemeinde übergegangen, die nun insgesamt für den Unterhalt aufkommen musste. Gegen eine solche Lösung wehrte sich jedoch der langjährige Ortspfarrer Johann Evangelist Schöttle (1862–1884) schon lange; denn damit wäre Kirchengut zu Kommunalgut geworden und dem Pfarrer jeder Einfluss entzogen. Er verlangte vielmehr, aus den Erträgnissen der Kapellengüter einen Kapellenfonds zu bilden und eigenständig zu verwalten, wobei der Pfarrer mit entsprechenden Rechten und Pflichten beigezogen werden müsste. Auch meinte er, wenn der Weg der Güte und der freien Vereinbarung nicht möglich sei, sollte eine gesetzliche Ablösung erfolgen. Das Königliche Oberamt Riedlingen erklärt jedoch, nach dem Gesetz von 1865 käme in diesem Fall keine Ablösung in Frage, sondern nur eine gütliche Einigung, zu der die Gerechtigkeitsbesitzer aber nicht geneigt seien. Pfarrer Josef Hund (1885–1904) lässt die Angelegenheit nicht auf sich beruhen, wendet sich sowohl an das Königliche Oberamt als auch an das Bischöfliche Ordinariat; denn im Gewissen fühlt er sich verpflichtet, Ordnung herbeizuführen. Das Bischöfliche Ordinariat ist der Ansicht, die Rückforderung der Kapelle an die Kirchenstiftung sei durchsetzbar, weil die Realgutsbesitzer zwar im Besitz der Güter, aber nicht der Kapelle waren, und meint, es wäre das Beste, wenn die zur Zeit des Vertrages vom 17. Oktober 1874 vorhandenen Liegenschaften und Kapitalien in die Verwaltung des Stiftungsrates übergingen und die subsidiäre Bau- und Unterhaltungspflicht der Kapelle der dortigen Kirchengemeinde zugesprochen würde, womit die bürgerliche Gemeinde von der Pflicht der Unterhaltung der Kapelle entbunden wäre.

Am 14. Juni 1887 wurde im württembergischen Landtag das Gesetz zur Verwaltung des örtlichen Kirchenvermögens verabschiedet. Der Kirchenstiftungsrat, bestehend aus Pfarrer, Kirchenpfleger und einer Anzahl weltlicher aus der Mitte der katholischen Pfarrgemeinde gewählter Mitglieder verwaltete nunmehr das örtliche Kirchenvermögen. Auf der Grundlage dieses Gesetzes wird am 23. März 1892 die Übergabe des örtlichen Kirchenvermögens an den Filialkirchenstiftungsrat beurkundet. Die wichtigsten Bestimmungen lauten:

„Das gesamte hienach beschriebene in Verwaltung des Gemeinderats gestandene Vermögen ist kirchlich-katholischer Natur und wurde heute in die Verwaltung des Filialkirchenstiftungsrats übergeben, nämlich:

I. Einzelstiftungen

1. des Lorenz Buck von Tiefenbach,
   v. 17. Nov. 1888. urspr. Capital 25 fl.
   = 42 Mk 86 Pf.
2. des Sebastian Gärtner, gen. Pfarrers
   in Seekirch Capital 50 fl. = 85 Mk 71 Pf.
3. des Johann Baptist Rösch's Witwe,
   Catharina geb. Rieger v. hier
   v. 19. Juli 1866 50 fl. = 85 Mk 71 Pf.
4. derselben Witwe
   v. 19. Juli 1866 80 fl. = 137 Mk 15 Pf.
5. des Johann Schlaucher
   v. hier v. 29. Nov. 1878 = 100 Mk

Gesamtsumme 451 Mk 43 Pf.

IV. In Verwaltung des Gemeinderats gestandene, ausschließlich für öffentliche Zwecke bestimmte und hienach einen Ertrag nicht abwerfenden Gebäude nebst Zubehörden.

Geb. No. 38. 1 a 35 m2 die Ortskapelle mitten im Ort mit Turm freistehend mit Plattendach von Stein u. lauter Eichenholz.

Zubehörden:
Hochaltar mit einem Ölgemälde, 190 laufende Meter Kirchenstühle, 1 Uhr, u. 3 Glocken.

Auf die Filialkirchengemeinde gehen keine Verbindlichkeiten von der bürgerlichen Gemeinde über.

Der bürgerlichen Gemeinde verbleiben vielmehr, nachdem sich ihre Vertreter zu einer angemessenen Abfindung der ihr zufolge Vertrags v. 17. Oktober 1874 obliegenden Leistungen für kirchliche Zwecke nicht bereit erklärt haben, auf Grund privatrechtlicher Verbindlichkeit die Bestreitung folgender Ausgaben:

Dem Pfarrer in Seekirch 21 fl. 45 cr. = 37 M 29 Pf. jährlich für die Wochenmessen, dem Caplan daselbst 1 fl. = 1 M 71 Pf. für seine Verrichtungen am Sct. Oswaldifest, die Entschädigung fürs Lesen der Litaneien bei den Privatöschgängen, die Kosten der Kirchenwasch, die Kosten des Bittgangs nach Steinhausen, die Belohnung der Ministranten, die Belohnung der Sänger beim Flurgang u. Patrozinium, die Beschaffung des nötigen Wachses, des Kirchendirektoriums, der nötigen Paramente u. kirchlichen Geräte, endlich die Unterhaltung u. event. Neuerstellung der Capelle samt Zubehörden."

Am 26. Mai 1893 wird das Güterbuch geändert. Am 5. September 1995 werden die oben angeführten Einzelbeträge, zuletzt nach Auf- bzw. Abwertung 64,44 DM pro Jahr mit der Summe des 25-fachen Wertes abgelöst. Nach Behandlung in den Gremien und der Genehmigung durch das Bischöfliche Ordinariat überweist die Gemeindepflege daraufhin 1611 DM an die Kirchenpflege. Eine langwierige Auseinandersetzung fand damit 100 Jahre später einen versöhnlichen Abschluss.

Die politische Gemeinde hat also alle Pflichten, die Kirchengemeinde alle Rechte. Zwar wurde eine Lösung, zugleich aber wieder ein neues Spannungsfeld geschaffen, das nur im Zusammenwirken von bürgerlicher und kirchlicher Gemeinde klärbar ist. Obwohl sich beide Seiten um Konsens bemühten, musste Pfarrer Karl Müller (1948–1957) 1950 eine Anfrage an die Diözese über die wirklichen Rechtsverhältnisse an der Kapelle richten. Anlass war: der Bürgermeister hatte ohne Kenntnis des Pfarrers Figuren aus der Kapelle für eine Kunstausstellung in der „Fähre“ Saulgau zur Verfügung gestellt, auch eine neue Glocke in eigener Regie bestellt. Das Bischöfliche Ordinariat Rottenburg antwortet am 28. September 1950: „Die Kapelle in Tiefenbach gehört der Kirchengemeinde Seekirch und nicht der bürgerlichen Gemeinde. Nach der Ausscheidungsurkunde ist die bürgerliche Gemeinde jedoch vertraglich verpflichtet, die Kapelle samt Zubehörden zu unterhalten und gegebenenfalls neu zu erstellen. Die bürgerliche Gemeinde ist auch verpflichtet, die Kosten der Kirchenwäsche, des Bittgangs nach Steinhausen, die Entlohnung der Ministranten, die Belohnung der Sänger beim Flurgang und Patrozinium, die Beschaffung des nötigen Wachses, des Kirchendirektoriums, der nötigen Paramente und Kirchengeräte zu tragen. Ein Recht, in gottesdienstlichen Angelegenheiten oder in Fragen der Benutzung mitzuwirken, steht der bürgerlichen Gemeinde natürlich nicht zu.“

Den 1987 von der bürgerlichen Gemeinde gestellten Antrag, die Baulast abzulösen, lehnt die Diözesanverwaltung ab.

Im Spiegel der Geschichte von 1860 bis 1945

Wenngleich in früheren Jahrhunderten immer wieder Klagen über Vernachlässigungen an der Kapelle erwähnt werden, so trifft dies keinesfalls auf die letzten 150 Jahre zu. Die Menschen identifizieren sich mit dem Herzstück ihrer Gemeinde und sind bestrebt, für Ausstattung und Unterhalt auf freiwilliger Grundlage Vielfältiges beizutragen.

1864 lässt Johannes Pfänder durch Lehrer Wilhelm Freudenreich (1861–1868) zwei Bilder restaurieren. Dieser malte auch ein neues gestiftetes Altarbild anstelle des alten barocken, das schön gewesen sei, weshalb der eigentliche Grund für ein neues Bild nicht mehr genau begreiflich gemacht werden kann. Johannes und Katharina Rösch lassen 1867 die Kapelle frisch weißeln und das Dach reparieren. Maler Alois Schöttle aus Munderkingen, ein Verwandter des Pfarrers, fasst Altar und Empore und bessert 1873 den Kreuzweg aus. Der Pfarrer selber lässt der Kapelle die Apostelbilder Petrus und Paulus zukommen, und zur Erleichterung älterer Leute wird 1866 ein Beichtstuhl angeschafft, dafür die Kanzel beseitigt. Die alte Kirchenuhr wird 1872 durch eine neue ersetzt.

Schon lange bestand der Wunsch, auch in der Tiefenbacher Kapelle das Allerheiligste aufbewahren zu dürfen, zumal dies in der Blasiuskapelle Alleshausen schon seit 1492 erlaubt sei. Ein entsprechendes Gesuch des Pfarrers vom 20. November 1881 wird durch Bischof Carl Joseph Hefele (1869–1893) abgelehnt. Am 22. Dezember 1916 stimmt Bischof Paul Wilhelm Keppler (1899–1926) dann dem wieder vorgelegten Antrag zu. Im aus Holz gefertigten Tabernakel wurden bis dorthin die St.-Oswald-Reliquie und der Kreuzpartikel aufbewahrt. Die Anschaffung eines silbernen Ciboriums und die Erneuerung des Tabernakels erfolgen durch großzügige Spenden von 1650 RM im Kriegsjahr 1917. Den 1939 aus Sicherheitsgründen eingebauten Panzertabernakel stiftet Maria Pfarr (Ziegler). Es zeigt sich etwas von dem Geist, den Pfarrer Schöttle den Akten anvertraut hat: „Der christliche und kirchliche Geist durchsäuert das öffentliche und private Leben.“ Kein Wunder, wenn in dieser Blütezeit katholischen Lebens junge Menschen daran dachten, den Beruf als Geistlicher oder Ordensschwester zu ergreifen. 12 Mädchen traten in Klostergemeinschaften ein (Reute, Bonlanden, Untermarchtal, Arme Schulschwestern München/Ravensburg, Borromäerinnen Breslau/Glatz). Die einzig noch lebende ist Roswitha Kramer, Jahrgang 1938, die als Sr. Dr. Lioba Kramer lange Jahre die Zahnarztpraxis im Kloster Reute leitete. Ordensbrüder fanden ihren Weg zu den Benediktinern in Weingarten (Franz Zoll) und Daxberg/Österreich (Albert Neher). Im Konvikt Ehingen und im Wilhelmsstift Tübingen studierten um die Zeit des Ersten Weltkriegs (1914–1918) Söhne der Familien Burgmaier, Hecht, Kramer, wechselten aber dann den Studienzweig, was in der katholischen Mentalität dieser Generation nicht gern gesehen wurde. Als Primizianten durfte die Kapelle St. Oswald

Sr. Lioba Kramer (2005).

vier Priester willkommen heißen: Sebastian Schwörer (1854–1921), Richard Hepp (1872–1938), Fridolin Rauscher (1906–1984) und Paul Kopf, geb. 1930.

Stadtpfarrer Richard Hepp.

In Württemberg waren schon vor der Gründung der Diözese Rottenburg Lehrer- und Mesnerdienst verbunden. An der Oswaldkapelle wird bereits 1546 ein Mesner erwähnt, der von den Heiligengütern besoldet wurde. Mit der Anstellung eines Lehrers wurden Lehrer- und Mesnerdienst verbunden.

Die Schulverhältnisse in Tiefenbach waren jedoch mehr als bescheiden. Der Unterricht dürfte nach dem 30-jährigen Krieg (1618–1648) auf oder wieder aufgenommen worden sein, wobei der Unterricht nur in der Winterzeit stattfand. Nach der Ortstradition wurde jedes Jahr ein Lehrer gewählt. Die in der Herrschaft Warthausen 1783 durchgeführte Generalschulvisitation fiel in Tiefenbach „allseitig zum Missvergnügen" aus. So ist es nicht verwunderlich, wenn kaum jemand die Möglichkeit zu einer höheren Bildung hatte, es sei denn als Ordensgeistlicher oder für Mädchen ab dem 19. Jahrhundert als Schwester in einer neu entstandenen Kongregation, was früher beispielsweise im Damenstift Buchau nur für Adelige möglich war. Folge der Visitation war die Anstellung des Georg Fieseler (1784–1794) als erstem ständigen Lehrer. Das 1784 erbaute heutige Spritzenhaus neben der Kapelle diente bis zum Neubau von Schule mit Lehrerwohnung und Rathaus (1868) als Unterrichtslokal. Finanzielle Gründe bestimmten die Kombination Mesner/Lehrer. Die starke Beanspruchung des Lehrers als Mesner, der zudem noch einen landwirtschaftlichen Nebenerwerb brauchte – zu seinem Einkommen zählten auch Seeteile –, machte einen geregelten Schulunterricht fast unmöglich. Daher wurde die Anstellung eines Mesnergehilfen auf Rechnung des Lehrers zugestanden, ein Problem, das auch auf staatlicher Seite gesehen wurde. Finanzielle Gründe verzögerten eine Lösung, denn vom Gehalt als Lehrer konnte keine Familie ernährt werden. Andererseits verlangten die Lehrer, das Mesnereinkommen sollte nicht auf ihr Gehalt angerechnet werden. Nach jahrelangen Verhandlungen war klar, der Zwang zur Übernahme des Mesner- und an Pfarrkirchen zusätzlich des Organistendienstes musste entfallen. Die endgültige Trennung erfolgte auf 1. Oktober

1905. Der Staat musste dadurch die Lehrerbesoldung neu ordnen. In Tiefenbach erfolgte die Trennung dieser Dienste bereits 1901/02. Die Kirchengemeinde erhält von der bürgerlichen vom 1. April 1902 an jährlich 41 Mark 14 Pf als Beitrag zur Besoldung des Mesners, den Betrag, den Bürgerausschuss und Stiftungsrat am 11. Februar 1875 als Mesnergehilfenbesoldung dem Lehrermesner zugesprochen hatten unter ausdrücklicher Erwähnung, dem Mesner obliege auch künftig als Funktion für die Gemeinde das Aufziehen der Turmuhr und das Trauergeläute beim Ableben von König und Kaiser.

Nach dem Ersten Weltkrieg beeinträchtigten Inflation und Arbeitslosigkeit das wirtschaftliche Leben. Trotzdem konnte die Beschaffung einer neuen Glocke bereits 1923 durch freiwillige Beiträge ermöglicht werden. Größere Zuwendungen an Pfarrkirche und Kapelle kamen wiederum über Stiftungen aus Waldverkäufen 1927/28. Schultheißenamtsverweser Anton Dorner stiftet eine rote Kirchenfahne. Drei neue Messgewänder (weiß, violett, grün) aus der Paramentenwerkstätte des Klosters Bonlanden stiften Genovefa Kramer, Geschwister Hepp (Schmids) und Johannes Kaiser. Pfarrer Raphael Hartmann (1924–1935) stiftet Altarteppich und Läufer als Motivation für die, wie er meint, wohlhabenden Waldbesitzer. Am 8. März 1930 legte Architekt Schützbach, Buchau, ein Gutachten über den Zustand der Kapelle vor. Die darin festgestellten Schäden mussten bei der Renovation von 1933 beseitigt werden. Das Dach auf der Nordseite weist viele abgesprungene Dachplatten auf, der Glockenturm hat sich gegen das Kirchendach geneigt. Aus dem 1928 von der Gemeinde angelegten Kapellenfonds, einem Zuschuss des Landesdenkmalamtes und der Diözese wurden die Kosten in Höhe von 2631,17 RM beglichen. Auf ein Gesuch hin stiftet der Patronatsherr der Pfarrei Seekirch, Fürst Thurn und Taxis, 7,76 fm Bauholz. Das 1937 eingerichtete elektrische Licht wird wiederum durch Spenden der Waldverkäufer und der Gemeinde ermöglicht.

Ende der 30er-Jahre stellt sich heraus, dass der Hochaltar der Kapelle einer grundständigen Erneuerung bedarf, die bei der vorhergehenden Renovation aus Kostengründen nicht berücksichtigt wurde. Der bürgerlichen Gemeinde unter Leitung von Bürgermeister Franz Sauter (1938–1946), Oggelshausen, fällt es nicht leicht, den Betrag von 450 RM bereitzustellen, zumal in dieser politisch hoch explosiven Zeit des Nationalsozialismus für derlei Zwecke ein Sammlungsverbot erlassen wurde. In den ersten Kriegsmonaten des Zweiten Weltkriegs wird zumindest der Panzertabernakel in den vorhandenen hölzernen eingebaut. Der Vorschlag des Kunstsachverständigen der Diözese, Stadtpfarrer Erich Endrich (1898–1978), das Altarbild mit dem hl. Oswald aus künstlerischen Gründen zu ersetzen, wird Gott sei Dank nicht weiter verfolgt. 1942 stiftet Felix Haller ein kunstgeschmiedetes Tumbakreuz.

Nicht unerwähnt bleiben soll ein Ereignis am Ende des Zweiten Weltkrieges. In einer der schrecklichsten Stunden wagte es ein Bürger, auf dem Turm der

Kapelle ein weißes Tuch als Zeichen der Übergabe anzubringen, eine Tat, auf der die Todesstrafe stand. Die weiße Fahne auf dem Turm wirkte beim Einmarsch der Franzosen wie ein Zeichen der Befreiung. Kaum war der Krieg zu Ende, dachte Pfarrer Georg Baur (1938–1947) schon wieder an die Kapelle St. Oswald. Am 17. September 1945 bereits beginnt Kirchenmaler Anton Baur aus Biberach mit der Neufassung des Hochaltares. Die Kosten tragen Josef und Franziska Schmid (Obere Belles) als Andenken an ihren einzigen, am 3. November 1942 im Alter von 20 Jahren im Kaukasus gefallenen Sohn Karl.

Die Gottesdienste in der Kapelle

Die Regelung der Gottesdienste an der Filialkirche St. Oswald der Pfarrei St. Mariae in Seekirch bedurften der Abklärung durch die Herrschaft und das Kloster Marchtal, dem die Pfarrei inkorporiert war.

Wie aus den Akten hervorgeht, hatte der Pfarrer von Seekirch bis 1589 nur die Verpflichtung zur Abhaltung eines Gottesdienstes am Patrozinium und an Kirchweih, die am Sonntag nach Oswaldi gefeiert wurde. Was auf freiwilliger Basis geschah, ist leider nicht überliefert. Demzufolge kann das religiöse Leben in den Jahrhunderten zuvor nicht genau dargestellt werden. Ab genanntem Zeitpunkt haben die Geistlichen in Seekirch jedoch Monats-, teils Wochenmessen aus Gefälligkeit gegenüber den Gläubigen gelesen. 1664 vereinbaren Baron Schad von Mittelbiberach-Warthausen und Abt Nikolaus Wierith (1661–1691) von Marchtal, es sollen bis zum Ableben des Abtes († 3. Sept. 1691) als freiwillige Leistung monatlich zwei, drei oder mehrmals eine Messe gelesen werden. Im Vertrag vom 27. Juli 1699 schließen der neue Inhaber der Herrschaft, Warthausen Johann Philipp von Stadion, und Abt Adalbert Rieger (1691–1705) einen Vertrag, wonach eine Wochenmesse gelesen wird, sofern die Gemeinde Tiefenbach dem Pfarrhof Seekirch einen Acker im unteren Ösch bei der Hart grundeigentümlich übergebe. Diese Äcker, Helferäcker genannt, haben nach Meinung von Pfarrer Schöttle im Jahr nur 7 fl. 20 kr. an Reinerlös erbracht, womit aus dieser Sicht die Wochenmesse eine Last gewesen sei, zumal die Tiefenbacher im Vertrag vom 20. November 1727 gefordert hätten, die Messe müsse für die Gemeinde „appliziert“ werden, d. h. der Pfarrer könne kein zusätzliches Stipendium annehmen, auf das er bei seinem geringen Einkommen angewiesen wäre. 1787 wandelt die Gemeinde Tiefenbach die Auflage in eine Geldbesoldung um, worüber der Pfarrer nicht unglücklich war, denn sein Acker auf Tiefenbacher Ösch bedurfte eines Überfahrtsrechts über die Nachbaräcker, was recht hinderlich war. Die Besoldung für die Wochenmesse einschließlich „Opferwein“ beträgt nunmehr 37 M 71 Pf. Mit Erlass vom 9. März 1906 erlässt das Bischöfliche Ordinariat Rottenburg eine Neuordnung, wonach der Pfarrer ab 1. Januar 1908 in der Intention der Gemeinde acht Wochenmessen zu absolvieren habe und für die restlichen 44 ein Stipendium annehmen dürfe.

Zahlreiche Jahrtagsstiftungen machten diese Regelung notwendig. Die im Verzeichnis von 1892 aufgeführten Stiftungen wurden erst 1995 abgelöst. Ab 1700 sind Hausjahrtage, benannt nach dem Patron, den jedes Haus hatte, nachgewiesen. Diese wurden ebenfalls reduziert, desgleichen die 13 Jahrtage von 1866 bis 1922, deren Kapital in der Inflation von 1923 abgewertet wurde. Dafür müssen nach der Regelung von 1933 sieben Stillmessen gelesen werden. Durch die finanzielle Entwicklung bedingt betrug das Kapellenvermögen 1929 gerade 245 Mark. Auch die Stiftungen an die Kapelle bis zur Währungsreform 1948 mussten an den Wert der Deutschen Mark angeglichen werden, darunter das Vermächtnis von Katharina Burgmaier, die im Testament von 1932 der Kirchenpflege Seekirch und Tiefenbach je 1000 Reichsmark mit der Auflage einer jährlichen Messe vermachte. 1988 kamen der Kapelle durch Agatha Riedmüller testamentarisch 50000 DM zugute.

Neben der Wochenmesse ist seit Jahrhunderten die Kapelle Ort des gemeinsamen Rosenkranzbetens, zumal in der Pfarrei 1685 die Rosenkranzbruderschaft wiederbelebt wurde, die im Gebiet der Abtei Marchtal schon während des 30-jährigen Krieges eingeführt wurde, in Buchau dagegen erst 1677. Das Vorbeten des Rosenkranzes zählt seit alter Zeit zu den Pflichten des Mesners. Um den Status der Pfarrkirche nicht zu beeinträchtigen, finden die Casualien (Taufe, Hochzeit, Trauergottesdienst) immer schon in Seekirch statt. Der Totenrosenkranz jedoch hat seinen Platz in der Filialgemeinde.

Nur in wenigen Ausnahmefällen fanden bisher Sonntagsgottesdienste in der St.-Oswald-Kapelle statt. Im 20. Jahrhundert zwangen drei Ereignisse dazu, so z. B. 1920 und 1938 die gefürchtete Maul- und Klauenseuche. Am Sonntagabend, dem 22. April 1945, fand der Sonntagsgottesdienst wegen des herannahenden Feindes abends in der Kapelle statt. Nach dem Gottesdienst konnten vom Federsee her schon die Schüsse der Maschinengewehre und der Lärm der rollenden Panzer wahrgenommen werden.

Kunst und Frömmigkeit

Hochwertige Kunst ziert seit Jahrhunderten die Kapelle. Kloster und Standesherrschaft schufen ein entsprechendes Netz. Die Patres des Stifts Marchtal, dessen 10. Abt Johann Riedgasser (1591–1600) aus Seekirch stammte, waren eifrige Seelsorger. Pater Paul Schmid wurde 1772 von der Pfarrei Seekirch weg zum Abt des Klosters gewählt. Bis 1866 zierte ein barockes Bild den Altar. Es stellte wie das jetzige den hl. Oswald dar, der vor der Muttergottes kniet. Maria

Altar mit dem Gemälde von Lehrer Wilhelm Freudenreich.

hat das Jesuskind auf dem Schoß. Während sie selbst sich Oswald zuwendet, streckt das Jesuskind seine Hände nach dem hl. Antonius aus, dessen Gesichtszüge das Porträt des damaligen Kaplans Anton Wengert (1866–1870) darstellen, der dem Patron gegenüber kniet. Im Hintergrund wird der Federsee mit Tiefenbach, Seekirch und dem Bussen sichtbar. Dieses Bild von Lehrer Wilhelm Freudenreich, 1866 gemalt, ist zwar ohne künstlerischen Wert, aber trotzdem einem guten Stück Frömmigkeit zuzuzählen und deshalb erhaltenswert. Darüber befindet sich das alte, barocke Bild von Gott Vater und zuoberst das Wappen der letzten Fürstäbtissin des adeligen Damenstifts Buchau Maximiliane von Stadion zu Thann- und Warthausen (1775–1803), eine Großtante des letzten Inhabers der Herrschaft Warthausen, 1736 in Mainz als Tochter von Graf Friedrich von Stadion, dortiger kurfürstlicher Minister, und dessen Gemahlin Maria Anna Augusta Antonia, geb. Freiin von Sickingen-Hohenburg geboren. Nach ihrer 1803 erzwungenen Abdankung verstarb sie am 14. April 1814 in Biberach.

Im Dienst der Liturgie stehen ein schmucker Kelch, der Kreuzpartikel von 1794 (die Pfarrkirche Seekirch ist bereits seit 1745 im Besitz eines solchen) und die Reliquie des hl. Oswald. Am 4. August 1773 bestätigt in Warthausen der Konstanzer Weihbischof Johann Nepomuk von Hornstein (1768–1779) die Herkunft des „spina dorsi“ (Splitter vom Rücken) des hl. Oswald aus dem Kloster Weingarten. Der Pfarrer von Uttenweiler bringt die kostbare Reliquie in die Mutterkirche Seekirch und von dort wird sie in Prozession nach Tiefenbach geleitet und ein großes Fest gefeiert. Auch das Votivbild links am Eingang der Kapelle gehört zur Kategorie der Volksfrömmigkeit. Pfarrer Josef Kloos (1908–1924) wollte zu Beginn seiner Amtszeit ebenfalls einen Tribut an die damalige Frömmigkeit leisten und gestaltete die beiden Seitenaltärchen neu. Die Herz-Jesu-Figur und die Miniatur einer Lourdesgrotte mit Marienfigur nach des Pfarrers Zeichnung, von Schreiner Haller gefertigt und von Kirchenmaler Springer, Buchau, gefasst, wurden bei der Renovation 1988 wieder entfernt, wodurch Raum für hochwertige Skulpturen geschaffen wurde. 1764 stiftet Sophie Dangel aus Tiefenbach einen Kreuzweg mit 14 Stationen. Bischof Franz Konrad Kardinal von Rodt (1750–1775) erteilt die Genehmigung zur Aufstellung und altem Brauch gemäß weiht ein Franziskanerpater aus Saulgau die wertvollen barocken Bilder ein. Die Gemälde „Erschießung des hl. Sebastian“ und „Beweinung Christi“ stammen vom Niederländer Abraham van Diepenbrock (1607–1675), der wohl bei der Herrschaft Warthausen gemalt hat, wodurch die Tiefenbacher zu diesem besonderen Kunstwerk gekommen sein dürften. Die Gemälde „Petrus und Paulus“, 1866 durch Pfarrer Schöttle erworben, stammen nach Meinung von Kirchenmaler Anton Baur, Biberach (1935), von Joseph Esperlin (1707–1775), gebürtig aus Degernau. Weitere Werke dieses Meisters finden sich in Mittelbiberach, Schwendi, Burgrieden, Zweifelsberg, Gutenzell, Ingoldingen. Das Bild des hl. Petrus wurde 1923 gestohlen; der Dieb wurde in Heidelberg gefasst und bestraft. Das Bild kam ohne Rahmen zurück und konnte 1925 wieder in der Kapelle aufgehängt werden. Die Bilder „Ecce-Homo“ und die „Trauernde Mutter“ (18. Jahrhun-

Die Schmerzensmutter, eine Replik der Nenninger Pietà von Ignaz Günther.

Die Station „Kreuzigung" aus dem 1764 gestifteten Kreuzweg.

dert) besitzen hohen Kunstwert. Von unschätzbarer Qualität zeugen auch die figürlichen Darstellungen. Die thronende Muttergottes, Holzfigur mit teilweise erhaltener Farbfassung (um 1450/60), wird der Schule Hans Multschers zugeschrieben. Der um 1400 in Reichenhofen/Leutkirch geborene Künstler war von 1427 bis 1467 in Ulm tätig und begründete dort für fast 100 Jahre die führende Stellung der Reichsstadt in der Kunst der schwäbischen Holz- und Steinskulptur. Dem Bildersturm der Reformation fielen viele seiner Werke zum Opfer. Diesem Umfeld gehören auch die Figuren St. Sebastian und St. Christophorus an. Joseph Christian (1706–1777) aus Riedlingen, einer der bedeutendsten Bildhauer der Rokokozeit, schuf (1745) die Figuren rechts und links am Altar St. Oswald und St. Andreas. Meisterwerke von ihm finden sich u. a. in Allmendingen, Bad Buchau, Dietelhofen, Obermarchtal, Ottobeuren, Riedlingen, Zell, Unlingen und Zwiefalten.

Die Replik der Nenninger Pietà nach der Skulptur in der dortigen Friedhofskapelle von Ignaz Günther (1725–1775) wurde 1949 als Bildwerk der Spätgotik in der „Fähre" zu Saulgau ausgestellt. Ob das Kunstwerk innerhalb der Werkstatt Günthers

Thronende Muttergottes, Holzfigur um 1450/60, der Schule Hans Multschers zugeschrieben.

Das Chorbogenkreuz aus dem 17. Jahrhundert.

entstanden oder ein schwäbischer Bildhauer der Meister ist, muss offen bleiben. Für die Kapelle in Tiefenbach wird die beeindruckende Gestalt auf jeden Fall zum Gewinn. Dem Besucher der Kirche dürfte auch das Kreuz aus dem 17. Jahrhundert über dem Chorbogen nicht entgehen. Vor noch nicht zu langer Zeit wurde im hinteren Teil der Kapelle, neben dem Beichtstuhl, eine Kopie des Gnadenbildes „St. Maria vom Guten Rath“ angebracht, dessen Original sich in Genazzano, einem Städtchen unweit von Rom, befindet, wo es seit Jahrhunderten verehrt wird. Kopien finden sich u. a. in Söflingen, Eglofs, Eggmannsried, Heudorf, Horb, Obermarchtal und Donzdorf.

Das religiöse Leben spiegelt sich nicht nur in der Kapelle wider. Sechs Feldkreuze zieren Plätze im Ösch. Bei der Öschprozession 1857 und 1858 wurde je eines geweiht, desgleichen 1838 und 1875. Standorte um 1950 sind: Straße nach Seekirch (rechte Seite), Straße nach Oggelshausen (Speicher Reiter und das „Wiesenkreuz“), Weg zum Ösch, Kreuz am Wald, Kreuz am Biberacher Weg (Fischers). Als Stationen bei der Öschprozession sind diese gepflegten Orte wohl bekannt.

Kunst und Frömmigkeit gehen seit Jahrhunderten in der Gemeinde, in der bis zum Ende des Zweiten Weltkriegs alle Einwohner der katholischen Kirche angehörten, Hand in Hand, wobei im Verbund Kirche/Gemeinde die Zeit von 1850 bis 1950 ein besonderer Höhepunkt vor dem gewaltigen Umbruch in der 2. Hälfte des 20. Jahrhunderts gewesen sein dürfte.

Und noch etwas ist bemerkenswert: Der Partner bürgerliche Gemeinde wird auch nach der Gebietsreform von einem Bürgermeister repräsentiert, denn durch den Beitritt zum Gemeindeverwaltungsverband Bad Buchau am 1. Januar 1973 konnte deren Selbstständigkeit erhalten werden, während kirchlicherseits mehr verloren gegangen sein dürfte. Die Pfarrei Seekirch mit ihren Filialen Tiefenbach und Alleshausen mit Brasenberg wurde im Jahr 2001 der Seelsorgeeinheit Federsee mit Sitz des Pfarrers in Bad Buchau zugewiesen.

Die Glocken der Kapelle

Die Glocke von 1570.

Die älteste nachgewiesene Glocke soll aus der Erbauungszeit (nach 1414) gestammt haben. Auffallend war ihre bienenkorbähnliche Gestalt mit dem englischen Gruß („Ave Maria gratia plena dominus tecum") als Umschrift. Trotz ihres Kunstwertes musste die Glocke 1917 für Kriegszwecke abgeliefert werden.

Die ehemals große Glocke (vermutlich aus der Biberacher Gießhütte) mit einem Durchmesser von 66 cm, einer Höhe von 54 cm und einem Gewicht von 375 Pfd. trägt die Inschrift: „JESUS NAZARENUS REX JUDEORUM.MISERERE NOBIS:ANNO DOMINI 1570". An der Flanke findet sich eine kleine Kreuzigungsgruppe. Bei der Einstufung 1918 wurde sie mit dem Prädikat C = besonderer Kunstwert ausgezeichnet.

Die kleinste der Glocken, 1757 gegossen, das Wetterglöckchen, mit einem Durchmesser von ca. 30 cm, einer Höhe von ca. 25 cm und einem Gewicht von ca. 35 kg, hängt in freiem Gerüst über dem Turm ohne Verbindungsweg. Wegen ihres kleinen Umfangs und des schwierigen Zugangs wurde das Glöcklein 1917 von der Ablieferungspflicht ausgenommen.

Das Loretoglöcklein von 1757 im Turm der Kapelle.

Die Inschrift lautet: „+ S. OSVVALDVS · S. ANTONIVS DE PADVA". An der Flanke: 1. Kreuzigungsgruppe in Medaillon, darunter Wappen. 2. Wappen? 3. Maria von Loreto auf dem Dach ihres von Engeln davongetragenen Hauses. 4. Hl. Antonius von Padua in Medaillon. Am Schlag der gleiche Fries und Inschrift: „+ IOSEPHVS MILLE · ANDREAS HALLER · A.D. MDCCLVII".

Die Stifter Joseph Miehle (1714–1771) und Andreas Haller (1690–1767) entstammen den ältesten heute noch in der Gemeinde lebenden Geschlechtern. Das 4. Kind des Joseph Miehle, Johannes (1740–1813) heiratete 1785 Margaretha Dibelius aus Mainz und war Hofchirurg beim dortigen Kurfürsten. Das Geflecht Stadion – Warthausen und Äbtissin von Buchau könnte zu seinem Werdegang beigetragen haben, denn Graf Friedrich von Stadion (geb. 1691 in Würzburg, gest. 1768 in Warthausen) stand – wie bereits sein Vater Johann Philipp (1652–1741) und später sein Sohn und Erbe Franz Eduard (1736–1772) – in kurmainzischen Diensten. Graf Friedrich, ein aufgeklärter Fürst, trat 1742 die Herrschaft Warthausen an, siedelte 1761 von Mainz dorthin. An seinem Warthausener Musenhof, wo u. a. der Dichter Christoph Martin Wieland nebst Chorherr Sebastian Sailer verkehrten, stand Kunst und Literatur im Zentrum, was auch der Kunst der Tiefenbacher Kapelle zugute kam, zumal seine Tochter Maximiliana (1737–1814) als Stiftsdame von Buchau und spätere Äbtissin auf Schloss Warthausen häufig zu Gast weilte. Sein energisches Auftreten gegen die Hexenverfolgung bewahrte Tiefenbach vor diesem Übel. Die medizinische kostenlose Betreuung seiner Untertanen durch seinen Leibarzt kam unseren Vorfahren zugute.

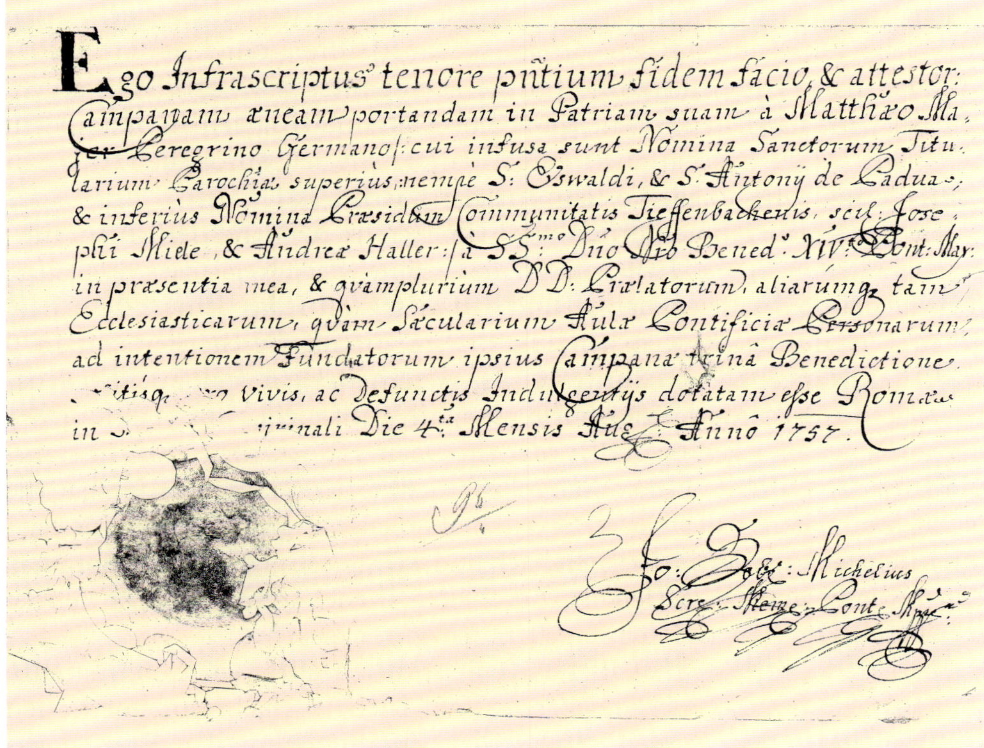

Ego Infrascriptus tenore pntium fidem facio, & attestor: Campanam æneam portandam in Patriam suam à Matthæo Majer Peregrino Germano; cui infusa sunt Nomina Sanctorum Titu-
larium Parochiæ superius: nempè S: Oswaldi, & S: Antony de Padua;
& inferius Nomina Præsidum Communitatis Tieffenbachensis, scil: Jose-
phi Miele, & Andreæ Haller: à SS:mo Dño Nro Bened: XIV: Pont: Max:
in præsentia mea, & quamplurium DD: Prælatorum, aliarumq. tam
Ecclesiasticarum, quam Sæcularium Aulæ Pontificiæ Personarum;
ad intentionem Fundatorum ipsius Campana trinâ Benedictione
[illegible] pro vivis, ac defunctis Indulgentÿs dotatam esse Romæ
in [illegible] Quirinali Die 4.ta Mensis Aug: Annô 1757.

Jo: Jac: Michelius
Scr: Mem: Pont: [illegible]

Vom Wetterglöcklein wird seit alters berichtet, es sei hoch geweiht, ein Pilger habe die Glocke aus Rom gebracht. Eine Urkunde mit Papiersiegel vom 4. August 1757 (A 64) gibt nähere Auskunft. Demnach ist das Wetterglöcklein, wegen seinem Wappen mit Maria von Loreto auch Loretoglöcklein genannt, an diesem Tag in Rom von Papst Benedikt XIV. (1740–1758) in Anwesenheit des Unterzeichners der Urkunde zu Ehren der hl. Oswald und Antonius von Padua und mit einem Ablass für Lebende und Verstorbene versehen geweiht worden. Der deutsche Pilger Matthäus Majer (1745 wird für Seekirch Matthias Mayer überliefert, wobei es sich um dieselbe Person handeln dürfte, die als „Berufspilger" unterwegs war) hat es in seine Heimat getragen. Noch im selben Jahr wurde das Glöcklein auf den Turm gebracht. Für das „Aufhenken" der gekauften Loretoglocke zahlte die Gemeinde 1 Gulden 36 Kreuzer.

1760 wird die Kapelle umgebaut, der Turm erhöht, die Glocke muss wieder abgenommen werden. Der Sohn des Mesners Breichler, Gabriel (1732–1803), und der des Fischers Kramer, Johannes (1745–1813), bringen das Glöcklein nach Seekirch und holen es 1761 wieder dort ab, wofür sie 29 Kreuzer erhalten. Seitdem läutet das Glöcklein hoch oben auf dem Turm. An ihm hängt der jahrhundertelang bezeugte Glauben unserer Vorfahren, dieses Glöcklein sei Schutz und Segen bei Blitz, Hagel und Ungewitter. Und wehe, wenn der Mesner dieses Glöcklein nicht rechtzeitig läutet.

Für die durch den Ersten Weltkrieg verloren gegangene Glocke wurden bereits ab 1921 Sammlungen für eine Neuanschaffung durchgeführt. Georg Wohlfahrt in Lauingen hat die Glocke (Durchmesser 47 cm) 1923 gegossen. Sie wird als klein und hübsch beschrieben und trug keinen besonderen Schmuck. Da die Beschaffung in die Inflationszeit fiel, wurde die Umlage in Getreide aufgebracht. Die Kosten betrugen 3,5 Mio. RM.

Keine zwei Jahrzehnte durften die 3 Glocken friedlich auf dem Turm miteinander läuten. Bereits 1940 wurden die Geläute wieder registriert. 1942 werden die Glocken beschlagnahmt und Zimmermann Hans Schuster, Buchau, erhält den Auftrag, die Glocken auszubauen. Es traf die Glocken von 1570 und 1923. Hängenbleiben durfte nur das Wetterglöcklein, jetzt für alle Dienste zuständig. Nach dem Krieg hörte man, die nicht mehr zum Einschmelzen gekommenen Glocken befänden sich auf einem „Glockenfriedhof" in Hamburg. Am 10. Februar 1948 konnte Albert Kieferle, Alleshausen, in Saulgau die „Kriegsheimkehrer" der Pfarrei Seekirch abholen. Die große Glocke von Seekirch kehrte mit je einer aus Tiefenbach und Alleshausen zurück. Am Sonntag, den 7. März, läutete die Tiefenbacher Glocke wieder vom Turm. Die Glocke von 1570 war wieder auf den Kapellenturm zurückgekehrt.

Bereits 2 Jahre später ergriff Bürgermeister Anton Rauscher die Initiative und bestellte in der Glockengießerei Alfred Bachert, Heilbronn, auf Kosten der Gemeinde Ersatz für den Kriegsverlust. Zusammen mit den Glocken von

Oggelshausen fand am 13. August 1950 in Oggelshausen die Glockenweihe statt. Wenige Tage später erklang die 400 kg schwere Kreuzglocke mit der Inschrift „Heiliges Jahr 1950“ vom Turm der Kapelle, womit das Geläute wieder vollständig geworden war. Da die neu geweihte Glocke nunmehr die größte ist, hängt aus Raumgründen über ihr jetzt die aus dem Krieg heimgekehrte Glocke von 1570.

Welche Bedeutung die Glocken in der Gemeinde haben, sei an der 1875 festgelegten Ordnung für den Mesner dargestellt, die bis heute ihre Gültigkeit nicht verloren hat:

„1. Der Lehrer/Mesner hat alles ortsübliche Geläute zu besorgen. Darunter versteht man das Morgen- und Abendgebetläuten, das 11-Uhr- und 12-Uhr-Läuten, am Donnerstagabend im Anschluß an das Gebetläuten das Läuten der ‚Angst Christi‘, am Freitag Mittag um 11 Uhr die ‚Schiedung Christi‘ und Samstagsabends das ‚Miserere-Läuten‘ für die armen Seelen.

2. Wenn und sooft ein Gottesdienst in der Kapelle statt hat, sei es durch die Ortsgeistlichen oder wenn eine fremde Prozession in die Kapelle kommt oder ein Priester als Gast in der Kapelle zelebriert, so hat er das Erst-, Zweit- und Zusammenläuten gleichwie das zum Evangelium, zur Heiligen Wandlung usw. zu besorgen.

3. Das Läuten zum Gewitter, d. h. wenn und so oft ein solches herannaht, auch zur Nachtzeit.

4. Das sog. ‚Stürmen‘, jedoch erst auf Anordnung des Ortsvorstehers.

5. Das Einläuten der Sonn- und Festtage, gleichwie das Zeichengeben eine Stunde ehe der sonn- und festtägliche Gottesdienst in der Pfarrkirche beginnt. Das des Namensfestes des Königs und der Königin; auch am heiligen Tage in der Frühe und das Einläuten des Neujahres.

6. Das Schiedungsläuten für ein verstorbenes Staats- oder Kirchenoberhaupt, sei es also für ein verstorbenes Mitglied des königlichen oder kaiserlichen Hauses, wenn und in dem Umfang wie es angeordnet wird. Nicht minder bei dem Tode eines Papstes oder Bischofs. Ebenso wenn das Staatsoberhaupt oder der Bischof durch den Ort reist.

7. Das Ein- und Ausläuten bei sämtlichen Prozessionen sowie zu den Evangelien bei dem Flurgang. Nicht minder, wenn die Pfarreiprozession oder eine andere durch den Ort zieht.

8. Alles Läuten, wie es ortsüblich ist, bei Erwachsenen und Kindsleichen, Schiedung usw., auch wenn eine außerordentliche Festlichkeit im Orte stattfindet, wozu geläutet werden muß; z. B. Primiz oder Sekundiz [50-jähriges Priesterjubiläum], beim Abgang usw. und das Jubiläumsläuten.

9. Bei Friedensfesten oder einzelnen besonderen Siegen in Kriegszeiten oder bei solchen Trauerfeierlichkeiten, Allerseelen – oder besondere Jubiläumsandachten wenn Buß- und Bettage angeordnet werden.

10. Ingleichen wenn statt des Bittgangs bei ungünstiger Witterung eine Betstunde in der Kapelle stattfindet. Also – keinerlei Geläut, sollte es auch hier nicht aufgenommen und vergessen sein oder in späteren Zeiten noch dazukommen, ist ausgenommen, all dieses gehört in das Ressort des Lehrer/Mesner, der hierzu angestellt und von der Gemeinde belohnt ist."

Von der Landwirtschaft zum ländlichen Raum

Seit Jahrhunderten war das dörfliche Leben von der Landwirtschaft geprägt. 1895 lebten 81,2 % der Einwohner aus diesem Erwerb, 1933 78,7 %, 1950 66 %, 1970 42 %. Die Flurbereinigung der Jahre 1959/60 setzte nochmals einen Akzent. Auch die Zahl der Einwohner war von den Höhen und Tiefen der Fruchtbarkeit der Felder geprägt. 1825 330, 1849 249, 1871 bis 1925 ca. 380, 1937 337, nach dem Zweiten Weltkrieg über 400 Einwohner, darunter 15 % Heimatvertriebene. Ab 1974 tritt wiederum ein Bevölkerungsdefizit in der Gemeinde ein, deren Markung 13 % Wald und 400 Morgen Seeteile umfasst und in der 1986 492 ha Acker oder Dauergrünland bewirtschaftet werden. Die Dorfsanierung 1982 markiert dabei eine neue Perspektive. In dieses Programm wurde auch die Kapelle einbezogen. Doch zuvor schon wird das Gebäude 1966 außen und innen verputzt, das Dach erneuert, das Mauerwerk trockengelegt. Ein Beichtstuhl aus der Pfarrkirche Ertingen – hinten in der Kapelle angebracht – ersetzt 1970 den alten im Chorraum und eine elektrische Heizung wird 1969 installiert.

Immer wieder taucht die Frage nach den rechtlichen Verpflichtungen an der Kapelle auf, so beim Klärbeitrag (1978), wobei die politische Gemeinde die Auffassung vertritt, die Kirchengemeinde sei hier zuständig, was sich als irrig erweisen musste.

Nach intensiver fachmännischer Beratung und Untersuchungen der Bausubstanz fand 1986 bis 1989 erneut eine grundständige Renovation statt. Eine notwendig gewordene Sicherungsanlage wurde 1990 beschlossen, 1996 eine voll elektrische Turmuhranlage ins Auge gefasst. Um der Liturgie nach dem 2. Vatikanischen Konzil (1962–1965) gerecht zu werden, wurde 1996 ein Altartisch aus massiver Buche naturlackiert beschafft, wobei die finanziellen Belastungen salomonisch zugunsten der politischen Gemeinde geklärt wurden, die nur 1/3 der Kosten übernehmen musste, während Kirchengemeinde und Pfarramt den Rest unter sich aufteilten.

Tiefenbach im Jahre 1956.

Ausschnitt von Tiefenbach im Jahre 1956.

Von Menschen, die prägten

Ein Ausflug an Pfingstmontag 1931 mit vielen für ältere Menschen bekannten Gesichtern. Von links n. rechts stehend: Karl Schilling, Karl Maigler, Max Pfarr, Richard Hepp, Felix Haller, Lorenz Bär, Albert Hirschmann, unbekannt, Joseph Miehle, Adolf Hecht. 2. Reihe: Franz Zoll, Anton Rauscher (Bürgermeister), Alexander Kaiser, Karl Rechtsteiner, Alfons Buck, Albert Buck und Max Kramer. Untere Reihe: Karl Reiter, Anton Bär (Maurermeister).

Anton Pfarr, Schuhmachermeister (Karles, 1866–1952) mit Ehefrau Theresia geb. Widmann (1873–1937) vor dem Haus, in dem die Werkstatt und der Laden untergebracht waren. Der „alte Pfarr“ hatte die Hoffnung lange nicht aufgegeben, er könne das Handwerk so lange weiter betreiben, bis sein vermisster Sohn Max, seit 1943 im Osten vermisst, heimkehren würde.

Amtsdiener Johann Bär (1878–1957), „der Polizei“, unvergesslich das Ausschellen mit dem Beginn: „Bekanntmachung“.

Albert Buck (1902–1974), Metzgers Albert, auf dem Weg zum Feld.
Albert Buck, noch im Dezember 1944 zum Militär eingezogen, hat seine Organisten- und Dirigentätigkeit, die er 1941 begonnen, gleich wieder aufgenommen und bis zum Tod am 10. Februar 1974 ausgeübt, wobei er fast unendlichmal mit seinem Fahrrad, später mit Hilfsmotor den Weg von Tiefenbach nach Stafflangen zurückgelegt hat. Er hat das Orgelspiel als „Autodidakt", d.h. selbst gelernt.

Maria Kopf (1906–1995), die Mutter des Verfassers, auf dem Rübenacker beim Ortseingang.

Überlegungen in die Zukunft

Die Kapelle St. Oswald ist seit Jahrhunderten das Herzstück der Gemeinde und dies viel mehr als manche vermuten. So mussten die auswärtigen Begutachter bei der letzten Renovation ihr Urteil über die Benutzung zurücknehmen, denn sie hatten die landläufige Vorstellung, die Kapelle würde wenig beansprucht. Sie bekamen jedoch Respekt vor dem Grundständigen, das sich in diesem Gotteshaus ereignet. Dies sollte auch in die Zukunft hinein ideell und materiell gesichert werden, indem das Erbe und Vermächtnis des geheiligten Ortes gepflegt wird. Vonseiten der Pfarrei dürfen Wochenmesse, Rosenkranzgebet und Glockengeläut nie zur Disposition gestellt werden. Sie gehören zu den Säulen gelebten Glaubens, sind unverzichtbares, unveräußerliches Erbe. Die politische Gemeinde steht ebenso in der Pflicht, die Kapelle voll zu unterhalten und kann keine Abstriche machen. Um künftighin die klare Rechtspositionen zu kennen, seien die rechtlichen Voraussetzungen noch einmal dargelegt:

Am 25. Juli 1874 haben die Realrechtsbesitzer ihr Gemeinschaftsvermögen mit den darauf ruhenden Lasten auf die politische Gemeinde auf dem Wege der Übereinkunft übertragen. Die königliche Kreisregierung ordnete unterm 22. August 1874 an, diese Übereinkunft in die Form eines wirklichen Vertrages zu fassen, was am 17. Oktober 1874 unter Vorsitz des Königlichen Oberamtes geschah. Abgetreten wurden:

1. Das Jagdrecht auf dem Federsee mit 357 Morgen
2. Liegenschaften
   a) die Ortskapelle mit Turm, Glocken, 1 Uhr, Areal und Innenbau im Anschlag von 3500 fl.
   b) an Grundstücken 345/8 Morgen im Steueranschlag zu 132 fl.

Die Grundstücke waren der Rest der einstmals 156 5/8 Morgen Kapellengüter. Der württembergische Landtag beschloss am 14. Juni 1887 das staatliche Kirchengemeindegesetz, womit die Trennung der kirchlichen von der bürgerlichen Gemeinde vollzogen wurde. Im Vertrag vom 23. März 1892 vollzog die Gemeinde Tiefenbach dieses Gesetz, indem die Kapelle St. Oswald und die kirchlichen Stiftungen, wie oben erwähnt, in kirchliches Eigentum übergingen. Der Unterhalt der Kapelle gehört zu den Pflichten der bürgerlichen Gemeinde. Ein römisches Sprichwort lautet: Pacta sunt servanda – Verträge müssen gehalten werden.

Und trotzdem hat es sich bei den letzten Renovationen und Beschaffungen für die Kapelle St. Oswald erwiesen: Es gibt unbeschadet der rechtlichen Zuständigkeiten auch einen dritten Weg, der einvernehmlich gefunden werden kann, und der könnte heißen: Beide Seiten – Kirchengemeinde und politische Gemeinde – suchen im Dialog die Zukunft der Kapelle zu sichern, indem jede

Seite mit ihrer Position auf die andere zugeht, einen Konsens sucht und auch im Finanziellen Konzessionsbereitschaft zeigt. Hier alle Rechte – dort alle Pflichten führt aus der Verantwortung nicht heraus, sondern könnte in einer Sackgasse enden. Durch Jahrhunderte haben die Bürgerinnen und Bürger der Gemeinde in die Kapelle Stiftungen eingebracht, sonst wäre keine so große materielle Grundlage vorhanden gewesen, deren nicht geringer Rest 1874 der Gemeinde als Grundstock für die Erhaltung der Kapelle übereignet wurde.

Die 1997 errichtete Stiftung „Kultur der Heimat“ möchte ein Zeichen der Verbundenheit zwischen politischer und kirchlicher Gemeinde setzen, damit der Kapelle St. Oswald auch in Zukunft aus finanziellen Gründen nichts abgehen muss und der äußere Anblick schon ahnen lässt: diese Stätte ist tatsächlich das Herzstück der Gemeinde Tiefenbach am Federsee, und zwar derer, die dort leben, und derer, die in der Kapelle in Kindheit und Jugend die Spuren der Jahrhunderte erahnen, die in dem geheiligten Raum gegenwärtig werden. Viele kehren deshalb gerne dorthin zurück, wissend, hier konzentriert sich seit 650 Jahren das gemeinsame Vermächtnis der Generationen und Geschlechter, damaliger wie heutiger.

Dankbar sind sicher viele auch, weil seit Jahrhunderten erstmals eine Generation im Dorf lebt, die auf eine noch nie gekannte Friedenszeit blicken kann. Die Entwicklung der letzten Jahrzehnte schuf auch Voraussetzungen, um den am Ort Geborenen eine Heimat zu schaffen, womit das leidige Thema Auswanderung der Vergangenheit angehört.

(BC 1/2003 mit Ergänzungen)

Tiefenbach mit dem Federsee in der landwirtschaftlich motorisierten Zeit des 20. und 21. Jahrhunderts.

Die Ortsoberen von Tiefenbach

Ammann – Schultheiß (ab 1810) – Bürgermeister (ab 1930)

Hans Reuter	1647–1658
Johann Miehle	1658–1676
Michael Gaisser	1676–1699
Michael Kramer	1700–1703
Martin Gaisser	1703–1733
Johannes Pfarr	1733–1736
Georg Hepp	1736–1740
Bernhard Pfarr	1740–1754
Johannes Breichler	1754–1756
Joseph Miehle	1756–1771
Joseph Aßfalg	1771–1797
Johann Georg Rösch	1797–1819
Johann Baptist Miehle	1819–1832
Anselm Miehle	1832–1855
Joseph Hepp	1855–1869
Joseph Burgmaier	1870–1873
Joseph Kathan	1874–1903
Johann Reiter	1903–1909
Anselm Ahlemann	1909–1927
Anton Dorner	1927–1934
Albert Hirschmann	1935–1938
Franz Sauter	1938–1946
Anton Rauscher	1946–1977
Hans Müller	1977–2000
Helmut Müller	2001– heute

Albert Hirschmann,
Bürgermeister
1935–1938

Franz Sauter,
Bürgermeister
1938–1946

Anton Rauscher,
Bürgermeister
1946–1977

Hans Müller,
Bürgermeister
1977–2000

Helmut Müller,
Bürgermeister
2001–heute

Der Gemeinderat von Tiefenbach von links nach rechts:
Anton Rauscher, Manuela Kalkuhl, Bürgermeister Helmut Müller, Wolfgang Riedmüller, Peter Krämer, Alois Kugler, Lothar Kaiser, Klaus Bart, Norbert Eggart.

Die Ehrenbürger

Tiefenbach:

Anton Reiter, Baumeister/Stadtbauoberinspektor, geboren 10. November 1881 als 3. Kind (von16) des Johann Reiter (1852–1909), Schultheiß in Tiefenbach, und der Agatha Stiehle (1858–1920), verheiratet mit Johanna Kumbaur am 14. September 1920 in Bad Kreuznach. Seine Schwester Agatha Maria (1897–1940) trat 1924 in das Kloster Reute ein.

Der anerkannte Stadtbaumeister von Bad Kreuznach war zeitlebens seiner Heimat und vor allem seinen Schulfreunden verbunden. Über seine Heimat am Federsee berichtete er in einer Serie der Adelindis-Glocke 1950/51. Gestorben am 8. Januar 1957 in Bad Kreuznach. Bürgermeister Anton Rauscher würdigte seine Tätigkeit: „Noch nie und nirgends hat ein Mann die Sitten und Gebräuche und die Arbeit des Volkes am Federsee so trefflich geschildert. Was viele Dorfleute längst vergessen hatten, all das hat er in wunderbarer Weise gezeichnet, voll Lebendigkeit und Wahrheit, daß man sich manchmal in die Zeit vor 1900 versetzt fühlt. Aus diesen Niederschriften erzählt vor allem die Liebe zu den Feldern und Wäldern, zum See und zum Ried und damit zur bescheidenen, aber gesunden flachen Landschaft und zur Einfachheit unserer Vorfahren, im Gegensatz zur Sensationssucht der innerlich zerfallenden Städte von heute." (Brief anlässlich seines Todes vom 20. Januar 1957 an die Familie)

Matthias Kramer, geb. 28. Dezember 1893, als Sohn von Nikolaus Kramer († 1904) und Genovefa, geb. Sauter († 1948).

1903–1906 Lateinschule Buchau, Martinihaus Rottenburg (1906), Konvikt Ehingen (1909–1913), Wilhelmsstift Tübingen (1913–1914), vier Jahre Soldat als Freiwilliger (Leutnant, Eisernes Kreuz 1. Klasse), 1918 Austritt aus dem Wilhelmsstift und Studium der Staatswissenschaften, Gründungsmitglied und erster Aufsichtsratsvorsitzender 1921 der Molkereigenossenschaft, 1922 Dr. phil. in Halle/Saale, Tätigkeit in Rostock, Berlin, Mecklenburg, Sachsen, Pommern und Brandenburg als landwirtschaftlicher Experte. 1945–1950 in Großberlin und Potsdam tätig, dort vor Gründung der DDR aus politischen Gründen entlassen. 1950–1959 Leitung des Instituts für Landwirtschaftliche Betriebslehre, ordentlicher Professor der Technischen Universität Berlin (West) für Landwirtschaftliche Betriebslehre und Honorarprofessor an der Veterinär-Medizinischen Fakultät der FU (Freie Universität Berlin). Ehrenbürger von Tiefenbach 1954 mit der Begründung von Bürgermeister Anton Rauscher: „... weil er immer die schwere Bauernarbeit würdigte und das Gute und Schöne im einfachen Dorfleben noch sah ... Er wußte auch, daß ein Volk verloren ist, wenn es keine Freude mehr hat an seinen heimatlichen Fluren und Wäldern." (Schwäb. Zeitung, Gedenkartikel zu seinem Tode am 3. Juni 1959)

Fridolin Rauscher, geb. 16. Oktober 1906 als Sohn von Karl Rauscher († 1908) und Magdalena, geb. Blersch († 1943).

Am 16. Oktober 1981 verlieh die Gemeinde Tiefenbach anlässlich seines 75. Geburtstages Pater Dr. theol. Fridolin Rauscher die Würde eines Ehrenbürgers.

Bürgermeister Hans Müller führte nach dem Hinweis auf dessen Primiz am 7. April 1935 dabei aus: „Von diesem Zeitpunkt ab hat es für ihn keine Ruhepause mehr gegeben in seinem Wirken als Geistlicher und Seelsorger und als Schriftleiter der ordenseigenen Missionsblätter. Den Krieg machte Pater Rauscher in einer Sanitätseinheit mit. Hernach [nach kanadischer Gefangenschaft] war er Lehrer im Seminar in Haigerloch, wo er einst [1920] seine Studien begonnen hatte. Diese führten ihn weiter nach Afrika, nach Algerien und Tunesien. Unermüdlich war er bemüht, sich selbst und andere zu bilden und erwarb sich nach umfangreichen Arbeiten im Jahre 1952 die Würde eines ordentlichen Doktors der Theologie.

Nachdem er verschiedene Ordensheime für Spätberufene der Weißen Väter geleitet hatte, stand er dann dem Studentenheim des Ordens in München vor, bis er dann nach Österreich übersiedelte."

Am 27. Dezember 1984 ist Pater Fridolin verstorben und wurde in Haigerloch beigesetzt.

Ministerpräsident Erwin Teufel verleiht am 9. April 2005 die Verdienstmedaille des Landes Baden-Württemberg an Prälat Paul Kopf.

Paul Kopf:
Zu seinem 40-jährigen Priesterjubiläum am 16. Juli 1995 verlieh die Gemeinde Tiefenbach dem Verfasser dieser Schrift über die Gemeinden Seekirch, Alleshausen/Brasenberg und Tiefenbach, Prälat Paul Kopf, die Würde eines Ehrenbürgers, wobei Bürgermeister Hans Müller Leben und Wirken des Geehrten in 40 Priesterjahren darstellte. Beim 50-jährigen Priesterjubiläum ehrte die Gemeinde ihren Ehrenbürger mit einem Stein vor dem Rathaus und benannte den Platz am 23. Juli 2005 in „Prälat-Paul-Kopf-Platz" um.

Die Gemeinde Tiefenbach ehrt Ehrenbürger Prälat Paul Kopf zum 50-jährigen Priesterjubiläum. Im Hintergrund der Bienenstand des Verfassers von 1937.

Die Lehrer bis zur Auflösung der Schule 1969 (ohne Amtsverweser)

Die Lehrer bis 1784 waren nur angelernt, hielten den Unterricht in ihrer Wohnstube und wurden jährlich verpflichtet. Da die Schule nur im Winter gehalten wurde, mussten sie noch einen anderen Beruf ausüben. Bis 1868 betrieb der Lehrer auch eine Landwirtschaft, die Teil seines Einkommens war. Auch gab es keine eigene Lehrerwohnung. Nach dem Ausscheiden von Josef Fieseler, der sein eigenes Haus bewohnte, wurde 1846 für Lehrer Gustav August Baur von Käser Schwörer ein Lehrerhaus gekauft und ein Stadel angebaut (Haus unterhalb der jetzigen Schule, später Pfarr/Schilling, dessen Stadel während des Krieges abbrannte). 1868 bezog der Lehrer die neue Wohnung im Schul- und Rathaus. Bis 1902 war der Lehrerdienst an den Mesnerdienst gebunden. Für die Besorgung der Mesnerdienste (bis 1902) während der Schulzeit und auch zur sonstigen Entlastung wurde ein „Mesnereigehilfe" angestellt, der von der Gemeinde besoldet wurde. Zu Beginn des 19. Jahrh. nahm der Staat die Ausbildung der Volksschullehrer unter seine Leitung und Aufsicht. Katholische Lehrer wurden nurmehr an konfessionellen Seminaren (Schw. Gmünd 1825, Saulgau 1879, Rottweil 1912) ausgebildet.

Hauptamtliche Lehrer:

Georg Fieseler	(1784–1794)
Josef Fieseler	(1794–1846)
Gustav August Baur	(1846–1854)
Karl Jäck	(1854–1861)
Wilhelm Freudenreich	(1861–1868)
Ludwig Roth	(1868–1871)
Jakob Philipp Thoma	(1871–1880)
Joseph Anton Dauser	(1880–1898)
Jordan Seifritz	(1898–1912)
Julius Wagner	(1912–1925)
Otto Hagenmaier	(1925–1929)
Wilhelm Spindler	(1930–1934)
Sebastian Haug	(1935–1950)
Heinz Müller	(1950–1952)
Hugo Kuon	(1952–1968)

Die Mesner an der Kapelle St. Oswald nach der Trennung von Mesner- und Schuldienst (1902)

Ambros Reich	1902–1920
Georg Breichler	1920–1942
Max Kramer jr.	1942–1952
Felix Neubrand	1952–1966
Agathe Riedmüller	1966–1985
Kreszentia Neher	1985–1996
Gabriele Kugler	1996–heute

Der Mesnerspiegel von 1875 lautet: „Verachtung des Mesnerdienstes wäre Verachtung Christi, des Gottessohnes und somit Gottes selber, wäre Verachtung der Kirche Christi und des christlichen Volkes, ja wäre Verachtung der eigenen Menschenwürde! Er steht stets vor dem Richterstuhl der öffentlichen Meinung, woraus ihm Ehre und Achtung, oder aber Schande und Verachtung erwachsen!

Dieser Mesnerspiegel wird ins Stiftungsrathsprotokoll eingetragen, um sich darnach für alle Zeiten zu verhalten. Auch soll der Lehrer dies ins Schulbuch eintragen.“ (A 64 – Fasz. Mesner – 11. Februar 1875)

Agathe Riedmüller
1899–1988

Kreszentia Neher
1921–1996

Gabriele Kugler

Die Musikkapelle Tiefenbach

Der Gedanke, in Tiefenbach eine Musikkapelle zu gründen, lag schon länger in der Luft. 1953 nahmen sich Max Kramer jr. und Wilhelm Rempp jr. ein Herz und sprachen bei Eltern verschiedener junger Leute vor. Sie merkten bald: der Gründung einer Musikkapelle sind die Bürger nicht abgeneigt, und so wandten sie sich an Bürgermeister Anton Rauscher, der das Vorhaben am 28. Januar dem Gemeinderat vorlegte, wobei dieser Beschluss zustande kam:

„1. Die Gemeindeverwaltung Tiefenbach gibt zur Gründung der Musikkapelle, das heißt zur Anschaffung der Instrumente einen Beitrag in Höhe von 2000,– DM. Der Zuschuss soll so gegeben werden, dass sich der Betrag in vier Jahren im Haushaltsplan einfügen lässt. Aus diesem Grund wird ein Darlehen aufgenommen von vier Bürgern der Gemeinde in Höhe von je 500,– DM. Dieses Darlehen kann jederzeit zurückgezahlt werden und wird ab 1. April 1954 mit 4 % verzinst. Jedem Darlehensgeber wird ein Schuldschein ausgehändigt, der vom Gemeinderat unterzeichnet sein muss und vom Darlehensgeber ebenfalls.

2. Mit dieser Finanzierung der Instrumente werden und bleiben die sämtlichen Instrumente Eigentum der Gemeinde Tiefenbach. Über die gekauften Instrumente ist alsbald ein Inventarverzeichnis anzulegen. Dieses Verzeichnis ist dann zu den Gemeindeakten zu nehmen und dann später im Inventurbuch nachzutragen. Die Inhaber der Instrumente und die ganze Kapelle haben für dieselben jederzeit Sorge zu tragen, dass diese nicht beschädigt werden. Mutwilliges Beschädigen oder selbstverschuldete Beschädigungen hat der Instrumenten-Besitzer auf seine Kosten reparieren zu lassen. Laufende Schäden werden von der Kapelle finanziert.

Die Musikkapelle spielt erstmals bei der Hochzeit von Josef Scheffold und Paula Hepp (1954).

Leonhard Strohm (1908–1990), Vater des späteren Ehrendirigenten Erich Strohm.

Zu seinem 80. Geburtstag (1988) berichtet die Zeitung: „Nach den Strapazen des Zweiten Weltkrieges stellte sich der Jubilar sofort nach seiner Rückkehr nach Tiefenbach wieder der Öffentlichkeit zur Verfügung, ließ sich als Gemeinderat aufstellen und vertrat 35 Jahre die Belange der Bürger. Mit der Gründung und dem Aufbau des Musikvereins schuf der Jubilar mit maßgeblicher Beteiligung seiner ganzen Familie in jahrzehntelanger Arbeit ein Juwel für die Gemeinde Tiefenbach und Umgebung".

Leonhard Strohm entwarf auch 1981 das Wappen der Gemeinde Tiefenbach.

Vereinsvorstände:

Leonhard Strohm, 1954–1980

Karl Neher, 1980–1984

Georg Bär, 1984–1990

Reinhold Buck, 1990–1998

Georg Breichler, 1998–2005

Klaus Bart, 2005–

Die Musikkapelle Tiefenbach im Jubiläumsjahr 2004.

3. Die Kapelle muss sich verpflichten, daß bei jedem Fest in der Gemeinde dieselbe unentgeltlich zu spielen hat auf Verlangen der Gemeindeverwaltung oder auch des Bürgermeisters. Dies kann bei verschiedenen Anlässen geschehen. Beispielsweise bei Ehrungen, Hochzeiten, Ständchen, Versammlungen und anderen Gelegenheiten. Die Gemeinde ist verpflichtet, solange die Kapelle besteht und spielen kann, nur die ortseigene Kapelle anzustellen.

4. Austretende Spieler haben kein Anrecht auf den voll einbezahlten Betrag. Jeder austretende Fall wird vom Gemeinderat und von der Kapelle von Fall zu Fall geregelt werden". (Fasz. Musikverein)

Damit konnte zur Gründung des Vereins geschritten werden, die am 28. Februar 1954 im Rahmen einer Feier im Adler-Saal Tiefenbach erfolgte. Die neugegründete Kapelle trat dabei erstmals öffentlich in Erscheinung. Bürgermeister Rauscher sprach über die Werte der Musik in einem Dorfe, ermahnte die Spieler zu treuen Diensten und guter Kameradschaft.

Leonhard Strohm wurde als Vorstand, Kurt Brüschke als Dirigent gewählt. Damit trat eine Gruppierung in das Gemeinwesen ein, die aus dem kulturellen Leben um den Federsee nicht mehr wegzudenken ist.

Die Vielfalt der Entwicklungen und Aktivitäten in 50 Jahren wurde 2004 in einer ansprechenden Festschrift der Öffentlichkeit vorgestellt, wobei Claudia Blersch und Ehrendirigent Erich Strohm für den Inhalt verantwortlich zeichneten.

Am Sonntag, den 14. März 2004, fand die Feier „50 Jahre Musikkapelle" statt. In einem festlichen Gottesdienst wurde die durch die Stiftung „Kultur der Heimat" und den Gemeinden Tiefenbach, Seekirch und Alleshausen ermöglichte Vereinsfahne geweiht, die auf der einen Seite die Kapelle von Tiefenbach mit den Wappen der drei Gemeinden und auf der anderen Seite drei Instrumente mit der Aufschrift „Musik verbindet" zeigt.

Prälat Paul Kopf stellte den Anlass unter das Thema: „Flagge zeigen" und skizzierte das Ereignis, indem er die erste Seite der Pfarrchronik 1954 mit den zwei Einträgen als Zäsur erwähnte:

a) Rückkehr des letzten Heimkehrers Lorenz Lerner aus russischer Gefangenschaft.

b) Beabsichtigte Gründung einer Musikkapelle in Tiefenbach.

Das Zurück in die Vergangenheit des Krieges mit viel Not, Elend und Tod und den Blick nach vorne: Etwas Neues beginnen, eben die Musikkapelle, die nun 50 Jahre in einer Zeit ohne Krieg in unserem Land – unvorstellbar bei den Generationen zuvor – spielen kann. Daher als erstes: Dank für über 50 Jahre Frieden in unserem Land, Dank auch denen, die dem Werk des Friedens dienen.

Die Stifter von „Kultur der Heimat" wollten aus diesem Anlass ein Zeichen setzen, eine Fahne zum Jubiläum stiften, ganz bewusst eine Fahne, denn die Fahne ist uraltes Symbol von Wegweisung, von Richtung und der Dienst des Fahnenträgers ist der Ehrendienst des Fähnrichs. Die Fahne ist das Leitsymbol, das vorangetragen wird. Der Fähnrich der erste, der vorausgeht. Im Kampf die Fahne zu verlieren war das Furchtbarste im Krieg. „Lieber in den Tod, als die Fahne preisgeben", lautete daher die Devise. Der Verlust der Fahne heißt die Orientierung verloren zu haben, keine Richtung mehr zu kennen, verloren zu sein, aufgegeben zu haben.

50 Jahre nach der Gründung sei die Weihe der Fahne ganz bewusst unter das Wort „Flagge zeigen" gestellt, denn trotz einer Zeit des Friedens ging in den letzten Jahrzehnten vieles verloren, was zuvor von Generation zu Generation Wegweisung war. Was dies ist, zeigt die Fahne. Neben den Symbolen der Musik, der Sprache der „Jubilarin Musikkapelle" stehen die Worte: „Musik verbindet". Auf der anderen Seite drei besondere Zeichen, die Wappen für Seekirch, Alleshausen, Tiefenbach.

Alle drei sprechen eine gemeinsame Sprache, sind und waren Wegweiser durch die Zeit. Und es ergeben sich daraus gute Daten. Um die Pfarrkirche im kommenden Jahr: 1200 Jahre Menschen in Seekirch im Schutz der Muttergottes. Um die Kapelle St. Blasius in wenigen Monaten, am 30. September: die Ersterwähnung von Alleshausen und der Blasiuskapelle vor 750 Jahren, ein Grund zum würdigen Feiern in der zweiten Hälfte dieses Jahres. Seit also 750 Jahren Gemeinde und Kapelle. In Tiefenbach dasselbe vor einem Jahr: 650 Jahre Gemeinde und Kapelle miteinander gefeiert. Und wenn wir bis 2006 warten, sind die Brasenberger mit 200 Jahre Kapelle St. Wendelin an der Reihe.

Überall ist also die Gemeinschaft um die Kirche der Kern der Überlieferung. Diese Flagge gilt es zu zeigen, diese Zeichen sind voranzutragen, damit auch kommende Jahrhunderte nicht aus dem Tritt kommen – nicht zum Trott

Erich Strohm, Dirigent der Musikkapelle Tiefenbach von 1970–2000.

werden – sondern ebenbürtig sind, was die Fahne uns zeigt, die Fahne derer, die nicht fahnenflüchtig geworden sind, das gibt es ja schließlich auch, und darauf stand früher die Todesstrafe.

Flagge zeigen ist heute nötiger denn je, weil – wie schon angedeutet – in den vergangenen 50 Jahren eine große Phase an Wertveränderung eingetreten ist. Gerade heute stehen wir beispielsweise in den Fragen um das Werden des Lebens vor revolutionären Entwicklungen, die zum Heil oder Unheil von Völkern und einzelnen Menschen werden können.

Das Leben in Freiheit im Spielraum der Entwicklungen macht die Unterscheidung von Heil und Unheil nicht einfacher. Daher gilt: Flagge zeigen, damit sichtbar wird, worauf es ankommt, auf den Fähnrich schauen, auf Leitbilder blicken.

„Aus dieser Situation heraus möchte ich im Dankgottesdienst für 50 Jahre Musikkapelle wünschen, es mögen alle Beteiligten die Zeichen der Zeit verstehen, sich freuen und erinnern, eins aber nicht vergessen: Die Flagge zeigt, wo es lang geht, was zusammengehört und zusammenbleiben muss: unsere gemeinsame Geschichte.

Daher wünsche ich mir auch ein würdiges Begehen der bald zu feiernden Ereignisse, bei denen die Musikkapelle sicher gerne ihren Teil beiträgt, die Fahne voranträgt:

Als nächstes bei 750 Jahre Ort Alleshausen und St. Blasiuskapelle, bald danach 1200 Jahre Seekirch mit der Kirche am See, in dem Jahr, in dem ich mein 50-jähriges Priesterjubiläum in dieser Kirche feiern darf und wozu ich heute schon dankbar einladen möchte."

Bei der anschließenden Feier in der Federseehalle würdigte Minister Rudolf Köberle, Präsident des Blasmusikverbandes Baden-Württemberg, das Wirken der Kapelle und zeichnete Ehrendirigent Erich Strohm mit der Landesehrennadel aus. Dieser wiederum brachte seine Komposition, den Marsch „Federseeklänge", zur Uraufführung. Es waren bewegende Stunden.

Die Teilgemeinde Streitberg und Parzelle Maierhof

Oberer Streitberg um das Jahr 2000.

Geschichte und Gegenwart begegnen sich in der Teilgemeinde Streitberg und der Parzelle Maierhof. Erstere auf einer Anhöhe über dem Dorf Stafflangen und in Richtung zum Tal des Rotbaches der 1864 erbaute Maierhof. Die Burg Streitberg, 13. Jahrhundert, war einst Sitz eines Adelsgeschlechtes, von dem 1250 ein Heinrich von Streitberg, 1266 ein Ritter von Stritberch und bis 1311 ein Rudolf von Streitberg nachgewiesen sind. Das Gut derer von Streitberg geht Anfang des 16. Jahrhunderts in den Besitz der Patrizierfamilie Felber in Biberach über und von dort 1567 an die Herren von Hornstein, die auch das benachbarte Eichen besaßen. Zum Streitberg gehörten im 17. Jahrhundert 26 Jauchert Holz, ein Weiher (der künstlich angelegte Höllweiher, der etwa 30 Jauchert umfasste), dazu fünf Fischgruben – alles unweit des Burgstalles – und zwei Zinsgüter, das eine dem Erasmus Laup, das andere Jörg Tobler als Lehen zugehörig. Vom schwedischen Generalkommissar von Offenburg wurden die Güter während des 30-jährigen Krieges den Herzögen von Sachsen zur Bezahlung ihrer Regimenter überlassen.

Später gelangten die Güter durch Verpfändung und Überschuldung mit niederer Gerichtsbarkeit an das Kloster Schussenried, das 1699 den Streitberg mit hoher und niederer Gerichtsbarkeit – die hohe hatte es als Pfand von Österreich an die Herrschaft Warthausen veräußert, die 1700 schon unter Vorbehalt der hohen Gerichtsbarkeit mit Stift Buchau tauschte. Von der auf dem oberen Streitberg seit vor 1700 ansässigen Lehensfamilie Reich wanderten 1712 Jakob Reich und 1724 Johann Reich nach Ungarn aus. Das 56 ha umfassende Anwesen wurde 1899 hälftig geteilt, um dem 11. Kind (von 18) Viktoria (1873–1912) des Michael Reich und der Veronika, geb. Gayer, die Heirat mit Johannes Birk (1865–1934) aus Walpertshofen auf den nun „unteren Streitberg" genannten Hof zu ermöglichen.

Nach 1860 wurde in Richtung Stafflangen eine Waldparzelle gerodet. Auf diesem Grund siedelte der am 19. Dezember 1839 in Grundsheim, Oberamt Ehingen, geborene Josef Maier († 13. August 1916). Der Hof wurde nach ihm Maierhof benannt. Nach der Heirat mit der ebenfalls in Grundsheim am 26. August 1840 geborenen Zimmermannstochter Gertraud Britsch († 1. September1921) bezog das junge Paar den neuerbauten Hof, dessen Inhaber bis heute „Banbauer" genannt wird. Aus der Ehe gingen neun Kinder hervor. Das Kind Matthäus, 1860 in Grundsheim geboren, kam bereits in die Ehe mit, sollte aber im Familienkreis eine besondere Rolle übernehmen, denn im Zuge der großen Auswanderungsbewegung der damaligen Zeit zog es Matthäus Maier 1883 nach Amerika. Ihm folgten als Auswanderer die Geschwister Johann Martin (1864), Paulus (1865), Josef (1867), August (1868), Anna Maria (1869) und Christian (1871).

Die am 3. Februar 1873 geborene Tochter Karoline wurde Erbin des Hofes, während Maria Anna (1877), ihre jüngere Schwester, nach Mittelbiberach heiratete. Ihr Mann ist im Ersten Weltkrieg gefallen. Das jüngste Kind Friedrich (1882) heiratete nach Olzreute bei Schussenried und ist dort am 9. Mai 1946 verstorben. Karoline Maier heiratete am 25. November 1900 den Bauern Josef Härle (geb. 1873) aus Olzreute bei Schussenried. Aus dieser Ehe gingen wiederum neun Kinder hervor. Johann Baptist (9. Januar 1902) blieb als lediger Knecht auf dem Hof; Josef (24. Dezember 1902) wurde Erbe des Hofes und heiratete 1949 Emma Sailer aus Burgau bei Dürmentingen. Karl (1904) und Franz (1905) wanderten 1923, Anton (1906) dann 1927 nach Amerika aus. Anna (1909) heiratete 1931 Max Schmidberger in Hofen, Maria Aloisia (1912) 1939 Maximilian Jeggle in Stafflangen und Franziska (1918) 1942 den Bauern Alfons Hepp in Tiefenbach. Paul (1908) dagegen ging einen anderen Weg.

Im üblichen Alter wurde Paul im Pfarrdorf Stafflangen eingeschult. Als Pfarrer wirkte daselbst von 1899 bis 1925 Franz Schmitt (1854–1928), der wohl auf den begabten Jungen aufmerksam wurde und den Weg ins Katholische Lehrerseminar Saulgau mit dem Ziel der Ausbildung zum Volksschullehrer ebnete. Inzwischen gab es auch in der Oberamtsstadt Biberach die Möglichkeit zur Ablegung der Reifeprüfung, und so wechselte Paul Härle als 17-Jähriger von Saulgau an die Oberrealschule Biberach und legte dort 1928 die außerordentliche Reifeprüfung ab. Das im selben Jahr in München begonnene Studium mit den Fächern Geschichte, Deutsch und Englisch musste der Student wegen finanzieller Schwierigkeiten unterbrechen. Von zu Hause konnte er wenig Hilfe erwarten, denn die Lage in der Landwirtschaft war trotz des stattlichen Hofes

Archivrat Dr. Paul Härle (1908–1943).

recht angespannt, und so reichte das Einkommen gerade für den Unterhalt der kinderreichen Familie.

In dieser Notlage entschloss sich der Student, zu seinen Verwandten nach Amerika zu reisen. Auf einer Obstfarm in USA verdiente er in zwei Jahren die Mittel zur Fortsetzung des Studiums, das er im Wintersemester 1930/31 in München wieder aufnahm und in Wien fortsetzte. Nach sieben Semestern führte sein Weg an die Landesuniversität Tübingen. Dort wirkte seit 1923 auf dem sogenannten Kath. Lehrstuhl für Geschichte (geschaffen, um einen gewissen Ausgleich an der überproportional evangelisch besetzten Universität zu garantieren) der 1881 in Liegnitz (Schlesien) als Lehrersohn geborene und als sorgsamer Forscher ausgewiesene Prof. Dr. Erich König († 1940).

Dieser gründliche Historiker entdeckte in seinem Seminar alsbald den Studenten Paul Härle mit seiner raschen Auffassungsgabe wie seinem gesunden und lebensnahen Urteil im Verständnis geschichtlicher Fragen. Gerne ging Prof. König auf den von diesem gewünschten Gegenstand für eine Promotion in Geschichte ein. Mit der Note „magna cum laude“ schloss Paul Härle sein in kürzester Zeit quellensicher erarbeitetes Werk ab: „Die zwölf Abteimaierhöfe des Stifts Buchau“.

Nach Examen und Ausbildung für den höheren Schuldienst dauerte die schulische Lehrtätigkeit nicht lange, denn der „Altmeister der Schwäbischen Siedlungsgeschichte“, Prof. Dr. Karl Weller (geb. 1866 in Langenschemmern, gest. 1943 in Stuttgart), war auf den jungen Studienassessor aufmerksam geworden und so wurde dieser im Januar 1937 als wissenschaftlicher Hilfsarbeiter angestellt.

In der „Zeitschrift für Württembergische Landesgeschichte“ würdigt Walter Grube (1907–1992), seit 1934 im staatlichen Archivdienst in Ludwigsburg tätig und von 1967 bis 1973 Leiter des Hauptstaatsarchivs Stuttgart und Referent für das Archivwesen in Baden-Württemberg, als ein guter Kenner von Paul Härle die archivarische Leistung seines Kollegen: „Die Kommission plante in Verbindung mit der Archivdirektion die Erfassung und Auswertung von Quellen zur Geschichte des schwäbischen Bauerntums, und damit eröffnete sich Härle eine Tätigkeit im Stuttgarter Hauptstaatsarchiv, die seiner Neigung und Befähigung gleicherweise entsprach: die Mitwirkung an der Ordnung und Verzeichnung umfangreicher Urbarbestände, aus denen vieles der Forschung noch unzureichend erschlossen war. Daneben konnte Härle seine Kenntnis der Buchauer Geschichte während eines Urlaubsmonats am Federsee praktisch nutzen durch die Neuordnung des Archivs der vormaligen Reichsstadt Buchau.

Zur systematischen Vorbereitung auf den dauernden Übertritt in den staatlichen Archivdienst unterbrach Härle seine Stuttgarter Arbeiten im Oktober 1937.

Ein von der Archivdirektion erwirktes Stipendium der Tübinger Jubiläumsstiftung ermöglichte ihm eine anderthalbjährige Ausbildung als ordentliches Mitglied des „Instituts für Archivwissenschaft und geschichtswissenschaftiche Fortbildung“ am Preußischen Geheimen Staatsarchiv in Berlin-Dahlem. Dort legte er am 11. März 1939 die archivarische Staatsprüfung ab. Als Archivassessor kehrte er, der nun auch einen eigenen Hausstand gegründet hatte, in den württembergischen Staatsdienst zurück…

Im Mai 1940 zum Heeresdienst einberufen, nahm Härle 1941 an dem Vormarsch und den Kämpfen des ersten Winters in Russland als Artillerist mit Auszeichnung teil. Das Jahr 1942 brachte ihm, fern vom Amt, die Ernennung zum Staatsarchivrat und führte ihn zur Ausbildung als Wehrmachtsbeamter d. R. einige Monate auf Lehrgänge der Heeresverwaltung in der Heimat. Zur Truppe zurückgekehrt, kam er 1943 über Frankreich und Italien im Spätsommer zum zweiten Osteinsatz. Am 27. Oktober 1943 fiel er, 35 Jahre alt, in der Ukraine bei einem russischen Panzerangriff als Fahnenjunker-Unteroffizier und Geschützführer in einem Panzer-Artillerieregiment. In Wesselowka bei Krowograd wurde er bestattet...“ Das Leben und Wirken eines hoffnungsvollen Sohnes der Gemeinde Tiefenbach fand somit ein tragisches Ende.

Mit dem Neubau des neuangelegten Maierhofes mussten auch die Schul- und Kirchenverhältnisse geregelt werden. Der Streitberg gehörte seit jeher in Kirche und Schule zu Stafflangen, wohin nun auch der Maierhof gehören sollte. Bei einem Markungsausgleich mit Tiefenbach 1874 machten die Streitberger jedoch die Erhebung zur Teilgemeinde zur Zustimmungsbedingung. Seitdem hatte Tiefenbach in Richtung Stafflangen eine Teilgemeinde und eine Parzelle. Die Teilgemeinde zählte 1910 12 katholische Einwohner, in der Parzelle 11 waren ebenfalls alle katholisch.

1908 wird zwischen den Gemeinden Stafflangen, Tiefenbach und Muttensweiler, zu dem der nach Stafflangen orientierte Birkhof zählte, ein Schulverband gegründet.

Streitberg und Maierhof orientierten sich zunehmend nach Stafflangen, bis 1938 Oberamt, später Kreis Biberach. Die Bewohner traten in Tiefenbach (bis 1938 Oberamt Riedlingen, dann Kreis Saulgau) nur bei kommunalen Ereignissen wie Wahlen, standesamtlichen Beurkundungen oder Vorgängen zum Grundbuch in Erscheinung.

Die Reformen der 70er Jahre des letzten Jahrhunderts brachten eine grundständige Änderung. Die ehemalige Saulgauer Kreisgemeinde Tiefenbach wurde Teil des Kreises Biberach, die Gemeinde Stafflangen Stadtteil von Biberach. Die Bewohner der Teilgemeinde und der Parzelle konnten am 3. Oktober 1976 über ihre künftige Gemeindezugehörigkeit abstimmen. Ergebnis: 11 Stimmen für die Umgliederung nach Stafflangen und damit in die Stadt Biberach. Bei keiner Gegenstimme, aber zwei ungültigen Stimmen war damit am Tag der Neuwahl des Bundestages, womit die Abstimmung aus organisatorischen Gründen verbunden wurde, ein klares Votum abgegeben worden. Am 1. Januar 1977 wird die Umgliederung vollzogen. Tiefenbachs Markung wurde dadurch allerdings kleiner, die Zahl der Bewohner vorübergehend geringer. Ein Stück Verbundsgeschichte ging auf demokratischem Wege zu Ende, während beim früheren jahrhundertelangen Hin und Her um diesen Besitz mit seinen Einkünften die Interessen der jeweiligen Obrigkeit an erster Stelle standen.

Der stattliche Maierhof (im Volksmund Banbauer) auf einer Zeichnung von 1944.

Überörtliche Gruppierungen

Die Blutreitergruppe

1952 bildete sich um den Federsee eine eigene Blutreitergruppe, die im Leben der Pfarrei Seekirch keine geringe Rolle spielt. Blutreiter treten bei festlichen Anlässen in der Pfarrei – 1959 erstmals mit 14 Pferden bei der Fronleichnamsprozession – ebenso in Erscheinung wie am Freitag nach Christi Himmelfahrt beim Blutritt in Weingarten als Teil der über 100 Reitergruppen, die seit 1529 ihren Beitrag leisten zur größten Reiterprozession Europas mit annähernd 3000 Pferden zu Ehren des Hl. Blutes Christi, das sich nach der Überlieferung seit 1094 an der Wallfahrtsstätte befindet.

Aus Weingarten erhielt Tiefenbach für die Kapelle 1773 Reliquien des hl. Oswald, die durch Judith (1032–1094), zweite Gemahlin von Herzog Welf IV. (1055–1101), wie das heilige Blut dorthin gelangt waren.

In der Umgebung gibt es Reitergruppen in Uttenweiler (1954), Allmannsweiler (1914), Ertingen (1949), Ingoldingen (1952) und Aßmannshardt mit Oggelsbeuren und Rupertshofen (1951).

Die Gruppengründungen entstanden oftmals als Dank von Soldaten für die glückliche Heimkehr aus dem 2. Weltkrieg im Spannungsfeld eines grausamen Rückblicks und im Blick auf eine hoffnungsvollere Zukunft, die von einem wirtschaftlichen Aufschwung getragen wurde, der alsbald auch in den Federseegemeinden seine positiven Spuren hinterließ.

Zu einem der ersten großen Auftritte der Blutreitergruppen von Rupertshofen und Bad Buchau wurde die Primiz des Verfassers mit der Abholung des Primizianten am 23. Juli 1955 in Buchau.

Der Chronist von Rupertshofen berichtet darüber: „Paul Kopf von Tiefenbach wurde in Buchau am 23. Juli 1955 abgeholt. Von Rupertshofen waren 17 Reiter in schöner Aufmachung dort. Die ganze Pfarrei war bemüht, schöne Gespanne zu stellen. Als Hauptorganisator konnte Bürgermeister Anton Rauscher angesehen werden. Der Weg führte über Moosburg. Man sah von weitem, daß in Kappel die Blutreitergruppe Buchau aufgestellt war. Mit 30

Die Blutreiter beim Einzug in die Gemeinde Tiefenbach am 23. Juli 1955.

50 Jahre später: Am 23. Juli 2005.

Reitern wartete sie auf das Einschwenken hinter unserer Gruppe. Die ganze Stadt war auf den Beinen, um diesen historischen Reiterzug mit nachfolgendem Park der Gespanne zu sehen. Jede Gruppe hatte ihre Standarten an der Spitze. Im Pfarrhaus des Schlossbezirks wurde der Primiziant abgeholt. Dort waren auch seine Eltern und Geschwister versammelt. Der Heimweg führte über Oggelshausen. Das ganze Dorf war hier schon beflaggt. Es folgte Tiefenbach mit seinen Triumphbögen und gezierten Häusern. Im Vorbeifahren verweilte der Primiziant nur ein paar Minuten in seinem Heimathaus. Gleich kam er wieder, und im Trab ging es der Heimatkirche zu. Viel Volk war vor dem Dorf Seekirch versammelt, um die Aufmachung des Primiziantenzuges zu bewundern. Die beiden Reitergruppen stellten sich in einem großartigen Spalier vor der Kirche auf, so dass die Primiziantenkutsche bis zur Kirchentüre fahren konnte. Der Primiziantensegen für Ross, Reiter und Fuhrmann war der Lohn für die Aufmachung dieses herrlichen Tages. In der Freude, zur Ehre Gottes und seines Gesalbten ein gutes Werk getan zu haben, kehrten Ross und Reiter in die Heimat zurück. Nur Buchau und die Hälfte der Gespanne begleiteten den Primizianten nach Tiefenbach zurück."

(Kopf, Blutfreitag S. 217).

Die Blutreitergruppe im Jubiläumsjahr.

Veteranen / Kriegerverein – Kyffhäuserbund

Am 1. März 1845 wurde in Uttenweiler ein „Veteranenverein" unter dem Patronat des hl. Sebastian gegründet. Der Toten und Gefallenen der vorausgegangenen Feldzüge, vor allem der Gefallenen aus Napoleons Russlandfeldzug und der Excapitulanten, ehemalige Soldaten, die ihren Kriegsdienst abgeleistet haben, sollte dabei gedacht werden. Ein gestifteter Jahrtag führte alljährlich die Vereinsmitglieder zusammen. Nach dem Krieg von 1866 und dem Siegesjahr 1870/71 regte sich auch in der Pfarrei Seekirch der Wunsch, einen eigenen Verein zu gründen, denn nicht wenige ehemalige Soldaten der Pfarrei waren in Uttenweiler beigetreten. Auch an anderen Orten wurden derartige Vereine ins Leben gerufen. Bei dem Plan war Pfarrer Johann Evangelist Schöttle treibende Kraft, der es gar nicht gerne sah, wenn seine Pfarrangehörigen sich auswärts organisierten. Am Sonntag, den 20. April 1873, wurde daher im Gasthaus Adler in Seekirch die Gründung eines eigenen Vereins, die Anschaffung einer Vereinsfahne und einer Trommel, sowie die Stiftung eines Jahrtages beschlossen. Die Abfassung der Statuten wurde einem vorläufigen Ausschuss von sechs Mitgliedern übertragen. 30 Kameraden sind sofort beigetreten.

Am 20. Juli 1873 fand die Weihe der von der Paramentenfabrik Weiß in Biberach gefertigten Vereinsfahne statt. Die Veranstaltung sollte eine nach-

trägliche Siegesfeier für den gewonnenen 70er Krieg werden, die seinerzeit bei der Heimkehr der siegreichen Soldaten nicht zustande kam, was den Pfarrer ärgerte, der dafür auf eigene Rechnung jedem Heimkehrer im Adler einen Willkommenstrunk gestiftet hatte.

Es muss ein großartiges Fest gewesen sein, das bis ins einzelne vorbereitet war. Das Ehren-Festkomitee bestand aus Pfarrer Schöttle, Kaplan Hagel, Schultheiß Schönberger (Seekirch), Schultheiß Aßfalg (Alleshausen), Schultheiß Burgmaier (Tiefenbach) sowie den Lehrern Gulden (Alleshausen) und Thoma (Tiefenbach). Klosenbauer Josef Engler hatte seinen Gras- und Baumgarten als Festplatz zur Verfügung gestellt, die Musikkapelle Uttenweiler war für die Festmusik bestellt und der vereinigte Sängerchor (Männer- und Kirchenchor) übernahm den Gesang in der Kirche. 22 Festjungfrauen (Seekirch sieben, Tiefenbach sieben, Alleshausen sechs, Brasenberg zwei) mit weißen Schärpen gaben der Fahne ein würdiges Geleit, die in einem Festzug von Schillings Hof ausgehend zur Kirche geleitet wurde. Die Kirche konnte die Menschen kaum fassen, da Vereine aus der ganzen Umgebung erschienen waren. Bei der Übergabe der Fahne an Fähnrich Blasius Fieseler, Seekirch, hielt Postbote Lorenz Strohm aus Alleshausen eine begeisternde Rede.

Dem Verein stand eine gute Zeit bevor, wurde er doch von der Bevölkerung gerne angenommen. Seine Ziele entsprachen der Stimmung der Zeit. Alsbald trat der Veteranenverein neben dem jährlichen Jahresgedenken bei weltlichen und kirchlichen Feiern in Erscheinung, wobei Nichterscheinen mit Geldstrafe geahndet wurde. Von 1873–1913 sind 132 Mitglieder beigetreten, 56 in der Zeitspanne verstorben und 15 ausgetreten. Hochzeitsfeiern wie Leichenbegängnisse von Vereinsangehörigen wurden in Frack und Zylinder umrahmt.

Bei der Fahnenweihe der Feuerwehr Alleshausen rückte der Verein ebenso aus wie bei der Primiz von Sebastian Schwörer aus Tiefenbach am 13. August 1876. Auch bei Investituren neuernannter Pfarrer übernahm der Verein Aufgaben. 1913 wird beschlossen, in den Gemeinden Theateraufführungen einzuüben. Das Geburtsfest des Königs alljährlich zu begehen war Ehrensache, die Teilnahme an der Fronleichnamsprozession selbstverständlich. Gedenkfeiern wie die zum 100. Jahrestag der Völkerschlacht von Leipzig (1813) fanden regen Zuspruch in der Bevölkerung. Der 1. Weltkrieg brachte bald die ersten Gefallenenmeldungen. Der Verein nahm an Kirchgang und Totengedenken auf dem Friedhof teil.

Am 23. Dezember 1919 fand nach dem Gottesdienst für die Gefallenen und dem Gedenken auf dem Friedhof, wo Josef Strohm aus Alleshausen eine ergreifende Rede hielt, eine Zusammenkunft im Gasthaus Adler statt, um die heimgekehrten Krieger zu einem Vereinsbeitritt zu bewegen.

Die Begeisterung des 70er Krieges war verflogen und der verlorene Krieg 1914/1918 brachte wenig Stimmung für einen Beitritt zum Kriegerverein auf. Ein zähes Ringen um Mitglieder hatte dann doch Erfolg. Karl Mohr jr., Seekirch, wurde zum Vorstand des neukonstituierten Vereins gewählt, der sich in „Kyffhäuserkameradschaft“ umbenannte und über 100 Mitglieder zählte.

In der Generalversammlung 1920 wurde beschlossen, zu Ehren der gefallenen Krieger der Pfarrei im Weltkrieg 1914/18 ein Denkmal zu erstellen, das Steinhauermeister Ölmaier aus Langenschemmern fertigen und dessen Bildhauerarbeiten Bildhauer Feile in Mergentheim ausführen sollte.

Die Finanzierung musste durch Haussammlungen erfolgen. Am Sonntag, den 27. Mai 1923, konnte Pfarrer Josef Kloos unter großer Beteiligung der Gemeinden das Denkmal einweihen, bei dessen Transport von Langenschemmern nach Seekirch die Pferde scheuten, das Denkmal vom Wagen fiel und beschädigt wurde, doch vor dem Fest wieder hergestellt werden konnte. Der Wunsch des Tages lautete: „Möge das Denkmal nun in Ehren stehen bis in fernste Zeiten, damit es auch kommenden Geschlechtern noch die Namen unserer Helden verkünde, die dem Vaterland in schwerer Zeit ihr Leben geopfert haben.“ (Chronik 1923).

Am 22. September 1928 verunglückte der Vereinsvorsitzende Karl Mohr tödlich. Leonhard Miehle wurde als Nachfolger gewählt, der am Pfingstmontag, den 29. Mai 1929, die Weihe der neuen Fahne vorzubereiten hatte, an der 15 auswärtige Vereine teilgenommen haben. Dabei trug der letzte Altveteran Blasius Fieseler, 1873 erster Fähnrich († 1938), nochmals die alte Vereinsfahne. Ehrenvorstand Pfarrer Raphael Hartmann schilderte die Fahne „als ein Ehrenzeichen für die gefallenen und überlebenden Krieger und als Wahrzeichen zur Vaterlandsliebe“ (Chronik 1929).

Franz Neher (Schreiner), von 1929 bis zu seinem Tode 1974 die „Seele“ des Kriegervereins.

Um das Jahr 1930 kamen Überlegungen zur Gründung eines Schützenvereins (Kleinkaliber-Schützenabteilung) als Sportabteilung auf. Bei der Gründungsversammlung am 15. Februar 1931 wurde Leonhard Miehle als Vorstand, Alois Fieseler als Hauptschießleiter, Hauptlehrer Spindler als Schießleiter und Franz Neher als Schatzmeister gewählt. Am 8. September 1935 wurde der Schießstand an der Seekircher Halde eröffnet.

Das Jahr von Hitlers Machtergreifung (1933) brachte auch für den Kriegerverein eine Zäsur. Vom nationalen Feiertag, dem 1. Mai, berichtet die Chronik:

„Trotz strömenden Regens marschierte der Verein Abends 7 Uhr auf die Höhe bei Brasenberg, um ein Freudenfeuer abzubrennen. Dabei wurden nationale Reden gehalten und Lieder gesungen. Von den Schulkindern Seekirch unter Hauptlehrer Schellinger wurde auf dem Berg, an der Straßenabzweigung Alleshausen-Seekirch, eine Hitlereiche angepflanzt. Abends 8 Uhr hörte man noch die Rede des Herrn Reichskanzlers Adolf Hitler im Radio an". In einer außerordentlichen Generalversammlung am 23. Juli wurde die „Gleichschaltung" der Kriegervereine (als nationalsozialistische Vereinigung) bekannt gegeben. Bei der Gefallenenehrung am Totensonntag am Kriegerdenkmal beteiligten sich nunmehr Jungvolk und Hitlerjugend und auch der Toten der nationalsozialistischen Bewegung wurde gedacht. Am 19. März 1935 legt Leonhard Miehle sein Vorstandsamt nieder, das nun Franz Neher, Schreiner in Tiefenbach, seit 1929 im Verein tätig, als Kameradschaftsführer, wie der Vorstand nunmehr benannt wird, übernimmt. Er hatte die schwierige Aufgabe, die Veteranen- und Kriegerkameradschaft Seekirch (Name seit 1935) durch die Zeit des Nationalsozialismus zu führen und Befehle durchzuhalten, wie den von 1935: Es durften bei kirchlichen Feiern nur die Traditionsfahne, bei Heldengedenktagen, Hochzeiten und Beerdigungen jedoch alle drei Fahnen mitgeführt werden, eine Anordnung, die zwar zur Kenntnis genommen, aber nicht befolgt wurde. 1938 wurde der Deutsche Reichskriegerbund in Nationalsozialistischer Deutscher Reichskriegerbund umbenannt und dem obersten Kriegsherrn Adolf Hitler unterstellt. 1943 ging dieser Verband in die NSDAP über, womit für die Kriegerkameradschaften die Ortsgruppenleitungen zuständig wurden. In dieser zwiespältigen Situation im Ringen zwischen Partei und Verein wurde vor allem bei den Gedenkfeiern für die Gefallenen des 2. Weltkrieges versucht, die traditionelle kirchliche Linie beizubehalten, wenngleich die nationalsozialistische Partei die Ehrung der „Helden" für sich beanspruchte und bei den Gedenkfeiern in Uniform auftrat. Ab 1942 wird bei der Heldenehrung am Kriegerdenkmal nur noch die NS-Reichskriegerfahne als öffentliche Fahne erlaubt. „Für den hiesigen Krieger-Verein ein tiefgreifender Anlass, zumal unsere neue Vereinsfahne viel Geld gekostet und wir alten Krieger mit treuer Liebe an der Fahne hängen", notiert der Chronist, der seinen eigenen Sohn im 2. Weltkrieg schon verloren hatte. Doch der Ortsgruppenleiter genehmigt bei der Generalversammlung nach längerer Aussprache alle drei Fahnen des Vereins zu tragen. Erschwerend war auch, dass der ausgleichende Franz Neher 1943 zur Behebung von Bombenschäden nach Köln und Stuttgart, später nach Friedrichshafen abberufen wurde.

Nach dem 2. Weltkrieg wurde ab 1953 die Neubelebung der Kyffhäuserkameradschaft versucht. 32 Mitglieder traten wieder bei. Der Schießstand wurde bereits am 25. November 1945 versteigert, denn er wurde mehr und mehr zum Aufenthaltsort von umherziehendem Volke, und Schießen war sowieso strengstens verboten. Doch der Schwung blieb aus. Die Jugend und die ehemaligen Frontsoldaten wollten nichts mehr vom Sterben für Führer, Volk und Vaterland wissen, waren enttäuscht über die verlorenen Kriege. Bei der Versammlung am Fronleichnamstag 1965 hat Pfarrer Benno Unterricker ausgeführt, unser Kriegerverein sei nach dem siegreichen Feldzug 1870/71 gegründet worden. Heute aber – nach zwei verlorenen Kriegen – sei es schwer, junge Leute zu gewinnen, denn die heutige Jugend sei etwas anderes gewohnt und wolle etwas anderes erleben, aber nicht im Kriegerverein mitmachen. Vorausgegangen war ein Aufruf des Vorstandes zu einer Beteiligung „von Jungmännern und Männern hinter der geweihten Kriegerfahne als Zeichen der treuen Verbundenheit und als Beweis des Weiterbestehens dieser alten Tradition".

Die Teilnahme an der Fronleichnamsprozession, die Ehrung der Verstorbenen bei Begräbnissen und die Teilnahme am Kriegerjahrtag blieben jedoch feste Bestandteile im Jahreskreis.

Zum letzten Höhepunkt im Vereinsleben wurde die 100-Jahrfeier der Gründung am 19. Mai 1974. Wenige Wochen zuvor starb unerwartet im 90. Lebensjahr der langjährige Schriftführer und frühere Vorsitzende Leonhard Miehle, Seekirch, das älteste Mitglied der Kyffhäuserkameradschaft. Beim Totengedenken am 21. November 1962 hatte er am Ehrenmal gesagt: „Und so möchte ich von dieser Stelle aus hinausrufen in alle Welt: Völker der Welt, besinnt euch endlich, Völker der Welt, versöhnt euch, reicht euch die Hand zum Frieden und verhütet neue Kriege zum Segen aller Menschheit, neues Grauen, den Untergang vielleicht aller" (Chronik, Anhang).

Mitten in den Vorbereitungen zur Jahrhundertfeier erlitt der unermüdliche, verdienstvolle Kameradschaftsführer Franz Neher einen Schlaganfall, an dessen Folgen er am 31. Mai 1974 verstarb. Die Allgemeinheit hat allen Grund ihm dankbar zu sein. Sein Idealismus wurde jedoch auch getrübt. Sicher an jenem Tag des Jahres 1946, als die Franzosen den Parteigenossen seit 1941 und Zuständigen für die NSV (Nationalsozialistische Volkswohlfahrt) in der Ortsgruppe in der Nacht verhaftet haben, nach Buchau ins Gefängnis einlieferten, jedoch am nächsten Tag wieder entließen. Mit ihm verschied die jahrzehntelange „Seele" des Vereins, mit ihm wurde fast der Verein zu Grabe getragen. Der Versuch einer Neuformierung 1980 misslang. Resigniert beendet Bürgermeister Anton Rauscher, kommissarischer Nachfolger von Schreiner Franz Neher als Vorsitzender und zugleich Schriftführer, bereits1974 seine Einträge: „Der Begriff Vaterland ist für immer dahin. Alles Gute eines Volkes wird in den Staub getreten. Wohl haben wir wieder Soldaten, aber diese sieht man heute nie in Unform. Sie tragen auch im Urlaub ihre Zivilkleidung" (Chronik 1974).

Derlei Sätze hätten auch vom Gründer des Vereins, Pfarrer Schöttle, stammen können, der am Anfang eines Denkens stand, das 100 Jahre später wie vieles aus dem Leben unserer Vorfahren nicht mehr zu vermitteln war. Bereits die Griechen überlieferten: „Alles ist im Fluss."

Heute erinnern der Kriegerjahrtag und die altehrwürdige Fahne, die schon über viele offene Gräber gesenkt wurde, an einen Verein, der 100 Jahre im Leben der Pfarrgemeinde eine gute Rolle, die des Gedenkens an die Gefallenen der Kriege und der Kriegsteilnehmer, übernommen hatte. Für die junge Generation jedoch ist an die Stelle der Kriegervereinsfahne das Symbol der Friedenstaube getreten.

Die Feuerwehren

Die Bekämpfung von Bränden gehörte bereits im Mittelalter zu den überlebenswichtigen Aufgaben jeder Dorfgemeinschaft. Bis weit ins 19. Jahrhundert hinein waren die Dorfbewohner dem „Feuerteufel“ meist hilflos ausgeliefert. Schuld daran war nicht nur die Bauweise der Häuser aus Fachwerk und Strohdach, sondern auch die ungenügende technische Ausrüstung der Feuerwehren sowie die mangelhafte Organisation der Brandbekämpfung. Zumeist begnügte man sich mit der Anschaffung von ledernen Löschkübeln.

Im 18. Jahrhundert begann die Anschaffung von Feuerspritzen und es wurden als Vorläufer und Wegbereiter der freiwilligen Feuerwehren Löschvereine gegründet. Zur Anschaffung der Seekircher Feuerspritze 1764 gab die Heiligenpflege einen ansehnlichen Zuschuss.

Aus jeder Gemeinde werden zahlreiche Brände überliefert. Aus Tiefenbach 1757 eine Feuersbrunst im Oberdorf, Brände 1844, 1850, 1862, im 20. Jahrhundert die Anwesen Bär 1937, Schilling, Ahlemann, Kramer, Dorner, Rempp.

Den schrecklichsten dürfte wohl Alleshausen erlebt haben. Am 21. April 1714 werden 42 Häuser bei einer unbeschreiblichen Feuersbrunst eingeäschert. Wäre nicht die Spritze von Uttenweiler baldigst eingetroffen und die ganze Umgegend zu Hilfe gekommen, wäre das ganze Dorf niedergebrannt. Ein Öttinger Dragoner des schwäbischen Kreisregiments wollte nach einer Taube schießen, schoss aber in Michel Maiers Strohdach, das alsbald Feuer fing und auch wegen des starken Windes innerhalb einer halben Stunde 42 Häuser entzündete. Eine Frau und ein dreijähriges Kind sind verbrannt, eine andere erlitt schwere Verletzungen, an denen sie 12 Tage später starb (Prot. par. S. 95f).

Bereits 1701 brannte das Haus des Kaspar Hawweiler, der aus Luzern stammte, nieder. Er kam in den Flammen um. Am 26. April 1762 brannte um Mitternacht das Haus des Hermann Engler nieder. Die Magd und der dreijährige Sohn kamen in den Flammen um.

Im 19. Jahrhundert wird von Bränden berichtet: 1844 Lippenwirtschaft und Schuster Holl, 1847 Bollmann/Schilling, 1848 Anton Butz, 1849 Sattler, 1853 Küfer Stähle, 1855 Stöckle, während die Gemeinde eine Wallfahrt auf den Bussen machte, 1866 Haus St. Hilarius, das Johann Baptist Kittel frisch bezogen hatte, 1879 Ammenbauers Haus durch Brandstiftung.

1924 brannten die Anwesen Reisch und Kohler nieder, 1925 Roth, 1948 Scheffold, 1953 Figel und 1961 Baumann in Brasenberg (Blitzschlag), 1969 die Scheuer von Xaver Koch und das Anwesen Bailer in Alleshausen. Nicht umsonst wurde um Abwehr von Blitz, Hagel und Ungewitter gebetet, war es doch

Alleshauser Feuerwehr 1937.

26. 6. 1937

Zündender Blitz — Schwerer Hagelschlag

b. **Vom Federseegebiet.** Am Donnerstag Nachmittag gegen 5 Uhr ging über das östliche Federseegebiet ein schweres Gewitter nieder. Dabei schlug der Blitz, wie wir gestern bereits an anderer Stelle kurz berichteten, in das landwirtschaftliche Anwesen des Amtsdieners Johann Bär und zündete in dem an das Wohnhaus angebauten Stall- und Scheuergebäude. Im Augenblick stand das Gebäude in hellen Flammen. Das Vieh konnte von den herbeieilenden Männern in Sicherheit gebracht werden. Sofort wurde auch die Feuerwehr Tiefenbach alarmiert, die sich unverzüglich an die tatkräftige Bekämpfung des Brandes machte. Ein Glück war es, daß in der an das Wohnhaus angebauten Scheuer nur wenig Heu untergebracht war, sodaß das Feuer dort weniger Nahrung fand. So gelang es der Feuerwehr Tiefenbach, den Brand auf das Stall- und Scheuergebäude zu beschränken und das Wohngebäude zu retten. Trotzdem ist aber ein empfindlicher Verlust entstanden.

Einen noch größeren Schaden als dieser Brandfall hat aber wohl der verheerende Hagelschlag verursacht, der bei diesem Gewitter über die Markung Oggelshausen und über Teile der Markung Tiefenbach niederging. Auch in Seekirch hat es noch gehagelt, aber nicht in dem Ausmaße wie auf den Markungen der vorher genannten Orte. Aus Oggelshausen liegt uns folgender Bericht vor:

Am Donnerstag Nachmittag ging über unsere Markung ein furchtbares Unwetter nieder. Durch bisher hier seit Menschengedenken in solchem Ausmaße noch nie beobachteten Hagelschlag wurde die Ernte auf einem großen Teil der Felder völlig vernichtet. Besonders in der Umgebung des Bahnstocks steht kein Halm mehr ungebrochen. Alles liegt zerhackt am Boden. Auch die Hackfrüchte, Kartoffeln und Rüben sind kaum mehr zu erkennen. An der Straße nach Biberach ist von den Straßenbäumen fast alles Obst heruntergeschlagen worden, während in Oggelshausen selbst nur leichter Schaden entstanden ist. In dem betroffenen Gebiet konnten stundenlang nach dem Unwetter noch angeschwemmte halbmeterhohe Bänke von Hagelkörnern von Haselnuß- bis Walnußgröße beobachtet werden. Auch durch den folgenden Wolkenbruch wurden an Feldern, Straßen und Wegen erheblicher Schaden verursacht. Doch tritt dieser zurück angesichts der größtenteils völlig vernichteten Ernte. Leider ist ein Teil der Landwirte trotz behördlicher Aufforderung in keiner Hagelversicherung. Betrübt stehen die Bauern und Landwirte vor der vernichteten Ernte. Für viele wird das Jahr 1937 wirtschaftlich das schwerste ihrer ganzen Berufszeit werden.

Die Feuerwehren im Einsatz am 26. Juni 1937.

Großfeuer in Alleshausen

Ein gewaltiger Feuerschein erhellte am Freitag abend kurz nach 7 Uhr den Nachthimmel des Federseegebiets. Im großen Stall- und Scheuergebäude des Bauern Scheffold in Alleshausen war Feuer ausgebrochen, das sich in kurzer Zeit auf das ganze Gebäude verbreitet hatte und in den Oehmd- und Erntevorräten reiche Nahrung fand. Da verschiedene Nachbargebäude bedroht waren, wurden außer der Nachbarfeuerwehr Seekirch auch die Feuerwehren von Buchau und Saulgau alarmiert, die bald mit ihren Motorspritzen am Brandplatz erschienen waren. Allein die Löscharbeiten waren durch Wassermangel — es fehlte eine Wasserleitung und auch der Feuerlöschteich war unzureichend — schwer gehemmt, so daß die Großmotorspritze aus Saulgau überhaupt nicht eingesetzt werden konnte. Die Kleinmotorspritzen aus Saulgau und Buchau mußten vielfach Jauche spritzen, da das herbeigeführte Wasser nicht ausreichte. So konnte nicht verhindert werden, daß auch das Wohnhaus, auf das das Feuer überzugreifen drohte, schweren Wasserschaden nahm und der Schweinestall des Nachbarn Kieferle ebenfalls abbrannte. Das Oekonomiegebäude ist bis auf die Grundmauern abgebrannt. Alles Vieh konnte gerettet werden. Dagegen sind die gesamten Futtervorräte und auch ein großer Teil der Ernte, soweit sie noch nicht gedroschen war, vernichtet worden. Die Entstehungsursache ist noch nicht geklärt.

5. November 1948.

Unwetterkatastrophe über Brasenberg

Windhose zerstörte Bauernanwesen / Zahlreiche Häuser teilweise abgedeckt

Bei dem am Sonntag abend um 18 Uhr über dem Federseegebiet niedergegangenen Gewitter zog eine Windhose über Brasenberg-Minderreuti und richtete gewaltige Verheerungen an. Schon in Alleshausen beobachtet man die ersten Schäden und je mehr man sich Brasenberg nähert, umso größer werden die Zerstörungen. Bäume liegen zerzaust, geknickt oder entwurzelt an den Straßen und in den Gärten. Die Häuser von Brasenberg, dem Straßenzug entlang, sind größtenteils durch die Saugkraft der Windhose abgedeckt worden. Die Straße ist mit Dachplatten u. Baumästen übersät. Häuser, die dem Sturmwind standhielten, haben im Mauerwerk Risse davongetragen, Kamine sind eingestürzt. Besonders in Mitleidenschaft gezogen wurde das Anwesen des Bauern und Gastwirts Josef Maikler. Das mit Scheuer und Stallung zusammengebaute Wohnhaus wurde total zerstört und unbewohnbar. Der massive Giebel der Westseite ist eingedrückt worden, worauf dann das ganze Haus zusammenfiel. Der Giebel der Ostseite steht noch, ist aber schräg und mußte abgesprießt werden wegen Einsturzgefahr. Selbst die Stalldecken sind eingedrückt worden und nur dadurch, daß diese Holzdecken abgesprießt waren, konnte das Vieh unbeschädigt gerettet werden. Der zweite Stall blieb erhalten, weil über ihm Heu gelagert war. Eine etwa 50 Meter entfernte Feldscheuer ist wie ein Kartenhaus zusammengefallen. Zahlreiche landwirtschaftliche Maschinen und Geräte sind beschädigt worden. Besonders stark wurde auch Minderreuti mitgenommen. Die Feuerwehren von Brasenberg und Alleshausen sind eingesetzt, um die Trümmer zu beseitigen.

Mengen. — Noch kurz vor der Ernte ging über die Gemarkung von Ennetach am Sonntag abend gegen 18.00 Uhr ein Hagelgewitter nieder, das an Halmen und Hackfrüchten größeren Schaden verursachte.

Buchau a. F.

Gewitterreicher Sonntag. — Drückende Gewitterschwüle und große Sommerhitze lasteten über dem letzten Sonntag und beeinflußten wahrscheinlich auch den Fremdenverkehr, der gegenüber anderen Sonntagen auffallend ruhig war. Erst zur „Kaffeezeit“ wurde der Auto- und Motorradverkehr in den Hauptstraßen lebhafter; aber dann zogen sich auch schon in allen Himmelsrichtungen schwarze Gewitterwolken am Horizont zusammen und heftige Gewitter entluden sich mit kurzen aber starken Regenfällen während des späten Nachmittags, des ganzen Abends und auch während der Nacht. Der Federsee hat nach wie vor einen für die Jah-

Bekanntmachun

Die Holzbrücke über die Donau wird jeglichen Verkehr **gesperrt.**

Riedlingen, 29. Juli 1953 Bürg

Die Feuerwehren im Einsatz am 26. Juli 1953.

nicht selten der einschlagende Blitz, der Häuser entzündete, so am Kriegsbeginn 1939, dem 1. September, als der 1926 ebenfalls nach einem elektrischen Kurzschluss neuerbaute Stadel von Neubauer Hepp in Tiefenbach abbrannte. Seekirch erlebte Brände: 1814 Franzenbauers, 1817 Bathles, 1824 Haldenschneider Merk, 1840 Gebeles Haus, 1926 Schoppes, 1954 Karl Schmid, 1956 Bunke/Bohner.

Manchmal war es aber auch Fahrlässigkeit, z. B. 1881 in Tiefenbach bei Johannes Kopf (Küfers), wenn Raucher in Scheuer und Stall umhergingen, die offenen Feuerstellen der Häuser unvorsichtig geschürt oder mit offenem Kerzenlicht hantiert wurde. 1905 zündelte ein kleiner Bub im Schopf des Schultheißen Reiter, wodurch ein Brand entstand.

Nicht umsonst wurden die Verse aus Friedrich Schillers Glocke so vertraut: „Wohltätig ist des Feuers Macht, wenn sie der Mensch bezähmt, bewacht. Doch furchtbar wird die Himmelskraft, wenn sie der Fessel sich entrafft.“

Wenn Letzteres eintraf, kündeten bis zur Einführung der Feuermelder bzw. von Sirenen die Kirchenglocken als Brandglocken das furchtbare Geschehen an. Mit der Eingliederung der Gemeinden in das Königreich Württemberg wurde das Feuerlöschwesen 1808 unter staatliche Aufsicht gestellt. Jede Gemeinde hatte nunmehr die erforderlichen Einrichtungen zu treffen. 1885 wird in Württemberg eine Verordnung erlassen, wonach in jeder Gemeinde eine „Lösch- und Rettungsmannschaft“ (Feuerwehr) einzurichten ist.

Auf diesem Hintergrund wurde 1883 in Alleshausen, 1886 in Seekirch und 1887 in Tiefenbach eine Feuerwehr gegründet und Löschfahrzeuge angeschafft.

Die Wehr Tiefenbach zählte 28, Alleshausen 27 und Seekirch 15 Mann.

Die damaligen Feuerwehrmagazine wurden später vergrößert, modernere Löschfahrzeuge beschafft.

Im Zuge des Katastrophenschutzes unterstützen heutzutage Land und Kreis die Feuerwehren, die in vielfältigen zivilen Katastrophen zum Einsatz kommen und in den Gemeinden bei öffentlichen Anlässen wichtige Aufgaben übernehmen.

Kommandanten sind 2005:

Tiefenbach: Anton Rauscher	seit 1990
Alleshausen: Johann Fuchs	seit 1993
Seekirch: Erwin Lehmann	seit 1993

Weihe FSF 8 am 4. 9. 1988 in Seekirch.

Aktive und Jugendfeuerwehr von Seekirch.

Nicht nur bei Bränden und Katastrophen befindet sich die Feuerwehr im Einsatz. Bei vielen Festen wirkt sie mit.
Bild: Beim Festzug vom Ortseingang zur Pfarrkirche beim Priesterjubiläum am 24. Juli 2005.

Neues TLF 16 der Freiwilligen Feuerwehr Alleshausen (2006), eines der modernsten Rettungsfahrzeuge.

Die 2006 gegründete Altersabteilung der Feuerwehr Alleshausen.
v.l.n. r.: Josef Schoßer
Alfons Gnann
Adolf Schoßer
Anton Huckle
Karl Weckenmann sen.
Karl Hepp

Jugendfeuerwehr Alleshausen, Seekirch und Tiefenbach bei der Gründung.

FFW Alleshausen, Aktive und Jugendfeuerwehr, 2006.

Historische Feuerwehrpritze von 1889.

Die Feuerwehr der Gemeinde Tiefenbach mit der historischen Spritze (2003).

Die Feuerwehr der Gemeinde Tiefenbach mit der alten Spritze (1990).

Bedenkenswerte Erinnerungen

Der Postdienst in Geschichte und Gegenwart

Im Altertum gab es lediglich Boteneinrichtungen der Herrscher zur Beförderung von Regierungssachen, daneben Privatboten. Auch der von Augustus für das Römische Reich eingerichtete öffentliche Verkehrsdienst war eine nur Staatszwecken dienende Beförderungsanstalt, deren Benutzung Angehörigen der höheren Stände im Einzelfall allerdings erlaubt wurde.

Im Mittelalter wurden die einzelnen Staaten, Städte, Orden, Universitäten usw. Träger der Nachrichtenübermittlung. Auch ihre Botenposten dienten zunächst nur eigenen Zwecken, wurden aber später Dritten zugänglich gemacht. Ausgangspunkt der neuzeitlichen Entwicklung ist die Übertragung des Postwesens durch die Habsburger an die Familie Thurn und Taxis ab 1490 und durch Verträge von 1504, 1516, 1520 und 1595. Die Thurn- und Taxis'sche Post blieb in Deutschland bis 1867 erhalten. Im 17. Jahrhundert richteten einzelne deutsche Staaten, aber auch ausländische Reiche staatliche Posten ein, die dem Publikum zugänglich gemacht wurden.

Eine weitgehende Vereinheitlichung der Postgebühren in Deutschland und Österreich brachte der 1850 gegründete Preußisch-Österreichische Postverein. 1868 erfolgte die Einrichtung einer Bundespost für den Norddeutschen Bund, 1871 für das Deutsche Reich (zunächst ohne Bayern, Württemberg und Baden). Die seit 1851 königlich-württembergische Post ging 1920 auf das Reich über, womit auch die letzten Zeichen der württembergischen Posthoheit (Dienstmarken) verschwanden.

Die Deutsche Reichspost wurde 1924 als selbstständiges Unternehmen des Reichs ausgestaltet. Aus der Deutschen Post von 1945–1950 wurde für die Bundesrepublik Deutschland die Deutsche Bundespost geschaffen, die sich 1995 zur Deutschen Post AG umstrukturierte.

Die Post richtete in den Gemeinden Alleshausen, Brasenberg, Seekirch und Tiefenbach nach 1860 Poststationen ein, auf denen der Postillion (Führer eines Postfuhrwerkes), der sein Kommen durch das Posthorn ankündigte, Post abholte und brachte. 1933 wurde die frühere Postkutsche durch die Kraftpost ersetzt, die beschränkt auch Personen beförderte. Nach der Privatisierung der Post fand eine Konzentration des Postwesens auf allen Ebenen statt, die zur Schließung der Poststellen in den Gemeinden führte.

In Alleshausen versah die Familie Strohm von 1863–1965 den Postdienst. Erster war der ehemalige Soldat Lorenz Strohm von 1863–1893, der täglich nach Buchau, zunächst zu Fuß, bald mit Pferd und Wägele fuhr. Ihm folgte Xaver Strohm von 1893–1920. Lorenz Strohm war von 1920–1933 Postkutscher. Ihm wurde zum Abschied am 1. März 1933 im Gasthof Engel ein großes

Postillion Xaver Strohm war von 1913–1928 Postkutscher.

Fest bereitet. Der Zwangspensionierte hat dann die Postuniform mit dem Maurerkittel gewechselt.

Von 1933–1965 versah Gertrud Strohm (ab 1948 Möhrle) den Postdienst.

Gertrud Aßfalg war von 1965–1997 Postagentin. Am 30. 6. 1997 stempelte sie zum letztenmal einen Brief.

In der Poststelle Brasenberg wurde der letzte Poststempel am 31. 1. 1985 aufgedrückt.

Josef und Elsa Maikler versahen von 1933–1985 dort den Postdienst. Letzter Postagent in Tiefenbach war bis 1998 Karl Zoll und in Seekirch Luise Aßfalg (Gasthaus zum Adler) bis 1985.

Eine gemütliche „Hosstuba“ im Gasthaus Adler in Seekirch. Walter Haller (1948 im See ertrunken), Anton Wild, Senze Strohm, Hans Maschbar, Knecht bei Rugges, Babette Strohm, Alois Fieseler, Julia Miehle, Franz Strohm, Karl Kohler (Alleshausen) Knecht bei Schmid (Buckes), Adlerwirtin Luise Aßfalg (von links). Die Adlerwirtin versah auch lange Zeit den Postdienst in Seekirch.

Theresia Ahlemann, langjährige Posthalterin in Tiefenbach.

Die letzte Fahrt des Federseekurses vor der Abfahrt am Postamt in Bad Buchau nach Alleshausen.

Die letzte Postanlieferung für die Posthalterin Gertrud Aßfalg vor ihrem Wohnhaus; links daneben ihr Ehemann Bernhard Aßfalg (1997).

Störche am Federsee

In der Regel waren die Seekircher Pfarrer große Liebhaber und Beobachter von Störchen. Pfarrer Schöttle selbst ist dieser Geschichte nachgegangen und erwähnt, das älteste Storchennest sei schon nach 1800 auf dem Schlossgiebel in Buchau angebracht gewesen.

Auch das Oggelshauser Pfarrhaus zierte Jahrzehnte ein Storchennest und in Alleshausen gehörte schon damals eines dazu, war mitten im Dorf auf einem Bauernhaus angebracht, das samt dem Storchennest mit den jungen Störchen abbrannte.

1874 zeigten sich in Alleshausen wiederum Störche. Wagner Seifer hatte hinter seinem Haus auf einem abgesägten Birnbaum ein Rad angebracht, das die Störche annahmen. Lehrer Gulde brachte dann ein Rad auf dem Kapellendach an und auch dieses Nest wurde angenommen. Nach dem Zweiten Weltkrieg sind die Störche wieder gekommen. 1959 gab es um die Störche in Alleshausen eine Auseinandersetzung, weil das Storchenpaar auf dem Kapellenturm während der Öschprozession durch Buben vertrieben worden sei. Auch die Naturschützer schalteten sich in die Kontroverse ein.

Auf dem Seekircher Pfarrstadel wurde 1864 ein erstes Storchennest aufgestellt, nachdem zuvor schon eines auf einem Stadel in der Ortsmitte angebracht worden war. Auch auf dem Kaplaneihaus wurde 1867 ein Nistplatz eingerichtet. 1873 wurde selbst in Tiefenbach auf der Kapelle ein Rad angeboten

Der Storch auf dem Seekircher Horst 1955.

und angenommen. Am 17. Mai 1873 vernichtete allerdings ein Hagelschlag das Gelege. Die Störche blieben fortan aus.

1921 sind nur Horste in Buchau und Kanzach besetzt und bis 1949 nur die Horste von Buchau und Alleshausen.

1951 zieht Oggelshausen mit einem neu errichteten Kunstnest ein Paar an. 1952 wird auch in Seekirch ein Kunsthorst angelegt, der Einzelbesuch erhält, aber 1955 wieder besiedelt ist wie Alleshausen, Oggelshausen, Buchau. Doch am 7. Juni fällt der Seekircher Horst samt drei hochbebrüteten Eiern einem Gewittersturm zum Opfer, das Oggelshauser Vierergelege wird bei einem Storchenkampf vernichtet, auch das Alleshauser Storchenpaar wird angeschlagen und verliert ein bebrütetes Vierergelege. Das Siegerpaar brachte jedoch drei Junge hoch.

Pfarrer Karl Müller schreibt 1955 anteilnehmend: „Unsere Störche kommen hin und wieder, nachdem am 11. VI. Herr Lehrer Haas Buchau [Naturschutzbeauftragter] das zerstörte Nest wieder ausgebessert hat. Es wurden sieben Latten (Eichen!), je 5 cm breit eingeschoben, dass der Wind von unten nichts mehr haben kann. Beim Dachreinigen stellten wir fest, dass drei Störchlein aus dem Nest geworfen wurden... Jedenfalls zum Abschied trafen heute mittag [21. August] wiederholt unsere 2 Störche mit lautem Geklapper auf ihrem Horst auf dem Pfarrhaus ein, nachdem sie schon bald 14 Tage weggeblieben waren.

Storchennest Alleshausen 1989, links: Karl Weidelener, rechts: Franz Bledt.

Renovation des Storchennestes auf dem Pfarrhaus Seekirch im Jahre 1950.
Von links: Erich Fieseler, Josef Harscher, Xaver Haller.

Mit unseren zwei kamen noch drei weitere (vielleicht die Jungen von Alleshausen?). Alles freute sich über den Storchenbesuch und wir hoffen und wünschen, dass sie eine gute Fahrt nach Afrika haben, dort oder schon auf dem weiten Reiseweg nicht verunglücken oder abgeschossen werden (!! leider geschieht dies in Frankreich und Afrika) und dann im kommenden Jahr wieder ihren Pfarrhaus-Horst in Seekirch beziehen können!“ (S. 74 f.).

Doch 1956 steht: „Am 21. April war ein Storch im Nest, aber nur kurz!“ (S. 78).

Pfarrhaus mit Storchennest um 1950.

Storchenpaar im 2005 errichteten Nest auf dem Kapellendach Alleshausen.

Bevölkerungsbewegungen vom 18. – 20. Jahrhundert

1. Allgemein

Nach dem Sieg der österreichischen Truppen gegen die Türken 1683 am Kahlenberg bei Wien, zu dessen Erinnerung in der Kirche das Fest Mariae Namen (12. September) eingeführt wurde, und der damit erfolgten weiteren Ausdehnung des Reiches der Habsburger mussten wegen des Bevölkerungsverlustes ganze Landstriche neu besiedelt werden. Ab 1712 machten sich für die Ansiedlungsaktion Werber in den Südwesten des Reiches auf, die auch in die Marchtaler und Warthauser Herrschaft kamen, wobei Ulm zum Sammelort nach Ungarn wurde, die Ulmer Schachtel als Transportmittel geradezu legendär.

Der ungarische Reichstag bat zudem 1723 König und Kaiser zur Besiedlung des weithin ödliegenden Landes Bauern und Handwerker aus den österreichischen Erblanden und dem römischen Reich aufzurufen, denen auf sechs, den Handwerkern auf zehn Jahre Befreiung von allen öffentlichen Lasten zuzusagen sei. In den Gemeinden Oberschwabens, einem Gebiet, das wenige Generationen zuvor durch die Verheerungen des 30-jährigen Krieges selbst Einwanderungsland geworden war, setzte alsbald eine Auswanderungswelle ein in der Hoffnung, eine neue Heimat finden zu können. Auch Alleshausen, Seekirch und Tiefenbach sind bei dieser Entwicklung voll dabei.

Ausgewandert sind aus Seekirch Mitglieder der Familien:
Forster (1736), Glenzing (1758), Glänziger (1760), Halder (1725), Cadus (1774 Österreich), Maier (um 1786 Österreich), Maigler (1712), Maurer (1751, 1759), Sorlant (1725), Schaib (1699), Scheib (1726), Schönberger (1748), Schilling (1718, 1726), Schulz (1725), Waibel (1692), Wetterwaldt (1692), Zerlauth (1725, 1726).

Aus Alleshausen/Brasenberg:
Baumeister (1712), Brehm (1759), Prugger (1758),
Brügger (1781), Pritsch (1692), Buebenhofer (1724),
Ebe (1794), Egger (1692), Engler (1742),
Feger (1746), Gander (1712), Gaißer (1761), Götz (1712, 1749),
Klenzing (1752), Hauweyler (1712), Heberlin (1725),
Herpp (1746), Herbst (1712), Holl (vor 1763), Kneislin (1758),
Kobler (1720), Ruef (vor 1771), Rues (1746), Ruotz (1692),
Sauter (1702), Sens (1721), Scheib (1723), Scheffold (1725),

Schilling (1723), Speckh (1712, 1722, 1725), Stadler (1744),
Stainer (1724), Strohm (1754, 1755, 1758), Volarth (1712, 1726), Walz (1621),
Weyler (1723, 1726, 1737, 1760), Widmann (1692), Zwickh (1758).

Aus Tiefenbach mit Streitberg:
Amann (1723, 1725–42), Bertzel (1712),
Breuchler (1737), Taugler (1712),
Geissinger (1712), Kramer (1712), Miehle (1758),
Nägele (1751), Reich (1712), Reichle (1742),
Reiser (1712), Romer (1794), Rösch (1754),
Rieger (1725), Roth (1725), Schweitzer (1781),
Vogler (1712), Werber (1758).

Einige davon fanden in Hajos eine neue Heimat, zu dem sich über ein Marienbild auf dem Bussen nach über zwei Jahrhunderten neue Verbindungen anknüpften. Das Bild wurde seinerzeit von den Aussiedlern mitgenommen und wird bis heute in der dortigen Pfarrkirche als Wallfahrtsbild verehrt.

Eine andere Bewegung führte nach Russland, wo Zarin Katharina II. (1762–1796) um Ansiedler warb, die hauptsächlich auf der Krim, im Kaukasus, dem Schwarzmeergebiet, in Bessarabien und an der Wolga, von wo sie durch Stalin 1941 nach Sibirien verschleppt wurden, ihre Heimat fanden. Zuvor schon ließen sich deutsche Siedler in der späteren Tschechoslowakei nieder und seit Jahrhunderten im Gebiet der Karpaten. Von dieser Bewegung waren die Federseegemeinden kaum betroffen.

Im 19. und 20. Jahrhundert brach eine neue Welle in die USA auf. Zwischen 1820 und 1890 suchten dort fünf Millionen Deutsche eine neue Heimat, denn für die zahlreichen Kinder der Großfamilien gab es hierzulande zu wenig Lebensraum. Wiederum sind aus allen Gemeinden Menschen „in das Land der unbegrenzten Möglichkeiten“, wie Amerika angepriesen wurde, aufgebrochen und mussten unter oft harten Bedingungen eine neue Existenz aufbauen, wobei zumeist schon die Fahrt über das Meer recht abenteuerlich werden konnte.

Als erster ist 1772 Michael Rauscher aus Seekirch nach Amerika ausgezogen, damals sicher ein Wagnis in eine mehr als unsichere Zukunft.

Von 1908 bis 1930 sind aus der Pfarrei nach Amerika ausgewandert:
Hermann Scheffold, Seekirch, Sohn des † Ludwig Scheffold, zu Verwandten nach Florida (1908).
Berta Aßfalg, Tiefenbach, Tochter des † Xaver Aßfalg, zu Verwandten nach New York (1914),
Johann Georg, deren Bruder, dorthin (1923).

Hermann Hepp, Alleshausen, Sohn des † Josef Hepp, zu seinem Vetter Blank nach Montana (1923).
Ida, Josefine und Juliana Scheffold, Seekirch, Töchter des † Ludwig Scheffold, nach Florida (1923).
Theresia Rauscher, Eckwirtin Tiefenbach, Tochter des † Anton Rauscher, zu ihren zwei Töchtern nach Portland (1924), deren Brüder Joseph und Alexander bereits um 1900 auswanderten.
Johanna Hepp, Alleshausen, Tochter des † Josef Hepp, zu ihrem Verlobten nach New York (1924).
Matthäus und Barbara Hepp, Alleshausen, zu ihrem Bruder Hermann nach Montana (1924).
Johannes Fieseler, Tiefenbach, Sohn des Lorenz Fieseler (1927).
Bernhard Aßfalg, Alleshausen, Sohn des Johann Georg Aßfalg (1927).
Max Aßfalg, Alleshausen, Sohn des obigen (1929).
Felix Halder, Alleshausen, Sohn des Schusters Anton Halder (1928).
Karl Halder, Sohn des obigen (1930).
Josef Hepp, Alleshausen, Sohn des † Josef Hepp (1928).
Anton Burgmaier, Brasenberg, Sohn des Josef Burgmaier (1928 Kanada).
Maria Scheffold, Seekirch, Tochter des † Ludwig Scheffold (1926).
Otto Scheffold (P. Guntram), Salvatorianer, Sohn des obigen (1927).
Anna Maria Buck, Alleshausen, Tochter des Felix Buck (1929).

Mit der Industrie kamen neue Verdienstmöglichkeiten auf, wodurch die Auswanderung gebremst werden konnte. Die Entwicklung des Verkehrswesens bot weitere Möglichkeiten zum Lebensunterhalt. Erst die Zeit nach dem Zweiten Weltkrieg ermöglichte in der engeren oder weiteren Heimat allen Menschen einen Arbeitsplatz. Auswanderung zum Broterwerb gehörte der Vergangenheit an. Neben diesen mehr oder weniger freiwilligen Aussiedlungen gab es schon immer, besonders aber im 20. Jahrhundert, Umsiedlungen aus politischen Gründen. Bereits während des Zweiten Weltkrieges wurden sog. Auslandsdeutsche, Nachkommen der früheren Auswanderer, durch Adolf Hitler nach Deutschland „heimgeholt".

Der Zweite Weltkrieg und seine Folgen wurde zum größten Einbruch in das Leben der Menschen seit dem 30-jährigen Krieg. Der Tod von Angehörigen als Soldaten traf fast jede Familie. Nicht weniger schmerzlich war die Einweisung fremder Menschen, die ein ganzes Jahrzehnt dauern sollte. Die Gründe dazu waren ausschließlich politisch, die Neuankömmlinge schuldlos, Opfer politischer Entscheidungen. Hitlers Begründung für die 1939 einsetzende Völkerwanderung lautete: „Herstellung einer Reichsgrenze, die den historischen, ethnografischen und wirtschaftlichen Gegebenheiten gerecht wird" (Migranten S. 32). Alle Deutschen sollten zusammengeführt werden.

2. Die Jahre 1939–1950

Die ersten fremden Gesichter in den Gemeinden nach Beginn des Zweiten Weltkrieges am 1. September 1939 waren Polen, die als Arbeitskräfte für die eingezogenen Soldaten zugewiesen wurden. Zunächst durften diese den Gottesdienst besuchen, was später verboten wurde, vor allem als im Sommer 1940 drei Polen aus Seekirch und Alleshausen durchgegangen waren. Der frühere Pfarrer von Seekirch, Raphael Hartmann, seit 1935 in Rupertshofen, wurde wegen der Polenseelsorge von eigenen Pfarrangehörigen angezeigt und am 4. Juli 1940 „wegen Mißbrauch der Kanzel, verbotenem Umgang mit Kriegsgefangenen und Vergehen gegen das gesunde Volksempfinden zu 5 Monaten Gefängnis verurteilt". In der Begründung heißt es: „Der Staat kann und muß auch von einem katholischen Geistlichen verlangen, daß die völkischen Belange gewahrt werden" (Gefangenenakte Staatsarchiv Ludwigsburg Bü 3515).

Nach dem Westfeldzug trafen am 22. Juli 1940 in Alleshausen 10 Franzosen als Kriegsgefangene ein, in Tiefenbach und Oggelshausen am 15. August 13 Gefangene, die unter Bewachung an ihre Arbeitsplätze zu führen waren. Auch für diese Gruppe wurde zunächst der Gottesdienst erlaubt, später verboten. Pfarrer Baur bemerkt: „Die Gefangenen kamen sehr gerne und zeigten sich recht dankbar. Alle nahmen teil."

Die Fremdheit steigerte sich, als nach Beginn des Russlandfeldzuges Ostarbeiter, Deportierte aus den von deutschen Truppen besetzten Gebieten Russlands, als Arbeitskräfte zugewiesen wurden, wobei die Anordnung ausgegeben wurde: kein Kontakt mit der deutschen Bevölkerung. Gleichzeitig trafen Umsiedler aus dem Baltikum, Wohlhynien, Galizien, Bukowina, Bessarabien ein. Württemberg sollte 20 000 Deutschstämmige aufnehmen, die zumeist in beschlagnahmten Klöstern untergebracht wurden.

Mit der Verschärfung des Bombenkrieges auf deutsche Städte kamen Evakuierte aus Essen und Duisburg in das ländliche Gebiet. Sie wurden zu einem besonders fremden Element in den Gemeinden, waren sie als Städter doch eine ganz andere Lebensart gewohnt und zudem zumeist evangelisch oder gottgläubig. Der Chronist stellt dieser Gruppe ein schlechtes Zeugnis aus, notiert, sie hätten gesagt: „Wir kommen als Gäste des Führers, wir brauchen nicht arbeiten" (Chronik S. 110). Ganz anders seien die Evakuierten aus württembergischen Städten wie Stuttgart und Friedrichshafen.

Der Verfasser erinnert sich noch genau an die erste Begegnung mit Menschen, von denen man sagte, sie seien evangelisch und doch gleich aussahen wie Katholiken.

1946 verließen die letzten Evakuierten wieder das Federseegebiet.

Zum Kriegsende traf Alleshausen und Seekirch noch das Los der Einquartierung von 130 deutschen Soldaten und wenige Wochen später Seekirch von

90 Marokkanern und 90 Franzosen. Mit den Marokkanern kam das Schreckensgespenst des Schwarzen in die Dörfer.

Zu einer unvorstellbaren Landplage wurden 1945 und 1946 ehemalige Ostarbeiter, vor allem Polen, die bis 9. Mai 1946 in Oggelshausen in einem von der Besatzungsmacht eingerichteten Lager untergebracht waren. Resigniert steht in der Chronik: „Die Polen beherrschen die Öffentlichkeit durch ihren Terror."

Diesen vorübergehenden Bevölkerungsbewegungen sollte eine ständigere folgen, die der Flüchtlinge und Vertriebenen.

Die Siegermächte beschlossen, nicht zuletzt als Reaktion auf Hitlers Umsiedlungspolitik, die deutsche Bevölkerung aus dem Osten und Südosten Europas umzusiedeln, was sich zu einer grausamen Vertreibung mit Millionen von Opfern entwickeln sollte.

Am 26. November 1945 informiert Landrat Eisele (Saulgau) bei einer Konferenz der Geistlichen über die Ankunft von 12000 Ostflüchtlingen im Kreis und befürchtet eine Hungersnot. Da die französische Militärregierung sich lange weigert, diese Personengruppe aufzunehmen, kommen die Flüchtlinge, wie sie genannt werden, zunächst in die anderen Besatzungszonen. Doch am 13. Februar 1947 treffen in Alleshausen die ersten in der Pfarrei ein, wenige Monate später in Tiefenbach und Seekirch. Sie werden lange als Fremde empfunden, zumal sie großenteils auch evangelischer Konfession waren, was den Pfarrer ärgert. Doch er hat mit der Vermutung, die konfessionelle Mischung sei gewollt, Recht. Es kann nachgewiesen werden: Bei allem Durcheinander der Verhältnisse gab es damals das Bestreben, das Chaos in Deutschland durch eine konfessionelle Mischung der Bevölkerung noch zu vergrößern. Der Hass der Vergangenheit sollte in die Zukunft getragen werden.

Niemand wusste, was aus diesem Gemenge von Problemen werden sollte. Nach und nach gab es auch Annäherungen, freundschaftliche Begegnungen und in Seekirch hielt der evangelische Pfarrer Gottesdienst in der katholischen Pfarrkirche. Umgekehrt werden in Nordwürttemberg, wo die Vertriebenen zumeist katholisch sind, katholische Gottesdienste in den evangelischen Kirchen abgehalten. Es bahnt sich eine Entwicklung an, deren Ende zu erkennen damals in weiter Ferne lag.

1950 leben in Alleshausen 74, in Seekirch 48 und in Tiefenbach 61 Vertriebene. Durch die geringen Arbeitsmöglichkeiten am Ort zieht ein Teil bald wieder weg. Einige Familien sind bis heute wohnhaft geblieben, wurden integriert und sind fester Bestandteil der Gemeinden geworden. Auch hier hat die Zeit viele Wunden und Vorurteile geheilt, denn die wenigsten wussten, wer da als „Flüchtling" gekommen ist.

Drei Beispiele mögen für die Menschen stehen, die sicher oft darunter gelitten haben, nicht verstanden zu werden, weil sie zu einer Personengruppe zählten, die eingewiesen wurde und deren Schicksal zunächst niemand interessierte. Nicht selten kamen auch Menschen, deren Vorfahren vor Jahrhunderten auswanderten, um in der alten Heimat wieder eine neue Bleibe zu finden.

1. Der Maler Werner Rohland und seine Familie

Werner Rohland, Selbstbildnis 1954.

Am 13. Dezember 1899 im sächsischen Crimmitschau bei Zwickau als Sohn eines Druckereibesitzers geboren, sucht er nach jahrelanger beruflicher Tätigkeit den Weg zum freischaffenden Künstler, wird im 2. Weltkrieg aber als Soldat eingezogen. Ein Kenner der Kunst schreibt über den am 12. Juli 1948 in Tiefenbach Eingetroffenen: „Nachdem der Künstler 1942 zum Sanitätsdienst eingezogen worden ist, muss er bei einem kurzen Heimaturlaub erleben, wie in der Nacht vom 13. auf den 14. Februar 1945 bei der Bombardierung Dresdens nicht nur die Stadt, sondern auch fast sein gesamtes Oeuvre in Flammen aufgeht.

Bei Kriegsende gerät Rohland in französische Kriegsgefangenschaft, wo er in der Nähe Toulons unter dem Eindruck der Landschaften van Goghs und Cézannes wieder zu zeichnen und malen anfängt. Nach seiner Entlassung aus der Gefangenschaft im Mai 1946 wird er allerdings in Crimmitschau nicht mehr heimisch, es zieht ihn wieder Richtung Süden. 1948 reist er nach Ulm zu Wilhelm Geyer, den er bereits am Bodensee kennengelernt hatte. Der Malerkollege macht Rohland dann mit dem kunstsinnigen Saulgauer Landrat Karl Anton Maier bekannt, der ihm und seiner Familie in Tiefenbach am Federsee eine bescheidene Bleibe vermittelt, ein Ausgedinghäuschen für 15 DM im Monat.

In der oberschwäbischen Provinz beginnt nun seine produktivste Schaffensperiode. In den folgenden zehn Jahren entstehen unzählige, z. T. großformatige Gemälde und Pastelle – Porträts, Interieurs, Stillleben, Landschaften –, in denen der Maler seine unmittelbare Umwelt festhält. Rohlands tiefgreifende Beschäftigung mit der französischen Malerei, insbesondere seine Bewunderung für Cézanne, Bonnard und Vuillard, die ‚Propheten der Moderne', hatte ihn schon vor dem Krieg davor bewahrt, ins Fahrwasser des deutschen Expressionismus zu geraten. Auch wenn das Frühwerk derartige Anklänge aufweist, zeichnet sein nun entstehendes Hauptwerk keine ausufernde Dramatik, keine laute Farbigkeit und keine politischen Botschaften aus. Seine Bilder atmen Stille, Intimität, Melancholie und sind bestimmt durch seine unermüdliche Suche nach einem Gleichgewicht zwischen Farbe, Form und Fläche. Ob Landschaften oder Stillleben: Rohlands Bilder zeigen keine heile Welt, keine nostalgische Verklärung der Heimat, keine Idylle. Seine anfangs düstere, später kräftigere und buntere Farbpalette und sein schroffer, kurzer Pinselduktus schaffen eine atmosphärische Bildwirklichkeit, die die Essenz ihrer Sujets erfasst und zum Tragen bringt. Sein Ziel ist eine Kunst, die ruhig und sicher ist wie Einatmen und Ausatmen, frei von spekulativen Einflüssen, formgreifend in der Zeichnung, einfach und mächtig in der Farbe.

In der Saulgauer ‚Fähre', die 1947 von der französischen Besatzungsmacht gegründet worden war und die bald zum Zentrum der Bildenden Kunst in Oberschwaben werden sollte, findet Rohland unmittelbar nach seiner Übersiedlung an den Federsee Gelegenheit, sich zu präsentieren. Wiederum auf Ver-

Straße in Tiefenbach, 1970.

Geschenk von Werner Rohland an den Primizianten von 1955.

mittlung von Landrat Maier werden seine Arbeiten in einer Ausstellung mit schwäbischen Aquarellisten gezeigt …

… Anfang der 1950er Jahre findet Rohland auch Kontakt zu Manfred Henninger, Manfred Pahl und anderen Mitgliedern der Freien Gruppe, mit denen er 1952 erstmals in Stuttgart ausstellt. Doch der große Durchbruch bleibt aus. War es ihm in den ersten Jahren in Tiefenbach noch gelungen, Käufer für seine Bilder zu finden und für ein bescheidenes Auskommen der Familie zu sorgen, wird die wirtschaftliche Lage der Familie nun immer schwieriger. Hinzu kommt, dass Rohland am Federsee das nötige geistig-künstlerische Umfeld seiner Bodensee-Zeit fehlt, und er zeitweise in Depression verfällt.

Wieder ist es seine Frau, die sich in der Sozialarbeit um den Lebensunterhalt der Familie kümmern muss, und nachdem sich ihr in Stuttgart die Chance für einen beruflichen Neuanfang bietet, zieht die Familie 1958 nach Bad Cannstatt um“.

(Andreas Ruess in: Schwäbische Heimat, 55. Jahrgang, Heft 2, 2004, S. 189–192).

Am 3. Juni 1974 ist er dort verstorben. Seine Söhne Michael und Till bewahren das Erbe des Vaters, das Landratsamt Biberach zieren zahlreiche Bilder des einstigen Tiefenbacher Bürgers, der hier mit seiner Familie eine Heimat gefunden hat. Die Kreissparkasse Biberach hat 1999 mit einer Veröffentlichung im Federsee-Verlag Bad Buchau, sein Werk vorgestellt. Zur Primiz des Verfassers schenkte Werner Rohland ein liebenswertes Bild der Tiefenbacher Dorfstraße mit Kapelle.

2. Die Familie Werner Kuhnt

Werner Kuhnt

Eine völlig andere Herkunft prägte die Familie Werner Kuhnt, die zeitweise in Tiefenbach ein „Lädele“ betrieb und deren Kinder als strebsame Schüler in der Erinnerung haften. In den 60er Jahren entwickelte sich in Deutschland auf dem rechten Spektrum der politischen Parteienlandschaft die „Nationaldemokratische Partei Deutschlands“ (NPD), die 1968 zum Schrecken vieler Demokraten in den Landtag von Baden-Württemberg einzog. Dabei wurde der Abgeordnete Werner Kuhnt (1911–2002) 1968 stellvertretender, 1969–1972 Fraktionsvorsitzender der neuen Fraktion, in der sich ehemalige Nationalsozialisten trafen, in deren Partei Werner Kuhnt mit 18 Jahren eingetreten war. Nach dem Studium an den Universitäten Breslau, Königsberg und Berlin als hauptamtlicher Jugendführer in der Hitlerjugend tätig, erlebte Kuhnt die Jahre 1940–1949 als Soldat in Gefangenschaft und Internierung. Von dort führte sein Weg nach Tiefenbach.

Über die Erinnerungen an Tiefenbach schreibt Tochter Sabine am 25. September 2005 aus München: „Letztendlich sind es schöne, sehr schöne Erinnerungen. Sicher, nicht immer war alles einfach. Aber knappe 50 Jahre später sehe ich das so: Es war eine schöne Zeit, die mein Leben sehr beeinflusste und viel dazu beitrug, dass ich heute so bin wie ich bin.

Meine Mutter ist während des Krieges mit meinen fünf Brüdern und mir aus dem heutigen Polen geflüchtet. Eine erste Unterkunft fanden wir in Norddeutschland bei einer Schwester meiner Mutter. 1949 kam mein Vater aus dem Krieg zurück und unserer Familie wurde eine Wohnung in Tiefenbach zugewiesen. Unser erstes neues Zuhause war der Wohnteil eines Bauernhauses, dessen Scheune, Stall und Schopf aber noch landwirtschaftlich von dem Eigentümer genutzt wurden. Ein kleiner Garten neben dem Haus und ein großer Garten hinter dem Haus mit diversen Obstbäumen gehörte dazu. In Tiefenbach erlebten wir Natur pur und nah und ich bin froh und dankbar, in solch natürlichem Umfeld aufgewachsen zu sein. Wir Kinder hatten auch so richtige Aufgaben, mit denen wir zum Unterhalt der Familie beitrugen. Unsere kleinen Aufgaben waren: bei Bauern im Herbst Kühe hüten, auf den abgeernteten Feldern Kartoffeln und Ähren lesen, Tannenzapfen im Wald, Champignons auf der Wiese und Beeren im Wald oder an den Hecken sammeln. Für das Hütekind gab es immer ein Mittagessen und abends eine Brotzeit, am Ende der Zeit einen kleinen Geldbetrag und einen Sack Kartoffeln oder andere Lebensmittel für die Familie. Ich weiß nicht, wie ich damals darüber dachte. Heute schätze ich mich glücklich, so aufgewachsen zu sein.

Wir waren also Flüchtlinge und hatten, nicht nur dass wir hochdeutsch sprachen und weder evangelisch noch katholisch waren, auch noch andere ‚Marotten'.

So hatten sich unsere Eltern aufgrund des gerade erlebten Krieges vorgenommen, ihren Kindern zumindest eine ordentliche Schulbildung angedeihen zu lassen.

In Tiefenbach gab es die Volksschule, die wir bis zur vierten Klasse besuchten, danach gingen wir auf das damalige Progymnasium in Buchau. Ein Teil der Brüder dann auch noch auf das Gymnasium in Biberach. Die Hausaufgaben mussten wir ordentlich machen, die Eltern waren recht streng und kontrollierten und hörten die Vokabeln ab. Waren die Schulnoten nicht befriedigend, musste mit Vati gelernt werden. Manchmal durften wir auch ins Kino nach Buchau.

Eine andere ‚Marotte' waren unsere Spaziergänge mit dem Hund in die Halde, Richtung Hofen, Oggelshausen oder Seekirch. Teilweise waren es nur einzelne Familienmitglieder, die diese „Hundespaziergeh-Pflicht" übernahmen, am Wochenende war aber häufig die ganze Familie unterwegs...

... Meine Eltern mussten sehen, wie sie sich und ihre sechs Kinder über die Runden brachten, und da die Möglichkeiten damals nicht sehr groß waren, machten sie für einige Jahre einen Gemischtwarenladen auf, in dem man für damalige Tiefenbacher Verhältnisse fast alles bekam: Hefe zum Backen, Kaffee, Marmelade, Honig, Gewürze, Salzheringe, Schulhefte, Bleistifte, Waschpulver, Seife, Schuhcreme und ich weiß nicht, was noch alles. Die Bauern kamen zum Einkaufen. Natürlich musste hin und wieder vom Schwäbischen ins Hochdeutsche und dann wieder vom Hochdeutschen ins Schwäbische übersetzt werden, aber irgendwie kam doch immer die Verständigung zustande. Zum Beispiel: „I brauch a heff". War es nun die Hefe oder das Schulheft oder noch etwas anderes?

Ich weiß nicht mehr, wie meine Mutter den ganzen Laden ‚schmiss', und auch nicht, wann und warum wir diesen Berufszweig aufgaben. Ich weiß nur noch, dass unsere Eltern später mit guter holländischer Wolle auf die Märkte im Ländle fuhren und so das Geld für das Leben der achtköpfigen Familie verdienten. Auch waren wir Badegäste im Federsee. Unsere Mutter fuhr mit uns mit einem Fischerkahn raus auf den See, in dessen Mitte ein Floß war. Das ‚Rausfahren' war nicht ganz einfach, es war eher ein ‚Raus-Staken'. Der Kanal war nicht breit und nicht tief und der Untergrund war Moor. Dort auf dem Floß verbrachten wir dann mit Auto-Gummireifen, die als Schwimmreifen fungierten, viele schöne Sommer- und Ferientage. Ich habe dort das Schwimmen gelernt.

In ständiger Erinnerung habe ich: Wir wurden als Flüchtlinge und ‚Reingeschmeckte' gut, freundlich und manchmal auch herzlich aufgenommen. Der großen Flüchtlingsfamilie wurde öfters ein frisch gebackenes Bauernbrot, Wurstbrühe mit ein paar Würsten, etwas Geselchtes oder auch etwas Gemüse aus dem Garten einfach so geschenkt.

Und auch die Kirche, der wir ja nicht angehörten, war freundlich zu uns, ohne uns bekehren zu wollen. In der Schule nahmen wir am evangelischen Religionsunterricht teil und wurden zu Hause auch in dieser Richtung erzogen. In die Kirche gingen wir nicht. In Erinnerung geblieben ist mir aber, dass der damalige katholische Pfarrer [Müller] sehr nett zu uns war. Er besuchte uns im Rahmen seiner anderen Dorfbesuche regelmäßig, schenkte uns auch zu den Festtagen etwas und war den Eltern sicherlich hin und wieder eine Stütze bei der Verständigung im Dorf.

Frau Riedmüller sagte einmal zu Mutti: ‚Was machet ihr bloß, ihr seid it katholisch, ganget it in die Kirch, aber eure Bubn ganget au it ins Wirtshaus.'

Wir Kinder lernten das Schwäbische einigermaßen gut, unsere Eltern konnten und wollten sich diesen Dialekt nicht mehr zu eigen machen. Zu Hause musste jedoch Hochdeutsch geredet werden, und das war für das weitere Leben gut so.

Aus heutiger Sicht resümiere ich, dass in Tiefenbach keine lebenslangen Freundschaften begründet wurden. Das lag sicher an unserer anderen Wesensart und dem Hochdeutsch, auch daran, dass wir sechs Geschwister waren, die wesensverwandt und mit der gleichen Sprache sich selber genügen konnten, nicht auf die Außenwelt unbedingt angewiesen waren, an dem Streben unserer Eltern, etwas Brauchbares aus unser aller Leben zu machen. Dieses konnte nur außerhalb der Gemeinde Tiefenbach geschehen, da es in Tiefenbach keine Entwicklungsmöglichkeiten für uns gab. Zudem waren wir eben keine Bauern und hatten keinen eigenen Hof oder anderen Grund, der uns zum Bleiben aufgefordert hätte."

Auch in diesem Lebenslauf spiegelt sich ein Stück deutscher Geschichte wider, die zur Vielfalt von Kriegs- und Nachkriegsbewältigung zählt.

3. Die Familie Erdmann in Alleshausen

Unter den zugewiesenen Vertriebenen befanden sich auch Familien mit betont katholisch-kirchlicher Herkunft. Dazu zählte die Familie Erdmann, deren Tochter Hildegard in das Kloster Nette/Diözese Osnabrück eintrat und dort als Schwester Leonie 1973 die ewige Profess ablegte und regelmäßig ihren Heimaturlaub bei ihrer Schwester in Seekirch verbringt.

Sr. Leonie Erdmann

Über ihren Weg nach Alleshausen und von dort berichtet Schwester Leonie am 25. September 2005 rückblickend: „Ich wurde am 14. 03. 1942 als fünftes Kind meiner Eltern, Maria und Karl Erdmann, in Tolkemit Krs. Elbing (Ostpreußen) geboren. Mein Geburtsort liegt im Ermland. Die Bewohner des Ermlandes waren überwiegend katholisch. So wurden auch wir Kinder von meinen Eltern christlich erzogen. Die ersten Jahre meiner Kindheit waren geprägt von den Unruhen und Wirren des 2. Weltkrieges. So musste auch unsere Familie 1945 aus der Heimat fliehen.

Zunächst kamen unsere Eltern mit uns Kindern nach Großwesenberg/Rheinfeld in Schleswig-Holstein in ein Lager. Für meine Eltern war es wichtig, regelmäßig den Gottesdienst zu besuchen. Dafür nahmen sie mit uns Kindern auch den manchmal mühsamen 6 km langen Fußweg zur Kirche gern in Kauf. Als 4-jährige wurde ich auch schon mitgenommen. Das war für mich eine große Freude. In der Kirche sah ich dann auch das erste Mal Schwestern. Ich fragte meine Mutter: ‚Was sind das für Tanten?' Sie antwortete: ‚Das sind Ordensschwestern, sie arbeiten für den lieben Gott.' Darauf sagte ich spontan: ‚Das will ich auch!' Damals ahnte keiner von uns, dass dies irgendwann auch eintrifft.

In Großwesenberg besuchte ich ein Jahr die Volksschule. Für unsere katholische Familie war das Leben in der Diaspora Schleswig-Holsteins eine große Umstellung. So meldeten sich meine Eltern und wir bekamen die Möglichkeit, wieder in eine katholisch geprägte Gegend zu gehen. Im August 1950 siedelten meine Eltern mit 6 Kindern nach Biberach an der Riss um. Vorübergehend kamen wir in ein Lager, bis eine Wohnung für uns gefunden wurde. Schon nach 8 Tagen wurden wir von einem großen Laster nach Alleshausen gebracht. Wir hatten wenig Sachen, nur das Nötigste, bei uns. Vom Bürgermeister Aßfalg wurden wir in Alleshausen empfangen, und er gab uns eine Wohnung im Gemeindehaus. In dieser Wohnung standen nur wenig Möbel. Aber unser Vater bekam gleich Arbeit beim Bauer Kieferle, und so ging es uns besser und irgendwie hatten wir das Gefühl: Jetzt geht es aufwärts. Ich konnte in Alleshausen die Volksschule besuchen.

Im Jahre 1953 verstarb mein Vater, und meine Mutter stand mit nun 8 Kindern alleine da. Dies war eine sehr schwere Zeit für uns alle.

Von 1957 bis 1960 arbeitete ich als Stationshilfe in der Kinderklinik in Scheidegg/Allgäu. Dort lernte ich die Vinzentinerinnen von München kennen. Von dort aus besuchte ich während dieser Jahre die Berufsschule in Lindenberg/Allgäu.

Während meines Urlaubs nahm ich in St. Ottilien an einem Exerzitienkurs teil. In diesen Tagen wurde in mir der Wunsch, Ordensfrau zu werden, immer größer. Doch zunächst verließ ich Scheidegg und arbeitete als Hausgehilfin bei Familie Schmid [Eltern von Pfarrer Werner Schmid] in Bad Waldsee.

Wieder hatte ich Urlaub. Diesmal fuhr ich nach Otterndorf bei Cuxhaven meine Tante besuchen. Ich wollte auch gerne mal die Nordsee sehen. Nach der hl. Messe gab mir Pfarrer Golland den Tipp: Wenn ich nach Cuxhaven fahre, sollte ich mein Fahrrad doch bei den Schwestern dort unterstellen. Er meldete mich schon telefonisch an, und so wurde ich mit einer großen Offenheit und Herzlichkeit dort empfangen. Schnell kam ich mit den Schwestern ins Gespräch. Von der Gemeinschaft der Missionsschwestern vom heiligen Namen Mariens hatte ich bis dahin noch nichts gehört. Ich war begeistert von den Aufgaben, die diese Schwestern hatten. So machte mir die Schwester Oberin den Vorschlag, mit mir nach Osnabrück zu fahren und mir das Mutterhaus zu zeigen. Dort lernte ich die Generaloberin Mutter Theresia kennen.

1961 trat ich in die Ordensgemeinschaft der Missionsschwestern vom heiligen Namen Mariens ein. Diese Gemeinschaft wurde 1920 vom damaligen Bischof von Osnabrück, Erzbischof Dr. Wilhelm Berning in Meppen/Ems gegründet. Unter dem Wahlspruch: ‚Alles zur größeren Ehre Gottes – im Geiste Mariens' will die Gemeinschaft in der Norddeutschen Diaspora, Schweden, Brasilien und Paraguay mithelfen, den Glauben auszubreiten und zu vertiefen. Das Tätigkeitsfeld der ‚Netter Schwestern' umfasst die Pfarr- und Seelsorgehilfe, Bildungsarbeit für Kinder und Jugendliche, Kranken- und Altenpflege sowie hauswirtschaftliche Aufgaben."

Schwester Leonie beschließt den Bericht über ihr Klosterleben: „Was mir in all meinen Klosterjahren deutlich wurde: Vieles aus meiner Kinderzeit hat mich geprägt, besonders mein religiöses Elternhaus. Ich glaube, ohne meine Mutter mit ihrer Einstellung zum Leben, mit ihrer Frömmigkeit, die mit ihrem Leben zusammenpasste, hätte ich dem Ruf Gottes zum Ordensleben nicht so folgen können. Meiner Mutter habe ich wohl am meisten zu verdanken."

Die Bevölkerungsentwicklung von 1834–2005

	1834	1871	1895	1905	1925	1939	1950	1970	1986	2005
Alleshausen	525	439	491	467	399	374	435	450	446	505
Seekirch	197	224	241	250	229	223	251	212	191	281
Tiefenbach	321	394	364	378	389	387	408	407	393	515

Kreisbeschreibung Biberach
Tabelle A 2

Schule und Bildung im Spiegel der Geschichte

Auf wohl keinem anderen Feld kann die gesellschaftliche Entwicklung und Entfaltung so intensiv beobachtet werden wie bei der Thematik Bildung und Schule.

Die derzeitige Prognose lautet: „Wohlstand für alle setzt Bildung für alle voraus. Die Teilhabe aller an Bildung und Ausbildung ist die zwingende Voraussetzung dafür, dass keine Begabung ungenutzt bleibt. Niemand darf zum Modernisierungsverlierer werden und keiner soll seine Talente verstecken müssen. Alle sollen ihre Leistungskraft und ihre Begabungen entfalten können" (Regierungsprogramm 2005–2009 CDU/CSU vom 11. Juli 2005, S. 27).

Tausend Jahre Bildungsgeschichte führen zu dieser Erkenntnis, die sich in der Geschichte von Alleshausen, Seekirch und Tiefenbach nur langsam niedergeschlagen hat, denn Bildung war durch Jahrhunderte ein Privileg weniger, vor allem von Klerus und Adel. Erste Spuren schulischer Bildung führen bei uns in die Zeit der Bauernaufstände (1525). Das Seekircher Filial Alleshausen hatte einen Lehrer, der nach Ansicht der Marchtaler Obrigkeit die Leute aufhetzte. Dahinter steckt die Angst, Bildung könnte nicht nur fördern, sondern der Obrigkeit auch gefährlich werden. Andererseits hat gerade die Marchtaler Herrschaft die schulische Bildung ihrer Untertanen zu fördern versucht. In Seekirch wird 1550 Hans Maurer als Lehrer erwähnt, der „in seinem Meßnerhause die Jugend im Lesen, Zählen, Schreiben und besonders im Katechismus zur Winterszeit unterrichtet. Jede Woche brachte das Kind 1 Kreuzer und 1 Scheit Holz" (Schöttle, Volksschule S. 44).

In Seekirch wird die Reihe der Lehrer seit 1664 nachgewiesen. Die Marchtaler Herrschaft führte infolge der Beschlüsse des Konzils von Trient 1578 für jede Gemeinde die Dorfschule ein. Eine Marchtaler Schulordnung von 1748 regelt die wieder etwas „in Zerfall gerathene" Unterweisung der Kinder und verordnet: „Die deutschen Schulen aller Orten in der Marchthal'schen Herrschaft haben unter Verlust des Schulmeister-Dienstes ihren ordentlichen Anfang zu nehmen am Feste des hl. Gallus, den 16. Weinmonat [Oktober] (nach einer späteren Hand: am ersten Werktag nach dem Fest des hl. Martinus) [11. November] und endigen am Werktag vor Georgi [23. April], wo dann an beiden diesen Tagen die Schulkinder vor Ablesung der hl. Messe in der Schule sich versammeln, unter Aufsicht und Begleitung des Schulmeisters paarweise zu dem Gottesdienst sich verfügen, die hl. Messe andächtig anhören und theils um guten Anfang der vorseyenden Schul Gott den hl. Geist eifrigst anrufen, theils für die während dem Schulgehen erhaltene göttliche Gnaden demütigsten Dank abstatten sollen" (Ebd. S. 120).

Im Jahre 1789 werden „die Sommer- und Wiederholungs-Schulen an Sonn- und Feiertagen“ angeordnet und denen, die sie fleißig besuchen, eine besondere Berücksichtigung für den Eintritt in herrschaftliche Dienste zugesagt. Nach einem bischöflichen Dekret von 1795 durfte keiner ein Handwerk lernen, der nicht zuvor ein pfarramtliches Zeugnis vorlegen konnte, er sei vorschriftsmäßig unterrichtet und gut gesittet. „Wenn die Mannsbilder nicht lesen und schreiben, die Weibsbilder nicht Gedrucktes lesen konnten, so wurde ihre Heirat verschoben“, schrieb die Marchtaler Ordnung von 1748 unter anderem vor. Ziel war die religiös sittliche Erziehung und das Hineinwachsen in das kirchliche Leben von Jugend an. Dazu sollten die Lehrer auch eine Ausbildung erhalten, die zum Teil recht spärlich war, zumal der Lehrer nicht hauptamtlich angestellt wurde, daneben oder zuerst den Mesner- und Organistendienst zu versehen hatte, nebenher sein Einkommen durch Landwirtschaft oder handwerkliche Arbeit aufbessern musste, ein Zustand – der bis 1905 dauern sollte.

Seekirch scheint mit der Anstellung der Lehrer/Mesner zeitweise eine glückliche Hand gehabt zu haben. Franz Ignaz Schwenk aus Konstanz und dort ausgebildet wirkte von 1674–1718 als anerkannter Pädagoge. Pater Augustin Pell (1792–1796) unterrichete den jungen Sebastian Schömberger im Schulhalten, der dann von 1807–1837 als Lehrer angestellt wurde, gefolgt von dessen Sohn Moriz von 1837–1877. Aber bis 1823 haben sich noch immer einige Kinder der Schule entzogen. Neben mangelnder Einsicht der Eltern war auch das Schulgeld Schuld daran.

In der Herrschaft Warthausen, zu der Tiefenbach zählte, scheint das Schulwesen weniger ausgeprägt gewesen zu sein. Die Generalvisitation von 1783 führte ob des schlechten Ergebnisses ein Jahr später zur Anstellung eines ersten ständigen Lehrers und wiederum ein Jahr darauf zum Bau eines eigenen Schulhauses. Die Herrschaft übernahm nunmehr die Verantwortung für die Schule.

In den österreichischen Landen wurde fast gleichzeitig (1782) die sog. „österreichische Normalschule“ mit neuen Lehrmethoden als moderne Schule eingeführt, die zunächst hart kritisiert wurde, in Wirklichkeit aber einen großen Fortschritt bedeutete.

Nach der Säkularisation 1803 stand im neu gebildeten Staat Württemberg eine Neuordnung des Volksschulwesens an, die sich vor allem auf die Schulordnung des Klosters Neresheim stützte. So ging klösterliche Tradition teilweise in eine staatliche über und entwickelte durch verschiedene Gesetze über Organisation und Inhalte die Elementarschule.

Im Visitationsbericht 1826 berichtet Pfarrer Sebastian Gärtner: „ Die Schullehrer halten ihre Schule fleißig. Ohne es dem Pfarrer anzuzeigen, entfernt sich keiner vom Orte, auch Versäumen sie weder einen Tag, noch einzelne Schulstunden. Die Schullehrer sind zwar keine Meister im Katechisieren, suchen aber doch hierin immer vorwärts zu kommen. Sie bereiten die Kinder zum Religionsunterricht vor, lassen sie die zum Auswendiglernen bezeichneten Stellen hersagen, wiederholen mit ihnen den gegebenen Unterricht, und müssen zur Erhaltung der Ruhe und zum Selbstzuhören, während selber vom Pfarrer gegeben wird, gegenwärtig seyn.“ In allen drei Gemeinden werden nach 1850 neue Schulhäuser erbaut (Alleshausen 1852, Seekirch 1866, Tiefenbach 1868), die bis zur großen Schulreform nach dem Zweiten Weltkrieg als Schullokal dienten. Über die Einweihung der Tiefenbacher Schule am 12. November 1868 wird ausführlich berichtet. In feierlicher Prozession zogen die Bewohner des Dorfes zum neuerbauten Schulhaus mit Rathaus und Lehrerwohnung. Dort übergab Pfarrer Schöttle als für die Schule Zuständiger die Schlüssel der Schule an Lehrer Ludwig Roth (1868–1871), der die Worte des Pfarrers erwiderte und sagte: „Ich empfange den Schlüssel zum neuen Schulgebäude aus der Hand des Hochwürdigen Herrn Pfarrers und eröffne der hiesigen Jugend eine neue Stätte des Unterrichts und der christlichen Erziehung. Ich werde stetsfort Treue zu meinem Berufe, Liebe zu den Kleinen bewahren, meine Kenntnisse und Kräfte für die Pflegeempfohlenen freudig verwenden, um das angestrebte Ziel zu erreichen, den Eltern ihre Opfer durch fruchtbringenden Unterricht der Kleinen zu erleichtern und mir die Zufriedenheit meiner Vorgesetzten zu erwerben. Das neue Gebäude wird mir und den Kindern die Lehr- und Lern-Lust wachsen machen. Ich hoffe, der Segen des Himmels werde meine Bemühungen begleiten. In diesem Vertrauen und in diesem Gefühle öffne ich diese Stätte und trete ein mit den Kleinen …“ Daraufhin trug der Schüler Nikolaus Kramer (Fischers) († 1904), dessen Sohn Matthias Ehrenbürger der Gemeinde werden sollte, ein Gedicht vor.

Nach der Weihe des Hauses begab sich die Festgemeinde wiederum in die Kapelle zum Dankgebet.

Pfarrer Schöttle führte u. a. aus: „Jede Zeit und jede Generation in ihr findet ihren Richter in der Zukunft. Die nachfolgende Generation wird uns beurtheilen nachdem, was wir gethan, geleistet oder unterlassen haben. Darum soll auch jede Generation ein Werk freier Entschließung, tiefer Einsicht, allgemeiner Wohlfahrt, eines richtigen Verständnisses der gemeinen Lasten vollbringen, also ein Verdienst aufweisen können. Ein solches Denkmal der Einsicht in ein schreiendes Bedürfniß, der Fürsorge für die leibliche und geistige Wohlfahrt der Jugend, des Verständnisses dafür, daß das Gemeinwesen eine würdige Repräsentation haben solle, hat hiesige Gemeinde dieses Jahr sich gesezt. Wir sahen im verflossenen Sommer ein Gebäude erstehen, welches für kommende Zeiten eine Zierde für den Ort, ein Ehrenschmuck der Gemeinde, ein Zeichen, welch hochherziger Sinn die Gemeinde im Allgemeinen beseelte, sein wird.

Freylich war es keine Hoffart mehr, das alte Schulgebäude zu verlassen. Die Verhältnisse der Gemeinde nahmen größere Dimensionen an, die Schulräume wurden zu eng, zu ungesund, der gedeihlichen körperlichen Entwicklung nachtheilig, für Lehrer und Schüler niederdrückend. Die zarte Fürsorge für die Gesundheit der Lehrenden und Lernenden erheischte also etwas Zweckmäßigeres. Private bauen heutzutage stattlich, wohnen häblich und bequem, in Schmuck und Pracht und wenn Ihr im Festkleide an diesem Schulgebäude vorbeiginget, müßte da der Contrast nicht auffallen und zurufen Jedem: ‚Gib mir nur etwas Weniges von dem Deinen, um meine Blöße zu bedecken?' So lag also die Aufforderung nahe, für ein würdiges Gebäude zu sorgen, das nicht für private, sondern für öffentliche Zwecke bestimmt ist, ja eine so hohe, wichtige und ernste Bestimmung hat. Freilich kommen auch die großen Opfer in Betracht; aber wo Gemeingeist ist, die Bedeutung der Schule verstanden wird, da ist kein Opfer zu groß. Die Auslagen werden mit reichen Zinsen zurückerstattet. Daher bringen so viele Gemeinden Heut zu Tage schwere Opfer für das Schulwesen...."

1836, 1870 und 1909 werden neue Lehrpläne und Schulordnungen verabschiedet, zuvor das Besoldungswesen durch die Trennung der Mesner-, Organisten- und Lehrerdienste neu geordnet. Das Schulgesetz von 1909 löst die geistliche Schulaufsicht ab und schafft Grundlagen für den Aufbau einer staatlichen Schulverwaltung. Die Ausbildung der Lehrer geschieht nunmehr in konfessionellen Lehrerseminaren. Die Kinder werden in Konfessionsschulen unterrichtet, wodurch eine konfessionell-christliche Erziehung gewährleistet wird.

Im Nationalsozialismus wird trotz der Zusagen im Reichskonkordat vom 20. Juli 1933 die konfessionelle Schule 1936 in die „Deutsche Schule" umgewandelt. Nach dem Zweiten Weltkrieg gerät die Schule noch stärker in den Brennpunkt der Politik. Die Kirchen, wie nie zuvor in die politischen Auseinandersetzungen verwoben, werden beim Wiederaufbau des Schulwesens für die französische Militärregierung und die von ihr eingesetzte deutsche Kultusverwaltung zu einem wichtigen Partner beim Wiederaufbau des politischen Lebens und des Schulwesens. Es galt, das deutsche Volk umzuerziehen und den nationalsozialistischen Geist, der auch in der Lehrerschaft der Pfarrei Seekirch Fuß gefasst hatte, auszumerzen. Die Entnazifizierung der Lehrerschaft wurde als besondere Aufgabe der politischen Säuberung angesehen, ein Neuaufbau der Lehrerbildung angestrebt, wobei Frankreichs Schulwesen als Muster gelten sollte. Die Franzosen wollten eine radikale Richtungsänderung. Selbst bei der Neuwahl der Ortskirchensteuervertretung am 19. Januar 1947 konnten nur Nichtmitglieder der früheren NSDAP gewählt werden, wozu der Pfarrer meint: „Somit ist auch das kirchliche Gemeindewesen entnazifiziert".

Nach langem Ringen um die künftige Schulform fand eine Elternabstimmung statt, bei der die Eltern in der Pfarrei Seekirch 100 % für die Konfessionsschule stimmten. Es gelang der katholischen Kirche landesweit, die Eltern zu mobilisieren. Das Schulgesetz vom 13. August 1948 berücksichtigte dann den Elternwillen, der durch Abstimmung über die Schulform ermittelt werden sollte, die am 12. Dezember 1948 erfolgte.

Im Kreis Saulgau stimmten 83,8 % der Eltern für die katholische Bekenntnisschule (in Tiefenbach 97 %), ein Zustand, der bis 1967 gelten sollte, wo dann die Bekenntnisschule, um die SPD für eine Regierungsbeteiligung zu gewinnen, auch in Südwürttemberg-Hohenzollern von der sog. christlichen Gemeinschaftsschule abgelöst wurde. 1966 jedoch konnte zwischen Alleshausen und Seekirch, eine neue stattliche Schule eingeweiht werden, die sich zur Grundschule für mehrere Gemeinden entwickeln sollte. Ein Prozess der Erosion christlicher Werte hat seitdem in Schule und Gesellschaft eingesetzt. Die bekenntnisorientierte Schule als Normalschule verlor an Geltung. Schulen in freier Trägerschaft jedoch wurden zahlreicher, auch beliebter. Inzwischen entwickelt sich die Diskussion sogar weiter, nämlich, ob es in einer pluralen und säkularen Gesellschaft überhaupt verfassungskonform sei, in der Schule die christliche Erziehung zu forden. Ein interessanter Diskussionsprozess um Werte und christliche Tradition hat gerade erst begonnen und der politische Kampf um die Schule ist noch intensiver geworden.

Die Entwicklung des Schulwesens zeigt sich in den Gemeinden der Pfarrei Seekirch nicht zuletzt in der Darstellung der Schulgebäude. Bildung ist auf alle Fälle für jedermann möglich geworden und ist bereits schon im Kindergarten angefragt, der inzwischen in jeder Gemeinde eingerichtet ist.

Was vor Jahrhunderten einem Traum glich, ist heute Wirklichkeit geworden: Bildung für alle Schichten der Bevölkerung.

Angesichts der zuvor dargelegten Entwicklung war es nur ganz wenigen vergönnt, eine höhere Bildung mit einem wissenschaftlichen Berufsziel zu erreichen. In Seekirch und Alleshausen waren die Bewohner in das Bildungsnetz der Klosterherrschaft einbezogen. In Marchtal, Zwiefalten und Schussenried mühten sich die Mönche, Einrichtungen für höhere Bildung zu schaffen, an denen Untertanen der Gemeinden Alleshausen, Brasenberg und Seekirch teilhaben konnten, wodurch für wenige der Weg zu einem Universitätsstudium möglich wurde.

In der reichsritterschaftlichen Herrschaft Warthausen war es noch schwieriger. Wenn Johann Miehle (1740–1813), Sohn des Ammanns Joseph Miehle (1714–1771), dennoch Hofchirurg beim Kurfürsten von Mainz werden konnte, so sind ihm – wie schon dargelegt – günstige Konstellationen zu Hilfe gekommen.

Die Benediktiner von Zwiefalten errichteten 1686 in Ehingen, wo zuvor eine einklassige Lateinschule bestand, ein Gymnasium, an dem zwischen 1767 und 1805 mehrere aus dem Buchauer Territorium studierten. Darunter dürfte auch Johann Miehle gewesen sein. In Buchau selber wurde erst 1831 eine Lateinschule eingerichtet.

Mädchen hatten noch weniger eine Bildungschance als die Buben der Dörfer. Deren Bildung wurde auch nicht für so wichtig angesehen, war ihr Lebensort doch Haus und Hof mit Küche, Kindern und Landwirtschaft.

Erst das 19. Jahrhundert mit den klösterlichen Neugründungen bot Mädchen bessere Aussichten auf Bildung. Hauswirtschaftsschulen im Umfeld des Federsees wie St. Agnes in Riedlingen wurden gerne besucht, um in Haushalt und Familie besser dienen zu können. Nicht wenige junge Mädchen aller Orte sind von 1850–1950 in eine klösterliche Gemeinschaft eingetreten, wobei nicht zuletzt auch das Beispiel örtlicher Ordensschwestern zum Klostereintritt anregte. Bis 1958 versahen zudem die Reutener Schwestern in allen drei Schulen den Handarbeitsunterricht. Bonaventura Schoßer aus Brasenberg, von 1901–1905 Generaloberin der Franziskanerinnen von Reute, zeigt, wie Menschen aus einfachen Verhältnissen ihre Talente einbringen können, wenn sie die Chance dazu haben. Und die war für Jungen und Mädchen am Federsee, der heute 140 ha umfasst, vor ca. 15000 Jahren 3000 ha – auch ein Zeichen von Wandel – noch nie so groß wie 1200 Jahre nach der Erstnennung der Kirche am See, die aller Pfarrkirche ist. Die Politiker der Gegenwart sagen hoffentlich nicht umsonst: Chancen erkennen und nutzen, denn was früher Haus, Grund und Boden war, ist heute Bildung geworden.

Federseehalle bei der Schule im Grünen.

Die damaligen Schulhäuser

Schulhaus Alleshausen.

Schulhaus Seekirch.

Schulhaus Tiefenbach mit dem 1868 erbauten Schul- und Rathaus (im Hintergrund). Zuvor das frühere Lehrerhaus (später Pfarr/Schilling).

Rolle und Chance der Frau im Spiegel von 1200 Jahren

Die Unterzeichner der Urkunde vom 23. Oktober 805, in der Seekirch zum ersten Mal eine schriftliche Erwähnung findet, sind selbstverständlich nur Männer, denn diese regierten die größeren oder kleineren Herrschaften auch in unserer Heimat, verfügten über Macht und Recht. Von Frauen ist nur selten die Rede, es sei denn in klösterlichen Einrichtungen, von denen um diese Zeit bereits das Kloster Buchau am anderen Ende des Federsees bezeugt ist, in dem eine Adelindis aus fränkischem Adel als Gründerin überliefert ist.

Es bedurfte eines langen Weges, bis Frauen teilhaben durften an der Macht, es sei denn, sie hätten als Vorsteherin einer Klosterstiftung fürstlichen Rang zu vertreten wie Jahrhunderte später die Fürstäbtissinnen des freiweltlichen Damenstifts Buchau. Dies entwickelte sich mehr und mehr zu einem Ort der Versorgung nachgeborener Töchter des sich entfaltenden Adels in Schwaben, der in der Säkularisation von 1803 eine Einrichtung verlor, deren Auflösung auch mit der Behauptung, es handle sich um kein geistliches Institut, nicht verhindert werden konnte.

Der Umgang mit der Macht wurde im Wesentlichen zur Rolle des Mannes mit Adelsprädikat. In den Städten durften später Bürger daran teilhaben.

Es sollte ein Jahrtausend vergehen, bis der „gemeine“ Mann Stück um Stück auch daran teilhaben durfte. Erst die Entfaltung der Demokratie in nachmonarchischer Zeit ließ die Gleichheit der Bürger aufkommen, wobei die Frauen das Wahlrecht noch länger entbehren mussten. Das lang diskutierte Frauenwahlrecht hat nämlich eine sehr junge Tradition, reicht nur bis 1919, als den Frauen das Wahlrecht in die verfassungsgebende Landesversammlung von Württemberg zugestanden wurde und in der Weimarer Reichsverfassung 1919 als neues Recht festgelegt wurde.

Unter diesen Bedingungen hatten unsere Vorfahren, die allesamt den einfachen Leuten angehört haben, wenig Chancen zur Gestaltung des öffentlichen Lebens.

In der Regel dienten sie als Lehensleute ihren Herrschaften: die Alleshausener und Seekircher dem Kloster Marchtal unter dem Stab des Abtes, die Tiefenbacher teils den Inhabern der Herrschaft Warthausen, die des Öfteren wechselten oder deren Herrschaft verpfändet wurde, teils als Cornelier, in einer besonderen Art der Leibeigenschaft dem Stift Buchau.

Auflehnung wie im Bauernkrieg und Versuche, die Herrschaft zu lockern, das System zu durchbrechen – die Alleshausener haben dies des Öfteren versucht – führten kaum weiter.

Erst die Umwälzungen durch Napoleon mit dem Ende des „Alten Reiches“(1803) führten zu neuen Ordnungen, vom Lehensträger zum Eigentümer, wobei die Lasten nicht unbedingt kleiner wurden. Die sog. Ablösung der Zehnten und Abgaben war nicht kostenneutral, sondern schlug sich in neuen Steuern nieder, die nicht weniger Armut erbrachten als die klösterliche Herrschaft zuvor, in denen der Untertan in ein Sozialsystem eingebunden war, das unter den neuen Verhältnissen erst aufgebaut werden musste.

Dabei stand die Rolle des Mannes wiederum undiskutiert an erster Stelle, die der Frau nicht im Zentrum der Probleme.

In den Gegebenheiten unserer Heimat hatten also Frauen wenig Möglichkeiten, außerhalb der Familie etwas zu bewirken. Auch die schriftliche Überlieferung erwähnt sie kaum, war ihre Rolle doch auf den engen Raum von Haus und Hof festgelegt. Auch an der Bildung hatte sie kaum Anteil. Schulen unter klösterlicher oder städtischer Obhut wurden für Jungen geschaffen, nicht zuletzt, um für die zahlreichen Klöster Oberschwabens den Nachwuchs zu sichern. Beim zögerlichen Aufkommen von Elementarschulen fanden Mädchen wenig Berücksichtigung. Nur Männer werden zu Lehrern angestellt, allerdings unter der Bedingung eines geordneten Familienlebens, für das die Frau verantwortlich war. Ein Synodaldekret von Konstanz verordnet 1567, die schulische Unterweisung solle, wo keine Lehrer wären, ein Kaplan übernehmen, „wo aber kein Kaplan dürfe im Notfall ein verheirateter Mann zum Unterricht angestellt werden, der aber das 1. Weib habe und die als Jungfrau in die Ehe gekommen sei“ (Schöttle, Volksschulen S. 46).

So blieben also Frauen bei der Vermittlung des Lesens, Rechnens und Schreibens wegen ihres Rollenverständnisses als Mutter und Hausfrau von der Bildung weitgehend ausgeschlossen. Die „vornehme“ Rolle der Frau und Mutter, womöglich als Bäuerin des Hofes, konnten aber lange nicht alle ausfüllen. Der Erstgeborene als Erbe des Hofes hatte die Lust der Erbschaft, aber auch die Last der Versorgung seiner Geschwister. Die lukrative Einheirat einer Jungbäuerin mit guter Ausstattung erleichterte, das gewonnene Los mehr zu schätzen und half beim „Hinauszahlen“ der Geschwister, von denen unter Umständen eines oder mehrere ein Leben lang als Knecht oder Magd auf dem Hof verblieben.

Die „Last“, in Krankheit dieselben zu unterstützen, blieb beim Hof, von dem auch noch die Ausgedingleute, die Pfründner, leben mussten, ein Zustand, der bis nach dem 2. Weltkrieg, als die „segensreiche“ Bauernrente eingeführt wurde, dauerte. Kein Wunder, wenn so manches Gütlein die Last nicht tragen konnte und „vergantet“ wurde. Dieser Kampf ums oft nackte Leben ließ wenig Raum, bei Heiraten auf Liebesbeziehungen zu schauen. Die Zukunft forderte andere Perspektiven, die Zweckehe, d. h. eine Verbindung, welche die materielle Zukunft sichert, wurde zur Regel und nach der Frau wurde wenig gefragt.

Sie war ja „mit Gottes Segen" für immer unter die Haube gebracht, um zahlreichen Nachkommen das Leben zu schenken in der Hoffnung, es mögen so viele Kinder überleben, um die Zukunft des Stammes und Hofes zu sichern, damit der Name bleibt. Das wurde oft nicht möglich, wie die zahlreichen Namensänderungen auf den Höfen auf der Grundlage der Kirchenbucheinträge seit 1659 in der Pfarrei Seekirch beweisen.

Fremde Dienste außerhalb eines Hofes anzutreten war die Ausnahme. In Buchau gab es die Möglichkeit, in jüdischen Familien als Christenmädchen zu dienen. Das wurde gerne angenommen, denn dann hatte die jüdische Familie am Sabbat auch ihre geregelten Dienste. Und wie meistens üblich, kamen dabei auch verletzende Verleumdungen auf, denn das Verhältnis Juden–Christen war mehr oder weniger belastet, einerseits aus religiösen Gründen. Andererseits waren die Juden Händler und Geldgeber, wurden bei aller Not zum Retter, der nicht selten zum Untergang führte, wodurch „der Jude" gebraucht und zugleich gehasst wurde. Ein Wechselspiel, das bis in die Mitte der 30er Jahre des 20. Jahrhunderts Bestand hatte und in der Verfolgung der Juden durch die Nationalsozialisten grausam endete, ein Vorgang, dem hilf- und sprachlos zugeschaut wurde.

Im 18. Jahrhundert gab es im heutigen Württemberg Ansätze für eine Neubewertung der Frau, die allerdings nicht aus der Richtung der Kirche kam, die wohl am längsten versuchte, das konservative Bild der Frau und Mutter weiter als Idealbild vorzustellen, ein Bild, das eine klare Ordnung verkörpert, die allerdings im Lauf der Geschichte brüchig wurde.

Je mehr freie Entscheidung in der Gesellschaft möglich wurde, desto mehr entwickelte sich – zunächst in zarten Ansätzen – eine Frauenbewegung mit dem Ziel der Gleichberechtigung in Familie und Öffentlichkeit, denn die aus der Bibel überlieferte Tradition der Rolle der Frau in der Familie sah die Rolle des Mannes als Oberhaupt der Familie als gottgegeben an, wogegen zunächst in nichtreligiösen Kreisen Widerspruch aufkam.

Die Leiden der unglücklichen Ehefrauen und der um ihre Kinder trauernden Mütter, die so oft an einem offenen Kindergrab standen, fanden außerhalb des Mutterherzens wenig Teilnahme. Wer versteht den Schmerz einer Mutter aus Tiefenbach, die nach ihrer 1864 geschlossenen Ehe 14 Kinder gebar und dabei in 15 Jahren 13 ins Grab schauen musste? Auch die bis vor wenige Jahrzehnte einseitig ausgelegten kirchlichen Ehegesetze mit den Rechten des Mannes und den Pflichten der Frau brachten viel Unheil über Gattinnen, die nicht entweichen konnten, denn sie hatten unter oft unvorstellbaren Verhältnissen versprochen, „bis der Tod uns scheidet" zusammen zu bleiben. Eine Trennung wäre allerdings auch keine Lösung gewesen, wäre zum Weg in die soziale Verelendung geworden.

Der „gemeine" Mensch konnte sich nicht an den Fürstenhöfen orientieren, die das Problem auf ihre Weise gelöst haben. Die Vernunftehe wurde geschlossen, mit der „Maitresse" gelebt, ein Zustand, gegen den auch die Kirche nicht aufkam und dem selbst, um in Württemberg zu bleiben, der beim Herzog angestellte Hofprediger nicht gewachsen war, da er ansonsten bald seines Amtes ledig gewesen wäre und sich dabei in einem Teufelskreis befand.

Unter diesen Umständen fanden die Frauen an den Wallfahrtsorten und vor dem Bild der Muttergottes den größten Trost, wo sie sich aussprechen und ausweinen konnten und hoffentlich einen gnädigen Beichtvater in ihren Nöten fanden, der zwar die Vorgaben der Kirche kannte, die Barmherzigkeit Gottes aber nicht vergessen hatte und als gnädiger Zuhörer die Worte der Versöhnung als Hoffnung zugesprochen hat. Nicht zu vergessen sind natürlich jene Männer, die in oft jungen Jahren ihre Frau im Wochenbett aufgrund der fehlenden Hygiene verloren haben und innerhalb kürzester Zeit eine Wiederheirat zur Versorgung der Kinder und des Hausstandes erforderlich war, wobei ob der Umstände nicht auch noch nach Liebe gefragt werden konnte. Auch hier hatten es oberschwäbische Adlige etwas leichter, denn sie konnten sich im fürstlichen Damenstift Buchau erkundigen, welch hochgestellte Dame adligen Geschlechts ihren jungfräulichen Stand um einer Partie auf Fürstenebene willen zu tauschen bereit wäre.

Das 19. Jahrhundert sollte nach einigen Ansätzen zuvor zum Anfang einer Bewegung werden, die den Frauen mehr Freiheit und Recht, vor allem mehr Bildung und damit Mitsprache in den Belangen des Hauses und der Öffentlichkeit verschaffen sollte, wobei deren aufkommende Rolle bis in die Gegenwart umstritten ist. Als die erste Studentin eine Universität betritt und die erste Frau in ein Parlament einzieht, beginnt der Kampf der Geschlechter unter dem Vorzeichen: jede Position, die eine Frau einnimmt, ist für einen Mann verloren.

Der Kampf der Geschlechter ist entbrannt. Als Gegenzug kommt in der immer noch männlich dominierten Gesellschaft die Angst, Frauen könnten an die Macht kommen und die Rolle des Mannes wäre die des Untertans.

Bis zur wirklichen Gleichheit der Geschlechter ist noch ein weiter Weg, der allerdings auch seinen Tribut diesmal bei Männern und Frauen fordert. Noch oft wird in Politik und Gesellschaft über die Vereinbarkeit von Familie und Beruf für Frauen diskutiert werden.

Die Kirche bot im 19. Jahrhundert durch die aufkommende caritative Bewegung vor allem jungen Frauen aus ländlichen Gegenden eine fast unschätzbare Chance, als Ordensschwester in ein Kloster einzutreten oder deren Schulen zu besuchen, wie es auch einige in der Pfarrei taten. Versorgung wie sozialer Aufstieg, aber auch die vertiefte Religiosität in den Gemeinden nach dem Ende des „Alten Reiches" 1803 und ein religiöser Neubeginn allüberall waren Grund genug zum Anschluss an eine Gemeinschaft, um als Schwester bei Kranken und Kindern tätig zu werden. Die „Schwester" wurde für viele

Familien zu einer unersetzlichen Bezugsperson, gehörte zum dörflichen Bild auch in Seekirch von 1930–1988.

In den Gemeinden um den Federsee selber gab es zahlreiche Ordenseintritte.

Ganz allgemein kann gesagt werden: Im Umfeld jeder Familie aus Alleshausen/Brasenberg, Seekirch und Tiefenbach sind junge Mädchen in ein Kloster eingetreten, um zumeist als Krankenschwester tätig zu sein. Durch die frühere Vorstellung, ein Leben im Kloster sollte nicht durch den Kontakt mit der Familie „gestört" werden, sind die Bindungen nach Hause in der Regel wenig gepflegt worden, eine Entwicklung, die sich im 20. Jahrhundert auch geändert hat, denn auch die Rolle der Frau als Ordensschwester hat ein neues Profil gewonnen.

Die im 19. Jahrhundert aufkommende Missionsbewegung führte in den Pfarreien nicht nur zur Gründung von Missionsvereinen, sondern es entschlossen sich auch junge Mädchen, als Ordensschwester ganz in den Dienst der Weltmission zu treten. Von zweien, die den weitesten Weg dabei gegangen sind, sei deren Leben nachgezeichnet. In Argentinien stand ich am Grab von Schwester M. Pulcheria Kramer, in Jerusalem erfuhr ich während eines Pilgeraufenthaltes die Gastfreundschaft von Schwester Brunella Bär.

Schw. M. Pulcheria Kramer
* 4.6.1897 in Tiefenbach
† 19.2.1946 in Argentinien

Schwester M. Pulcheria Kramer:

1897 in Tiefenbach als Tochter von Nikolaus Kramer (Fischers), († 1904), und der Genovefa, geb. Sauter, († 1948), geboren, trat Magdalena 1918 als Handarbeitskandidatin im Kloster Bonlanden ein und besuchte 1923/24 die Städtische Frauenarbeitsschule Ulm. Nach der Einkleidung 1926 legte Schwester Pulcheria 1927 ihre Profess ab und wirkte bis 1937 in der Schule der Bonlandener Schwestern in Ulm als geschätzte Handarbeitslehrerin. Nach der Schließung der Schule durch die Nationalsozialisten fand sie in Argentinien im Regionalhaus der Bonlandener Schwestern in Florencio Varela eine neue Wirkungsstätte, um ihr Können in den Dienst der dortigen jungen Mädchen zu stellen. Im Alter von 49 Jahren verstarb die Tiefenbacher Missionsschwester, die im Nachruf als „überaus eifrig, pflichttreu und fleißig" geschildert wird, am 19. Februar 1946.

Schwester M. Brunella Bär, geb. 1915 als Tochter von Lorenz Bär († 1967) und Pauline, geb. Jäckle, († 1950):

Von seiten der Kongregation [die 1886 in Trebnitz/Schlesien unter dem Namen Kongregation der Borromäerinnen vom hl. Karl Borromäus gegründet wurde und nach der Vertreibung 1951 im Kloster Grafschaft Schmallenberg

Schw. Brunella Bär im Kreise ihrer Verwandtschaft auf Heimatbesuch (um 1960).

ihr Mutterhaus einrichtete] wurde in den zwanziger Jahren des vergangen Jahrhunderts in Altstädten/Allgäu ein altes Bauernhaus übernommen und als sog. Probationshaus für den Orient errichtet. In Altstädten traten vornehmlich junge Frauen aus dem süddeutschen Raum ein, die sich für die Orientmission entschieden hatten. So kam Magdalena Bär, die spätere Schwester M. Brunella, am 2. Juli 1936 als Kandidatin nach Altstädten. Meistens blieben die Kandidatinnen etwa 6 Monate in Altstädten, ehe sie nach Jerusalem reisten. In Jerusalem war damals das Provinzhaus für die Schwestern im Orient. So war es auch bei Schwester Brunella. Am 8. September 1937 wurde sie in Jerusalem ins Noviziat aufgenommen und erhielt den Namen Schwester M. Brunella. Die zeitliche Profess legte sie am 22. 9. 1939 und die ewige Profess am 22. 9. 1942 ab.

Seit 1939 bis ins hohe Alter leitete Schwester Brunella die Küche im St. Charles Hospice in Jersualem, wo sie am 22. Mai 1987 verstarb" (Mitteilung der Kongregation vom 26. Sept. 2005).

Das 20. Jahrhundert brachte der Frauenbewegung Auftrieb. 1899 wird in Württemberg das erste Mädchengymnasium eröffnet, ab 1904 werden Frauen zum Universitätsstudium zugelassen, aber noch Edith Stein (1891–1942), am 11. Oktober 1998 in Rom heilig gesprochen, war es trotz höchster philosophischer Leistungen nicht vergönnt, die Universitätslaufbahn als Ordentliche

Professorin zu beschreiten. Jüdin und Frau standen als Hindernis im Wege. Der Tod im Konzentrationslager Auschwitz am 2. August 1942 war das Ende ihres Lebens.

1938 wird in Württemberg das achte Schuljahr als Pflicht eingeführt, nach dem Weltkrieg das neunte. Die Zahl der Studentinnen stieg vor allem im Schul- und Wohlfahrtsbereich. Die Staatsumwälzung von 1918 und die Weimarer Republik brachten als Vorboten neuer Entwicklungen – wie schon erwähnt – das Frauenwahlrecht als entscheidenden Schritt zur politischen und gesellschaftlichen Gleichberechtigung. 1952 sind in den Volksschulen 33 % Frauen als Lehrerinnen angestellt, 1961 über 40 %. In Oggelshausen gab es schon vor dem Zweiten Weltkrieg eine Lehrerin für die Unterklassen.

An den ab 1961 weiterentwickelten Pädagogischen Hochschulen studieren überwiegend Frauen.

Die größte Zäsur, an der die Gemeinden der Pfarrei teilhaben sollten, war der 1966 unter Ministerpräsident Kurt Georg Kiesinger (1958–1966) durchgeführte Schulentwicklungsplan mit dem Ziel Nachbarschaftsschulen.

Aufgrund dieser zukunftsweisenden Entscheidung ist es den Kindern der Federseegemeinden, die bedingt durch die Struktur des ländlichen Raumes und konservative Einstellung im Bildungswesen durch Jahrhunderte benachteiligt waren, möglich geworden, voll an den Chancen moderner Bildung teilzuhaben. Als Bildungseinrichtung stehen Kindergarten, Grund-, Haupt-, Realschule, Progymnasium im engsten Umland zur Verfügung, was in Jahrzehnten zuvor nur als Traum existieren durfte. Die Möglichkeit, den Aufbau eines Vollgymnasiums zu verwirklichen, sollte zielstrebig verfolgt werden, solange von Seiten des Landes Baden-Württemberg die Grundrichtung so optimal wie derzeit vorgegeben wird. Die politische Verantwortung am Ort selber erfordert Einsicht in Bildung und Zukunft. Nicht genutzte Chancen gingen früher zu Lasten der Frauen, heutzutage zu Lasten der Kinder und da vor allem der Mädchen. Die Politik der Zukunft muss schwerpunktmäßig eine Politik der Frauen sein, damit auch diesen im Raum um den Federsee der gebührende Stellenwert zukommt, den sie allerdings ausfüllen müssen. In der Veröffentlichung „Südwestdeutsche Parlamentarierinnen von 1919 bis heute" des Landtags von Baden-Württemberg heißt es: „Frauen müssen generell fester und repräsentativer Bestandteil an den politischen Willensbildungs- und Entscheidungsprozessen sein, um Begriffe wie Kultur, Pluralität, Freiheit und schließlich Demokratie mit Leben zu füllen" (Hochreuter S. 18). Ein Blick auf die Zahl der Gemeinderätinnen möge zum Vergleich dieser Aussage dienen. Frauen müssen auch selber zu neuen Schritten in Familie, Beruf und Bildung bereit sein.

Langsam, aber stetig steigt sicher auch in den Gemeinden der Pfarrei die Emanzipation und Übernahme von Verantwortung durch das weibliche Geschlecht. Eine solide Bindung an Werte und entsprechende Bildung unter den Bedingungen der Gegenwart, nicht den Vorbehalten der Vergangenheit, können zur Chance werden. Allerdings ist dabei die soziale Herkunft aus unserem Lebensraum nicht gerade fördernd. Um dies auszugleichen muss Bildung absoluten Vorrang für Kinder und Jugendliche in unseren Gemeinden haben. Weit weg mögen deshalb die Feststellungen für die Schule in Tiefenbach vom 7. Juni 1876 sein: „Die Schule ist nicht gerade mit Talenten übersät" (Fasz. A 64) oder „Die Leistungen der Schüler in Tiefenbach waren ungenügend", wie der Schulinspektor am 23. Oktober 1874 feststellt (Ebd.).

Ein letztes Beispiel möge die Perspektive von Rolle und Chance der Frau beschließen:

Rosina Kopf, geb. 1938 in Tiefenbach.

Nach der einklassigen Volksschule im elterlichen Haushalt und als landwirtschaftliche Hilfe tätig, 1954/55 Handelsschule Rottenburg, ab 1960 in Ludwigsburg, 1967–1969 Abendrealschule, 1969–1973 Studium an der Evangelischen Fachhochschule für Sozialwesen in Ludwigsburg, Fachberaterin für Kindertagesstätten, Weiterbildung zur Supervisorin. 1977 Ortschaftsrätin, seit 1982 Stadträtin mit dem Schwerpunkt Sozialpolitik in der Stadt Ludwigsburg (85000 Einwohner), seit 1992 stellvertretende Fraktionsvorsitzende der CDU-Fraktion.

Rosina Kopf auf dem Ludwigsburger Pferdemarkt 2005.

Bildungsministerin Annette Schavan bei der Verabschiedung von Prälat Paul Kopf im Landtag von Baden-Württemberg am 13. November 2004. Bild von links: Rosina Kopf, Paul Kopf, Bischof Dr. Gebhard Fürst, Ministerin Annette Schavan, Erzbischof Robert Zollitsch, Msgr. Bernd Kaut, Nachfolger von Paul Kopf.

Die Frauen müssen allerdings ihren politischen und gesellschaftlichen Raum selber erkämpfen, müssen ihren „Mann" stellen. Zu diesem Thema sagte die langjährige Ministerin für Kultus und Sport unseres Landes und jetzige Abgeordnete des Deutschen Bundestags, Bildungsministerin Annette Schavan, schon 1980: „Der Mensch als weltoffenes, in seinem Lebensentwurf nicht festgelegtes und auf Weltbewältigung ausgerichtetes Wesen sieht sich in die Verantwortung genommen" (Person und Verantwortung 1980, S. 148).

Wenn Frauen sich auf diesen Anspruch einlassen, haben sie in Zukunft mehr Chancen als ihre Vorgängerinnen von 805–2005 in der Pfarrei Seekirch, zumindest im Spiegel des Jahres 2005 gesehen.

Kindheit und Jugend des Verfassers am Federsee (1930–1946)

Bäuerliches und kirchliches Milieu gaben im Leben der Menschen in der Zeit nach dem Ersten (1914–1918) bis nach dem Zweiten Weltkrieg (1939–1945) in meiner Heimat den Ton an. In dieser Zeitspanne liegen die Jahre meiner Kindheit und Jugend in Tiefenbach am Federsee mit seinen 337 Einwohnern (1939), die alle der katholischen Kirche angehörten und fast ausnahmslos in der Landwirtschaft beschäftigt waren. Ein paar unverheiratete Frauen gingen in die Fabrik nach Buchau. Sie waren „Fabrikler“ bei der Trikotfirma Moos, die politisch bedingt 1938 an die Firma Götz überging, d. h. der jüdische Besitzer musste verkaufen. Die spannungsvolle Zeit von nicht einmal zwei Jahrzehnten konnte in meinem Leben vielfältige Spuren hinterlassen, denen im Folgenden nachgegangen sei.

Erste Erinnerungen führen mich in eine Stube mit vielen Vögeln. Da unsere Mutter in der Landwirtschaft hart mitarbeiten musste, war es notwendig, die Kinder irgendwo unterzubringen. Meine Schwester Maria (Jg.1929), ich (Jg. 1930) und meine jüngere Schwester Irmgard (Jg. 1932) kamen in der Heu- und Erntezeit zu Petermanns Rese (Theresia Breichler), die unsere „Kindsmagd“ war, denn es gab im Dorf keinen Kindergarten. Ein solcher wurde erst während des Krieges 1941 von der NSV, der Nationalsozialistischen Deutschen Volkswohlfahrt, in Blersches Speicher, dem Ausdinghaus von Karl Blersch, eingerichtet. Unsere Nachbarin schwärmte von da an von Tante Siglinde. Der Mann unserer Kinderfrau, Hansjörg (Georg) Breichler, war Pfründner, hatte aber seit 1920 den wichtigen Dienst des Mesners an der 1414 erbauten St.-Oswald-Kapelle zu versehen. Das tägliche Läuten am Morgen, Mittag und Abend, vor allem aber im Sommer das Läuten des Wetterglöckleins bei herannahenden Gewittern – die vor allem dann gefährlich wurden, wenn sie aus Richtung Bernried/Uibet dem Dorf zu kamen, wodurch 1937 nicht nur schwerer Hagelschlag die Flur verheerte, sondern auch der Blitz das Wohn-, Stall- und Scheunengebäude von Amtsdiener Bär einäscherte – gehörten zu seinen Aufgaben ebenso wie das Aufziehen der Kirchenuhr; war diese doch von weit her zu sehen und somit ein wichtiger Orientierungspunkt für die Leute.

Das Erdbeben von 1935 ist meine erste bewusstere Erinnerung an ein einschneidendes Ereignis. In Kappel, so hörte ich die Nachbarin erzählen, sei die Kirche durch das Erdbeben schwer beschädigt und auch in Seekirch seien Schäden eingetreten. Die Leute waren in Sorge ob dieses Ereignisses, zumal noch ein Nachbeben erfolgte. Selbst der Bischof von Rottenburg, Joannes Baptista Sproll (1927–1949), kam nach Kappel, um die Schäden an der Kirche zu be-

Großvater, Eltern und Schwester auf dem Weg zum Acker (1936).

sichtigen. So ganz genau konnte ich dies noch nicht einordnen. Umso besser meinen ersten Schultag 1937. Da bekam ich das Spannungsfeld meiner Eltern zwischen Landwirtschaft und Kindern hautnah zu spüren. Die Eltern waren von der Arbeit so aufgesogen, dass wir Kinder es nicht immer leicht hatten. Vor allem die Mutter, die Triebfeder des Hofes, meinte, sie müsse den Betrieb auf Hochtouren halten. Sie stammte aus einem für damals groß bezeichneten Hof aus Otterswang bei Bad Schussenried und heiratete „nach unten", denn unser Anwesen umfasste nur 12 Hektar, wovon ein Teil noch fast unbrauchbare Streuwiesen und Wald waren. Etwas peinlich, zumal Mutters Vater dort eingeheiratet hatte und von einem Hof in Fronhofen, der Einöd, stammte, der zumindest im Selbstbewusstsein noch größer zu sein schien. Mit dieser Situation konnte sie sich nie abfinden und suchte dieses angebliche Defizit durch Leistung auszugleichen. Ihre Kinder, so hoffte sie, sollten den Weg wieder etwas nach oben gehen können. Unter derlei Vorzeichen stand mein erster Schultag auf der Verliererseite, denn ich hatte bei Schulbeginn keinen Schulranzen. All die vielen Bitten der Tage zuvor halfen nichts. Die Eltern nahmen sich keine Zeit, um in das Städtchen Buchau zu fahren. Meine ältere Schwester war in günstigerer Situation. Sie bekam ihren Schulranzen vom Götte in Otterswang als Osterhasen. Die Otterswanger hatten aber ausgerechnet in meinem Jahrgang auch einen Erstklässler, wodurch ich mit einem Schulranzen nicht zum Zuge kam. Sieben Erstklässler waren wir in unserer einklassigen Dorfschule mit Lehrer Sebastian Haug. Vier Buben und drei Mädchen gingen den Schulberg hinauf und wurden ohne große Formalitäten eingeschult. Etwas beschämt trug ich als einziges Kind Tafel und Griffellade in der Hand und dies für eine ganze Woche, bis endlich der Tag kam, an dem mir ein Schulranzen gekauft wurde. Dessen Qualität war zwar schlechter als der meiner Schwester, aber immerhin so gut, um später meinen 1939 geborenen Bruder Erwin noch ganz auszuhalten. Ähnlich erging es mir, als der Vater mein Zeugnis und das meiner Schwester nach der zweiten Klasse unterschreiben sollte. Da Vater und Mutter gerade Mist geladen haben, schien dies ein unmögliches Verlangen zu sein. In dieser Not, es war die letzte Abgabemöglichkeit für das Zeugnis, unterschrieb ich mit dem Namen des Vaters selber mit meiner Kinderschrift und tat dies auch für meine Schwester. Für diesen Missgriff wurde ich vom Lehrer hart gescholten und bekam als „Belohnung“ zwei Tatzen.

Im ersten Schuljahr mit Schwester Maria (Jg. 1929).

Die einklassige Schule hatte einen Lehrer für Ober- (5–8) und Unterklasse (1–4) zusammen. Da im Dorf niemand etwas anderes kannte, war jedermann zufrieden, obwohl wir wussten, in der Nachbargemeinde Oggelshausen gibt es einen Unter- und Oberlehrer und zwei Schulräume. In der Unterklasse unterrichtete sogar eine Lehrerin. Um diese Zeit hatten wir und mehrere andere Bauern einen großen Sturmschaden im Wald, wodurch der Großteil des Baumbestandes (2,5 Morgen) gerodet und anschließend neu bepflanzt werden musste. In dieser Situation sprach der Vater mit mir im Wald und meinte: „Jeder hat nur einmal den Nutzen des Waldes. Was jetzt gepflanzt wird, kann ich nicht mehr ‚hauen‘, das macht der nächste und der auch nur einmal. Dieser nächste, der bist du, aber auch nur einmal.“

Ansonsten bekam ich bis zur dritten Klasse keine besonderen Ereignisse mit. Dann aber umso mehr. Am 27. August 1939, zu später Stunde, kam Adlerwirt Karl Ahlemann, Postagent und dadurch auch mit Telefonanschluss für die Gemeinde ausgestattet, und sagte beim Eintritt zum Vater: „Lorenz, der Stellungsbefehl. Du musst am Sonntag einrücken.“ Das war eine bittere Stunde für die ganze Familie, inzwischen durch die Geburt unserer Schwester Rosina im September 1938 auf vier Kinder angewachsen. Der Abschied des Vaters am Sonntagmorgen war herzzerreißend für Mutter und Kinder. Bis ein Stück über den Ortsetter hinaus begleiteten Mutter und ich den Reservisten aus dem Ersten Weltkrieg (Jg. 1896), der zu Fuß nach Biberach lief und von dort per Zug in seine Kaserne nach Ulm fuhr. Alsbald schrieb er seine Feldpostnummer 075896. Es war gerade die Zeit zum Öhmden. Nachbarn halfen in Stall und Feld. Am 1. September brach der Krieg dann aus. An diesem Tag war das Öhmd von der Stockwiese und der Höllweite einzufahren. Die Brüder Georg und Oswald Nerz halfen. Oft denke ich noch an diesen Tag, denn beide sind später im Krieg gefallen. Da Georg im Heimatlazarett starb, wurde er auf unserem Friedhof in einem weißen Sarg begraben. Das erste Soldatenbegräbnis für Karl Kopf, Küfers (1943), imponierte mir vor allem durch die auf dem Sarg liegende Hakenkreuzfahne. Wie wir am Abend dieses 1. September 1939 beim Vesper saßen, läuteten die Kirchenglocken als Feuerglocken. Der Blitz hatte in das Anwesen des Bauern Alfons Hepp, Neubauers, eingeschlagen. Dieser stattliche Hof brannte 1926 schon einmal ab, wurde bald wieder aufgebaut. Und nun schlug der Blitz ausgerechnet in das mir so sympathische „Aufzughaus". Lichterloh brannte das Haus, als wir dort ankamen. Die Feuerwehr war auch schon da. Die Leute sprachen, Krieg und Blitzschlag an einem Tag, das ist ein böses Omen. Auch mussten im Dorf damals mehrere Männer und Jungmänner einrücken.

Unsere Großmutter Viktoria geb. Müller (Jg. 1866), aus Stafflangen gebürtig, wohnte im 1928 nach der Hofübergabe erbauten Speicher (Ausdinghaus) am Ortsrand Richtung Oggelshausen. Sie half bei den Feldarbeiten immer fleißig mit. Doch zwischen Mutter und Großmutter gab es fast naturgemäße Spannungen, die mir gar nicht recht waren, denn ich liebte die Großmutter heiß und innig. Sie war für mich eine besondere Person. Großvater Johann Kopf (Jg. 1860) starb am 7. Februar 1938. Darüber war ich sehr traurig. Am Tag seiner Beerdigung hat es so geschneit, dass der Totenwagen fast nicht fahren konnte. Großmutter musste an diesem Morgen zuerst den Weg zum Haus bahnen. Ich war schon bei ihr, als die Sargträger – Männer aus der Nachbarschaft – kamen, um den Sarg auf dem Hof aufzustellen, damit die Leute noch Weihwasser geben konnten. Über diese Männer war ich wütend, denn sie trugen mir den Großvater fort. Nie habe ich ihnen diese Tat verziehen. Bei der Beerdigung kam mir die Ehre des Kreuzträgers zu. Auf dem Weg zum Friedhof in Seekirch (2,5 km) saß ich mit dem Kreuz neben dem Kutscher des Leichenwagens, der von zwei schön geschmückten Pferden gezogen wurde und dem die Trauergemeinde folgte. Der Beerdigung folgte das Requiem. Nach dem Gottesdienst gingen die Angehörigen wieder auf den Friedhof und beteten am nun schon geschlossenen Grab die „fünf Wunden", ein besonderes Gebet für die Verstorbenen. Dann ging es in die Gaststätte Adler nach Tiefenbach zum Totenmahl. Zum ersten Mal war ich dabei. Die Bratwürste und der Kartoffelsalat schmeckten so gut, dass ich dachte, wenn bald wieder eine Beerdigung wäre, könnte ich wieder so gut essen. Aber da gab es für mich ein großes Problem. Da müsste ja jemand sterben und die älteste Person wäre ja die Großmutter, und die durfte auf keinen Fall sterben. Zum Ende des Mahles

Die 1838 erbaute Buchauer Synagoge.

kam die Wirtin, stellte Kreuz und Kerzen auf ein Tischlein und alle Anwesenden beteten wiederum die „fünf Wunden". Es war ein würdiger Abschluss des Begräbnisses. Der Großvater hatte einen recht ansprechenden Ruheplatz erhalten. Gerade um diese Zeit wurde der Friedhof neu geordnet und es wurden Familiengräber ausgewiesen. Obwohl Großmutter fast kein Bargeld besaß, kaufte sie ein Familiengrab, das 50 Reichsmark für eine Belegzeit von 40 Jahren kostete. Wenige Wochen später ging sie nach Seekirch, um das Grab

Die von den Nationalsozialisten in der Pogromnacht 1938 niedergebrannte Synagoge in Buchau.

zu bezahlen. Es kommt eben auch noch der Grabstein, meinte sie, und den bestellte sie zum Jahrtag bei Steinhauer Walter in Uttenweiler.

Um diese Zeit, so bekam ich von Erwachsenen mit, gab es immer wieder ein Munkeln über Ausschreitungen gegen Juden im nahen Buchau. Die müssten ihre Häuser verkaufen, und es sei nicht erwünscht, in Judengeschäften einzukaufen. Eines Morgens hörte ich, noch im Bett liegend, wie unsere Nachbarin Anna Zoll zu uns herüberruft, in Buchau brenne die Synagoge. Wenige Tage später musste ich auf dem Leiterwagen die „Kohlrabenmühle“ zum Schärfen der Blätter zum Schmied Seifritz nach Buchau bringen. Meine Schwester Maria half mir dabei. Wie wir in die Nähe der Synagoge kamen, ertönte über Lautsprecher der Ruf: „Vorsicht Sprengung“. Es folgte ein lautes Getöse und die Reste einer Außenmauer der Synagoge stürzten ein. Die abgeführten Steine lagen noch während des ganzen Krieges an einem Seeweg Richtung Oggelshausen, wodurch ich später tagtäglich daran erinnert wurde.

Mit den Juden stand unser Vater in vielfältiger Verbindung. Viehhändler Martin Kahn kam oft ins Haus. Bald durfte ich bei derlei Handelsgeschäften dabei sein und hörte so manches Wort mit. Bevor der Handel per Handschlag besiegelt wurde, gab es in der Regel die Bedingung unseres Vaters: „Ja, aber für den Buben noch eine Mark.“ Martin Kahn war damit immer einverstanden.

So kam ich zum ersten Taschengeld. Ein anderes Geschäft, mit einem Makler vorgesehen, hätte unser Leben beinahe grundständig verändert, doch es kam im letzten Augenblick nicht zustande. Unsere Mutter wollte unbedingt einen größeren Hof. Immer wieder gab es Kaufangebote. Die noch entfernt verwandte Familie Schmidberger hatte in Stuben bei Altshausen ein Anwesen erworben. In der Nähe von Aulendorf wurde der Makler auch für uns fündig. Da wir gerade gedroschen haben, als der Makler zum Schlussgespräch kam, wurde der Motor abgestellt. Vater, Mutter, der Makler und ich begaben uns in die Wohnstube. Der Vertrag wurde vorgelegt, vorgelesen und war zur Unterschrift fertig. Vater stand auf und anstatt zu unterschreiben, zerriss er das Papier. Da sagte der Makler: „Dann kann ich ja gehen" und verließ das Haus.

Auch Großmutter hatte Beziehungen zu Juden. Sie fütterte einige Hühner, wegen deren Auslauf allerdings ständig Unstimmigkeiten mit dem Nachbarn entstanden. Wenn sie ein Huhn verkaufte, trug sie es in einem Sack zu Fuß zum bekannten Cafébesitzer Moritz Vierfelder, dessen Haus unweit der Synagoge in Buchau stand. Das sei bei den Juden so vorgeschrieben, sagte sie auf die Frage, warum sie denn die Henne im Sack nach Buchau trage. Die Eier von den Hühnern und der Erlös bei deren Verkauf waren das Bargeld von Großmutter, die nicht viel brauchte, weil sie kein elektrisches Licht im Haus installieren ließ und daher kein Stromgeld bezahlen musste. Sie zündete Kerzen an, saß ansonsten im Dunkeln, benötigte zum Rosenkranzbeten kein Licht und ging bald ins Bett. Bei der Hofübergabe 1928 wurde zwar geschrieben, so sagte sie mir, die „Alten" hätten eine bestimmte Summe Bargeld zu erhalten. Aber meine Eltern hatten doch selber keines und mussten für die inzwischen sechs Kinder sorgen. Großmutter hatte Verständnis, wenngleich ein paar Mal im Jahr der Vater am Sonntagnachmittag zu seiner Mutter ging, um ihr 20 Mark zu bringen. Ein schwarzer Tag im Haus war, wenn die Stromableserin kam und das Stromgeld gleich bar kassieren wollte, was des Öfteren mangels Geld nicht möglich war und die Ableserin vertröstet werden musste. Da spürte ich die Sorgen der Eltern um das tägliche Brot für die Familie. Dabei war unsere Mutter sehr um das Essen für die Familie besorgt. Es gab mangels anderer Möglichkeiten sehr viel Salat, Gemüse und Kartoffeln. In der Regel wurde für das Sonntagsessen bei Metzger Bollinger in Buchau ein Pfund Fleisch gekauft. Wenn ein Huhn geschlachtet wurde, erhielten Vater und ich als ältester Bub einen ganzen Fuß, die anderen nur einen Flügel oder etwas Weißfleisch und „Fülle". Ein paar Mal im Jahr waren wir dann alle traurig, wenn es weder zu Fleisch noch Huhn gereicht hatte, denn dann fehlte auch die Brühe für die gute Nudelsuppe. Dafür bot geräuchertes Fleisch keinen Ersatz.

Das Jahr 1939, mein drittes Schuljahr, war wie schon erwähnt getrübt durch den Kriegsbeginn. Dass da mit der Partei was ist, merkte ich schon seit längerem. Bereits im ersten Schuljahr durften wir die Pfahlbauausgrabungen in Buchau besichtigen. Ein ausgestellter Einbaum interessierte uns mehr als die

Die SA – eine paramilitärische Organisation der Nationalsozialisten, organisierte 1934 einen Zug durch Tiefenbach.

vielen Hakenkreuzfahnen und das Gerede über unsere Vorfahren, die Germanen. Im November 1939 wurde Bruder Erwin geboren. Vater bekam Sonderurlaub. Er war am Westwall in Appenweier/Baden und dann in Altheim bei Horb bei einer pferdebespannten Truppe stationiert, bis er im Frühjahr 1940 aus Altersgründen (44 Jahre) entlassen wurde. Wenn ein Geschwisterchen geboren wurde, gab es etwas ganz Besonderes. Nach der Geburt kamen Nachbarn und Verwandte zum „Weisen", d. h. sie brachten einen Hefekranz, was wir ansonsten nur selten gesehen hatten. Da der Vater auch noch ein paar Bienenvölker pflegte, hatten wir etwas Honig, der mühsam handgeschleudert wurde. Das Höchste für die Familie war Zopfbrot mit Butter und Honig. Und das gab es ja nach dem „Weisen" zu Genüge.

Unsere Familie im Jahre 1941.

Die Dominanz des kirchlichen Milieus

Unsere Pfarrgemeinde St. Mariae Himmelfahrt Seekirch umfasst die drei politischen Gemeinden Alleshausen mit dem Weiler Brasenberg, Seekirch und Tiefenbach, wobei von der politischen Gemeinde Seekirch der Ortsteil Ödenahlen nach Ahlen und von Tiefenbach Streitberg und Maierhof nach Stafflangen eingepfarrt sind mit der Folge, dass die Kinder dieser Teilorte sich durch das kirchliche Leben nicht kennen lernten. Die Leute von Streitberg und Maierhof sah ich nur bei besonderen Anlässen wie Wahlen oder sonstigen Vorgängen, zu denen sie nach Tiefenbach aufs Rathaus kommen mussten, bis sie 1977 nach Stafflangen eingemeindet wurden. Der Pfarrer der Gemeinde hieß Georg Baur (1906–1991). Sein Vorgänger Raphael Hartmann (1885–1980) hat mich 1930 in der Pfarrkirche getauft, wechselte aber 1935 nach Rupertshofen, wo er 1939 wegen des Gottesdienstes für Polen fünf Monate eingesperrt wurde, was große Unruhe verursachte. Bei frostigstem Wetter habe ich ihm im Januar 1980 auf dem Friedhof in Kappel den letzten Dienst der Kirche sozusagen als Dank für seinen ersten an mir erwiesen.

Für mich wurde Pfarrer Baur die prägendste Pfarrersgestalt. Sein Religionsunterricht gefiel mir gut. Bei besonderen Anlässen zeigte Pfarrer Baur auch eines der Bilder von Maler Fugel, die im Schrank der Schule aufbewahrt wurden. Der Gruß für den Pfarrer in der Schule lautete anders als bei einer Begegnung auf der Straße. Wenn der Herr Pfarrer auf der Straße gesehen wurde, mussten wir Kinder sofort auf ihn zugehen und ihm die Hand mit den Worten reichen: „Gelobt sei Jesus Christus.“ Wann immer möglich, suchte ich derlei Situationen zu entkommen. Noch schlimmer war es aber, wenn der Pfarrer einen Versehgang hatte und, begleitet von Mesner oder Ministrant, in Talar und Chorrock durchs Dorf ging, wobei der Begleiter mit einem Glöcklein sein Kommen ankündigte. Waren wir Kinder zu Hause, mussten wir wohl oder übel, von der Mutter bedrängt, mit gefalteten Händen vors Haus stehen, bis der Herr Pfarrer vorbei war. Waren wir auf der Straße und hörten das Glöcklein, sind wir Kinder in der Regel hinter einem Haus oder einer Hecke verschwunden. In der Schule lautete der Gruß für den Herrn Pfarrer bei dessen Betreten des Schulzimmers: „Heil Hitler, Gelobt sei Jesus Christus.“ Dann wurde gebetet. In der Schule wurde zu Beginn des Morgenunterrichts ebenfalls gebetet. Anfangs des Krieges musste Lehrer Haug für einige Zeit einrücken und es kam eine Vertretung. Von diesem Lehrer weiß ich nur noch, er hat das Beten nicht abgeschafft, sondern ist, während die Kinder ohne Lehrer beteten, mit dem Rücken zu den Kindern hinter die Schultafel gestanden. Das kam mir recht merkwürdig vor.

Die Vorbereitung auf Beichte und Erstkommunion geschah nicht nur im Religionsunterricht der Schule, sondern auch im Beicht- und Kommunionunterricht, der mit den Kindern der anderen Gemeinden aus der Pfarrei im Seekircher Schwesternhaus stattfand. Dort war im Untergeschoss eine Art Schulzimmer eingerichtet. Oben wohnten seit der Errichtung der Schwesternstation (1930) die Franziskanerinnen aus dem Kloster Reute, meistens drei, die eine als Krankenschwester, die andere als Handarbeitsschwester in der Schule und die dritte für den Haushalt, die Strick- und Nähschule. Die Schwestern standen in hohem Ansehen und wurden von den Leuten aller drei Gemeinden gut gehalten und versorgt. In diesem Unterricht lernten wir unsere Jahrgänger noch näher kennen. Bisher waren diese nur vom sonntäglichen Gottesdienst als Nachbarn in den Kinderbänken der wunderschönen, aber kalten Pfarrkirche bekannt. Die Vorbereitung auf Beichte und Kommunion hielt der Herr Pfarrer. Die Unterscheidung zwischen Hauptsünden und lässlichen Sünden, zwischen Furcht- und Liebesreue war das Wichtigste. Diese Differenzierung wurde für mich und wahrscheinlich auch die anderen schon recht schwierig, wie überhaupt die Erinnerung an die Beichte bei den düsteren Kapiteln meines Lebens angesiedelt ist.

Der Tag der Erstkommunion am 31. März 1940 war ein Höhepunkt für uns Kinder. Die nochmalige Beichte am Tag zuvor sollte wiederum der entsprechenden Vorbereitung dienen. Und dann war es halt ganz wichtig, das Gebot der Nüchternheit strikt einzuhalten, um der Würde des Geschehens keinen Abbruch zu tun. Mein Kommuniontag war der erste im Krieg. Als Gast kam nur die Patin, weil der Götte selber auch ein Kommunionkind hatte und dadurch nicht kommen konnte. Das einzig Besondere beim Essen dieses Tages war, es gab zum Kaffee einen Kuchen mit rosaroter Glasur. Der Götte wäre sicher aus diesem Anlass mit der Chaise angereist, wie einige Male der Otterswanger Großvater. Dabei wurden die Pferde im Gaststall des Wirtshauses „Zum Adler" eingestellt und vor der Heimfahrt wir alle noch dorthin eingeladen. Bei einem Besuch unsererseits in Otterswang vollzog sich derselbe Ritus umgekehrt, nur ohne Chaise, weil wir keine hatten. Vor der Abreise in Otterswang mussten unbedingt Pferde und Vieh im Stall besichtigt werden, was mich überhaupt nicht interessierte. In Otterswang lief ich viel lieber mit den Geschwistern in den Garten und zählte die Wagen der zahlreichen Züge, die wenige hundert Meter entfernt auf der Bahnlinie Schussenried–Aulendorf vorüberfuhren. Zwei Erinnerungen blieben mir vom Kommuniontag haften. Da die Uhr von Sonntag auf Montag auf Sommerzeit umgestellt wurde, gab es am Abend des Kommuniontages in Tiefenbach ein großes Rätselraten, ob der Gottesdienst am Montagvormittag, dem 1. April, nach der alten oder neuen Zeit stattfinden würde. Der Pfarrer hat sich nämlich nicht immer an die staatlich vorgegebenen Regeln des Zeitumstellens gehalten. Er wollte diese Hitlerzeit nicht. Unser Herr Pfarrer war kein schlechter Pädagoge. Wohl ermuntert durch die aufkommende Bibelbewegung bot er als Kommunionandenken um

1,30 RM, wie ich noch heute auf der Innenseite feststellen kann, ein „Neues Testament" aus dem Kepplerhaus Stuttgart an, das die meisten kauften. Für mich wurde dieses Büchlein zum Lebensbegleiter, und wann immer, auch heute noch, ein Schrifttext von mir ausgesucht wird, dann in meinem Kommunionandenken, unbeschadet neuerer Übersetzungen.

Dieses Büchlein zur Erstkommunion wurde mir Erinnerung an Pfarrer Georg Baur, der uns alsbald nach dem Weißen Sonntag auf die Firmung am 10. Juni 1940 in Buchau vorbereitete. Weihbischof Franz Josef Fischer (1871–1958) aus Rottenburg erteilte 402 Kindern der Federseegegend das Sakrament, von dem wir nicht viel verstanden haben. Da der Firmgottesdienst sehr lange dauerte und wir zudem vorher schon in Seekirch bei einem Frühgottesdienst kommuniziert hatten, konnten wir uns in der Zwischenzeit auf dem Kirchplatz aufhalten, bis jemand aus der Kirche herauskommend laut rief: „Die Seekircher kommen jetzt dran." Dann sind wir schnell hineingerannt und wurden gefirmt.

Der sonntägliche Kirchgang war selbstverständlich. Angeboten wurden Frühmesse und Hauptgottesdienst, wobei die Frühmesse ohne Predigt stattfand, die Sonntagspflicht also schneller erfüllt war. Am Sonntagvormittag war unser Dorf so gut wie ausgestorben. Um die Sicherheit zu gewährleisten, mussten zwei Männer den „Dorfhüter" machen. Sie hatten einen besonderen Stab, den sie nach vollbrachtem Gang nach einer bestimmten Ordnung dem nächsten weitergaben. Ob die „Dorfhüter" vom Besuch des Gottesdienstes dispensiert waren oder in die Frühmesse gehen mussten, ist mir nicht bekannt. Durch den Ausbruch der Maul- und Klauenseuche im Frühjahr 1938 wurde dieser Rhythmus unterbrochen. Zuerst, so erzählten die Leute, sei die Seuche in Sauggart ausgebrochen. Sie griff schnell um sich und kam nach Alleshausen und Seekirch. Durch die Sperrung der Dörfer konnte der Sonntagsgottesdienst nicht mehr stattfinden. Als letzte Gemeinde der Pfarrei gelangte die Seuche über Oggelshausen nach Tiefenbach. Das erste „Opfer" wurde recht schief angesehen und musste schon die Bemerkung hören: „Der hat die Klauenseuche in den Ort gebracht." Jede befallene Hofstelle wurde mit Stangen abgeriegelt. Nach einiger Zeit waren auch wir dran. Pfarrer Baur hielt nun für jede Gemeinde den Sonntagsgottesdienst in der Kapelle, was ganz angenehm empfunden wurde; war der Weg in die Pfarrkirche, in der Regel zu Fuß zurückgelegt, doch recht weit und vor allem im Winter bei Eis und Schnee sehr beschwerlich. Die Maul- und Klauenseuche wurde als Heimsuchung empfunden. Die Milch konnte in der Molkerei nicht mehr angeliefert werden. In dieser Situation holten die Leute die Butterfässer und Zentrifugen der früheren Generation von den „Lauben" (Bühne) herunter und „butterten" und „kästen", was dann während des Krieges wiederholt wurde, wobei ich in der Drogerie Löscher die „Lab" zum Gerinnen zu besorgen und den „reifenden" Käse zu pflegen hatte. Das war der romantische Teil der Geschichte. Dabei wurde von den Großeltern viel erzählt, wie im Hof in früheren Zeiten gewirtschaftet wurde. Für einige Monate wurde ihre Zeit wieder Gegenwart. Seltsamerweise brach die Seuche in Brasenberg nicht aus. Kein Wunder. Dort errichtete 1806 Bauer Joseph Strohm eine Kapelle zu Ehren des Viehpatrons St. Wendelin. Dessen Patrozinium am 20. Oktober war und ist für die Bauern damals wie heute ein wohl registrierter Tag; waren in der beschriebenen Zeit die Bauern auf die Zugtiere doch ganz besonders angewiesen.

Eine „gute Mene“ (Zugtiere) zu haben wurde auf dem Hof zur Existenzfrage. Wir hatten zu Hause in der Regel ein Pferd und einen Ochsen als Gespann. Für dringende Fälle wurden auch Rinder gezähmt und eingespannt. Das war immer eine Komödie. Aber unserer Mutter war es wichtig, auch mal mit zwei Gespannen Mist fahren oder ackern zu können. Das zweite war eben mit Kühen: Eine mühsame Prozedur! Der hl. Wendelin stand auch bei uns in hohem Ansehen. Als unser Pferd erkrankte, war der erste Gang zur Wendelinuskapelle. Auch der Tierarzt kam. Ich musste ihm Bescheid geben. Aber nichts hat geholfen. Der Verlust des Pferdes lähmte Familie und Landwirtschaft. Unvorstellbar, wie es weitergehen sollte. Bei einem Verwandten in Rupertshofen wurde ein rotfarbener Ochse gekauft. Wenige Tage später stand dieser mit dem leeren Dungwagen vor dem Scheunentor. Die Deichsel war gebrochen. Der Ochse war dem Vater durchgegangen. Mit diesem Ochsen konnte es nicht weitergehen, und es musste wieder nach einem Pferd geschaut werden.

Mitten im Krieg wurde die Pfarrkirche renoviert, eine Orgel und 1943 – dem Jahr der Marienweihe, die Bischof Sproll als Verbannter im Krumbad wünschte und die am Rosenkranzfest mit einer großen Prozession begangen wurde – eine herrliche Krippe für die Barockkirche angeschafft. Unser Pfarrer fand auch in Kriegszeiten Mittel und Wege zur Materialbeschaffung; war er doch ein guter Organisator und Kunstkenner, dem die Pfarrkirche und die drei Kapellen der Filialen sehr am Herzen lagen. Das Predigen war nicht gerade seine Stärke, und so hat er manchen Ärger aushalten müssen. Vor allem seine Vorhersagen über Todesfälle brachten viel Aufregung, beschäftigten auch mein Gemüt. Todesfälle, so der Pfarrer, würden sich durch nächtliches Läuten an der Pfarrhausglocke bei ihm ankündigen und je nach Tonlage einen jüngeren oder älteren Menschen betreffen. Da zur Sonntagspflicht das andächtige Hören der hl. Messe zählte und von der Predigt nichts geschrieben stand, war es für nicht wenige Männer üblich, das in der Schule Gelernte ganz wörtlich zu nehmen, wonach die Messe aus den drei Teilen Opferung, Wandlung und Kommunion besteht. Da die Predigt zudem vor der Messe stattfand, musste man halt den Zeitpunkt errechnen, um bei der Opferung anwesend zu sein. Eine ungute Gewohnheit mancher war auch, während der Predigt sich vor der Kirche aufzuhalten. Auf jeden Fall, Stoff für Mahnungen des Pfarrers gab es zur Genüge.

Die Osterzeit wurde für etliche Familien, vor allem Frauen, zur besonderen Strapaze. Beichte und Kommunion wurden durch den Osterzettel nachgewiesen, der dann nach Ostern mit einem Ei im Pfarrhaus eingelöst wurde. Der Palmsonntag hatte zwei Seiten. Die eine war die Prozession mit den Palmen und dem schönen gotischen Palmesel, wobei ich selber nur einen Palmen hatte, wenn Fischers Vater (Anton Kramer) mir auch einen mitmachte; bei uns zu Hause stand die landwirtschaftliche Arbeit derlei Sonderwünschen immer im Wege. Der Palmsonntag war aber auch der Tag der Männerbeichte, die fast letzte Chance für eine Beichte vor Ostern. Bei uns ging der Vater an diesem Tag ebenfalls zum Beichten, aber so, dass er vor der Frühmesse beichtete, um dann gleich kommunizieren zu können. Das hieß für die Mutter und später auch für uns Kinder, am Palmsonntag den Stall zu besorgen. Wenn der Vater vom Beichten heimkam, waren eigentlich alle froh. Wieder für ein Jahr geschafft! Noch schwerer hatte es unsere Gotte; unser Onkel war nicht nur Ortsbauernführer, sondern einige Jahre auch Ortsgruppenleiter der NSDAP. Seine Frau Auguste war wirklich eine fromme Person, die für diese Parteigeschichte gar nicht viel übrig hatte. Einige Männer im Dorf fanden für die Sonntags- und Osterpflicht einen guten Ausweg. Pfarrer Alois Strahl (1907–1992) in Oggelshausen war als gütiger Beichtvater bekannt. Auch der Gottesdienst dauerte bei ihm nicht so lange. So wurde der Weg nach Oggelshausen zur Entlastungsstraße. Nach dieser familiären Klärung konnte Ostern kommen, und wir Kinder holten den Osterhasen. Zum Götte nach Otterswang mussten wir zu Fuß, mit dem Fahrrad oder mit der Schmalspurbahn von Buchau bis Schussenried-Ort fahren. Am Bahnschalter des Buchauer Bahnhofs war während des Krieges ein großes Plakat angebracht: „Erst siegen, dann reisen.“ Es lag uns Kindern viel daran, bei derlei Besuchen nicht gerade vor 13.30 Uhr in Otterswang anzukommen, denn da fand in der Kirche die Nachmittagsandacht statt. Des Öfteren ereilte uns auch nach 13.30 Uhr noch das Machtwort des Großvaters: „Macht schnell, es reicht noch zur Andacht.“ Als souveräner Bauer kam dieser Gang für ihn natürlich nicht in Frage. Er hatte zudem zu unser aller Verwunderung ein Weinfässchen im Keller, das wir allerdings nur vom Hörensagen kannten. Umso mehr bewunderten wir Kinder sein reich geziertes Weinkrüglein.

In der Vorweihnachtszeit gab es noch viel Arbeit. Der Hl. Abend hatte keinen besonderen Akzent. Dieser lag Wochen zuvor am Niklaustag, der wiederum zwei Seiten aufwies. Die positive war das Abholen des Niklaus bei Gotte und Götte, wobei es beim Götte immer auch noch Stoff für Hosen oder Kleider gab, was uns Kindern nicht so recht behagte. Die Lebkuchen waren uns doch lieber, wenngleich für die Eltern das andere viel nützlicher war. Der Niklausabend war in der Familie der gefürchtetste Abend des Jahres, mit dem ein ganzes Jahr lang den Kindern gedroht werden konnte. Und was es da für Geschichten gab, wo der Niklaus schon überall Kinder mitgenommen habe, die nicht gefolgt hätten. So ginge es uns auch, wenn wir uns nicht bessern würden. Unsere Wiese im Rautenstock grenzte an die Markung Attenweiler/Schammach. Die dortige Gemeinde war evangelisch und damit außerhalb unseres Horizontes. Nie wären wir auf deren Wiesen zum Hüten gegangen. Es bestand eine undiskutierbare Grenze. Auf einer Wiese in unmittelbarer Nachbarschaft davon stand ein kleines Häuschen, das uns Kindern als „Klosenhaus" (Haus des Niklaus) beigebracht wurde. So hatten wir also im Heuet und beim Öhmden den Niklaus direkt vor uns. Wenn sich dort etwas bewegte, mussten wir Kinder hören, „dem Niklaus seine Knechte und Mägde sind auch beim Arbeiten. Die wird er als Kinder schon irgendwo geholt haben, weil sie nicht gefolgt haben. So geht es den Ungehorsamen." Am Hl. Abend war jedes von uns froh, wenn eines noch einen Christbaum im eigenen, oder besser noch in des Nachbarn Wald besorgte. Da wir nur einen wackeligen Christbaumständer besaßen, ist der Baum des Öfteren umgefallen. Am Ende des Krieges hatten wir nur noch zwei gläserne Kugeln für den Baum. Zum Jahreslauf gehörte auch, an Weihnachten mit dem Dreschen fertig zu sein. Der Otterswanger Großvater vermachte seinen zwei nach Tiefenbach verheirateten Töchtern eine Dreschmaschine „Ködel und Böhm", geliefert von Vinzenz Schmid, Dieterskirch. So stand es in großen Lettern auf der Maschine. Es war klar, zuerst „maschinen" Belles (Tante Miehle) und dann wir. Das musste irgendwie geregelt werden, denn das Stellen der Maschine auf dem lehmigen unebenen Scheunenboden war eine Prozedur, die man nicht zweimal im Jahr machen wollte. In der Regel ergab sich, dass das Ende dieser Maschinerei am Hl. Abend gekommen war. Alles war erschöpft und hatte wenig Lust auf Weihnachten. Gut war, dass die Christmette morgens um fünf Uhr gefeiert wurde. Bei oft klirrender Kälte ging dann der Weg in die Pfarrkirche. Beim anschließenden Hirtenamt noch dabei zu sein war für die Mutter wichtig. Auch meinte sie, ich müsste unbedingt um neun Uhr auch noch zum Hauptgottesdienst. Erst wenn das alles bei so einer großen Familie vorüber war – wir waren ab 1943 sechs Kinder – hatte der Weihnachtsfrieden eine Chance. Vorher war alles durcheinander. Die größte Turbulenz bereitete der Vater mit Hemd und Kragenknöpflein suchen. An Silvester war der Jahresschlussgottesdienst nicht zu besuchen, obwohl dies der Herr Pfarrer gern gesehen hätte. Dieses Beten blieb an den Leuten in Seekirch und dem Pfarrer hängen.

Wallfahrten und Prozessionen fanden im Rhythmus des Jahres statt, als erste die Markusprozession am 25. April. Dabei gingen die Oggelshausener nach Seekirch. Diese machten auch jedes Jahr eine Bittprozession auf den Bussen, während wir Tiefenbacher ein altes Gelöbnis durch die Wallfahrt zur Muttergottes in Steinhausen einlösten. Hier dabei zu sein war für Kinder und Erwachsene Ehrensache. Um durch den Wald von Oggelshausen nach Steinhausen Disziplin und Ordnung aufrecht zu erhalten, musste Ortspolizist Bär schon des Öfteren seines Amtes walten, vor allem, wenn es viele Maikäfer gab. Die Bedeutung der Fronleichnamsprozession war mir nicht klar. Auch fand sie schon sehr früh am Morgen statt, und zudem war sie in Seekirch. Da war mir der Öschgang um Christi Himmelfahrt in Tiefenbach schon lieber und wichtiger. Daran hat auch der Pfarrer teilgenommen. Der Weg war klar vorgegeben. Also wusste man auch, an welchem Acker der Zug vorbeikommt. In den Jahren nach der Erstkommunion war ich in der Regel als Ministrant dabei und hatte dadurch eine gute Übersicht. Gerne trug ich dabei den Weihwasserkessel. Noch lieber sah ich es, wenn der Pfarrer an einem unserer Äcker vorbei den Weihwasserwedel eintauchte und unser Feld besprengte, denn zu Hause wurde genau besprochen, welchem Acker der Pfarrer das Weihwasser gegeben hat.

Die Sorge um das tägliche Brot, um Mensch und Tier, zeigte sich auch noch durch andere Bräuche, wobei Traditionen bis in die vorchristliche Zeit überliefert werden können. Am Karfreitag, so bekam ich etwas geheimnisvoll mit, ginge der Vater auf bestimmte Äcker mit „Pferdewasser"; an Ostern musste unbedingt eines der Kinder die Felder mit dem Ostertau, dem geweihten Osterwasser, besprengen. Für Krankheiten, vor allem bei Kindern, gab es besondere Heilmethoden. Manches wirkte recht mysteriös, so auch das „Anhängen". Es musste jemand zu einer Frau gehen und die hat dann ein „Amulett" mitgegeben, das den Kindern als Schutz vor der „englischen Krankheit" umgehängt wurde. Dabei wurde mir einmal beim Abholen gesagt, wenn die Ärztin komme, soll es unbedingt abgehängt werden. Wohl in jedem Dorf gab es jemanden, der bei bestimmten Krankheiten „betete". Als ich einmal große Flechten am Fuß hatte, wurde ich ebenfalls zu einer Frau im Dorf geschickt. Ich weiß noch gut, alsbald war ich geheilt. Auch bei Tierkrankheiten gab es christliche wie heidnische Bräuche. Der Pfarrer betete bei Tierkrankheiten im Stall. Aber es gab immer auch noch etwas anderes, und darüber wurde nie so ganz offen geredet. Die Frau in Dürmentingen, zu der ich geschickt wurde, schrieb auf ein Blatt Papier, das ich daheim abgeben musste, es seien täglich eine bestimmte Zahl von Vaterunsern vor oder nach Sonnenuntergang zu beten und Schmer (bestimmtes Fett vom Schwein) an der Dachrinne zu vergraben.

Tiefenbach am Federsee

Der unserem Dorf nahe gelegene Federsee war mir von Anfang an mehr Bedrohung als Freude. In der St.-Oswald-Kapelle ist mir seit Kindertagen ein Votivbild vertraut, auf dem Tiefenbacher 1803 unter dramatischen Umständen aus Seenot gerettet wurden. Auch erzählten Leute des Öfteren von früheren tödlichen Unglücksfällen auf dem oft unterschätzten, heimtückischen Gewässer. Am Sonntag, 17. Dezember 1939, gegen 15 Uhr ruft unsere Nachbarin, vom See her würde man Hilferufe hören. Alsbald konnten wir diese auch wahrnehmen. Das Weitere ging schnell. Der Entlassschüler Max Dorner war beim Schlittschuhlaufen im Eis eingebrochen und ertrunken. Mit einem Kahn sind Männer in den See hinausgefahren und Maler Konrad Kramer hat ihn herausgezogen. Die Buchauer Ärzte kamen, der Pfarrer wurde geholt. Alles umsonst. Max war tot. Am selben Abend noch fand der Totenrosenkranz in der Kapelle statt, an dem ich teilnahm. Da dachte ich, heute Mittag noch im See und jetzt schon der Totenrosenkranz. Nach dem Rosenkranz hörte ich, wie sein Vater, Karl Dorner, vor der Kapelle einigen Leuten den Hergang schilderte. Zwei Jahre später gab es fast denselben Vorgang, doch mit glücklicherem Ausgang. Einige Seekircher und auch unser Vetter Franz Kopf waren in Seenot geraten. Ihr Kahn kenterte, sie konnten aber in letzter Minute gerettet werden, nachdem ihre Hilfeschreie im Dorf gehört wurden. Nach dem Krieg ist Walter Haller aus Seekirch ertrunken, während beim Neujahrsschießen 1944 Rudolf Lerner aus Seekirch umkam.

Für die Bauern war das Umfeld des Sees nützlicher als das Wasser. In der Zeit zwischen Heuet und Ernte wurden die Seeteile gemäht. Das als Streu im Stall benötigte Gras musste aus den Moorwiesen herausgeschafft werden. Im Riedlesbühl geschah das durch Tragen auf dem Rücken, denn auf dem moorigen Untergrund wäre, wie die Erfahrung zeigte, jedes Tier eingesunken. Wie in der Wiese zuvor einmal unser Gaul eingebrochen ist und herausgezogen werden musste, werde ich nie vergessen können, denn durch seine eigenen Versuche, herauszukommen, ist er immer tiefer eingesunken. Das Gras wurde

Während und nach dem Krieg wurden im See Binsen geschnitten. Wilhelm Rempp fabrizierte aus Schilfrohr Rohrmatten.

Wilhelm Rempp (1899–1976), Landwirt, Schilfrohrmattenmacher, Jäger und 1945 Inhaber der Fischereirechte auf dem Federsee.

in „Seebögen“ gepresst, die dann auf dem Rücken an Land getragen werden mussten. Der Vater und ich trugen diese Last. Ich meine das Gewicht heute noch zu spüren. Des Öfteren bin ich im Morast, aus dem Gewächse herausragten, die dann im Wege standen, zusammengebrochen, obwohl die Mutter schon bedacht war, meinen Bogen nicht zu dicht zu füllen. Gott sei Dank verbietet der Naturschutz heute dieses Mähen. In Richtung Seekirch hatten wir zusätzlich noch einen Seeteil zum Mähen, denn wir hatten sehr viele Schweine, für die das Stroh als Streu benötigt wurde. Für Kühe und Jungvieh im Stall bot die Streu aus dem See Ersatz. Die Streu von der Seekircher Seite wurde bis an die Tiefenbacher Aach, wie oben beschrieben, getragen und dann mit einem Kahn an Land gezogen. Dabei musste die ganze Familie oder auch noch Nachbarn helfen. Zuerst mähen, dann heraustragen, dann das Schiff beladen, dann dieses bei oft unwegsamen Wasserverhältnissen transportieren, das war die mühsame Reihenfolge der Schinderei. Zwei mussten vorn das Schiff mit Seilen ziehen; hinten schoben Erwachsene auf jeder Seite mit Stangen. Die Rolle der Kinder war vorne. Entscheidend war dann die „Anlandung“. Das Schiff musste so weit an Land gezogen werden, dass von dort aus der bereitgestellte Heuwagen beladen werden konnte. Eine fast unglaubliche Schinderei, wodurch eine Lust am See nicht aufkommen konnte. Im ehemaligen Umfeld des Federsees hatte sich in Millionen von Jahren Torf gebildet, das im Sommer als Brennstoff „gestochen“ wurde. Zwischen Buchau und dem Henauhof besaßen wir eine Torfwiese. Als diese ausgestochen war, wurde sie verkauft und jedes Jahr ein Stück im Oggelshauser Ried ersteigert. Auch das war eine Plagerei, durch die die Winterheizung gesichert wurde. Heute ist sie dankenswerterweise aus Gründen des Naturschutzes verboten, worüber wohl keiner der Betroffenen unglücklich sein dürfte, es sei denn, er wäre ganz in die Vergangenheit vernarrt.

In der Oberschule

Von Tiefenbach aus die Oberschule in Buchau zu besuchen war nicht üblich. Der einzige mir bekannte Schüler, der diesen Weg einschlug, war von 1903 bis 1906 aus unserer Nachbarschaft Matthias Kramer (Jg. 1893). Durch verschiedene Umstände wurde mir dieses Los zuteil. Als Berufsziel für den ältesten Sohn unseres Erbhofes stand Bauer im Vordergrund, so wie es die Vorväter auf unserem Hof auch waren. 1858 wurde dieser durch unseren Urgroßvater Lorenz Kopf von Johann Georg Schröter erworben, der nach Birkenhard bei Warthausen zog. Daher lautet unser Hausname „Schröters“. Besitzer eines Erbhofes zu sein, war mehr als Landwirt. Darüber war unser Vater stolz, und es entsprach zudem ganz der Doktrin des Führers. In diesem Punkt stimmten mein Vater und sein Bruder Franz als Ortsbauernführer völlig überein; bei der übrigen Politik trennten sich ihre Ansichten in herzlicher brüderlicher Verbundenheit. Auch der Krieg trug zu meiner Weiterbildung bei. Als Soldat lernte der Vater Reallehrer Eugen Schell aus Buchau kennen. Der ermunterte ihn, seinen Sohn doch zu ihm in die Schule zu schicken. Außerdem merkte unser Vater, ein Reallehrer hat es als Soldat auf der Schreibstube doch angenehmer als der Gefreite mit seinen vier zu versorgenden Pferden im Stall. Sein Sohn sollte es besser haben. Dazu kam, dass der Sohn unseres Lehrers, Gerhard, mein Klassenkamerad war und standesgemäß die Oberschule besuchen sollte. Täglich mit dem Fahrrad von Tiefenbach nach Buchau allein zu fahren – es gab als Alternative nur zu Fuß zu gehen – war doch recht unangenehm. Da passte es gut, einen Bauernbuben mitzuschicken. Und der war ich. Gerhard kam allmorgendlich und machte sich mit seiner Fahrradklingel jedes Mal schon vor der ausgemachten Zeit vor unserem Haus bemerkbar, was mir Ärger mit der Mutter einbrachte, denn einen Lehrerssohn lässt man doch nicht warten. In der Schule kamen wir mit Mädchen und Jungen aus Buchau und der Federseegegend zusammen. Inge Ailinger, die Müllerstochter, stammte aus Reichenbach.

Trotz Oberschule musste ich aber zu Hause noch verschiedene Aufgaben übernehmen, im Herbst so unbedingt das Kühehüten, und das in der Regel bei mehreren Bauern gleichzeitig. Unsere Mutter wollte unbedingt eine Herde wie zu ihrer Kindheit. Dazu reichten unsere Kühe und Rinder nicht aus. Bei fremden Leuten Kühe hüten hatte bestimmte Vorteile: ein gutes Mittagessen, am Abend ein Vesper und zum Ende der Saison in der Regel 20 RM in bar. Durch diese Verdingung lernte ich einige Familien des Dorfes näher kennen. Es bedurfte einer besonderen Strategie, die verschiedenen Herden zusammenzutreiben, und zwar dann, wenn der letzte Teil der Herde auf der Straße am entsprechenden Stall vorbei kam. Das hörte man in der Regel an der Kuhglocke. Bei deren Hören musste der nächste Bauer Kühe und das zu hütende Jungvieh in seinem Stall losbinden, in der Hoffnung, die verschiedenen Tiere „leiden" einander. Abends gab es dann die umgekehrte Prozedur und eine fast alltägliche Schererei, wenn ein Stück Vieh mit in den falschen Stall lief. Es war aufregend, dramatisch und hochinteressant zugleich. Während des Hütens musste ich wohl oder übel die Hausaufgaben machen und war froh, wenn die Kühe gut fraßen und nicht davonrannten. Auch gab es einige knickrige Bauern, die litten auf ihren Wiesen keine fremden Kühe und steckten auf, d. h. befestigten an einer Stange einen Strohwisch als Zeichen ihrer Souveränität. Für die Kühe waren die aufgesteckten Wiesen recht verlockend, denn dort stand in der Regel mehr Gras, sofern die Eigentümer nicht selber gehütet haben.

Im Frühjahr und Herbst hatte ich noch eine andere Aufgabe. Die Spar- und Darlehenskasse hatte zwei Sämaschinen zu vermieten. Da unser Vater bei der

„Kasse“ einen Posten innehatte, übernahm er auch die Einteilung der Sämaschinen. Jedermann, der also säen wollte – nur größere Bauern hatten eine eigene Sämaschine –, musste anfragen, wann die größere oder kleinere Maschine frei wäre. Wer nicht selber zum Säen im Stande war, dem musste auch gesät werden. Das waren in den Kriegsjahren die Familien, bei denen der Bauer zum Militär eingezogen war. So wurde ich auch noch, allerdings nach dem Schulunterricht in Buchau, zum Sämann, was bei meiner Größe gar nicht so einfach war, denn ich musste ja über die Sämaschine hinausschauen können, um die Spuren zu sehen, die später beim Heranwachsen der Saat kontrolliert werden konnten. Und dann die Steuerung, die Probleme bereitete: kam ein großer Stein in die Quere, wurde mir das Steuer entrissen. Meistens, vor allem beim Wenden an den Rändern oben und unten auf dem Acker, musste ich fest mit beiden Händen drücken. Glücklicherweise waren meine Säleute meistens Kuhbauern und die Kühe liefen nicht so schnell. Am Ende der Saison ging ich am Sonntagnachmittag in die Häuser, um aufzuschreiben, wie groß die angesäten Äcker waren. Ich denke, die Leute haben die Größe schon richtig angegeben. Die Eltern waren froh, wenn ich mit meiner Aufstellung fertig war. Dann konnte bei Kassenrechner Kaiser abgerechnet werden, und es war wieder etwas Bargeld im Hause.

In der Schule lernten wir Englisch. Wozu, konnte ich nie begreifen, denn es war doch die Sprache der Feinde, über die jeden Tag nur Schlechtes berichtet wurde und die im Lied mit dem Refrain besungen wurden: „Denn wir fahren, denn wir fahren gegen Engeland.“ Während des Krieges gehörte es zu den Pflichtaufgaben der Lehrer, den Unterricht mit dem Erläutern des Wehrmachtsberichtes zu beginnen. Die deutschen Siege nachzuvollziehen, war spannend und begeisternd. Der Vormarsch der Truppen bot jeden Tag Überraschungen. Kein Wunder, dass in mir der Gedanke an einen recht attraktiven neuen Beruf aufkam. Das Ziel sollte sein: Stadtkommandant von Kiew. Jahrelang hielt ich an dem Gedanken fest und wenn Soldaten dekoriert mit dem Ostabzeichen oder dem Eisernen Kreuz in Urlaub kamen, war ich begeistert. Aus Oggelshausen erhielt ein Soldat Steiner sogar das Deutsche Kreuz in Gold. Die Begeisterung legte sich allerdings, als immer mehr Gefallenennachrichten eintrafen. Die Gefallenen für Führer, Volk und Vaterland waren mir ja alle bekannt. Dadurch habe ich auch ein gestörtes Verhältnis zum Fasching bekommen. Kurz vor dem Krieg gab es in Tiefenbach einen richtig großen Fasching mit einer Altweibermühle, die im Hof von Küfers (Gemeindepfleger Karl Kopf) aufgestellt war. Die damals Spielenden waren wenige Jahre später die Opfer des Krieges. Das hat mich tief getroffen. Nach der Vermittlung der Gefallenennachrichten in der Regel durch die Parteileitung fand der Trauergottesdienst in der Pfarrkirche statt, bei dem ich, wann immer möglich, ministrierte. Anschließend fand am Gefallenendenkmal neben der Kirche durch die Partei eine Ehrung statt, die Pfarrer Baur von der Sakristeitüre aus beobachtete. Da spürte ich schon, etwas passt da nicht zusammen.

Seit Kriegsbeginn veränderte sich unser Dorf durch besonderen Zuzug. Der erste Fremde, der nach dem Polenfeldzug kam, war Jahn bei Metzgers Albert (Albert Buck). Jahn, etwa 14 Jahre alt, musste hüten, in die Molke gehen und wurde bei Metzgers gut aufgenommen. Er fand trotz der Sprachprobleme gute Aufnahme bei uns Buben. Als er weg musste, haben wir von diesem Fremdarbeiter, den wir vermissten, nie mehr etwas gehört. Nach dem Frankreichfeldzug stand eines Tages in unserem Hof eine ganze Gruppe gefangener Franzosen, die für Oggelshausen und Tiefenbach als Arbeiter in der Landwirtschaft bestimmt waren. Auch uns wurde ein Franzose zugeteilt. So hatten wir unseren „Musie", ein Name, der ihm von unserem Vater aufgrund seiner Soldatenzeit an der Somme 1915 bis 1916 und seiner angeblichen Französischkenntnisse gegeben wurde. Wir Kinder liebten unseren „Musie" und er uns, obwohl er kein Deutsch sprach. Es sei, so sagte unser Vater, nicht erlaubt, Kriegsgefangene am Familientisch zu verköstigen. Das galt natürlich nicht für unseren „Musie". Abends musste er ins Lager in Stockers Speicher (Alfons Buck) und morgens unter Bewachung wieder an die Arbeitsstelle. Wachmann mit Gewehr war Alfons Buck, sein Stellvertreter unser Vater. Wir Kinder hatten es recht gern, wenn der Vater als Wachmann an der Reihe war und mit den Franzosen auch nach Oggelshausen mit geschultertem Gewehr marschieren musste. An einem Sonntagnachmittag gab es für uns eine große Überraschung. Unser Vater brachte vom Lager der Gefangenen Schokolade und Orangen für uns Kinder. Das Rote Kreuz schickte Pakete für die Gefangenen, die damit etwas zu verschenken hatten, wovon wir nur träumen konnten. Gegen Ende des Krieges wurden die Gefangenen verlegt. Unser „Musie" kam nach Kanzach. Darüber waren wir sehr traurig.

Begegnungen im Kuhstall

In unserem Haus entwickelte sich der Kuhstall zu einem besonderen Informationszentrum. Das hatte verschiedene Gründe. Zunächst lag es an der Eigenart unseres Vaters, nicht gerade der Erste zu sein, so auch am Feierabend. Wollte jemand abends zu ihm, dann musste er schon in den Stall gehen. Das Sämaschinenbestellen geschah zumeist dort, aber ebenso das, was nicht unbedingt zum Hören bestimmt war. Ging es zu lang, wurden die Gespräche in der Stube weitergeführt. Oftmals war ich dabei ein stummer, aber geduldeter Zuhörer. Manchmal war meine Anwesenheit auch erforderlich, z. B. beim Termin zur Aussaat oder wenn Ostarbeiter zu uns kamen. Diese Begegnungen waren zwar verboten, fanden aber ganz selbstverständlich statt. Ins Dorf kamen im Zuge des Russlandfeldzuges mehrere Polen, Ukrainer und Russen. Einmal brachte ein Urlauber (Karl Maikler) einen russischen Soldaten der Wlassow-Armee mit, Russen, die auf deutscher Seite kämpften. Dieser trug eine dunkle Uniform. Die anderen – Frauen wie Männer – waren als Zwangsarbeiter in der Landwirtschaft eingesetzt. Sie wurden gut behandelt, hatten aber nichts zu rauchen. Bei uns in der Familie rauchte niemand. Durch die Schule war ich sozusagen an der Bezugsquelle, denn vor oder nach der Schule musste ich alle Ausgänge für die Familie besorgen. In der Apotheke hatte ich dabei ein merkwürdiges Erlebnis. Ein Kind riss von einem Blumenstock eine Blüte ab. Die Mutter schimpfte. Frau Bauer, die Schwester des Apothekers, sagte aber ganz ruhig: „Lassen sie es nur, der Führer lässt die Blume wieder wachsen." Was das wohl bedeuten sollte?

Auch Erledigungen auf der Kreissparkasse gehörten zu meinem Bereich. Über mein Sparkonto, 1941 mit 2 RM angelegt, sollten Geldgeschäfte abgewickelt werden, vor allem vierteljährlich eine Tilgungsrate für ein Darlehen vom

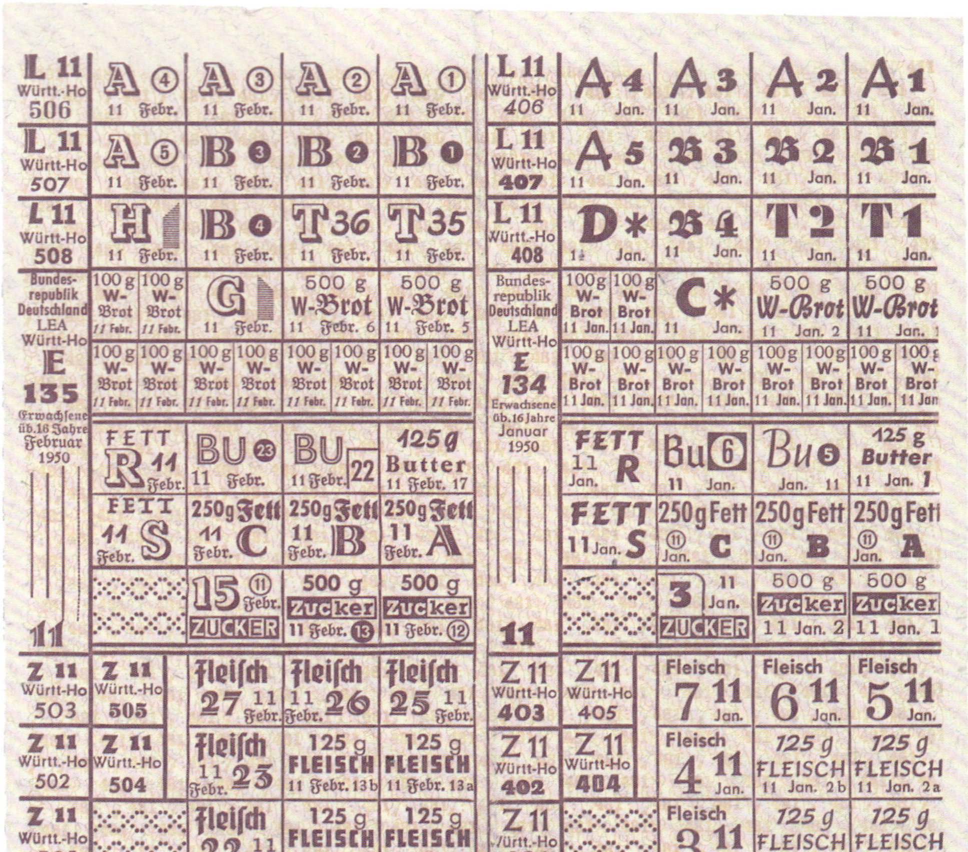

Bis zur Währungsreform waren Lebensmittel und Kleider rationiert und nur mit „Marken" erhältlich.

Neubau unseres Ökonomieanbaus im Jahre 1938. Gegen die Darlehenskasse hatten Vater und Mutter Vorbehalte, seit ein Schreiben eintraf, das der Vater des Öfteren las, dann in den Kassenschrank legte, womit ich in einem günstigen Augenblick auch erfahren konnte, wie hoch verschuldet unser Anwesen noch war. Außer Backpulver (ein Päckchen) und Streichholz (ein Schächtelchen) gab es nichts ohne Marken oder Bezugscheine. So oft ich konnte, holte ich deshalb davon und auch die Rauchwaren auf alle Karten, was auch nicht jeden Tag möglich gewesen ist. Meine Strategie war, mit den Rauchwaren so haushälterisch wie nur möglich umzugehen. Sie waren für die Raucher bestimmt, die aus diesem Grunde in den Stall kamen. Nie war ich ohne Vorrat, nie musste jemand ohne Tabak oder Zigaretten den Stall verlassen. Ich gab aber immer nur von einer Sorte.

Meine normalen Einkäufe tätigte ich in einem kleinen Lebensmittelgeschäft, bei Frau Lanz. Dort mussten auch die Juden einkaufen, deren Zahl im Laufe des Krieges immer größer wurde, weil Buchau zur Judenstadt erklärt und Stuttgart als judenfrei deklariert wurde. Immer, wenn ich als doch kleiner Junge zum Einkaufen in dieses Geschäft kam, traten alle Juden auf die Seite und ich wurde sofort bedient. Mit der Zeit erfuhr ich, es gibt ein Gesetz, wonach ein Arier immer zuerst an die Reihe kommt. Das kam mir schon sonderlich vor. Manchmal wartete ich hinten im Laden absichtlich eine Weile, um den interessanten Gesprächen der Juden zuzuhören. Es kam mir komisch vor, was die da sich alles zu erzählen hatten. So hörte ich auch den Satz, morgen früh um 3/4 8 Uhr müssen wir am Bahnhof sein; es geht nach Theresienstadt. Viehhändler Kahn kam schon lange nicht mehr. Von anderen Juden wurde berichtet, sie seien ausgewandert, wieder von anderen, sie seien weggekommen. Dabei waren es doch so nette Leute, die den Vater einluden, den Synagogengottesdienst zu besuchen, was er eines Nachmittags auch tat. Mutter sagte, da müsse er aber den Hut auflassen, denn so müsse es bei den Juden sein. In die Kirche mit Hut, konnte ich mir nicht gut vorstellen. Die ausreisenden Juden verkauften ihr Hab und Gut. So kam ich auch zu einem Bett mit eisernem Gestell. Mit dem Bernerwagen wurde das Bett bei einer alten Frau in der Wuhrstraße abgeholt. 20 RM hat mein Bett gekostet. Als der Vater bezahlte, hat die Frau bitterlich geweint. Darüber nachdenkend, kam ich immer zum selben Ergebnis: Wir haben doch nichts Unrechtes getan und das Bett bezahlt. Um das Ganze zu begreifen, war ich doch noch zu jung, auch für manch anderes, was mir, vor allem im Stall, zu Ohren kam. Besorgt wurde über grüne Autos gesprochen, die von der Heilanstalt Schussenried kommend durch das Dorf fuhren. Ich habe die seltsamen Autos auch gesehen. Als die Seife immer schlechter wurde, grün und ganz leicht, sagte der Vater, man würde sagen, die sei aus Judenknochen hergestellt. Am aufregendsten wurde es, wenn unser Onkel (Vetter genannt) in den Stall kam. Die beiden politisch grundverschiedenen Brüder tauschten sich regelmäßig aus. Beide waren politisch interessiert. Selbst in der strengsten Zeit der Ernte ließ sich der Vater nicht nehmen, abends die Zeitung zu lesen. Dabei zog er die Lampe in der Wohnstube ganz weit herunter, wollte allein sein, einfach ungestört. Dadurch bekam ich auch Interesse an diesem Metier. Manchmal kam ich auch auf das Feld oder die Wiese und berichtete von den Überschriften der Verbo-Zeitung (Verband oberschwäbischer Zeitungsverleger). Die Zeitung aufs Feld mitzunehmen hätte ich mich nie getraut. In der Krise des Frühjahrs 1939 lautete die Überschrift: „Akute Luftgefahr und Zerstörung", was ich auf einen Zettel schrieb und dem Vater entgegenlief, der sich gerade mit dem Kleewagen auf dem Heimweg vom Feld befand. Noch kurz vor dem Einmarsch der Franzosen meinte der Vetter im Stall: „Lorenz, der Führer bringt noch seine Waffe." Leute, welche das Verhältnis der Brüder nicht kannten, konnten schon irritiert sein.

Die Regierung hatte regelmäßige Kontrollen über Vieh, Schweine, Hühner und sonstigen Viehbestand, der zweimal im Jahr registriert wurde, angeordnet, eine Methode, die übrigens später die französische Besatzung übernahm. Die Kommissionen kamen völlig überraschend. Nur der Ortsbauernführer wusste Bescheid. Er musste die Sache auch organisieren. Das war aber unser Vetter, der mit der Nachricht am Abend zuvor in unseren Stall kam und nur sagte: „Lorenz, se kommet." Kein Haus wurde so oft kontrolliert wie das unsere. Bis die Sache stimmig war, brauchten wir einige Zeit. Hühner wurden in der Regel ins Güllenfass gesteckt; da schaute keiner rein. Schwieriger wurde es beim Großvieh. Mehr als einmal wurde vom Vater, der mich zum Viehtreiben mitnahm, ein Stück Vieh in der Nacht weggeschafft. Auch beim unter Todesstrafe verbotenen Schwarzhören des Radios durfte ich zugegen sein. Die „Weibsleute" mussten alle zuvor ins Bett, und wir zwei legten uns in der Stube unter das Sofa und hörten ganz leise Radio Beromünster. Das Radio selber gehörte Frau Lehner, deren Wohnung im Juli 1944 in Stuttgart ausgebombt wurde und deren Eltern vom Federsee, die Mutter aus Oggelshausen, der Vater aus Moosburg, stammten. Verwandte berichteten, unsere Großmutter sei gestorben, und regelten den Zuzug in den verlassenen Speicher. Aus Herr und Frau Hohl wurden für uns bald Oma und Opa. Opa half fest in der Landwirtschaft mit und gehörte bald zur Familie. Anfang der 50er-Jahre haben wir sie wieder durch Wegzug nach Stuttgart verloren, blieben aber bis zu ihrem Tod in freundschaftlicher Verbindung. Ein in Tiefenbach Geborener, bei den Dornier-Werken bei Friedrichshafen Beschäftigter (Rösch) hat gegen Ende des Krieges zu später Stunde Trauriges erzählt. „Wenn das, was ich jetzt sage, rauskäme, würde ich sofort erschossen", begann er. „Lorenz, bei uns gibt es unterirdische Werke, in denen Häftlinge unter menschenunwürdigen Verhältnissen an den V-Waffen [V = Vergeltung] arbeiten müssen." Mir war es ob solcher Nachricht nicht geheuer.

Der Krieg wird härter

Kriegsspuren gab es schon lange. Zu den ersten zählten Flugblätter, die von englischen Flugzeugen zu Beginn des Krieges abgeworfen wurden und bei Auffinden sofort abzuliefern waren. „Kraft durch Freude – Krieg durch Hitler", anspielend auf die NS-Erholungsorganisation KDF (Kraft durch Freude), stand auf dem ersten Flugblatt, das ich auf einer Wiese im Höllweier fand. Abgeworfenes Staniolpapier gab zunächst Rätsel auf. Es sollte, wie ich später erfuhr, vom Aufspüren der feindlichen Flugzeuge durch die deutsche Flugabwehr ablenken, damit die Flugzeuge durch das neu erfundene Radargerät nicht mehr geortet werden konnten. Als es während des Krieges sehr viele Kartoffelkäfer gab, wurde behauptet, die Engländer würden diese abwerfen, um die Kartoffelernte zu vernichten. Wir Schüler mussten nun auf alle Fälle während der Schulzeit Kartoffelkäfer sammeln. Zum Sammeln von Huflattich als Tee für die Soldaten mussten wir allerdings die Freizeit benutzen. Auf unserem Oggelshauser Acker gab es eine Fülle von Huflattich, nicht zur Freude der Eltern, aber während des Krieges zum Wohl der Soldaten, wie ich meinte. Merkwürdigerweise stürzten vom nahen Flugplatz Reichenbach immer mehr Flugzeuge während des Krieges, zumeist über dem Federsee, ab. Es schien – so hörte man – Sabotage im Spiel zu sein. Um diese Zeit tauchte in Buchau eine grau gekleidete

Die Bergung eines abgestürzten Flugzeugs des Flugplatzes Reichenbach aus dem Federsee.

Die Bergungsmannschaft nach der Bergung des Flugzeugs im Hof des Gasthofs „Zum Adler", wo die Tiefenbacher Kinder die Soldaten bestaunten.

Ordensschwester auf. Mehrere Wochen hielt sie sich dort auf. Beim Einkaufen sah ich sie des Öfteren und grüßte freundlich. Wie es sich herausstellen sollte, handelte es sich um einen Spion, der von den Engländern abgesetzt worden sei. An so etwas hätte ich allerdings nie gedacht. Die Ablieferung der Kirchenglocken (1942) ließ nichts Gutes ahnen. Wehmütig schauten wir Kinder auch in Tiefenbach der Abnahme und dem Abtransport auf den Schlitten zu. In Seekirch und Tiefenbach blieb nur noch das Wetterglöcklein auf dem Turm; im Alleshausener Käppele durfte eine Stahlglocke hängen bleiben. Immer öfter gab es Fliegeralarm. Die Verdunkelungsvorschriften wurden noch strenger. Die Leute, selbst unsere Großmutter, richteten im Keller Notquartiere ein. Gegen Kriegsende flogen bei helllichtem Tag über unser Dorf Bomber zu Hunderten Richtung Augsburg und München. Deutsche Jäger versuchten sie in Luftkämpfe zu verwickeln und abzuschießen. Ein von mir beobachteter Luftkampf über dem Federsee endete mit dem Absturz eines Bombers, dessen Überreste noch lange auf dem Bahnhof in Hailtingen gelagert waren. Aus den Großstädten wurden Bombengeschädigte einquartiert. Unsere Großmutter bekam auch ein „Bombenweib" zugewiesen, das eines Tages samt Begleitung spurlos verschwand, dabei aber nicht vergessen hatte, das Rauchfleisch der Großmutter mitzunehmen. Eine herbe Enttäuschung für die alte Frau! Am 20. Juli 1944 erfolgte im Führerhauptquartier ein Attentat auf den Führer. Sondermeldung auf Sondermeldung folgte. Anna Zoll, unsere Nachbarin, hielt uns auf dem Laufenden. Sie hatte im Hausgang sogar ein Führerbild hängen, das von ihrem Schwager Anton stammte, der Luftwaffenoffizier war. Der Führer überlebte. Wir waren alle froh über seine Rettung. Auch wenn Sondermeldungen über Schiffsversenkungen einliefen, kam Hoffnung auf den Endsieg auf und große Trauer beim Untergang des Schlachtschiffes „Bismarck", die vorher gegen die „Wood", das größte englische Schiff, wie uns gesagt wurde, sich so glänzend bewährt hatte und die Engländer als Seemacht blamierte.

Der 31. Juli 1944 war für mich ein einschneidender Tag. Überraschend verstarb unsere Großmutter. Noch am Morgen war ich bei ihr und fragte, ob sie Backpulver bräuchte. Nachmittags ging meine Mutter mit meiner Schwester Maria auf dem Weg zum Rübenhacken im Uibet am Speicher vorbei. Ich war auch dabei. Unterwegs bemerkte ich jedoch, dass ich das Backpulver für die Großmutter vergessen hatte; so lief ich in unser Haus zurück und kam verspätet in den Speicher. Meine Schwester kam mir tränenüberströmt entgegen und rief: „D' Nana ist gstorbe." Bei aller Aufregung dachte scheint's niemand mehr daran, den Pfarrer zu holen. Der aber meinte bei der Anmeldung der Beerdigung, dies sei absichtlich geschehen. Unversehen, d. h. ohne die Sterbesakramente empfangen zu haben, zu sterben kam einem Gottesgericht gleich. Ob solcher Maßstäbe musste der Pfarrer immer erreichbar sein und mancher Schwerkranke wurde drangsaliert, bis er zum „Versehen" bereit war. Da ich bei vielen Beerdigungen den Ministrantendienst übernahm, hörte ich manches in der Sakristei, weil es zwischen der Beerdigung auf dem Friedhof und dem Beginn des Requiems in der Kirche eine Pause gab und der Gottesdienstbeginn erst möglich war, wenn die Angehörigen vom Friedhof in der Kirche eintrafen. Da hat sich der Herr Pfarrer ab und zu mit dem Mesner unterhalten und seine Meinung über die Leute gesagt. So hörte ich schweigend Ansichten, die mir gar nicht gefallen haben, kannte ich doch in der Regel die Familien und die Verstorbenen recht gut. In der Todesstunde meiner Großmutter musste beim Aiweiher, unweit von Stafflangen, in einem Gerstenacker ein viermotoriger amerikanischer Bomber notlanden. Die Besatzung wurde vom Wegknecht „gefangen genommen", aufs Rathaus in Stafflangen gebracht und von Soldaten vom Flugplatz Reichenbach abgeholt. Beim Absturz des Bombers war unser Vater zufällig Augenzeuge, als er mit dem Fahrrad von Stafflangen nach Tiefenbach fuhr. Er wollte uns die Neuigkeit erzählen, musste aber von uns erfahren, seine geliebte Mutter sei unerwartet verstorben.

In den letzten Kriegsmonaten wurde das Leben immer gefährlicher. Die feindlichen Jagdflieger machten sich einen Spaß, auf Leute oder Fuhrwerke auf den Straßen und den Feldern zu schießen, sodass die Feldarbeiten nur noch früh am Morgen oder gegen Abend verrichtet werden konnten. Auch das Buchauer Zügle wurde beschossen. Gegen Ende des Krieges kam beim

Vollochhof, unweit von Kanzach, der Lokführer als Opfer feindlicher Flugzeuge ums Leben. Die deutsche Luftabwehr war so gut wie ausgeschaltet. Auf dem Schulweg mussten wir des Öfteren vom Rad springen und in einem Graben Deckung suchen. Das Ende schien nahe. Der Schulunterricht, durch Fliegeralarm oftmals vorzeitig beendet, fand nicht mehr regelmäßig statt. Eine Friedrichshafener Schule samt Lehrern wurde nach Buchau ausgelagert. Mitschüler aus Buchau sagten, der eine Lehrer Dr. Bertsch (1887–1958) sei ein Pfarrer. Das konnte ich mir nicht so richtig vorstellen. Aber es stimmte und wie ich später erfuhr, wurde Dr. August Bertsch nach dem Krieg von den Franzosen in Friedrichshafen sogar als Bürgermeister eingesetzt. Mit den Hausaufgaben konnte unter diesen Umständen großzügiger umgegangen werden in der Hoffnung, bis zur geplanten Stunde kommt Fliegeralarm und dann ist die Sache erledigt. Aufgrund einer Fehlkalkulation kam ich so beim Abhören der lateinischen Wörter durch Studienrat Osiander zur einzigen Arreststunde meines Lebens. Auch Carlo Blank, mit derlei Vorgängen wohl vertraut, sollte nachsitzen, kam aber zur angesetzten Stunde nicht, und bis die Arreststunde mit ihm neu ausgehandelt war, marschierten die Franzosen ein. Die Schule fiel aus und Carlo Blanks Taktik ging, im Gegensatz zu meiner, auf.

Das Kapitel Hitlerjugend war nicht aufregend. Im Fähnlein 14, Bann Bussen, fiel der Appell mangels Jungführer oftmals aus. Ein paar Mal hat Lehrer Haug antreten lassen. Sonst kam Fähnleinsführer Zettler aus Kappel. Auch die Oggelshausener mussten, sofern Dienst war, nach Tiefenbach kommen. So lernten wir auch einige besondere „Exemplare“ von dort kennen. Um die Übernahme vom Jungvolk in die Hitlerjugend – mit 14 Jahren vorgesehen – kam unser Jahrgang herum. Es gab keinen Führer, der die Aufnahme vornahm, und so konnte ich mit gutem Recht später jederzeit behaupten, nicht in der Hitlerjugend (HJ) eingetragen gewesen zu sein.

Die Franzosen kommen

Große Aufregung herrschte in der ersten Aprilhälfte im Dorf. Der Volkssturm wurde zum Einsatz aufgerufen. Monate zuvor wurden alle Männer und Jungmänner zwischen 16 und 60 Jahren zu Wehrübungen, die in der Regel am Sonntagvormittag stattfanden, eingeteilt. Das Programm lautete „Volkssturm“ zur Verteidigung der Heimat. Mit wenigen Ausnahmen, die von der Parteiführung festgelegt wurden, versammelten sich die Betroffenen in „Küfers“ Hof. Für solche mit Gehschwierigkeiten stand ein Pferdefuhrwerk bereit, das unser Vater mit einigen anderen auch in Anspruch nahm. Eine der traurigsten Stunden war mit diesem Abmarsch über unser Dorf gekommen. Am nächsten Tag war die Freude umso größer. Die Volkssturmmänner konnten wegen des herannahenden Feindes nicht mehr zur Verteidigung eingesetzt werden und kamen wieder wohlbehalten zu Fuß nach Hause.

Am Sonntag, den 22. April, wurde es recht gefährlich. Daher kam Pfarrer Baur zu einem Abendgottesdienst nach Tiefenbach. Sonntagabendgottesdienste waren nur in Sonderfällen erlaubt. Unser Pfarrer hat während des Krieges viel für die Kirche und die Kapellen getan, musste so manche Familie trösten. Als sein eigener Bruder fiel, hat er dies unter Tränen bei der Wochenmesse in Tiefenbach bekannt gegeben. Am Ende jeder Messe war das Gebet für „Führer, Volk und Vaterland“ verpflichtend. Als Ministrant vernahm ich deutlich, an diesem Tag hat unser Pfarrer nicht für den Führer, sondern den Verführer gebetet. Da stutzte ich, behielt es für mich und weiß nicht, wie viele diese Version mitbekommen haben. Auf alle Fälle habe ich bei der Trauerfeier für meinen verstorbenen Heimatpfarrer am 2. September 1991 in Michelwinnaden bei Bad Waldsee bei der Gedenkansprache auf diese Begebenheit hingewiesen, was recht publikumswirksam als Widerstand gegen den Nationalsozialismus beim Nachruf in der Presse gewürdigt wurde.

Nach dem erwähnten Sonntagabend-Gottesdienst konnte über dem Federsee bereits Kanonendonner vernommen werden. Gespenstische Angst lag über dem Dorf. Da kam ein Trupp Soldaten zum Quartiermachen in unser Haus. Als unser Vater sagte, es habe doch keinen Sinn mehr, denn man höre schon den Geschützdonner, erwiderte der Quartiermeister: „Seien Sie ruhig, sonst werden Sie sofort erschossen.“ Tage zuvor „stupften“ meine Schwester Maria und ich im Krautland, nahe der Halde, Kartoffeln. Aus der dortigen Kiesgrube heraus kam Lehrer Haug und sagte, ich solle mit meiner Mistgabel kommen. Er hatte auf einem Wägelchen Akten und Papiere herangefahren, um die Papiere in der Kiesgrube zu verbrennen, was nicht recht klappen wollte. Ich sollte mit meiner Gabel das Material auflockern, damit Sauerstoff hinzukomme. Was er da verbrannt hat, habe ich erst später erfahren. Es waren die Akten aus dem Parteistüble der Ortsgruppe der NSDAP in Tiefenbach, deren Geschichte damit auch geschrieben war. Diesen Vollzug der Geschichtsschreibung hatte der Führer noch kurz vor seinem „Heldentod“ angeordnet. Als die Aktion beendet war, grüßte ich mit „Heil Hitler, Herr Lehrer!“ Der Herr Lehrer aber meinte, das bräuchte ich jetzt nicht mehr sagen. Auf dem Heimweg hatte ich damit Probleme. Wie jetzt bessere Leute grüßen und wie haben die Leute wohl früher gegrüßt? Ich meinte, früher hat man sicher mit Heil Hindenburg gegrüßt und das könnte wieder eingeführt werden. Der normale Gruß in unserem Dorf war selbstverständlich das im Dialekt gesprochene „Guten Tag“.

Die Sorge ging um, wie es in Buchau weitergehe und wie die Auswirkungen auf die Federseegemeinden sein könnten. Dort im Schloss, das 1937 von der NSV vom Fürsten von Thurn und Taxis zum großen Ärger von Stadtpfarrer Erich Endrich (1898–1978) erworben wurde, war nämlich inzwischen die Gauleitung von Württemberg-Hohenzollern untergebracht. Gauleiter Wilhelm Murr war mit seinem Stab von der Villa Reitzenstein in Stuttgart in das ehemalige Damenstift Buchau umgezogen. In aller Eile, das Essen auf den Tischen stehen lassend, flohen die NS-Repräsentanten an diesem Abend und gelangten nach Egg in Vorarlberg. 1963 führte die Pfarrjugend von Steinheim/Murr, meiner Kirchengemeinde, in der dortigen Gegend ein Zeltlager durch. Aus diesem Anlass besuchte ich den dortigen katholischen Geistlichen. Es war noch derselbe wie 1945. Er berichtete: „Am Sonntagmorgen kam zu mir die Wirtin und sagte, ein Gast namens Wilhelm Müller sei gestorben." Der Ortsgeistliche nahm die Beerdigung vor und zeigte mir den Eintrag im Sterberegister. Der Herr Pfarrer nahm es mir nicht übel, als ich seinen Eintrag mit einem Randvermerk versah: „Handelt sich um Wilhelm Murr, Gauleiter von Württemberg-Hohenzollern." Der Pfarrer ging mit mir auch noch zum Grab, an dem ein Grabkreuz mit Weihwasserkesselchen angebracht war.

Soldaten kamen keine mehr ins Quartier, umso mehr durchfahrendes Militär mit Wagen und Autos, teils mit Pferden, teils motorisiert. Einige pferdebespannte Wagen blieben stehen. Die Soldaten flohen. Motorisierte Fahrzeuge mussten wegen Benzinmangel stehen bleiben. Am nächsten Tag fuhr – die Franzosen hatten schon die Strecke Oggelshausen–Biberach eingenommen – ein deutscher Lastwagen aus Richtung Seekirch, wo in den letzten Kriegstagen im Gasthaus Adler noch ein Kriegslazarett eingerichtet worden war, auf der Kühlerhaube als Schutzschild zwei gefangene Franzosen, einer davon am Arm blutend. Die Errichtung von Panzersperren aus Holzstämmen wurde polizeilich angeordnet; diese sollten vor dem Einmarsch der feindlichen Truppen geschlossen werden. Nun gab es eine Diskussion, wie man anstatt diese zu schließen eine weiße Fahne an deren Pfosten anbringen könnte. Darauf stand aber die Todesstrafe, und so wagte es niemand. Ein durchreisender Handwerksbursche kam in dieser Situation im Tausch gegen einen Braten Rauchfleisch, den unsere Nachbarin zur Verfügung stellte, zu Hilfe. Auch wehte am nächsten Tag vom Kapellenturm die weiße Fahne. Unsere Nachbarin war der festen Überzeugung, wir müssten das Dorf unbedingt verlassen. Auch Nachbar Anton Kramer war dieser Meinung und sagte mir, es sei in dieser Situation wichtig, einen Esslöffel mitzunehmen; sein Vater wisse dies als Soldat des Ersten Weltkrieges. In allen Familien wurde noch Brot gebacken, um für die ungewisse Zukunft gerüstet zu sein. Eine ganze Gruppe von Familien begab sich in die Kiesgrube außerhalb des Dorfes. In dieser Not wollte ich für die Franzosen unbedingt etwas aufschreiben. Da ich nicht französisch konnte, schrieb ich auf Englisch auf ein Blatt Papier in großen Buchstaben „We surrender us" und legte den Zettel auf den Wohnzimmertisch des nun verlassenen Hauses. Unser Gang in die Kiesgrube war nicht das Klügste. Kaum dort angekommen, hörten wir Motorengeräusche, sahen drei Panzer aus Richtung Oggelshausen heranfahren. Wir alle legten uns hinter Bäume. Neben mir lag ein deutscher Soldat, der sich im Dorf Zivilkleider besorgt hatte. Die Franzosen müssen in der Kiesgrube Bewegungen wahrgenommen haben und schossen einige Male in diese Richtung. Angst und Jammer kamen über uns, verletzt wurde aber niemand. Zu Hause sollte unbedingt das Brot aus dem Backofen. Vater und ich machten uns auf den Heimweg, kamen aber ausgerechnet in dem Augenblick vom „Gässele" auf die Hauptstraße, als die französischen Panzer vorbeifuhren. Da half nur noch „Hände hoch". Im Unterdorf bei der Gaststätte Krone wurde ein deutsches Fahrzeug in Brand geschossen. Dunkle Wolken stiegen auf. Sonst geschah an diesem Tag nichts Besonderes mehr.

Über dem Federsee drüben verwickelten SS-Truppen im Seelenwald die Franzosen in Gefechte. Dabei kam die 20-jährige Regina Fischer aus Tiefenbach am 23. April tragisch ums Leben. Ihre Eltern wollten die Kriegstote unbedingt in der Heimat beerdigen und so wurde sie vom Kanzacher Friedhof nach Seekirch geholt. Die Beerdigungsansprache an einem frühen Morgen (5. Mai) war erschütternd. Der Herr Pfarrer berichtete von fürchterlichem Läuten an seiner Tür; es müsse etwas Größeres geschehen. Da in den Wäldern ringsum versprengte SS-Soldaten Widerstand leisteten, schaute auch ich als Ministrant betroffen in die Trauergemeinde auf dem Friedhof in der Sorge, wen von uns es wohl in den nächsten Tagen treffen werde.

Die Besatzungszeit beginnt

In Oggelshausen richteten die Franzosen eine Kommandantur ein. Kommandant wurde der elsässische katholische Geistliche, der als Kriegsgefangener bei Bürgermeister Sauter arbeitete und in der Kirche – trotz Verbot – regelmäßig Gottesdienst hielt. Er war für die Leute „der Elsässer". Ortspfarrer Alois Strahl respektierte seinen Mitbruder mehr als erlaubt. Auch der Bürgermeister und die Leute hatten vor dem Geistlichen Respekt, der nun zum Kommandanten aufgestiegen war. Das machte die Besatzung schon erträglicher. Schlimmer war es in Buchau. In der Trikotfirma Götz, zuvor, bis zum Notverkauf, Firma Moos, war die Kommandantur eingerichtet und im Hof die Trikolore aufgezogen, vor der jeder Deutsche den Hut abnehmen musste. Eines Tages sah ich, wie ein französischer Soldat einem Deutschen den Hut vom Kopf heruntergeschlagen hat. Damit mir so etwas nie passiert, nahm ich mir damals vor, werde ich nie einen Hut aufsetzen, um diesen nicht vor der Trikolore abnehmen zu müssen. Das war die Geburtsstunde des Baskenmützenträgers, der ich bis heute geblieben bin. Nicht alle Familien hatten unter der Besatzung gleich zu leiden. Manche wurden hart hergenommen. Vor allem Polen und Ukrainer, die zuvor als Ostarbeiter tätig waren, trieben ihr Unwesen, misshandelten

Menschen und stahlen in der ganzen Gegend, was ihnen vors Gesicht kam. Auffallend war die Schonung unseres Hauses. Wir hatten schließlich keinen Gefangenen, sondern einen „Musie“, und der Russe aus der Nachbarschaft bekam keine Schläge, sondern Zigaretten und Tabak aus meinem Reservoir. Bei allen Schikanen ging die Besatzungszeit für unsere Familie noch gut vorüber.

Als sich die Verhältnisse etwas stabilisiert hatten, mussten größere Reparationsleistungen erbracht werden, nachdem in den ersten Besatzungsmonaten vor allem Lebensmittel und Kleintiere abzuliefern waren. Wälder wurden abgeholzt, Fabriken demontiert und die Bauern hatten Kühe abzuliefern. Eines Tages mussten alle Kühe und Kalbinnen auf dem Hof zur Besichtigung angebunden werden. Eine französische Kommission registrierte die ausgesuchten Tiere, die wenige Tage später abtransportiert wurden.

Zwischen Bangen und Hoffen

Große Hoffnung auf eine Zukunft hatte ich nicht mehr. Im Sommer 1945 griff ich mein erstes Berufsziel Bauer wieder auf. Jeden Morgen stand ich schon sehr früh auf, fütterte die Kühe, mistete, ging auf Feld und Wiese. Mein Nachbar Anton Kramer meinte sowieso, ich sollte jetzt endlich schaffen lernen wie seine Söhne auch. Der Besuch der Oberschule durch einen Buben von einem so kleinen Bauernhof war zudem in seinen Augen nicht standesgemäß. Der Sommer ging vorüber. Die Feldarbeiten habe ich alle erledigt und sobald wie noch nie auf unserem Hof nach der Ernte auch das abgeerntete Feld gleich umgeackert, „gestürzt“. Den einscharigen Pflug konnte unser Gaul allein ziehen; beim zweischarigen musste auch der Ochse eingespannt werden.

Im Herbst begann in Buchau wieder der Schulunterricht. Irgendwie kam mir dies auch zu Ohren, und nach einigen Tagen bin ich etwas verspätet auch wieder hingefahren. Als Lehrer fungierten nicht politisch belastete Abiturienten oder „hängengebliebene“ Soldaten, darunter Herr Mrosik, der in Oggelshausen bei Bürgermeister Sauter unterkam und immer dasselbe Gewand trug, eine leicht veränderte Soldatenuniform. Die Unterrichtsmaterialien aus der Kriegszeit durften nur noch bedingt benutzt werden. Das Lateinbuch „Cursus Latinus“ konnte beibehalten werden. Statt Englisch gab es nun Französisch. Wer einen Atlas in der Schule benutzen wollte, musste ihn „korrigieren“, d. h. alle Veränderungen Deutschlands nach 1937 waren zuzukleben, was ich heute noch in meinem „Diercke – Schulatlas für höhere Lehranstalten“ dokumentieren kann. Als neues Fach gab es nun in der Schule Religionsunterricht, durch Herrn Stadtpfarrer Endrich persönlich erteilt, meistens aus Informationen über Kunst bestehend. Und oftmals war der Herr Stadtpfarrer verhindert. Die Buchauer kannten ihren Stadtpfarrer. Während des Krieges hatten sie auch eine Art Religionsunterricht nach der Schule im Pfarrhaus, wie ich mitbekommen habe. Gerhard Haug war einige Male dabei. Ich konnte es zwischen 1941 und 1945 ganz gut ohne diesen Religionsunterricht aushalten, war aber in Seekirch und Tiefenbach gerne Ministrant.

Die Mutter legte größten Wert auf das Ministrieren bei Gefallenengottesdiensten und Beerdigungen, weniger bei Hochzeiten. Für die Teilnahme an Letzteren war nach dem Krieg dann meine ältere Schwester vorgesehen; ihr sollte der Weg in eine gute Partie zeitig erschlossen werden. Mit mir schien die Mutter etwas geplant zu haben, wozu keine Hochzeit nötig war. Im Frühjahr 1946 teilte mir so der Vater mit, er sei beim Pfarrer gewesen und ich komme in das Konvikt Ehingen. Am 5. Mai 1946 war es so weit. Die notwendigen Papiere waren zusammen, darunter auch ein Schulzeugnis mit der Note befriedigend in Religion. Der Herr Stadtpfarrer dürfte mich kaum gekannt haben, sonst wäre diese Peinlichkeit nicht vorgekommen. Kommt da nicht einer mit der Note 3 in Religion ins Konvikt! Schreiner Franz Neher hatte für meinen Umzug nach Ehingen dankenswerterweise eine Kiste in der Konstruktion eines verkürzten Sarges angefertigt. Das Bettgestell, aus jüdischem Besitz redlich erworben, wurde von Maler Strohm, Seekirch, schön weiß gestrichen. Alles hatte seine Ordnung, die Kleidungsstücke waren nummeriert. Mutter und Geschwister weinten an diesem Samstagmorgen. Vater spannte das Pferd vor den Bernerwagen und die unvergessliche Reise ins Konvikt begann. Da es die „schlechte Zeit" war, befand sich auf unserem Wagen auch noch ein Sack Getreide. Von Vorsteher Lenk, Repetent Wieland und der Schwester Oberin wurden wir freundlich empfangen, bekamen ein Vesper und Vater fuhr heimwärts. Die Schule begann erst am Montag. Dadurch war ich über Sonntag ziemlich allein. Es begannen die Jahre, an die ich rückblickend am ungernsten denke. Sie waren auch das Ende meiner Kindheit und Jugend am Federsee, denn von jetzt an kam ich nur noch in den Ferien nach Hause. Der Traum vom Erbhofbauern war zerronnen, an das andere Berufsziel durfte umständehalber nicht mehr gedacht werden. Heute aber denke ich dankbar zurück an eine Zeit, in der sich die Menschen auf dem Land unter so viel Mühen um ihr Dasein für die zumeist große Familie abrackern mussten. Geprägt wurden die Menschen am Federsee vom kirchlichen Milieu Oberschwabens, das auch durch den Nationalsozialismus nicht zerbrochen wurde. Wohl empfunden hätten es Kinder wie Erwachsene, wenn den während der Woche hart arbeitenden, von den Mühen oft gebeugten Bauern, deren Frauen, Knechten, Mägden und Kindern am Sonntag und bei der pflichtgemäßen Beichte mehr die Liebe Gottes anstatt die Furcht vor ihm als Frohe Botschaft verkündet worden wäre.

Vier Jahre sollte der Aufenthalt in dem seit 1825 in Ehingen eingerichteten Konvikt, einer Ausbildungsstätte für künftige katholische Geistliche, dauern, der mit dem Besuch des dortigen Gymnasiums gekoppelt war.

Die Abiturienten des Konvikts Ehingen (1950).

Zwei Welten taten sich hier – dem Kind vom Lande – auf.
In den Kurs des Konvikts kam ich als Nachzügler, denn die anderen waren bereits im Herbst zuvor eingetreten und hatten sich schon an die schmale Kost, den Schlafsaal und das Studierzimmer für den ganzen Kurs gewöhnt. Mir kam alles noch seltsam vor. Eine gewisse Fremdheit und Enge umgab mich. Die Kursgemeinschaft von damals ist bis heute fester Bestandteil geblieben, weil ich ausgerechnet in den Kurs gelangte, der in der Geschichte des Konvikts zur größten „geistlichen Ausbeute" wurde, denn 15 von 20 Konviktoren der damaligen Klasse werden 1955 zum Priester geweiht.

Nicht wenige kamen trotz des Verbots im III. Reich aus der kirchlichen Jugendarbeit. Ein so intensives religiöses Leben war mir fremd und auch das Zugehören zu einer Jugendgruppe kannte ich nicht. So entschloss ich mich – merkend, wer sich nirgends anschließt steht außerhalb – mich der Schönstattgruppe unter Leitung von Repetent Benno Wieland anzuschließen.
Eine intensive marianische Prägung sollte zum Lebensideal werden. Weihen wurden als Lebenshingabe vollzogen und der Vorsatz, allsonntäglich zur Muttergotteskapelle auf den „Stoffelberg" zu pilgern, fiel nicht schwer. Warum zum samstagabendlichen Rosenkranzgebet unter dem eigentlichen Marienbild der Kirche ein Schönstattbild hervorgeholt wurde und nachher wieder darunter gestellt wurde, kam mir schon etwas fremd vor. Auch die täglichen geistlichen Übungen mit „Abtötungsvorsätzen" waren nicht so nach meinem

Geschmack, weshalb ich nach zwei Jahren die Gemeinschaft verließ und nun mit ganz wenigen des Kurses außerhalb der „Elitegruppe“ stand.

Absatzbewegungen waren bei der Obrigkeit nicht förderlich. Die Konsequenzen kamen später, als es um die Stipendien für die Aufnahme ins Wilhelmsstift ging. Da war ich bei den dreien von 21, die nur ein halbes bekamen, obwohl mir nach den sozialen Kriterien ein ganzes zugestanden hätte. Aber es galten eben auch noch andere unausgesprochene Gründe.

Im Wilhelmsstift wurde dieser finanzielle Makel bald zu meinen Gunsten behoben. Die Lehre daraus habe ich jedoch ein Leben lang nicht vergessen. Wer eigene Wege geht, hat es nicht leicht und muss es sich genau überlegen. Ob solcher Formen des Umgangs werden treue Untertanen erzogen, deren Ehrlichkeit aber hinterfragbar werden kann.

23. Juli 1955 –
Einzug des Primizianten.

So ging ich innerlich wenig gestärkt meinen Weg im Konvikt, der aber noch eine schulische Seite hatte.

Zwei Monate nach dem Klasseneintritt fand eine Prüfung, die sog. Mittlere Reife statt. Mit meinen Kenntnissen aus der Buchauer Schule wäre ich von vornherein zum Durchfallen verurteilt gewesen, wenn nicht besondere Umstände doch noch zum Erfolg geführt hätten.

In den Raffinessen, Klassenarbeiten zu überstehen, war ich von Buchau her ein ehrlicher, kleiner Waisenknabe. Wie da einige im Kurs mit Lexika umgingen und unter wenigen Angaben des Lehrers Stücke der Klassenarbeiten herausfanden, konnte ich nur bestaunen, wurde aber Nutznießer. Latein war der Schwachpunkt, zumal in Ehingen nicht unser Buchauer Lehrbuch „Cursus Latinus“ benutzt wurde. Aus diesem, so ermittelten die Experten, käme aber das Prüfungsstück. Die Mittlere Reife war geschafft. Die Buchauer Defizite aufzuarbeiten, war mir in der ganzen Gymnasialzeit nicht möglich. Mit einem mäßigen Abitur in der Tasche konnte ich jedoch 1950 die „Heilsanstalten“ Konvikt und Gymnasium Ehingen verlassen, um unter günstigeren Vorgaben in Tübingen trotz der Enge des Wilhelmsstiftes das Studium mit Eifer und Begeisterung zu beginnen.

In meine Heimatkirche durfte ich 1955 als Primiziant einziehen. Und als 1963 der Vater starb und niemand aus Verwandtschaft und Familie die Bienen pflegen wollte, fühlte ich mich zu deren Erhalt bis heute verpflichtet, erhielt dafür 2005 die Imkerehrung in Gold des Vereins Württembergischer Imker e.V., zeigte dies auch, indem ich dem Vater als letzten Gruß eine Bienenwabe und ein Ästchen aus dem von ihm 1937 gepflanzten Wald in den Sarg legte. Ich denke, er wäre zufrieden, seinen einstigen Hoferben im Spannungsfeld von Politik und Kirche im Land Baden-Württemberg später zu wissen und fände darin auch von ihm gelegte Spuren aus meiner Kindheit und Jugend am Federsee wieder. Dabei sind mir auch meine Erfahrungen im Ringen um Freiheit und eigener Entscheidung in den kirchlichen Ausbildungsstätten zugute gekommen, wobei es weder einst noch jetzt ohne Verstöße gegen die Regeln der Konvention möglich war einen Raum der Freiheit, damals für mich, später für andere zu schaffen.

(BC 1/2001 mit Ergänzungen)

Beim Goldenen Priesterjubiläum mit dem Primizkelch, ein Geschenk des Taufpaten Benedikt Metzler, Bruder meiner Mutter aus Otterswang, und der Primizkerze von 1955 (rechts).

Die Wasserversorgung

Zu den brennendsten Problemen aller Zeiten gehörte die Versorgung von Mensch und Tier mit Wasser. Zu dessen Gewinnung werden in unserem Raum schon seit Jahrhunderten Brunnen gegraben um Wasser zu sammeln, das früher geschöpft werden musste, später wurden Pumpen eingesetzt. Mittels Deichel wurde das Wasser in Häuser geleitet. In größeren Einheiten entwickelten sich Wasserwerke und Großspeicher wurden angelegt.

Durch Fassung von Quellen erleichterte sich die Gewinnung brauchbaren Trinkwassers. Die Besorgung einer ausreichenden Wassermenge gehört zu den nicht immer einfachen Aufgaben einer Gemeinde, vor allem wenn in trockenen Sommern die Leistungen der Quellen nachlassen.

1884 wurden in Seekirch ortsnahe Quellen gefasst, womit eine Grundversorgung mit drei Hydranten, einem öffentlichen Brunnen und 38 Hausanschlüssen möglich wurde. Die Anlage wurde 1914 erweitert. Bereits 1923 liefert eine Hochdruckleitung von nahen Quellen Wasser in sämtliche Häuser. 1962 schloss sich die Gemeinde an die Wasserversorgung Alleshausen an.

In Alleshausen befindet sich noch 1923 vor jedem Haus ein Brunnen. 1950 wurden in den Grundwiesen Quellen gefasst und im Gewann „Tollenkreuz" ein Hochbehälter errichtet, der später wieder abgerissen wurde. Aus Gründen der Betriebssicherheit wurden die Gemeinden Alleshausen/Seekirch auch mit dem Versorgungsnetz des Zweckverbands Ahlenbrunnen verbunden. Das dortige Wasser wird aus den zahlreichen Quellen im Raum Eichen/Stafflangen gewonnen.

Auch in Tiefenbach stand bis 1927 vor jedem Haus ein Brunnen. Dann schloss sich die Gemeinde der zentralen Wasserversorgung der Federseegruppe Buchau an, zu der Buchau, Kappel, Kanzach, Oggelshausen und Tiefenbach zählen. Das Wasser wird dem Grundwasser im Sattenbeurer Feld entnommen. Wegen ständiger Versorgungsschwierigkeiten schloss sich Tiefenbach 1942/43 jedoch an die Ahlenbrunnengruppe mit Sitz in Stafflangen an.

Eine neue Situation ergab sich nach 1990. Die am nordwestlichen Rand des Federseebeckens gelegene Grundwassererfassung im Gewann „Grund" wurde in Frage gestellt, desgleichen die Hochbehälter in Alleshausen und Seekirch. Es entstand die Konzeption für die Gemeinden Alleshausen, Betzenweiler und Seekirch auf der Markung Alleshausen, die Grundwasserversorgung mit zwei Brunnen in einer Tiefe von 50 Metern und einem Hochbehälter in Seekirch sicherzustellen. Am 3. März 1993 wurde zur Durchführung der Planung der Zweckverband „Wasserversorgung Nördliches Federseebecken" gegründet und am 8. September 1996 konnte mit einem großen Wasserfest beim Hoch-

Ein historischer Moment für den Zweckverband Wasserversorgung Nördliches Federseebecken war das Öffnen des Schiebers. Seit Mitte August werden die Mitgliedgemeinden Alleshausen, Betzenweiler und Seekirch mit dem neu erschlossenen Wasser des Zweckverbands beliefert. Von links nach rechts: Ing. Schwörer, Verbandsvorsitzender Weckenmann, Verbandsrechner Nuber, vom Landratsamt Biberach Amtsleiter Hau und die Fachbeamten Nebe und Reif.

Bau des Hochbehälters in Seekirch 1996.

behälter in Seekirch das zukunftsweisende Werk eingeweiht werden, zu dem das Land Baden-Württemberg einen Zuschuss von 80 % der Kosten gewährte.

Das Land legte auf die Wasserversorgung der Bevölkerung seit Bestehen größten Wert. Daher auch die hohe Bezuschussung. Von 1871–1935 entstanden landesweit 81 Wasserversorgungsgruppen, die zum Teil später fusionierten. Haupterschließungsgebiete für Württemberg wurden die Donauniederung östlich von Ulm und nach dem Zweiten Weltkrieg der Bodensee. Die Gemeinden um den Federsee konnten die Wasserversorgung durch gezielte Zusammenschlüsse in der eigenen Region sicherstellen und kaum jemand denkt mehr daran wie schwierig es unsere Vorfahren selbst am Federsee hatten das lebensnotwendige „gesunde" Wasser für Mensch und Tier zu sichern. Landrat Peter Schneider würdigt in seinem Grußwort zur Einweihung des Hochbehälters nicht umsonst die umsichtige Gemeindepolitik, die nicht nur für das Heute sondern auch für das Morgen sorgt, denn „Wasser ist Leben" haben die Kinder bei der Einweihung des Brunnens gespielt.

Brunnen des Zweckverbands im Federseeried. Im Hintergrund die Gemeinde Alleshausen.

Von 1596–1884 war der Dorfbrunnen in Seekirch alleiniger Wasserversorger und Viehtränke. die Abwasserbeseitigung wurde 1977 im Rahmen des Gemeindeverwaltungsverbandes zur Buchauer Sammelkläranlage gelöst.

Währung – Steuern – Abgaben – Maße und Gewichte

Von etwa 1550–1875 war bei uns der Gulden die gängigste Währung. Daneben gab es bis etwa 1650 auch Heller (h) und Schilling (ß). Da sich der Wert an der Florentiner Einheit maß, wurde die Abkürzung fl. für den Gulden gebraucht. 1 Gulden beinhaltete 60 Kreuzer (kr. oder x.) oder 15 Batzen, 1 Pfd. Heller = 20 Schilling, 1 Schilling = 12 Heller; 1 Pfd. Heller = 43 Kreuzer, 1 Kreuzer = 8 Heller.

1875 wurde die Reichsmark eingeführt – nach der Gründung des Deutschen Reiches fiel die Regelung des Münzwesens der Reichsgesetzgebung zu –, wobei ein Gulden umgerechnet 1,715 Reichsmark ergab, 1 Kreuzer 2,86 Pfennig. 1924 erfolgte nach der Inflation die Umbenennung in Rentenmark, nachdem die Mark ins fast Unermessliche zerfallen war, 1948 in Deutsche Mark (DM), 2002 in Euro (€).

Abgaben und Steuern der Lehensträger erfolgten in Naturalien oder Geld. Die älteste und lange Zeit bedeutendste Abgabe, der Zehnte, geht bis in die Zeit Karls des Großen zurück und war ursprünglich eine Abgabe für rein kirchliche Aufgaben zum Bau und Erhalt der Kirche, für die Auslagen zum Gottesdienst und den Lebensunterhalt des Pfarrers. Er war in landwirtschaftlichen

Notwährung während der Inflation 1923.

Eine Note der Reichsbank, Vorläuferin der Deutschen Bundesbank von 1920.

Erzeugnissen abzuliefern, die in der Zehntscheuer eingelagert wurden, wobei zwischen Groß- und Kleinzehnten unterschieden wurde. Erster bestand aus dem zehnten Teil aller hauptsächlichen Getreidearten, der Kleinzehnte aus Heu, Öhmd, Werk, Hanf und anderen Frucht- und Gemüsearten.

Für Erwerb und Nutznießung eines Lehenshofes mussten besondere Abgaben entrichtet werden:

1. Die Falllehen (auch Leib- oder Schupflehen genannt): Beim Tode (Fallen) des Lehensträgers fiel das Lehen wieder an den Lehensherrn zurück, blieb aber in der Regel gegen bestimmte Abgaben bei der Familie.
2. Die Erblehen: Es waren Güter, die nach dem Tode des Inhabers ererbt und geteilt werden konnten. Dies waren vor allem die Cornelier-Güter des Stifts Buchau, benannt nach dem heiligen Cornelius, dem Patron der Stiftskirche Buchau. Die Cornelier bildeten eine Art Bruderschaft, die gegenüber dem Lehensherrn (der Stiftsäbtissin von Buchau) einen besonderen Revers unterschrieben.
3. Der Ehrschatz, eine Abgabe bei Verheiratung oder Hofübergabe.
4. Die jährliche Gült, Haus- und Gartenzins, das Küchengefäll und die Frongelder waren über das Jahr verteilt.

Die verschiedenen Maße im Herrschaftsgebiet der Gemeinden

Maße:

In der Herrschaft Buchau:

I. Hohlmaße

1. Getreide: Wie in Biberach und Saulgau. 1 Malter = 16 Viertel rauh (Hafer, Dinkel, Spelz) oder 8 Viertel glatt (Roggen, Gerste, Erbsen, Bohnen, Wicken), das Viertel zu 4 Imi à 2 Meßle, teils Biberacher, teils Saulgauer Maß.
2. Flüssigkeit

a) Wein

1 Eimer	=	27 Maß	38,755 l
1 Maß	=		1,435 l

b) Bier

1 Eimer	=	26 Maß	38,755 l
1 Maß	=		1,491 l

II. Gewicht:

1 Zentner = 112,5 Pfund Leichtgewicht zu 32 Lot oder 100 Pfund Schwergewicht zu 36 Lot.

III. Längenmaße:

1 Rute	=	10 Schuh	3,040 m
1 Schuh	=		30,397 cm
1 Eller	=	2 Nürnberger Schuh	

IV. Flächenmaße:

1 Quadratrute	=		9,240 m^2
1 Jauchert	=	500 Quadratruten	4619,773 m^2

Kein Unterschied zwischen Jauchert und Morgen.

V. Brennholzmaße:

1 Klafter = 6x6x3 Schuh 3,033 m^3

VI. Sonstiges: Garn: Haspelweite = 3,75 Schuh; 1 Schneller = 1000 Faden, bei gezwirntem Garn = 500 Faden. – 1 Klafter Stein = 216 Kubikfuß (6x6x6 Schuh) = 6,067 m^3 Kalk: 1 Scheffel = 6 Kübel = 0,0744 m^3; 1 Kübel = 1 Schuh hoch, 9 Zoll in der Breite = 0,0124 m^3 (Hippel, Maß und Gewicht S. 71/26).

In der Herrschaft Obermarchtal:

I. Hohlmaße: Getreide- und Flüssigkeitsmaße wie in Riedlingen und Biberach.

II. Gewicht: 1 Zentner = 100 Pfund.

Krämer, Merzler (ebenfalls Krämer), Bäcker usw. gebrauchen das sog. Pfeffergewicht mit 32 Lot je Pfund, dagegen die Metzger bei Fleisch 36 Lot je Pfund; nur „bei Schmutzwaren als Schmeer etc." sind 32 Lot je Pfund zulässig. – Ferner gibt es das Apotheker-Gewicht.

III. Längenmaße

1 Rute	=	10 (Nürnberger) Schuh	3,071m
1 Schuh	=		30,712 cm

Elle: Biberacher Elle vorgeschrieben, dazu andere Ellen auf dem Stab markiert: Riedlingen, Ulm, Augsburg u. a.

IV. Flächenmaße:

1 Quadratrute	=		9,432 m^2
1 Jauchert/Mannsmahd	=	500 Quadratruten	4716,061 m^2

V. Brennholz (auch Säg- und Bauholz)

1 Klafter	=	6x6x4 Schuh	4,171 m^3

VI. Sonstiges. Garn: Kleiner Haspel, die sog. Maus, hat 700 Fäden, der mittlere und größere Haspel hat 1400 Fäden nach Biberacher oder Ulmer Maß. – Heu und Stroh nach Gewicht. – Stein: Klafter = 6x6x6 Schuh = 6,257 m^3. – Kalk in Riedlinger Viertel (Hippel, S. 135/107).

In der Herrschaft Warthausen:

I. Hohlmaße: Getreide- und Flüssigkeitsmaße wie in Biberach.

II. Gewicht wie Biberach.

III. Längenmaße:

1 Rute	=	10 (Nürnberger) Schuh	3,080 m
1 Schuh	=		30,798 cm

Elle wie Biberach.

IV. Flächenmaße:

1 Quadratrute	=		9,485 m^2
1 Jauchert	=	460,8 Quadratruten	4370,682 m^2

V. Brennholzmaße:

1 Klafter	= 6x6x3,5 Nümberger Schuh	3,681 m^3

VI. Sonstiges. Garn: Haspelweite = 1,75 Biberacher Ellen, 1000 Umfänge = 1 Schneller. Heu und Stroh nach Gewicht. – Kalk nach Getreidevierteln gehäuft gemessen (Hippel, S. 182/162).

Dieses mittelalterliche System löste sich im 19. Jahrhundert Stück um Stück auf und wurde durch die königliche Maßordnung vom 30. November 1806 für ganz Württemberg ersetzt. Dadurch entfielen die Eigenmaße und es gilt seitdem das Württembergische Maß.

Der Reigen des Jahres 2005

Vom Markstein zum Merkstein

Ein ganzes Jahr gingen Seekirch und die Gemeinden der Pfarrei den durch die Geschichte gesetzten Marksteinen der Überlieferung nach. Zwischen diesen Steinen liegt Boden verschiedener Qualität, der sich in Höhen und Tiefen der Geschichte zeigt. Diese aber wird nicht um ihrer selbst Willen gefeiert, sondern es sollen aus den Marksteinen Merksteine für die Zukunft werden.

Diesen Versuch, 1200 Jahre nach dem ersten in einer Urkunde gesetzten Markstein Leben zu vertiefen, das sich zu einem neuen Merkstein entfalten kann, haben die Verantwortlichen des Jubiläumsprogramms gewagt. Bürgerliche Gemeinde und Pfarrgemeinde bekundeten in gewachsener Tradition in Zusammenarbeit mit den Vereinen das Gemeinsame von 1200 Jahren, das vom Markstein der Geschichte zum Merkstein, von einer Zeit des Umbruchs zu einer Zeit des Aufbruchs werden soll.

Das Jubiläumsjahr wollte einen Schwung in der Geschichte entwickeln, aus dem ein Schub mit Perspektive für alle Bürgerinnen und Bürger werden kann.

Besondere Marksteine waren dabei: Der Übergang ins Jahr 2005 am Silvesterabend mit einem Gottesdienst, mitgestaltet von der Musikkapelle Tiefenbach und dem Bläserquartett Bad Buchau und als Gruß ins Jubiläumsjahr um Mitternacht ein Brillantfeuerwerk.

Die „After-Schlitten-Party“ am 15. Januar am Seekircher Haldenberg bei strahlend hellem Himmel und Sonnenschein brachte viel Stimmung und Zuspruch. Es wurde an dem Ort gefeiert, wo durch Jahrhunderte das Seekircher Schloss gestanden, dessen Frondienste gehasst und Ausdruck einer Herrschaftsform gewesen, die dem Untertan viel Not und Verbitterung brachte, die bis heute Nachwirkungen zeigt.

Die KLJB, seit 1960 aktiv, hat auch in diesem Jahr Markantes geboten. Ein Jubiläumsball am 6. Februar war ebenso dabei wie das Brunnenfest am 3. Juli, bei dem sich viele Gäste aus nah und fern um den 1596 angelegten Dorfbrunnen versammelten, durch Jahrhunderte für Mensch und Vieh der Wasserspender. Nach dem Vertrag von 1617 musste dieser Brunnen durch Deichel den Pfarrhausbrunnen speisen, ehe moderne Technik das Wasser als selbstverständliches Gut ins Haus geleitet hat. Der Wandel von der Landwirtschaft zum industriellen Gewerbe fiel an diesem Tag in der Vorstellung Seekircher Betriebe besonders ins Auge. Das „Open-Air-Konzert“ am 6. August in Zusammenhang mit dem Weltjugendtag in Köln führte 800 Besucher auf den Platz unterhalb der Kirche.

60 Jahre nach Kriegsende – am 8. Mai – fand ein besinnliches musikalisches Treffen in der Pfarrkirche statt. Der aus Bad Buchau stammende Organist Prof. Gerhard Gnann zeigte mit dem Saxophonisten Holger Rohn in der Pfarrkirche, die seit 1702 mit einer Orgel ausgestattet ist, sein Können.

Die 1886 mit 15 Mann gegründete Freiwillige Feuerwehr konnte am 29. Mai im Rahmen eines Dorffestes ihr neues Fahrzeug (LF8) in Dienst nehmen.

Am 20. Februar erfreute Schwester Vera vom Geistlichen Zentrum Bussen, dessen Kirche mit demselben Markstein jubiliert, mit neuen Formen geistlicher Übungen u. a. mit Pantomimetänzen.

Ein guter Markstein wurde auch das goldene Priesterjubiläum von Prälat Paul Kopf, der auf Tag und Stunde genau vor 50 Jahren in der Pfarrkirche Mariae Himmelfahrt seine Primiz feiern konnte und in seinem Festvortrag am 21. Oktober „Prägendes aus 1200 Jahren“ vor einem großen Zuhörerkreis als Marksteine der Geschichte in der Federseehalle darlegte.

Seine Gedanken bewegten sich – ausgehend von der Urkunde – zu den Menschen im damals sich in unserem Raum entfaltenden Christentum, deren Geschichte in den zahlreichen Seiten dieses Buches dargestellt wird. Den Gleichklang der Werte, der materiellen wie der geistigen, zu finden, war damals so schwierig wie heute, wo die Öffnung nach Europa und die Globalisierung der Welt uns herausfordern. Waren einst die Güter des Hofes Ausdruck von Besitz, so ist es heute das Kapital der Bildung, das Zukunft vermittelt. Diesen Themenwechsel nachzuvollziehen fällt sicher manchem nicht leicht. Um der Zukunft der kommenden Generation willen muss er aber erfolgen. Daher heißt die künftige Investition: Bildung fördern und fordern.

Das Erntedankfest 2005 mit Bischof Dr. Gebhard Fürst.

Bischof Dr. Gebhard Fürst nach dem Festgottesdienst mit Prälat Paul Kopf und Pfarrer Karl Erzberger.

Beim Empfang auf dem Kirchplatz übergibt Bürgermeister Anton Daiber eine festliche Erntegabe.

Im Gespräch mit dem Bundestagsabgeordneten Franz Romer.

Wenige Tage danach fanden die Inhalte des Festvortrages an Allerheiligen einen besonders gesetzten Markstein im Gedenken der Toten von 1200 Jahren.

Stationen waren die Pfarrkirche mit der gotischen Muttergottes, durch Jahrhunderte Ort besonderen Totengedenkens; der einstige Friedhof um die Kirche, auf dem über 10 000 Menschen begraben wurden; das 1923 errichtete Kriegerdenkmal mit dem Gedenken an die Gefallenen aller Kriege, aber auch als Erinnerung an die vielen Ausgewanderten; der neue Friedhof, 1612 errichtet als Ort des heutigen letzten Weges, den auch schon über 10 000 gehen mussten, um dort ihre letzte Ruhestätte zu finden.

Der Abschluss vor dem 1993 geweihten Bild der Schutzmantelmadonna, wovon jeder Besucher ein Bild erhielt, wollte an die Stätte erinnern, die für jeden letzte Station des Abschieds vor dem Gang zum Grabe wird.

1200 Jahre sind auch Jahre der Ernte. Dies kam in einer besonderen Feier zum Ausdruck.

Diözesanbischof Dr. Gebhard Fürst besuchte die Gemeinde am Erntedankfest und setzte damit ein Zeichen zwischen der Gemeinde am Ort und der Kirche in der Diözese.

An die Partnerschaft Seekirch-Töttös/Ungarn erinnerte das Schlachtfest am 19. November. Das Adventskonzert am 2. Advent verwies auf die Perspektive des zu Ende gehenden Jubiläumsjahres, in das noch andere Veranstaltungen eingestreut waren, darunter vom 14. Mai bis 12. Juni eine Ausstellung von Ingeborg Rau aus Ödenahlen, ein Flugtag der noch jungen Modellflieger-Gruppe Seekirch, ein Kinderumzug des Kindergartens Nebelmännlein am 3. Februar, in dessen Namen das Thema der alten Sage erhalten bleibt.

Es wurden in diesem Jahr 2005, 1200 Jahre nach dem ersten Markstein 805, noch viele weitere gesetzt, um daraus Merksteine für eine gesegnete Zukunft wachsen zu lassen.

Der Silvestergottesdienst 2004 als Einstimmung in das Jubiläumsjahr mit dem Bläserquartett Bad Buchau.

Zum Beginn der 1200-Jahr-Feier ein gelungenes Feuerwerk.

Schlitten-Party am 15. Januar 2005 am Haldenhaus.

Bürgermeister Anton Daiber mit Crew bei der Schlittenparty.

Die 1960 gegründete Katholische Landjugend (KLJB) beim Jubiläumsball am 6. Februar 2005 in der Federseehalle.

Am 8. Mai konzertierte Prof. Gerhard Gnann mit dem Saxophonisten Holger Rohn in der Pfarrkirche Seekirch. „Classic meets Jazz" ist das Thema des musikalischen Treffens.

Weihe des neuen Feuerwehrfahrzeugs in Seekirch am 29. Mai 2005.

Ingeborg Rau, Ödenahlen, zeigte vom 14. Mai bis 12. Juni ihre Kunstwerke im Kindergarten.

Beim Brunnenfest am 3. Juli stellten sich die Seekircher Betriebe vor:
Malerbetrieb Strohm und Hiller,
Schreiner Kocher,
Metallbau Knoll,
Kaiser Bautenschutz.

Seekircher Steinzeitmenschen beim Adelindisfest 2004.

Palmsonntag in Seekirch.

Blutreitergruppe an Fronleichnam 2005.

Fronleichnam 2005.

Beim Festgottesdienst mit Pfarrer Karl Erzberger 24.07.2005.

Am Vorabend des Goldenen Priesterjubiläums, wie vor 50 Jahren, ein Ständchen der Musikkapelle Tiefenbach.

Vom Elternhaus zur Kirche wie vor 50 Jahren.

Am 30./31. Juli war der Sportverein Eintracht Seekirch der Ausrichter des Federsee-Pokalturniers. Über 500 Zuschauer haben das Einlagespiel der Frauen-Bundesliga-Mannschaft des FC Bayern München gegen die Frauen von Eintracht Seekirch verfolgt.

Das Open-Air-Konzert am 6. August im Zusammenhang mit dem Weltjugendtag in Köln führte 800 Besucher auf den Platz unterhalb der Kirche.

Am 17. und 18. September 2005 veranstaltete die Modelfliegergruppe Seekirch einen Flugtag mit Platzweihe und Flugschau.

Erntedankteppich 2005, gestaltet von Andrea Daiber.

Festvortrag von Prälat Paul Kopf am 21. Oktober 2005.

Im Gespräch (von links) Karl Weckenmann, Lucia Fischer, Josefine Weckenmann und Rosina Kopf.

Was früher auf dem Lande gang und gäbe war, gibt es nicht mehr: die Hausschlachtung. Doch im Rahmen der 1200-Jahr-Feier von Seekirch hat der Partnerschaftsverein Seekirch/Töttös mit einem zünftigen Schlachtfest „wie anno dazumal" ein Stück Dorfgeschichte aufleben lassen.

Den Abschluß des Jubiläumsjahres bildete das Adventskonzert der Young Voices am 4. Dezember 2005. In der vollbesetzten Kirche Mariae Himmelfahrt erlebten die Zuhörer ein wunderbares Konzert.

Die Predigten als Zeugnis der Geschichte

Primizpredigt
(gehalten in Seekirch am Federsee am 24. Juli 1955 durch Dr. theol. Dr. phil. Max Miller, Direktor des Württ. Staatsarchivs, Stuttgart)

In heiliger Festesfreude Versammelte!
Einen Sohn der Pfarrgemeinde haben wir ins Gotteshaus zur Himmelfahrt Mariä geleitet, dass er am Hochaltar als Priester Gottes sein erstes hl. Messopfer feiere. Es ist dies ein großer Freudentag für unseren Primizianten, seine

Eltern und Angehörigen, dem sie mit hoher Erwartung entgegengeharrt haben; ein Freudentag aber auch für alle Freunde und Bekannten des Primizianten und für die ganze Gemeinde und die weitere Umgegend. Recht außergewöhnlich will dieser Tag und seine Feier uns scheinen auch in einer Zeit, die wahrhaftig das Feste feiern versteht und daran nicht genug bekommen kann. Es liegt aber wohl das Bedeutende und Bedeutsame vor allem darin, dass in allem Schmuck und Festgepränge des heutigen Tages eine Wahrheit und ein Geheimnis strahlend aufscheint, die uns immer nah und gegenwärtig, ja recht unser eigenes Leben sind: dass wir stets und immer stehen in Gottes Huld, dass wir besitzen Christi, des Gottessohnes, unseres Erlösers Gnade und Liebe, dass sie immer neu uns geschenkt wird und dass wir selbst immer neu sie schenken können, dürfen und sollen.

So ist es angezeigt und des tiefen Sinnes voll, wenn wir bei unserer Festbetrachtung ausgehen von den Psalmversen, die unsere Mutter Kirche an den Eingang der Messe des 8. Sonntags nach Pfingsten gestellt hat, der Messe eines ganz gewöhnlichen Sonntags im Kirchenjahr. Er birgt wie alle Sonntage, ja alle Tage des von Christus gezeichneten und ihm gehörenden Jahres für uns die ganze beglückende Fülle des christlichen Glaubens in sich. Die Psalmverse des Eingangs der Messe lauten: „Wir haben, o Gott, Dein Erbarmen empfangen inmitten Deines Tempels. Wie Dein Name, o Gott, so reicht Dein Ruhm bis an der Erde Grenzen; voll der Gerechtigkeit ist Deine Rechte." Ps. 47, 10 f.

I.

Geliebte Christen! Es ist wahrlich nicht so, als ob unser christlicher Glaube, als ob Christ der Herr das menschliche Leben, das Leben und Streben des Menschen, der einzelnen Person und der menschlichen Gemeinschaft in der

Familie und in der bürgerlichen wie der kirchlichen Gemeinde gering achte, beiseite schiebe, als etwas betrachte, was eigentlich besser nicht oder doch ganz anders wäre. Das menschliche Leben ist da und hat seinen Wert in sich, auch und gerade in seiner Alltäglichkeit und seinem Erdgeruch, und mit gutem Grund steht am Anfang unseres Psalmverses: Suscepimus, wir haben empfangen. Es geht um uns, uns alle hier, die Menschen all auf Erden. Wir: d. h. diese christkatholische Pfarrgemeinde Seekirch, die eine der ältesten christlichen Gemeinden unseres Landes ist – schon im Jahre 805, in den Tagen des großen fränkischen und deutschen Kaisers Karl wird sie in einer Urkunde genannt – und alle Glieder dieser Gemeinde, die das Erbe eines Jahrtausends erhalten und bewahrt und mit ihm redlich gewirtschaftet haben, ein jeder am Platz, den ihm unser Herrgott angewiesen hat, wir sind heute gerufen zur Festesfreude. Wir: die Eltern, Geschwister, Paten, Seelsorger und Lehrer des Primizianten, die seinen Weg von früher Kindheit her begleitet und geleitet haben. Ihnen allen wisst Ihr mit mir als Beteiligte am Fest Dank für all das viele, was sie unserem Primizianten gegeben haben auf seinem bisherigen Lebensweg an leiblichen und geistigen Gütern, klein und groß. Wir: nicht zuletzt unser Primiziant, der wohl sich seines Wertes bewußt sein darf, aber noch mehr sich als Glied einer weit zurückreichenden Kette lebendiger Überlieferung weiß. Seine Liebe zur Heimat und ihrer Geschichte und zu den geschichtlichen Quellen, sein echtes Verständnis für den Gehalt und die Bedeutung christlicher Überlieferung hat mir den ehrenvollen Auftrag verschafft, ein weniges zum Sinn des heutigen Tages zu sagen, als christlicher Historiker, als Prediger der christlichen Überlieferung. Und es sei gesagt in diesem und mit diesem Wir, dem festen und starken, im Heimatboden und in der christkatholischen Vergangenheit Oberschwabens verwurzelten Wir. Wir, so wie wir sind, im letzten unzerreißbar verbunden und stolz auf unser Eigenes in Art und Sonderheit – so wollen wir bleiben, jedenfalls nicht absinken, sondern, wenn schon eine Veränderung sein soll, aufwärts streben und Aufwärtsstrebenden helfen: nur so, können wir und können die nach uns Feste wie dieses heutige haben.

II.

Geliebte! Verstehen wir uns richtig! Wir gingen aus und müssen wohl immer ausgehen von dem Psalmvers des Messeeingangs Suscepimus – und da seht das menschliche, persönliche Wir – beachte wohl, nicht Ich, sondern Wir – vorne an. Es ist der Ausgangspunkt, die notwendige Grundlage, die immer da sein wird und muß. Aber dann, und dies will wohl beachtet sein, dann ist nicht mehr von Wir die Rede, sondern von Gott. Er nur steht im Vordergrund. Er ist die Mitte, von der alles ausgeht und zu der alles hinzielt. Dass wir doch diese vollendete Weisheit des Psalmisten verstünden und sie zu unserer Weisheit, zu unserem Lebensinhalt machten! Es geht in allem nur um Gott, um

Seinen Namen und Seinen Ruhm, die sich für uns am herrlichsten kundtun in Seinem Erbarmen inmitten Seines Tempels.

Was heißt „Primiz feiern“? Doch wohl vor allem Dank sagen, dass aus dieser Gemeinde Gott in Gnaden einen jungen Mann berufen hat, in besonderer Weise in die Fußstapfen unseres Heilandes, Seines Sohnes, zu treten, Sein Heilswerk, zu dessen Teilnahme wir alle berufen sind, in besonderer Weise fortzusetzen, wenigstens für eine oder zwei Generationen.

Christi Heil ist sein ewiges Hohepriestertum. „Vollendet, ist er allen, die ihm gehorchen, Urheber des ewigen Heils geworden, angeredet von Gott als Hohenpriester nach der Ordnung Melchisedechs.“ (Hebr. 5, 9) „Weil er in Ewigkeit lebt, hat er ein unvergängliches Priestertum. Daher kann er auch für immer diejenigen retten, welche zu Gott hinzutreten, da er immerdar lebt, um für uns einzutreten.“ (Hebr. 7, 24).

Christi Heil sollen und müssen wir erlangen und festhalten, wenn nicht alles vergebens sein soll, dadurch dass wir alle, Laien und Priester, Mann und Frau, Greis und Kind, teilhaben an Christi Priestertum. So versteht und lehrt es der Fürstapostel Petrus: „Bauet Euch auf als lebendige Steine, ein geistiges Haus, ein heiliges Priestertum, darzubringen geistige Opfer, die Gott wohlgefallen durch Christus“. „Ihr seid ein auserwähltes Geschlecht, ein königliches Priestertum, ein heiliger Stamm, ein Volk der Erwerbung, damit ihr die Tugenden dessen verkündet, der Euch aus der Finsternis in sein wunderbares Licht berufen hat.“ (I Petr. 2, 5, u. 7)

Dass wir nun den Zugang zu diesem heilbringenden allgemeinen Priestertum haben und auf seinem Wege verharren und weiterschreiten, arbeiten auf Gottes Ackerfeld, an Gottes Bau, hat Christus das besondere Priestertum eingesetzt. So weiß es der Apostel Paulus: „Jedermann halte uns für Diener Christi und Ausspender der Geheimnisse Gottes.“ (I Cor. 4,1). „Gottes Mitarbeiter sind wir, Gottes Ackerfeld, Gottes Bau seid Ihr.“ (I Cor. 3,9) Bei der Priesterweihe belehrt darum der Bischof die Weihekandidaten: „Dem Priester ist aufgetragen zu opfern, zu segnen, zu führen, zu predigen und zu taufen“. Er erinnert sie an die 70 Männer aus ganz Israel, die im Alten Bund Moses zur Leitung des Gottesvolkes auf des Herrn Geheiß auswählte, und noch mehr an das geheimnisvolle Vorbild, da der Herr selbst 72 Jünger auswählte und sie zur Reichgottespredigt aussandte.

Wenn wir einmal in stiller Stunde auf dem Bildschirm der Wahrheit vom allgemeinen Priestertum uns selbst betrachten, sind wir nicht erschüttert, wie wenig wir noch Christi Heil angenommen haben, wie wenig wir noch christlich sind, Christi Brüder und Schwestern, wie Christus ein zweiter Christus, nach dem Wort des Apostels Paulus, in unserem Denken, Reden und Handeln, unserem Tun und Lassen? Und wenn wir unbestechlich Umschau halten in der Welt, vielleicht schon einmal in unserer unmittelbaren Umgebung, drückt es uns nicht auf Herz und Gemüt, wie wenig oft der christliche Geist im praktischen Leben wirksam ist? „Wohltaten spendend ging er umher“, heißt es in früher Apostelpredigt von Christus. Müssen wir da nicht Gott Dank sagen für ein uns unmittelbar geschenktes Erbarmen, dass der Herr einen jungen Mann aus unseren Reihen, aus unserer Gemeinschaft hierher in seinen Tempel gerufen und beauftragt hat, Sein Herold, Sein Prediger und des Gottessohnes Nachfolger zu sein als Rufer zum Guten, zu Recht und Gerechtigkeit, zu Liebe und Güte, als Spender göttlicher Gnade in alle Erdennot und Sündenschwachheit, als der Versöhner und Mittler zu Gott in der geheimnisvollen Erneuerung des Versöhnungsopfers Seines Sohnes am Kreuz und im Abendmahlssaal? Es ist nicht möglich, wohl auch nicht vonnöten, heute mehr über all das zu sagen. Es muß genügen, Erkenntnis und Dank für uns und für den Primizianten in die Worte des Psalmisten zusammenzufassen: „Wir haben, o Gott, Dein Erbarmen empfangen inmitten Deines Tempels“.

Und voll echten Herzensjubel sprechen wir weiter: „Wie Dein Name, o Gott, so reicht Dein Ruhm bis an der Erde Grenzen“. Wir wissen uns verbunden allen Primizfeiern des heutigen Tages in unserer Diözese, mit allen katholischen Christen der Welt, die von Priestern umsorgt sind, und erst recht denen, die die Priestersorge entbehren müssen. Wenn aber der Psalmist forfährt: „Voll der Gerechtigkeit ist Deine Rechte“, so wollen wir dies gewiß nicht bestreiten, so geheimnisvoll dunkel, nicht voll durchsichtig, ja manchmal geradezu unverständlich das Walten Gottes, Sein Zulassen und Sein Fügen für den Einzelnen und die Gesamtheit ist. Aber wir wissen durch Christus und wissen durch das Geheimnis des heutigen Tages von mehr als nur von Gerechtigkeit, wir wissen von der Liebe, die Gottes Gerechtigkeit erfüllt und erhöht, von der Liebe, deren Größe, Tiefe und Weite, deren Kraft und Ruhm der Völkerapostel im 1. Korintherbrief, im „Hohenlied der Liebe“ beschreibt und besingt, nun eben der Liebe, die unseren Heiland beseelt hat und mit der die Priester im besonderen gekleidet sein sollen – als seine Jünger und Gehilfen. Nach des Bischofs Wort bei der Priesterweihe versinnbildet das Priestergewand die Liebe, und er sagt den Neupriestern: „Gott hat die Macht dir die Liebe zu mehren und dein Werk zu vollenden“.

Geliebteste! Mir zählt zum Ergreifendsten in meinem Leben, wie ein hochverehrter Lehrer am Ende seines langen Lebens die Summe seines Arbeitens und Forschens, sein Lehrens und Schreibens – der hochgelehrte Professor hat viele dicke Bücher und zahllose Abhandlungen geschrieben – zog. „Nun“, sagte er, „ich bin am Ende mit all dem nicht weiter gekommen, wie schon als kleines Bauernbüblein“ – und er nannte sein kleines Heimatdorf im Kreis Biberach –, „ich kann nur auch sprechen: Ich glaube an Gott den allmächtigen Vater – und so weiter bis und an ein ewiges Leben.“ So will auch mir aus der Erfahrung von 30 Priesterjahren dies als das Wichtigste erscheinen, dass die Priester in dem liebeerfüllten Glauben, in der vom Glauben getragenen Liebe nicht erkalten dürfen, sondern dass ihre Liebe, die Gottes- und die Nächstenliebe, sich mehre und so das Priesterwerk, dass ist des Heilands Werk, sich vollende.

Damit aber dürfen wir nicht bloß, sondern müssen wir an den Anfang unserer Betrachtung zurückkehren, zu dem „Wir". Das christliche Volk braucht die Priester, die Priester brauchen das christliche Volk, dass es vor allem mitsorge, mitbete und mithandle, dass die Priester voll der Heilands-Liebe seien.

Geliebteste! Das heutige Fest ist auch euch Verpflichtung, Verpflichtung den Priestern gegenüber, dass sie Kämpfer Gottes, vor allem aber Diener Seiner Liebe seien. So darf ich von euch für eueren Primizianten erbitten, dass ihr auch an seinem weiteren Leben und Streben teilnehmt und dabei immer vor Augen habt das Chorbild in eurem schönen Gotteshaus von der Himmelfahrt Mariä, das Bild von der über alle höllischen Mächte triumphierenden Madonna. Sie wird genannt Virgo dilectionis, Mater sanctae spei, Jungfrau der Liebe, Mutter der heiligen Hoffnung – weil jungfräuliche Mutter des Heilandes, des Hohenpriesters, der immerdar Fürbitte leistet für uns an Gottes Thron. Wir grüßen unsere Liebe Frau und danken Christ dem Herrn und Gott dem Vater. Da wir in solchem Geist mit unserem Neupriester heute Primiz feiern und opfern und daran auch fernerhin festhalten wollen, erfahren wir, wie wahr der Psalmist gebetet und gesungen hat: „Wir haben, o Gott, Dein Erbarmen empfangen inmitten Deines Tempels. Wie Dein Name, o Gott, so reicht Dein Ruhm bis an der Erde Grenzen; voll der Gerechtigkeit ist Deine Rechte." Amen.

Festliche Gemeinde **24. Juli 2005**

Einen der Texte der Hl. Schrift, die mich im Leben am intensivsten berührt haben, durften Sie in der Lesung zu diesem festlichen Gottesdienst hören. Die Begegnung des Mose am Berg Horeb mit dem kulminierenden Satz: „Ziehe deine Schuhe aus, denn der Ort an dem du stehst ist heiliger Boden“ (Ex. 3,5). Vor wenigen Wochen, am 8. Mai, 60 Jahre nach Kriegsende, durfte ich diese Worte auf dem heiligen Berg Oberschwabens, unserem Bussen, deuten. Vor 1200 Jahren wird dieser Berg erstmals urkundlich bezeugt und in derselben Urkunde auch jene „basilica am See“, der Ort, an dem wir uns befinden, also 1200 Jahre heiliger Boden, auf dem wir stehen, seit 1200 Jahren nicht irgend etwas auf diesem Boden, sondern eine christliche Kirche, die von Generation zu Generation gehegt, erneuert und in den Zeiten von Barock und Rokoko neu erbaut wurde, um den Menschen zu künden: Hier ist heiliger Boden. Staunen und Ehrfurcht können es nur sein, wenn wir die Geschichte dieses Ortes bedenken, um den herum über 10000 Menschen schon begraben wurden, welche Seekirch/Alleshausen/Brasenberg und Tiefenbach ihre Heimat genannt haben. Wahrhaftig heiliger Boden, den wir betreten.

Vor 50 Jahren durfte ich in der Tradition dieser heiligen Stätte hier mein erstes Dankopfer feiern. Nicht zu oft ist in der überlieferten Geschichte der Pfarrkirche ein Neupriester an den Altar getreten. In den letzten beiden Jahrhunderten war es einer aus Alleshausen, zwei aus Seekirch und drei aus Tiefenbach. Aus den Jahrhunderten zuvor konnte ein Seekircher, Johannes Riedgasser, von 1591–1600 den Abtsstab in Marchtal ergreifen und aus dem Weiler Brasenberg Michael Müller denselben von 1598–1628 in Zwiefalten. Beide sind als würdige Vertreter klösterlichen Lebens und der Verantwortung für die Menschen ihrer Herrschaft in die Geschichte eingegangen, erlebten die ersten Spuren ihrer christlichen Wurzeln an diesem heiligen Ort, unserer Pfarrkirche.

Nicht umsonst hat deshalb vor 50 Jahren mein verehrter Primizprediger Max Miller, seinerzeit Direktor des Württembergischen Staatsarchivs, der mich damals schon lehrte, den Wurzeln der Geschichte nachzugehen, auf diese Bezüge verwiesen und meinte: „Wir: d. h. diese christkatholische Pfarrgemeinde Seekirch … und alle Glieder dieser Gemeinde, die das Erbe eines Jahrtausends erhalten und bewahrt und mit ihm redlich gewirtschaftet haben, ein jeder an seinem Platz, den ihm unser Herrgott angewiesen hat, wir sind heute gerufen zur Festesfreude“.

Diese Festesfreude möchte ich mit denselben Worten aufgreifen und deuten, wie es der Primizprediger tat. Die Liturgie des damaligen 8. Sonntags nach

Pfingsten begann mit dem Psalmwort: „O Gott, wir haben Dein Erbarmen empfangen, inmitten Deines Tempels" (Ps. 48, 10). Was damals im Rückblick auf meine Berufung galt, sei heute im Blick eines halben Jahrhunderts rückblickend am heiligsten Boden unserer Ahnen ausgesprochen.

O Gott, ich habe Dein Erbarmen empfangen, möchte ich mit einem tiefen Seufzer der Erleichterung aussprechen. Es ist für jeden Menschen gut, die Zukunft des Lebens nicht zu wissen, sondern im Vertrauen auf Gottes Erbarmen diese anzunehmen. Dazu gehört Stabilität an Leib und Seele. Wer die letzten 50 Jahre einigermaßen durchgestanden hat, der weiß um die Gnade Gottes, denn zuviel ist der Veränderung und dem Umbruch ausgesetzt worden: Ob in Staat, Gesellschaft oder Kirche. Alles wurde aufgebrochen und suchte die Formierung in die Zukunft. Es gab ein Ringen um Beharren auf dem Seitherigen oder ein Öffnen für die Zukunft. Nicht Weniges und Wenige sind dabei auf der Strecke geblieben. Gerade auch in der Kirche gab es schmerzliche Auseinandersetzungen bis hin zu Spaltungen und Fundamentalismus, der sich selbst zum Dogma macht und damit zum intoleranten Partner in Kirche und Gesellschaft. In diesen Zeichen der Zeit ließ ich mich von den Herausforderungen der Gegenwart stellen, weil ich aus der Kenntnis der Geschichte überzeugt bin: „Die Stimme der Zeit ist die Stimme Gottes", wie es Kardinal Faulhaber nach dem Ersten Weltkrieg ausgedrückt hat. Es geht immer um die Bereitung der Zukunft, nicht um das Beharren in der Vergangenheit. Diese hat ihre eigene Aufgabe, die Spuren für die Zukunft zu legen, die die Gegenwart zu entdecken hat. Das war in den letzten 50 Jahren nicht ganz leicht.

In drei Phasen durfte ich den Umbruch erleben, wobei meine These war: Wer nicht im Boot bleibt, ist draußen und kann nicht mehr mitfahren, d. h. mitgestalten. Die erste Phase meiner Wirksamkeit war die schwierigste und unangenehmste. Die Strukturen der Kirche und deren hierarchisches Prinzip, aus vergangenen Zeiten übernommen, machten es einem jungen Geistlichen damals schwer, gestaltend zu wirken. Wer diese Zeit erlebt und auch noch durchgestanden hat, kann nur mit dem Psalmisten sprechen: „Wir haben Dein Erbarmen empfangen".

Die 2. Phase weckte große Hoffnungen. Es war die Zeit von Konzil und nachkonziliarer Ära, die neben den Erwartungen auch tiefe Enttäuschungen brachte, war es doch die Zeit in der Gesellschaft, die mit 1968 dokumentiert ist, einer Revolution im gesellschaftlichen Umbruch, die auch die Kirche und deren Klerus erfasste und deren Nachwirkungen wir bis heute erleben. Und genau in diesem Jahr wurde ich mit 37 Jahren zum Dekan des größten Dekanates gewählt, kurz zuvor zum Studentenpfarrer berufen. Für 25 Jahre „erlebte ich in einem nichtkatholischen Umfeld die Gemeinsamkeit von Verantwortung, in die eine junge Generation berufen wurde. Die damals Führenden im Kreis Ludwigsburg entstammten alle dem Jahrgang 1930 und wurden bald Freunde. Nicht mehr die Konfession – ich war der einzige Katholik – sondern die Aufgabe wurde gemeinsam angegangen. Ein „Wir" über die Konfessionen hinaus hat sich entfalten können zum Wohle vieler Menschen. Nicht umsonst wohne ich seit 45 Jahren im Raum Ludwigsburg, das mir zuvor völlig unbekannt gewesen ist. Auch für diese Zeit gilt: „Wir haben Dein Erbarmen empfangen".

Und dies gilt erst recht für das letzte Jahrzehnt in der Verantwortung zwischen Staat und Kirche, wo das Wort des sonntäglichen Predigers, als theologische Wahrheit verkündet, sich mit der politischen Wirklichkeit in Gesellschaft und Staat messen muss, um einen Staat lebbar zu machen, der weder katholisch noch christlich, sondern von der säkularen Welt weithin geprägt ist, was als Ausgangspunkt für kirchliches Wirken angenommen werden muss. Die Stimme der Kirche unter vielen Stimmen hat hier aus der Erfahrung der Geschichte ihren Ort der Verantwortung. Die Kernfragen des Lebens und der Gemeinschaft sind in Frage gestellt, wurden und werden angezweifelt. Die Grundlagen des Lebens, so wie wir sie sehen und wollen, sind nicht mehr selbstverständlich. Umso mehr der Auftrag, diese in Philosophie und Theologie, in Theorie und Praxis zu begründen, in die Fragen von Bildung und Forschung einzubringen. Ein reiches, wenngleich steiniges Feld als große Herausforderung, damit der Mensch nicht durch unbedachte Schlagworte wie Freiheit, Toleranz, Religionsfreiheit anstatt in die Zukunft, in die Irre geleitet wird.

Diese Phase meines Lebens stand sicher im besonderen unter dem Erbarmen Gottes, denn in derlei Situation sozusagen Stimme Gottes in der Zeit zu sein übersteigt menschliches Können und bedarf der Gnade Gottes, die es auch heute reichlich gibt.

Liebe Festgemeinde!
Ich versuchte Geschichte und Gegenwart im Spiegel von fünf Jahrzehnten meines Lebens in Dankbarkeit zu beleuchten. Auf diesem heiligen Boden 1200-jähriger Geschichte durfte ich es tun und danke zunächst allen, die sich um die festliche Begegnung in bürgerlicher wie kirchlicher Gemeinde gemüht haben.

Im besonderen gilt mein Dank allen Mitfeiernden, denen bei der Begegnung auf dem Kirchplatz anschließend als Erinnerung mein Gedenken an 1200 Jahre Seekirch im Spiegel der Geschichte und meines Lebens übergeben wird.

Aus Wertschätzung der Menschen an diesem geheiligten Boden möchte ich als Dank – diesen als meine Heimat zu wissen – in nächster Zeit versuchen, die Geschichte der Gemeinden in einer gemeinsamen Publikation zu ergründen, damit 1200 Jahre nach der Erstnennung einer Kirche an diesem Ort die Spuren der Geschichte nicht verloren gehen, wissend: wer die Vergangenheit nicht kennt, kann keine Zukunft gestalten.

Auch zu dieser Einsicht zählt des Psalmisten Wort: „Wir haben Dein Erbarmen empfangen inmitten Deines Tempels". Oder wie das Evangelium diese Erkenntnis heute ausdrückt: „Das Himmelreich gleicht einem Schatz, der in einem Acker verborgen liegt" (Matth. 13,44), nicht zuletzt im Acker der Geschichte.

Bischof Dr. Gebhard Fürst

Predigt zum Erntedank-Festgottesdienst 2005 in Seekirch, 25.9.2005

Liebe Festgemeinde hier in Seekirch, liebe Schwestern und Brüder!

Dankbarkeit ist etwas Unwahrscheinliches. Das lehrt schon der Volksmund, wenn es heißt: „Undank ist der Welt Lohn". Auch Jesus geht es da nicht anders als allen anderen. Zehn Aussätzige werden von ihrer Krankheit geheilt, doch nur einer von zehn bedankt sich dafür. Dankbarkeit ist etwas Unwahrscheinliches und Seltenes. Im Evangelium heilt Jesus zehn Aussätzige. Das Überraschende an der Geschichte ist aber nicht, dass sie geheilt werden. Überraschend ist, dass neun von ihnen einfach zur Tagesordnung übergehen, es nahezu als selbstverständlich hinnehmen, dass sie von einer unheilbaren Krankheit geheilt wurden. Man könnte ihnen Vorhaltungen wegen ihrer Undankbarkeit machen. Die Erzählung geht aber darüber hinaus. Die Enttäuschung, die in dieser Erzählung mitschwingt, ist meines Erachtens ein Seufzen über die Gedankenlosigkeit der 90 Prozent, eine Gedankenlosigkeit, die sie aber vermutlich mit vielen Menschen gerade in unserer Zeit verbindet. Das Gute, das uns widerfährt, nehmen wir gerne ganz selbstverständlich hin. Nur einer von zehn Geheilten im Evangelium hat begriffen, was ihm widerfahren ist. Er ist nicht nur leiblich gesund geworden, ihm ist auch aufgegangen, dass hier Gott an ihm gehandelt hat, dass in Jesus von Nazareth ihm Gott selbst begegnet ist. Er kehrt um – dies ist wohl auch ein Bild dafür, dass von nun an sein Leben anders verlaufen wird – wirft sich vor Jesus auf den Boden und betet ihn an.

Liebe Schwestern und Brüder, mir scheint dieses Evangelium und das Fest Erntedank ein wunderbarer Schlüssel zum Verständnis des großen Festtages hier in Seekirch zu sein. Es ist mehr als ein sprechender Zufall, wenn wir hier und heute miteinander zugleich einen Erntedank- und Festgottesdienst feiern. Denn wir wollen Gott unserem Herrn, Jesus Christus, unserem Bruder und Freund, und dem Heiligen Geist, dem lebensstiftenden Begleiter, zu diesem großartigen Jubiläum der 1200-Jahrfeier Seekirch von Herzen und voller Freude danken.

Erntedank: Wenigstens einmal im Jahr ist es für jeden Menschen und jede Gesellschaft notwendig einzuhalten, bereit zu sein, darüber nachzudenken, was uns wirklich durch die Jahre trägt. Was zeigt der Lauf des Jahres an? Verlust oder neue Erwartung? Je nach Temperament und Lebenslage antworten wir wahrscheinlich unterschiedlich. Wir können unsere Gründe haben, sorgenvoll, ängstlich und verzagt zu sein – dennoch ist das Leben insgesamt doch zweifellos eine Gabe, die wir empfangen haben. Deshalb lebt in diesem Fest auch das Wissen, dass nichts so gering ist, dass es nicht unsere Dankbarkeit forderte.

Und wenn dann solch ein großartiges Festjubiläum wie der 1200. Jahrestag hinzukommt, an dem die Gemeinde Seekirch erstmals urkundlich genannt wurde, dann wird der Anlass natürlich erheblich vertieft und wir richten unseren Blick vom Lauf der Jahreszeiten hin auf die Jahrhunderte, in denen Gott mit seinem Volk und seiner Kirche auf dem Weg ist. Daher können wir mit dem Propheten Joel heute voll Freude ausrufen: Fürchte dich nicht, fruchtbares Land! Freu dich und juble; denn der Herr hat Großes getan!

Eigentlich hätten wir allen Grund dankbar und zufrieden zu sein. Dankbar für viele Dinge, die wir als selbstverständlich annehmen, für Menschen, die uns begleiten und uns beistehen auf unserem Lebensweg. Zufrieden über manche Begabungen und das Geschenk unseres „Soseins", wie wir eben sind.

Das Fest „Erntedank" mag uns Anlass sein, gerade heute in dieser festlich geschmückten Kirche darüber nachzudenken und uns Gelegenheit zu geben, die Dimension der Dankbarkeit gegenüber Gott neu zu entdecken oder sie zu vertiefen, weil sie im geschäftigen Alltag oft allzu sehr vergessen wird. Daher lasst uns auch darum bitten, dankbar für die kleinen und großen „Ernten unseres Lebens" zu sein.

Und noch ein letzter Gedanke, denn schließlich verweist uns Erntedank immer auch auf die letzte Ernte, auf das Ziel unseres Lebens. Was hilft es, alle Scheunen gefüllt zu haben – aber sozusagen auf der Habenseite für das Reich Gottes, auf der Seite der Menschlichkeit, des Glaubens nur rote Zahlen vorweisen zu können? Lebensqualität misst sich nicht allein an materiellen Dingen oder an gestiegenen Möglichkeiten von Selbstverwirklichung. Wir brauchen dringend eine qualitativ neue Lebensdefinition jenseits von Verdienst und Konsum, von Produktion und Leistung, so wichtig solche Faktoren auch sind. Es geht im Leben letztlich um Sein statt Haben.

Die Qualität eines Lebens misst sich an anderen Faktoren als dem Einkommen, dem Besitz oder an Statussymbolen. Es geht etwa um das Gelingen von Beziehungen, von Freundschaft, Partnerschaft, Ehe und Familie: um Sinn im Leben.

In den letzten Jahren hat sich eine Zähl- und Lebensweise verbreitet, dass Glück nur dort ist, wo kein Schmerz ist und kein Unbehagen. Das reine Glück – das perfekte, wo es keinen Schmerz gibt und keinen Verlust. Und melden sich Schmerz und Verlust dennoch, dann kann man vielleicht davon absehen, weggehen oder entfliehen und seinen eigenen Raum bilden, wo man unverwundbar ist. Das aber scheint mir eine falsche Art von Dankbarkeit, ja ein falscher Blick auf unser Leben insgesamt zu sein.

Jesus selbst gibt uns durch sein Leben das Beispiel, dass Menschsein sich nach anderen Werten misst als den Hochglanzfolien eines perfekten und glatten Scheins, den uns die Werbung und die Medien vormachen wollen. Das Leben, das Jesus Christus mit seinem Leben und Sterben, seinem Tod und seiner Auferstehung öffnete – das war nicht das reine paradiesische Glück, aber auch nicht das reine Jammertal und die totale Finsternis. Die Freude, die er uns reicht und in der wir stehen, ist dort, wo in der Freude Platz ist für Trauer und Verlust, Sehnsucht und Wehmut. Und die Trauer, der Schmerz und das Leid, von denen er uns nicht verschont und an der wir uns fast unausweichlich stoßen, auch die sind doch nicht absolut. Erntedank heißt daher auch, das Leben in all seinen Facetten annehmen zu lernen. Reife muss notwendigerweise auch Verlust und Trauer in sich tragen.

Jesus schenkt uns diese Möglichkeit, einen Weg auch in der Finsternis, in Schwierigkeiten, in Zeiten der Krankheit und des Leids, ja selbst im Schatten des Todes zu sehen. Er ist selbst der Weg, und er reicht uns seine Erfahrung, dass selbst Tod, Finsternis und Verlust Leben und Möglichkeit enthalten. Selbst ein finsteres Tal des Todes, vor dem wir immer Angst haben, kann so doch auch Tor für unsere Hoffnung sein.

Diese tiefe Sicht des Erntedank über den Lauf der Jahreszeiten hinaus ist die größte Tiefe, auf die wir zum 1200-jährigen Jubiläum hier in Seekirch gebracht werden. Es ist die letzte und schönste Gabe des Christentums an die Welt. Das Annehmen dieser Dimension ist unsere wahre Dankbarkeit vor Gott. So wollen wir hier am schönen Federsee mit dem Propheten ausrufen: Fürchte dich nicht, fruchtbares Land! Freu dich und juble; denn der Herr hat Großes getan.

Amen.

Anhang

(Der Bischof hat die Predigt nicht wörtlich vom Manuskript übernommen, da er vom herrlichen Herbstmorgen auf der Fahrt von Rottenburg nach Seekirch so überwältigt war und von der Ausstrahlung der herrlichen Barockkirche so beeindruckt um das Thema „O dieser wunderschöne Morgen“ umzumodivizieren).

Heimatland

Georg Riedmüller

Friedlich zwischen Eichenhalden,
zwischen Moor und Schilf und Klee,
mit grünem Tann rundum bewaldet,
einem Auge gleich, der Federsee.

Keine Felsen, scharfe Zinnen,
die es gelte zu erklimmen.
Keine Schlösser ihn umsäumen,
nein, er kann ganz alleine
seine eignen Träume träumen.

Auch die Menschen wollen's zeigen,
ruhig, treu und voll Gemüt.
Die Harmonie wird sich verneigen
gleich einer Linde, die erblüht.

Und hört man hinein in diese Dörfer
ringsum, wo Spiel, wo Sang und Klang:
Ob es nun wenig oder viele,
ein Miteinander ohne Drang.

Und doch ein eigenständig Handeln,
gerade, fest und ohne Neid.
Wie sollten diese sich verwandeln,
da sie miteinand, in Freud und Leid.

Wo auch junge Menschen musizieren
und in Muse sich verlieren.
Doch ob es Junge oder Alte
die Musik kann sich dort wohl entfalten.
Voll der Frische, die da inne wohnet,
mit Beifall wird sie stets belohnet.

Es ist wohl in Pflege, dieses Gut,
von diesen Menschen, diesem Stand.
Wie wohl ist es mir doch dort zumut,
wie gern nenn ich es Heimatland.

Georg Riedmüller (2004)

Nachwort

Die Seelsorgeeinheit Federsee, die bürgerlichen Gemeinden Alleshausen, Seekirch, Tiefenbach und der Federseeverlag zollen dem Autor Prälat Paul Kopf ihre größte Hochachtung. Paul Kopf, er ist am 16. März 2007 verstorben, hat bis zuletzt an seinem Buch gearbeitet. Letzte Korrekturen hat er von seinem Sterbebett im Marienhospital in Stuttgart aus durchgegeben. Seine Schwester Rosina Kopf hat als Botin diese vom Krankenlager überbracht. Auch ihrem Einsatz ist die Vollendung des Buches noch kurz vor dem Tode des Autors zu verdanken. Sie hat tatkräftig mitgeholfen das zu verwirklichen, was ihrem Bruder so sehr am Herzen lag: Eine Zusammenfassung der Geschichte und der Entwicklung seiner Heimat am Federsee. Mit letzter aber eiserner Energie ist dies Paul Kopf auch gelungen.

Er hat viele Jahre über seine Heimat recherchiert, geforscht und nachgedacht. Die komplexen Verhältnisse am Federsee, die reiche Geschichte und die schweren Zeitläufte haben zusammen mit seinem großen geschichtlichen Wissen ein umfangreiches Buch ergeben. Es ist nicht nur ein interessantes Lesebuch für die Bewohner der Federseegemeinden, sondern es ist ein Nachschlagewerk auch für die kommenden Generationen geworden. Was der „Schöttle: Stadt und Stift" für Buchau ist, wird sein Buch für die Pfarrei Seekirch sein. Die Gegenwart ist mit der Geschichte verbunden, Entwicklungen und deren Abschluss sind dargestellt. Markante Persönlichkeiten, die prägend waren, sind skizziert und für die Nachwelt festgehalten. Durch die reiche Bebilderung sind Personen, Ereignisse, Entwicklungen und Bauten umfassend dokumentiert.

Die Pfarrei und ihre bürgerlichen Gemeinden mit ihren Vertretern freuen sich auf die Publikation und die Übergabe des aus Liebe zur Heimat geschriebenen Buches. Das Werden und Wachsen, das Auf und Ab und das Aufhören sind dargestellt von den geschichtlichen Anfängen bis ins Heute. Das gegenwärtige materielle Wohlergehen wird im Vergleich zur Vergangenheit sicht- und spürbar. Der Autor hat es dem Leser überlassen, ob auch das geistige Wohlergehen heute mit dem der Vergangenheit gleichgesetzt werden kann.

Paul Kopf hat viele Veröffentlichungen publiziert, er war als Landes- und als Kirchengeschichtler anerkannt. Dies war für den Federseeverlag ein Glücksfall, denn die Zusammenarbeit mit so einem renommierten Autor hat bestens funktioniert. Der Federseeverlag und seine Mitarbeiter danken für das ihnen übertragene Vertrauen.

Alle Beteiligten sind froh und dankbar über das Zustandekommen des Buches. Sie wünschen sich, dass möglichst viele Leser von der Heimatliebe des

Autors angesteckt werden. Die reiche Geschichte und deren Entwicklung werden sie dann noch stärker mit ihrer Federseeheimat verbinden. Die Drucklegung des Buches wurde durch die politischen Gemeinden und durch die Stiftung „Kultur der Heimat" ermöglicht.

Für die
- Pfarrei Seekirch, Pfarrer Karl Erzberger
- Gemeinde Alleshausen, Bürgermeister Harald Fischer
- Gemeinde Seekirch, Bürgermeister Anton Daiber
- Gemeinde Tiefenbach, Bürgermeister Helmut Müller
- Federseeverlag Bad Buchau, Dr. August Sandmaier

Nach Fertigstellung des Manuskriptes, gingen kurz vor Druckbeginn aus Tiefenbach nachträglich zwei Beiträge ein, die noch angefügt sein sollen:

Senioren Tiefenbach

Während der Bauzeit des Gemeindesaals kam bei Elfriede Hecht der Gedanke auf, nach Fertigstellung für die Senioren im Winterhalbjahr Fortbildungsthemen anzubieten. Das Caritasteam um Elfriede Hecht und Maria Rosenkranz organisierte das erste Seniorentreffen am 22.11.2001 mit dem Thema „Gesunde Ernährung im Alter."

Seither finden pro Jahr vier Treffen mit unterschiedlichen Themen und fröhlichem Beisammensein bei Kaffee und Kuchen statt. Krippenfahrten und Ausflüge werden mit Unterstützung der Gemeinde und des Bürgermeisters angeboten.

Im Team arbeiten derzeit mit: Elfriede Hecht, Christa Hecht, Elisabeth Riedmüller, Maria Nitschke, Gabriele u. Alois Kugler, Maria Bart, Bettina Miehle.

Jugendtreff Tiefenbach e.V.

Alles begann mit ein paar Jugendlichen, welche die frühere Tiefenbacher „Molke" nutzten, um darin Tischtennis zu spielen, weshalb auch noch heute das Vereinsheim „Molke" genannt wird. 1976 gründeten sie die Ventil-Bar.

Das Erdgeschoss wurde über die Jahre umgestaltet, so dass gemütliche Räumlichkeiten entstanden, in welchen sich die Tiefenbacher Jugend treffen kann. In den Jahren 2005 bis 2006 bauten die Mitglieder das Dachgeschoss aus. 2006 wurde der Verein als „Jugendtreff Tiefenbach e.V." ins Vereinsregister eintragen.

Die Ventil-Bar bietet den Jugendlichen zahlreiche Freizeitaktivitäten, Vereinsfeste, Ausflüge und einen Ort, wo sie gemeinsam ihre Freizeit verbringen können.

Der Verein veranstaltet mehrere Feste für jung und alt. Insbesondere den Funkenball.

Bei gemeinsamen Fußballspielen und Festen werden die guten Beziehungen zu anderen Jugendeinrichtungen gestärkt.

Quellen

Diözesanarchiv Rottenburg (DAR), Bestand G 1.3., Pfarrei Seekirch.

Gemeindearchiv Alleshausen nach dem Repertorium (1596–1982), bearbeitet von Thomas Schreiner (Kreisarchiv Biberach), 2004, Fasz. 210.0 Allgemeines (Oberschulamt/Schulakten).

Hauptstaatsarchiv Stuttgart (Nachlass Schöttle J 10, 63).

Landtag von Baden-Württemberg, Persönlichkeitsdokumentation.

Pfarrarchiv Seekirch nach dem vom Verfasser 1953 gefertigten Repertorium mit den Beständen:
U = Urkunden
B = Bände
A = Akten
im Besonderen: A62 (Alleshausen), A64 (Tiefenbach), A66 (Brasenberg).

Pfarrarchiv Stafflangen nach dem vom Verfasser 1952 gefertigten Repertorium, Bestand A44 (Maierhof), B17 (Streitberg, Maierhof).

Protokollbuch des Veteranenvereins (ab 1909), derzeit deponiert im Rathaus Seekirch.

Rathaus Seekirch, Unterlagen zu den Vereinen, Wasserversorgung.
Mündliche und schriftliche Berichte wurden zur Ergänzung einzelner Themen von Personen und Institutionen angefordert.

Rathaus Tiefenbach, Altregistratur (unverzeichnet) Fasz. Kath. Kirche und Kapelle Tiefenbach, Reg. Nr. 372.31; Gemeinderechnungen ab 1740; Fasz. Ehrenbürgerrecht, Musikkapelle; Schule.

Literatur

Borst Arno, Mönche am Bodensee 610–1525, Sigmaringen 1978.

Dehlinger Alfred, Württembergs Staatswesen in seiner geschichtlichen Entwicklung bis heute, Stuttgart, Bd. 1, 1948, Bd. 2, 1953.

Der Große Herder, Nachschlagewerk für Wissen und Leben, Freiburg [5] 1955.

Hacker Werner, Auswanderungen aus Oberschwaben im 17. und 18. Jahrhundert, archivalisch dokumentiert, Stuttgart/Aalen 1997.

Härle Paul, Die Zwölf Abteimaierhöfe des Stifts Buchau (Darstellungen aus der Württembergischen Geschichte, Bd. 27), Stuttgart 1937.

Halder Reinhold, Zur Bau- und Kunstgeschichte des alten Zwiefalter Münsters und Klosters, Ulm 1989.

Hippel Wolfgang von, Maß und Gewicht im Gebiet des Königreichs Württemberg und der Fürstentümer Hohenzollern am Ende des 18. Jahrhunderts (Veröffentlichungen der Kommission für geschichtliche Landeskunde in Baden-Württemberg, Reihe B Forschungen Bd. 145), Stuttgart 2000.

Hochreuther Ina, Frauen im Parlament, Südwestdeutsche Parlamentarierinnen von 1919 bis heute, Stuttgart (Landtag) 2002.

Katholisches Pfarramt Bad Buchau: Adelindis-Glocke, Mitteilungen der katholischen Kirchengemeinden des Federseegebietes 1945–2005.

Kopf Paul, Der Blutfreitag in Weingarten, Zeugnis in Bedrängnis und Not 1933–1949, Ulm 1990.

Kopf Paul, Paul Härle (1908–1943), ein hoffnungsvoller schwäbischer Historiker und Archivar, in: BC – Heimatkundliche Blätter für den Kreis Biberach Heft 1, 17. Juni 1996.

Kramer Ferdinand, Der Bussen – Heiliger Berg Oberschwabens, mit seiner Kirche und Geschichte (Landkreis Biberach, Geschichte und Kultur Bd. 8), Bad Buchau 2005.

Krezdorn Siegfried, Streitberg – ein Herrensitz bei Stafflangen, in: BC, Heft 1, 12. Juni 1981.

Landesarchivdirektion Baden-Württemberg in Verbindung mit dem Landkreis Biberach (Hg.): Der Landkreis Biberach, Bd. I und II, Sigmaringen 1987 und 1990.

Landeszentrale für politische Bildung, Migration, Deutschland und Europa, Heft 45, Stuttgart 2004.

Memminger Johann, Beschreibung des Oberamts Riedlingen, Stuttgart und Tübingen 1827, Nachdruck Magstadt 1972.

Müller Max/Reinhardt Rudolf/Schöntag Wilfried (Hg.), Marchtal – Prämonstratenserabtei, Fürstliches Schloss, Kirchliche Akademie, Festgabe zum 300-jährigen Bestehen der Stiftskirche St. Peter und Paul (1692–1992), Ulm 1992.

Musikkapelle Tiefenbach e. V. (Hg.) 50 Jahre Musikkapelle Tiefenbach e. V., Bad Schussenried 2004.

Schöntag Wilfried, Ausbildung und geistliche Zucht der Prämonstratenserchorherren in Marchtal vor und nach dem Konzil von Trient, in: Rottenburger Jahrbuch für Kirchengeschichte, Bd. 22, 2003, S. 107–143.

Schöttle Johann Evangelist, Geschichte von Stadt und Stift Buchau samt dem stiftischen Dorfe Kappel, Waldsee 1884. – Reproduktion mit der Beschreibung und Geschichte der Pfarrei Seekirch mit deren Filialen Alleshausen, Brasenberg und Tiefenbach, Bad Buchau 1977.

Schöttle Johann Evangelist, Geschichtliche Beiträge zum Volksschulwesen, vorzüglich im Bezirke Riedlingen und seiner nächsten Umgebung, in: Magazin für Pädagogik. Zeitschrift für Volkserziehung und Volksunterricht 46, 1884, S. 41–55 und 116–123.

Theil Bernhard, Das (freiweltliche) Damenstift Buchau am Federsee (Germania Sacra, Neue Folge 32, Bistum Konstanz 4), Berlin 1994.

Walter Friedrich von, Kurze Geschichte von dem Prämonstratenserstifte Obermarchtal. Von seinem Anfange 1171 bis zu seiner Auflösung 1802, Ehingen 1835, Neuauflage Bad Buchau 1985 unter dem Titel: Aus der Geschichte des Klosters Obermarchtal mit Beiträgen von Nuber Winfried, Walter Friedrich von, Vanotti von J. U.

Werkmeister Benedikt Maria, Geschichte der ehemaligen katholischen Hofkapelle in Stuttgart von 1733–1797 in: Jahrschrift für Theologie und Kirchenrecht 6, 1830, S. 458–567.

Winkeler Rolf, Schulpolitik in Württemberg-Hohenzollern 1945–1952 (Veröffentlichungen der Kommission für Geschichtliche Landeskunde in Baden-Württemberg), Reihe B, Forschungen Bd. 66, Stuttgart 1971.

Württembergisches Statistisches Landesamt (Hg.), Beschreibung des Oberamts Riedlingen. Zweite Bearbeitung, Stuttgart 1923.

Bildnachweis:

Bürgermeisteramt Zwiefalten
Mayenberger Charlotte, Bad Buchau
Tourist-Information Bad Buchau
Warnack Thomas, Hauptstraße 19, 88499 Riedlingen-Zell
Foto Weiss, Bad Buchau
alle übrigen Bilder aus den Gemeindearchiven Alleshausen, Seekirch, Tiefenbach und Privatpersonen

Ortsregister

Personenregister

Dieses Register führt Namen von Personen auf, die nach 1900 lebten und in der Pfarrei wirkten. Außerdem werden die für die Pfarrei wichtigen Personen der Geschichte aufgeführt.

Sachwortregister

Alleshausen
Mayer-
feld
Brüh
Wasen